KB158963

야사로 보는
고려의 역사
1

야사로 보는 고려의 역사 1

초판 1쇄 펴낸 날   2005. 3. 23

지은이 최범서 | 펴낸이 이광식 | 편집 곽종구 · 김지연 · 오경화 | 영업 박원용 · 조경자
펴낸곳 도서출판 가람기획 | 등록 제13-241(1990. 3. 24)
주소 (121-130)서울시 마포구 구수동 68-8 진영빌딩 4층
전화 (02)3275-2915~7 | 팩스 (02)3275-2918
전자우편 garam815@chollian.net | 홈페이지 www.garambooks.co.kr

ISBN 89-8435-214-4 (04910)
ISBN 89-8435-213-6 (세트)
ⓒ 최범서, 2005

서점에서 책을 살 수 없는 독자들을 위해 우편판매를 하고 있습니다.
수   협 093-62-112061 (예금주:이광식)
농   협 374-02-045616 (예금주:이광식)
국민은행 822-21-0090-623 (예금주:이광식)

정사보다 진솔하고 소설보다 재미있다!

야사로 보는
고려의 역사 1

| 최범서 지음 |

가람
기획

머리말

　　야사野史는 국가기관에서 편찬한 정사正史와 대립되는 용어이다.
야승野乘·외사外史·사사私史라고도 하는데, 재야인在野人이 저술한 역
사를 야사라고 할 수 있다.

　　우리 나라의 야사 저술은 일찍부터 있어 왔음을 기록에서 볼 수 있
다. 신라시대에는 김대문金大問의 《계림잡전鷄林雜傳》·《화랑세기花郎世
紀》, 최치원崔致遠의 《신라수이전新羅殊異傳》 등을 들 수 있다.

　　고려조에는 박인량朴仁亮의 《고금록古今錄》, 일연一然 대사의 《삼국유
사三國遺事》, 이제현李齊賢의 《역옹패설櫟翁稗說》, 이승휴李承休의 《제왕운
기帝王韻紀》 등이 있고, 책 이름만 전하는 김관의金寬毅의 《편년통록編年通
錄》, 정가신鄭可臣의 《천추금경록千秋金鏡錄》, 민지閔漬의 《세대편년절요世
代編年節要》·《본조편년강목本朝編年綱目》, 이제현의 《세대편년世代編年》
등이 있다.

　　여기에서 민지의 《본조편년강목》은 조선조에 들어와 정인지 등이
《고려사高麗史》를 편찬할 때 참고삼았다는 기록으로 보아 《고려사》 편찬
이후에 유실된 것 같다. 우리 나라는 신라시대 이후 고려조에서도 기록
문화가 활발했다는 것을 미루어 짐작할 수 있다.

　　야사가 풍성하게 된 것은 조선시대에 들어와서이다. 하지만 조선 초
기에는 야사 저술을 조정에서 강력히 규제한 듯한 기록이 보인다. 연산
군 원년 검토관檢討官 이관李寬이 경연석상에서 "고려에는 야사가 있는
데, 아조我朝에 이르러 폐지되었다"고 말한 것으로 보아 조선 초기에는
야사의 저술이 통제되고 금해진 것 같다. 아마도 찬반으로 엇갈렸던 역
성혁명易姓革命에 그 원인이 있는 것 같다.

　　야사야말로 찬반이 엇갈렸던 이 사건에 대해 보다 많은 역사를 남길
수 있는 소지가 있어 당시의 집권자로서는 매우 두려웠을 것이다. 정사
에 비해 야사는 이렇듯, 권력을 농단했던 승자의 기록으로 보아도 과장

이 아닌 진솔하고 솔직한 기록이 될 수 있다. 그러기에 정사에 기록되지 않은 진실이 야사에 기록되어 후세에 역사적 사실로 재평가되는 사례가 꾸준히 이어져 왔고, 현재에도 유보상태이다.

야사는 또 정사에서 소홀히 다룬 전통·풍속·특정인의 인물평, 전설·신화 등을 오히려 풍부하게 다루어 어떤 사건은 항담류巷談類로 빠져버린 것도 있으나 항담이라고 해서 우리 역사의 한 편린이 아닐 수 없다.

《고려사》 편찬이 조선 초기에 이루어지고 자료 또한 《고려 역사 실록》과 야사에 속하는 민지의 《강목》을 참고한 것으로 보아 정사 속에 야사가 많이 포함되어 있으리라는 추측을 지울 수 없다. 《고려사》 편찬 시기에 춘추관에서 편찬한 《고려사절요(節要)》도 예외는 아니다.

필자가 선별한 이 책에는 더러 정사와 야사에 똑같이 기록된 사건을 다루었고, 정사보다 더 진실하다고 여겨지는 야사의 기록을 나름대로 확대해석한 부분도 있다. 그러나 정사나 야사의 본래의 기록에서 멀리 나가지는 않았다.

필자의 책 《야사로 보는 조선의 역사》에 비해 《야사로 보는 고려의 역사》는 전설·항담류가 꽤 선별되었다. 《야사로 보는 조선의 역사》에서는 사건·인물 위주로 선별했으나 《야사로 보는 고려의 역사》에서는 재미있는 읽을거리를 염두에 두었다는 것을 밝혀둔다.

야사는 승자의 기록이 아니라는 데 매력이 있다. 현재 우리의 삶과 밀착되어 있고 어쩌면 그래서 지혜의 보고寶庫일 수 있어 야사는 정사보다 인간의 파노라마가 훨씬 사람냄새를 풍긴다. 그래서 오늘도 강자의 왜곡된 기록에 맞서 야사의 기록은 계속되고 있을 것이다.

최범서

차례

2권 차례

태조시대 (918~943)

⊙ 동경銅鏡 속의 예언서

신라 말, 통일신라는 후삼국시대를 맞는다. 신라의 비장 출신 진훤(甄萱)이 후백제를, 왕자 출신 애꾸눈 궁예弓裔가 후고구려를 세워 신라와 더불어 삼국으로 갈라졌다. 후삼국은 천하통일을 놓고 한반도에서 각축전을 벌였다.

궁예는 신라 제47대 헌안왕, 제48대 경문왕의 아들이라는 두 설이 있다. 그는 태어날 때부터 풍운아 기질과 비극을 타고났다. 갓 태어난 아기가 이빨이 솟아 있고, 더구나 5월 5일 중오절重五節에 태어났다. 중오절에 태어난 아기는 반역아라 하여 꺼리는 속설이 있었다.

궁예가 태어난 방에서 살기 가득한 광채가 퍼져 궁궐에까지 비쳤다. 일관日官이 수상히 여겨 왕에게 고했다.

"마마, 장차 나라에 해를 끼칠 아기가 태어난 듯하옵니다. 자라기 전에 화근의 싹을 잘라버리는 것이 지당할 줄 아나이다."

"음, 오늘은 중오절이 아닌가? 역적이 태어난 게로구나. 속히 없애도록 하라!"

궁중의 내관이 후궁 처소에서 갓 태어난 궁예를 찾아 아기를 연못으로 던져버렸다. 그때 다락 밑에 숨어 있던 유모가 잽싸게 아기를 받아들고 그 길로 도망쳤다. 그런데 유모가 떨어지는 아기를 받아들 때 그만 실수하여 아기의 눈을 손가락으로 찔러버렸다. 아기는 한쪽 눈을 실명하여 애꾸눈이 되었다.

성장한 궁예는 자신의 출생 비밀을 안 뒤부터 걷잡을 수 없이 방황했다. 저잣거리를 쏘다니던 궁예는 어느 날 갑자기 세달사世達寺에 들어가 머리를 깎고 중이 되었다.

그후 큰 뜻을 품고 세상에 나와 죽주竹州(지금의 안성)의 기훤箕萱에게 몸을 의탁한다. 기훤은 애꾸눈 궁예를 멸시했다. 궁예는 죽주를 도망쳐 나와 북원北原(지금의 원주)의 양길 휘하에 들어가 실력을 인정받아 세력을 확장해갔다.

궁예가 세달사를 떠난 지 10년, 901년 자기가 섬기던 양길을 쫓아낸 후 송악(개성)에 도읍을 정하고 고려국을 세운다. 그뒤 국호를 태봉泰封으로 바꾸고 송악에서 철원으로 도읍을 옮겼다.

이 무렵 백성들은 난세에 미륵불의 환생을 목마르게 기다리고 있었다. 궁예는 백성들의 환심을 끌어모아 스스로 미륵불임을 자처했다. 태봉국이 세력을 키워갈수록 궁예는 한계를 드러냈다. 포악해지고 자만해져갔다. 미륵 세상을 만들겠다며 무소불위의 권력을 행사하며 폭군이 되어갔다.

궁예의 세력이 한창일 무렵, 왕건王建의 아버지 융隆은 신라의 송악군 사찬沙餐(8품관)으로 세력이 왕성해지는 궁예에게 송악군을 바칠 궁리를 하고 있었다. 그와 동시에 아들 왕건을 궁예 조정에 출사시킬 조건을 마련했다.

왕융과 궁예가 만나 담판을 지었다. 융이 말했다.

"대왕께서 조선 · 숙신肅愼 · 변한땅의 주인이 되시고자 큰 뜻을 품으셨다면, 먼저 송악군에 성을 쌓고 장래가 촉망되는 성주에게 맡겨야 할 것이외다. 대왕의 뜻을 알고 싶소이다."

"좋은 생각이오. 헌데 송악군의 성주가 될 만한 인물이 대체 누구오 이까?"

"제 자식놈이옵니다."

"오오, 건이라는 청년이 왕 사찬의 아들이었구려. 건의 소문을 들어 알고 있소이다."

"제 뜻을 받아주시겠나이까?"

"받고말고요. 왕 사찬을 금성태수로 삼고 건이를 송악군에 성을 쌓는 성주로 임명하겠소이다."

"대왕의 뜻을 받들겠나이다."

궁예와 왕건의 인연이 맺어졌다. 왕건에게 발어참성勃禦塹城(옛날 성 이름으로 지금의 개성 귀인문 있던 곳)을 쌓게 하고 성주로 삼았다. 왕건의 나이 20세였다.

왕건의 활약이 눈부시게 펼쳐졌다. 그는 동정서벌의 긴 싸움을 시작 했다. 광주·충주·당성을 평정하고 벼슬이 승차되었다. 그는 수군을 거느리고 멀리 금성(지금의 나주)을 함락시킨 데 이어 인근 10여 마을을 평정했다. 금성은 진훤의 후백제 땅이어서 궁예로서는 후백제에 튼튼 한 교두보를 구축한 셈이었다.

뒤이어 상주의 사하진을 공략하고, 진훤과 여러 차례 공방전을 벌였 다. 왕건의 명성이 날로 드높아지고, 궁예의 시기와 질투가 심해져갔다.

왕건은 되도록이면 궁예와 멀리 떨어져 싸움에 몰두했다. 그동안 혁 혁한 전공으로 벼슬이 시중에 이르러 조정으로 들어왔다. 왕건은 자신 을 낮추어 궁예 앞에 납작 엎드렸다.

궁예는 미륵불을 자처하며 자신을 신격화시켜갔다.

"나는 미륵관심법彌勒觀心法(불가에서 사람의 심성을 꿰뚫어보는 법을 일컬 음)을 체득하여 부녀자들의 음행까지도 알아낼 수 있다. 나의 관심법에 걸리는 자는 가차없이 처단하리라."

궁예는 삼척이나 되는 쇠방망이를 만들어놓고 죽이고 싶은 자는 가차없이 내리쳤다. 여자의 경우 쇠방망이를 불에 달구어 음부를 지져 연기가 입과 코로 나오는 것을 즐겼다. 그는 권력의 횡포를 즐기며 서서히 미쳐가고 있었다. 자신을 신격화하는 독재자치고 정신병자가 아닌 자 드물다.

서기 918년 3월 어느 날, 궁예가 시중 왕건을 급히 불렀다. 왕건은 마음이 편치 않았다. 그 무렵 궁예는 조정 중신들을 트집잡아 몽둥이로 쳐죽이고 가산을 몰수하는 데 재미를 붙이고 있었다. 궁예는 처형된 중신에게서 금은보화를 거둬들이고 그것을 점검하고 있었다. 궁예가 왕건을 노려보다가 불쑥 말을 던졌다.

"왕 시중, 어젯밤 반란을 일으키려고 음모를 꾸몄지?"

왕건은 아차 싶었으나 태연을 가장하고 웃으면서 받았다.

"신이 무엇이 부족하여 그런 일을 하겠나이까?"

"날 속이려 드느냐! 관심법으로 네 속셈을 알고 있느니라. 곧 입정入定(심오한 이치를 깨닫는다는 뜻)을 해보고 나서 그 일을 다시 이야기하겠다!"

궁예는 머리를 천장으로 한 바퀴 두르고 눈을 감은 후 한참 동안 생각하는 듯했다.

그때 장주 최응崔凝이 옆에 있다가 일부러 붓을 떨어뜨리고 그것을 줍는 척하며 왕건의 곁으로 다가가 귀엣말로 재빨리 속삭였다.

"왕의 말에 따르시오소서. 위태롭사옵니다."

왕건은 정신이 번쩍 들어 궁예 앞에 납작 엎드렸다.

"대왕마마, 신이 모반을 꾀했사옵니다. 신을 죽여주시오소서."

"으하하하하…."

궁예는 웃음에 취한 듯 한참을 웃고 나서 부드러운 목소리로 말했다.

"왕 시중은 정직한 인물이야. 용서하고말고."

궁예는 금은으로 장식된 말안장과 굴레를 하사하고 나서 덧붙였다.

"다시는 나를 속이지 말지어다."

"예에, 마마."

가까스로 위기를 모면한 왕건은 궁예에 대한 생각을 달리했다. 민심이 궁예를 떠나고 있었다. 환생한 미륵이 아니라 백성을 수탈하는 폭군이 되어가고 있어서였다.

그해 5월, 어느 날 밤에 왕건은 꿈을 꾸었다. 9층 금탑이 바다 가운데 서 있고, 그 위에 자신이 올라가 있었다.

이 무렵, 당나라 장사꾼 왕창근王昌瑾이 철원에 들어와 저잣거리를 거닐고 있었다. 그때 용모가 준수하고 수염과 머리털이 새하얀 노인이 왕창근의 눈에 들어왔다. 노인은 왼손에 바리때를 들고 오른손에는 동경(거울)을 들고 왕창근에게 다가와 말을 걸었다.

"당나라 상고(장사꾼)여! 이 동경을 사지 않겠나이까?"

"동경을 어이하여 사라고 하시오?"

"이유는 묻지 마오."

기이하게 여긴 왕창근은 더는 토를 달지 않고 노인이 달라는 대로 값을 치르고 동경을 샀다. 노인은 동경값을 저잣거리의 걸인들에게 나누어주고 어디론가 사라져버렸다.

왕창근은 장사를 하려고 점포를 꾸미고 점포의 벽에 동경을 걸어두었다. 정오경, 따스한 햇살이 동경을 비추었다. 그러자 일렁거리는 햇살에 동경 속의 글자가 선명하게 드러났다. 왕창근은 신기하여 눈을 비비고 글자를 적었다.

삼수중사유하(三水中四維下)

상제강자어진마(上帝降子於辰馬)

선조계후박압(先操鷄後博鴨)

사년중이룡현(巳年中二龍見)

일즉장신청목중(一則藏身靑木中)

일즉현형흑금동(一則顯形黑金東)

"아하, 이 글이 무슨 뜻인고? 참언 같은데 내 장사꾼 머리로는 알 수가 없구나. 이를 어쩐담? 옳지, 이 기회에 궁예 대왕을 만날 기회를 잡으면 되겠구나."

왕창근은 동경에 쓰인 글자를 소중히 간직한 채 궁예를 뵙기를 청했다. 궁예는 당나라 장사꾼이 귀중한 것을 가지고 뵙기를 청한다는 말에 알현을 허락했다.

"그대가 가지고 온 귀중한 물건이 무엇인고?"

"이것이옵나이다."

"아니, 귀중품이 아니라 글자가 아닌가?"

"그러하옵나이다. 그 글자는 예삿글이 아닌 듯하옵니다."

왕창근은 자초지종을 말했다. 궁예는 기이하게 여겨 학사 송함홍·백탁·허원을 불러 글자를 넘겼다.

"그대들은 이 글자의 뜻을 풀어 속히 알릴지어다."

그리고 무사들을 동원하여 동경을 판 노인을 찾도록 명했다. 수소문 끝에 발삽사勃颯寺에 비슷한 노인이 있다는 정보를 입수했다. 왕창근과 무사들이 발삽사에 들이닥쳤다. 노인은 보이지 않고 법당에 모셔진 소상塑像이 노인의 모습과 꼭 닮아 보였다.

궁예는 이 보고를 받고 세 학사들에게 뜻풀이를 서둘라고 재촉했다. 세 학사는 머리를 맞대고 며칠을 연구한 끝에 뜻을 알아냈다.

"삼수중사유하란 신라 말년을 뜻하는 말일세."

송함홍의 뜻풀이에 백탁이 맞장구를 치며 말했다.

"옳다마다. 상제강자어진마는 하느님 아들, 즉 천자를 진한·마한 땅에 내려보냈다는 말이렷다."

"옳거니. 그렇다면 선조계후박압은 먼저 계림, 즉 신라를 차지하고 뒤에 압록강까지 영토를 확장한다는 뜻이 아닌가?"

허원이 말하자 백탁이 물었다.

"누가 말인가?"

"누군 누구여, 하느님 아드님이지."

"다음 사년중이룡현은 60갑자 중 뱀해에 두 인물이 나타난다는 풀이가 되겠구먼."

송함홍의 해석에 두 사람이 고개를 끄덕였다. 그리고 백탁과 허원이 두 구절을 한 구절씩 해석했다.

"일즉장신청목중은 하나는 푸른 나무, 즉 소나무 송자松字가 든 송악군에 근거를 두고 자리잡아가고…."

"일즉현형흑금동이란 다른 하나는 검은 쇠, 즉 철자鐵字가 든 철원군에 근거를 두었다는 풀이가 되겠구먼."

"적실한 뜻풀이일세. 가만… 이 글자를 죄다 종합하여 뜻을 풀이해보면 이런 결론을 내릴 수 있겠네그려."

송함홍의 말에 두 학사는 귀를 세웠다.

"이런 뜻이 아니겠나. 신라 말에 궁예와 왕건 두 인물이 나타나서 한 사람은 먼저 철원에 도읍했다가 망하고, 한 사람은 송악에 도읍하여 삼한을 통합한다."

"쉬잇!"

백탁이 소스라치게 놀라며 주의를 환기시켰다.

"이를 어쩌나? 곧이곧대로 아뢰면 왕 시중과 그를 따르는 자들의 쇠몽둥이에 죽어나갈 것이고 거짓말을 아뢰자니 신하 된 도리가 아니고…."

허원이 한숨을 내쉬었다. 세 사람은 깊은 생각에 잠겨 있다가 이심전심으로 마음을 합쳐 뜻을 모았다.

"우리가 선택할 수밖에 다른 도리가 없네. 임금은 날로 포악해져 언제 백성들이 등을 돌릴지 모르네. 반면에 왕 시중은 백성들의 신망이 날로 두터워지고 따르는 인물들이 기라성 같네. 우리가 선택할 길은 자명해지지 않았나? 어찌 생각하는가?"

송함홍의 결연한 말에 두 사람은 고개를 끄덕였다.

"임금에게 거짓으로 아뢰세나."

"암, 그래야지. 나라의 운세가 기울고 있네. 그러기에 이러한 참언이 나오지 않았겠나."

"왕 시중에게 알려야 할까?"

"은밀히 알려야 미리 준비를 하지 않겠나?"

"옳은 말일세."

세 사람은 의기투합하여 궁예 앞에 엎드렸다.

"마마, 흑금중, 즉 철원땅이 소나무처럼 날로 푸르러간다는 뜻이오 며, 그 가운데 마마께서 계시어 삼한을 통일하고 멀리 압록강까지 수중 에 넣으신다는 글귀이옵나이다. 경하 드리옵나이다."

"오오, 그런 뜻이 있었구나. 풀이하느라 애들 썼노라."

궁예는 세 학사에게 푸짐한 하사품을 내렸다. 세 학사는 은밀히 왕건 을 만나 참언을 말했다.

"왕 시중, 보위에 오를 귀한 몸이오니 각별히 몸가짐을 조심하소서. 삼한의 주인은 진훤도 궁예도 아닌 왕 시중이나이다."

"말씀 삼가시오. 나는 태봉국의 신하일 뿐이오!"

왕건은 내심 싫지 않았으나 정색을 하고 세 학사의 입을 막았다.

이런 일이 있고 나서 한 달, 왕건을 따르는 홍유·배현경·신숭겸· 복지겸 등이 모여 왕건 추대 모의를 했다. 이들은 뜻을 모으고 6월 어느 날 밤, 왕건의 집으로 갔다. 왕건은 한밤중에 찾아온 이들을 보고 올 것 이 왔음을 알아차렸다. 그는 겉으로 겸양의 덕을 보였다. 왕건의 처세 중에 돋보이는 구석이 겸양이었다.

"이 밤중에 어인 일이오?"

"긴히 상의할 일이 있소이다."

"벌건 대낮을 두고 한밤중에 긴히 상의할 일이 무엇이오?"

배현경이 머뭇거리자, 왕건은 눈치를 채고 유씨 부인을 방 안에서 물 리쳤다.

"부인, 손님들에게 손수 주안상을 봐 오시구려."

유씨 부인은 심상찮은 분위기를 감지하고 방 안의 동정을 살폈다.

"왕 시중, 때가 왔소이다. 때를 늦추면 늦출수록 백성들의 고통이 심해지고 쓸 만한 중신들이 희생당할 뿐이오. 이제 일어나야 하오."

"그 무슨 망발이오! 임금이 포악할지라도 신하 된 자로서 어찌 감히 두 마음을 갖는단 말이오!"

"왕 시중께서는 어찌 충성을 내세워 백성과 중신들을 외면하시려 하오? 이 나라 조정의 임금 다음 어른으로서 백성을 구하고 삼한의 통일을 이룩할 소임이 있다고 생각지 않는 것이오?"

"나는 그럴 만한 그릇이 못되오. 또한 덕이 모자라오. 더는 거론하지 마시오!"

방문이 열리고 유씨 부인이 빈 손으로 뛰어들었다.

"시중께서는 때를 놓치지 마소서. 신하가 포악한 임금을 물리친 예는 얼마든지 있나이다. 여러 장수들의 분기 충천한 모습을 보니 이 좁은 가슴이 터질 것 같나이다. 하물며 대장부로서 무엇을 망설이는 것이오이까!"

유씨 부인은 갑옷을 꺼내 왕건에게 손수 입혀주었다. 장수들이 왕건을 부축하여 밖으로 나와 곡식더미 위에 앉혀놓고 군신君臣의 예를 행했다. 그리고 사람들을 시켜 철원 저잣거리를 내달리며 외치도록 했다.

"왕 시중께서 드디어 의기의 깃발을 드시었다!"

백성들이 궁문 앞으로 떼지어 모여들었다.

궁예는 왕건이 반기를 들었다는 소식을 접하고 미복으로 갈아입고 북문을 빠져나와 바위골짜기로 숨었다.

서기 918년 6월 병진일에 왕건은 포정전布政殿에서 왕위에 올랐다. 국호를 '고려'라 하고 연호를 천수天授라 했다. 동경 속의 참서처럼 삼한을 통일할 고려가 건국된 것이다.

◉ 왕건의 가계

후삼국의 주역인 궁예·진훤·왕건에게는 각기 탄생 설화가 그럴듯하게 각색되어 전해내려오고 있다. 궁예는 신라 제47대 헌안왕 또는 48대 경문왕의 아들로서 태어날 때부터 비극을 안고 풍운아적 태생 설화가 전해내려온다.

진훤은 지렁이 탄생 설화가 그럴싸하게 꾸며져 전해진다.

먼 옛날 큰 부자에게 아리따운 외동딸이 하나 있었다. 그 딸은 어느 때부터인가 날이 갈수록 얼굴이 수척해져갔다. 어머니가 사연을 물었으나 딸은 침묵으로 일관할 뿐이었다. 답답한 어머니는 남편과 의논했다. 남편은 아내의 말을 듣고 딸을 유심히 살펴보았다. 딸의 얼굴이 점점 반쪽이 되어가고 있었다. 아버지가 딸을 불러 은근히 떠보았다.

"너 혼자 말 못할 사정을 가슴에 묻어두고 있는 듯하구나. 이 아비에게 귀띔해줄 수 없느냐?"

딸이 정색을 하고 말했다.

"아버님, 별일 아니에요. 심려 마시와요."

"그렇지 않은 것 같구나. 평생 속일 일이면 입을 꾹 다물고 열지 말거라."

딸은 생각에 잠겨 있다가 결심을 굳히고 말했다.

"실은 아버님, 차마 입에 담기조차 민망한 일이 벌어지고 있나이다."

"무슨 일이냐? 어서 말해보거라."

"소녀를 그냥 죽여주소서."

딸은 말을 할 듯하다가 그만 울음을 터뜨려버렸다.

"울음을 그치거라! 정신을 차리고 말해보거라."

"아버님, 소녀 밤마다 자줏빛 옷을 입은 사내와 통정을 하고 있나이다. 죽여주소서."

"뭣이라고? 그 발칙한 놈이 대체 누구란 말이더냐?"

"소녀도 모르옵니다."

"아니, 너를 강제로?"

아버지는 말문이 막혀버렸다. 딸이 외간 남자와 정을 통하면서도 누군지 모르다니, 억장이 무너졌다. 딸은 억울하여 눈물을 흘렸다.

아버지는 꾀를 냈다.

"애야, 오늘 밤에도 그자가 오거든 실꾸러미를 바늘에 꿰어 그자의 바짓가랑이에 꽂아두어라."

딸은 아버지의 말에 따랐다. 밤이 이슥해지자 자줏빛 옷을 입은 사내가 나타났다. 눈치채지 못하게 실꾸러미를 꿴 바늘을 그자의 바짓가랑이에 꽂아놓았다. 사내는 딸과 정을 통한 후 유유히 사라졌다.

이튿날, 아버지와 딸은 실을 따라가보았다. 실은 남쪽 담으로 이어져 있었다. 담 밑을 살펴보았다. 큰 지렁이 허리에 바늘이 꽂혀 있었다.

"이를 어쩌나. 지렁이가 사내로 둔갑하여 딸을 겁탈하다니."

딸은 그 자리에서 기절하고 아버지는 얼굴이 샛노래졌다. 아버지는 딸을 부축하여 방으로 들어왔다.

날이 갈수록 딸의 배가 불러왔다. 아버지는 예삿일이 아니어서 아내에게 딸을 극진히 보살피도록 했다. 열 달을 채운 후 딸은 사내아이를 낳았다. 이 아이가 바로 훗날 후백제를 세운 진훤이다.

진훤이 강보에 싸여 있을 때의 일이다. 어느 날 진훤의 어머니가 들에 밥을 내오느라고 진훤을 수풀이 우거진 그늘 아래 눕혀놓았다. 그런데 암범이 어슬렁거리며 나타나더니 진훤에게 젖을 먹이는 것이었다. 이 광경을 본 마을 사람들은 진훤이 비범한 인물임을 알고 달리 대했다.

고려를 세운 왕건의 탄생은 명당과 관계가 깊다. 도선이 잡아준 집터에 집을 지은 후에 왕건이 태어났다는 전설이 전해져 내려온다. 왕건의 탄생 설화보다도 왕건 윗대의 가계家系가 재미있게 꾸며져 있다.

먼 옛날 호경虎景이라는 사람이 스스로를 성골장군聖骨將軍이라 칭하면서 백두산을 시작으로 산천을 두루 구경하다가, 부소산 왼쪽 산골에 다다라 거기에 정착하고 장가들어 살림을 차렸다. 그는 가산이 넉넉했으나 슬하에 일점 혈육이 없었다. 호경은 활을 잘 쏘아 명궁으로 소문이 나고, 사냥을 취미삼아 즐기며 하루하루를 지루하지 않게 보냈다.

어느 날 호경은 마을 사람들과 함께 평나산平那山에 사냥매를 잡으러 갔다가 날이 저물어 바위굴 속에 들어가 밤을 세우게 되었다. 3경이 지날 무렵, 호랑이 한 마리가 바위굴 문 앞에 나타나 버티고 서서 큰소리로 포효를 내질렀다.

"어흥~ 어흐흐흥…."

굴 안의 사람들은 간이 콩알만해져 대책을 의논했다.

"저놈의 호랑이에게 무슨 곡절이 있는 게요."

"그 곡절이 무엇이오?"

"글쎄, 내 생각에는 저놈이 먹이를 찾는 것 같소이다."

"우리가 죄다 저놈의 밥이 된단 말이오?"

"그럴지도 모르지요."

"한꺼번에 우리를 다 잡아먹을 수는 없소."

"누가 알우? 죄다 죽여놓고 야금야금 먹어댈지…."

"설마, 우리 전부를 해치지는 않을 게요. 저놈은 영물이라서 우리 중 한 사람을 먹이로 고를 거요."

"무슨 방법으로 고른단 말이오?"

"우리가 고르도록 해야지요."

"어떻게요?"

"우리가 한 사람씩 윗옷을 벗어 저놈에게 던져봅시다. 그리하여 저놈이 옷을 취하면 그 임자가 굴 밖으로 나가면 되오."

"좋은 생각이오. 그리 하십시다."

굴 안 사람들은 한 사람씩 윗옷을 벗어 호랑이에게 던졌다. 호랑이는 거들떠보지도 않고 사납게 포효를 내질렀다.

"어흐흐흥… 어흥!"

호경의 차례가 왔다. 윗옷을 벗어 호랑이에게 던졌다. 기다렸다는 듯이 호랑이가 앞발로 낚아채어 흔들어대는 것이었다. 호경은 새파랗게 질려 오들오들 떨었다.

"어쩔 수 없는 일이오. 저놈이 당신을 원하니 굴 밖으로 나가시오!"

마을 사람들의 시선이 곱지 않았다. 호경은 굴을 나가면서 마을 사람들에게 떨리는 목소리로 말했다.

"순순히 호랑이 밥이 되진 않겠소. 저놈과 싸워서 지면 할 수 없겠지만. 여러분은 안심하시오."

"마을 사람들의 죽음을 대표해서 죽는 것이니, 너무 억울하게 여기지 마오."

"여러분을 원망하지 않소이다. 나를 선택한 것은 저놈이오."

"잘 가시오."

"잘 계시오."

호경이 마을 사람들과 작별을 고하고 굴 밖으로 나왔다. 호랑이는 호경을 잔뜩 노려보다가 "어흥" 소리를 내더니 어디론가 사라져버렸다. 그때였다.

"우르르르 꽝! 꽝꽝! 우르르르… 쿵!"

바위굴이 우렛소리를 내며 무너져내렸다. 마을 사람들은 피할 겨를도 없이 굴 속에서 생매장당하고 말았다. 호랑이는 호경을 구하려고 나타난 것이었다.

호경이 마을로 내려와 이 소식을 전했다. 마을 사람들은 무너진 굴 속에서 죽은 시체를 찾아내어 장사지냈다.

먼저 산신제를 지냈다. 산신이 나타나 말했다.

"나는 과부로서 이 산을 주관하고 있다오. 다행히 오늘 성골장군을 만나 매우 기쁘구려. 당신을 이 산의 대왕으로 모시겠소이다."

이 말이 끝나자마자 산신과 호경의 모습이 사라져버렸다.

평나산 밑 평나군 사람들은 호경을 대왕으로 떠받드는 동시에 사당을 세워 제사지냈다. 그리고 9명이 희생된 바위굴이 있는 산을 평나산에서 떼어 따로이 구룡산九龍山이라 불렀다.

그후 호경은 아내를 잊지 못하여 밤마다 꿈처럼 나타나 아내와 정을 통했다. 두 사람 사이에 아들이 태어났다. 이름을 강충康忠이라 지었다. 강충은 인물이 빼어나고 재주가 비상했다.

장정이 된 강충은 서강 영안촌永安村 부잣집 규수 구치의具置義에게 장가들어 오관산五冠山 밑 마가갑에서 살았다.

그 무렵, 신라의 감관 벼슬을 살던 팔원八元이라는 사람이 풍수에 밝아 세상에 널리 알려져 있었다. 그가 어느 날 부소군에 들렀다. 부소군은 부소산 북쪽에 있었다. 팔원은 강충을 만나 부소산의 형세를 살펴보고, 산세는 수려한데 나무가 없는 것을 안타깝게 여겼다.

"아까운 산이로다. 부소군 관아를 산 남쪽으로 옮기고 부소산에 소나무를 심어 암석이 보이지 않도록 하면 이 산 정기를 받아 장차 삼한을 통일할 자가 태어날 것이외다."

강충은 이 말을 듣고 귀가 솔깃했다.

"감관의 말씀이 틀림없소이까?"

"내 말대로 해보려우?"

"삼한의 지도자가 나온다면야 어찌 그리하지 않겠소이까."

"내 말을 믿고 안 믿고는 댁에게 달렸소이다."

강충은 군 벼슬아치들을 설득하여 군 관아를 부소산 북쪽에서 남쪽으로 옮겼다. 그런 후 부소산에 소나무를 심고 군 이름을 아예 송악군松嶽郡으로 바꾸어버렸다.

강충은 상사찬上沙餐이란 벼슬을 받고 송악군 관계의 일을 보면서 마가갑 저택은 세를 주고 가끔 왕래했다. 강충은 많은 재산을 모으고 슬하에 두 아들을 두었다. 그중 둘째 아들의 이름을 손호술損乎述로 했다가 뒤에 보육宝育으로 개명했다.

보육은 성품이 너그럽고 지혜로웠다. 그는 중이 되어 지리산으로 들어가 불도에 정진했다. 뒷날 평나산 북쪽 기슭으로 돌아와 살다가 다시 마가갑으로 옮겼다.

어느 날 밤, 그는 꿈을 꾸었다. 꿈에 곡령재에 올라가 남쪽을 향해 소변을 보았다. 그런데 그 오줌이 삼한 천리에 가득하고 온 산천이 은銀바다를 이루었다. 참으로 기이한 꿈이었다.

보육은 날이 새는 대로 형 이제건伊帝建에게 밤에 꾼 꿈 이야기를 들려주었다. 이제건이 듣고 나서 말했다.

"길몽이로구나. 네가 필시 하늘을 이고 버티는 기둥(큰 인물)을 낳겠구나."

"정말이나이까?"

"두고 보면 알 것이야."

이제건은 자기의 딸 덕주德周를 보육에게 주어 아내로 삼도록 했다. 보육은 조카딸 덕주를 아내로 맞아 마가갑에 암자를 짓고 처사處士로 살아갔다. 신라의 술사(지관) 한 사람이 보육의 암자에 찾아와 말했다.

"참으로 좋은 땅이로다. 이곳에서 오래 살면 좋은 일이 생길 것이외다."

"좋은 일이라면, 무슨…."

"당나라 천자가 찾아와 사위로 맞을 기회가 올 것이외다."

"설마… 가당치도 않은 말씀이구려."

"기다려보오."

보육은 심드렁하게 여겼다. 당나라 천자를 사위로 맞다니, 허풍치고는 심하다는 생각이 들어 마음이 언짢았다.

보육은 두 딸을 두었다. 그중 둘째 딸의 이름이 진의辰義였다. 얼굴이 예쁘장하고 재주가 많아 귀여움을 받았다.

진의가 성년으로 자란 어느 날 밤이었다. 그녀의 언니가 꿈을 꾸었다. 오관산 마루턱에 올라앉아 오줌을 누었는데, 그 오줌이 순식간에 천하를 넘치게 했다. 언니가 꿈에서 깨어 진의에게 꿈 이야기를 해주었다.

"진의야, 이상도 하지. 오줌으로 천하를 넘치게 하는 꿈을 꾸었단다."

"언니, 정말이야? 어디서 오줌을 누었는데?"

"오관산 마루턱에서."

"언니, 그대로 잠깐 기다려."

진의는 아끼느라고 잘 입지도 않는 비단치마를 가지고 와서 활짝 웃었다.

"언니, 그 꿈 내게 팔우."

"꿈을 팔라고?"

"내가 그 꿈을 살게."

"뭐하려고?"

"비밀이야."

"그까짓 것 팔지 뭐."

"자, 꿈 이야기를 천천히 다시 한번 해줘."

"그러지 뭐."

진의는 비단치마를 좍 펼치고 꿈 이야기를 들은 다음 도르르 말아 품 안에 안았다.

"내가 산 거야."

"그래 내 꿈은 이제 네 것이야."

진의는 도르르 만 비단치마를 가슴에 세 번 안는 시늉을 했다. 그런데 어찌된 일인가. 진의의 배에서 무엇인가 꿈틀대는 것이었다. 진의는 빙긋 웃으며 배를 만져보았다.

이 무렵은 당나라 선종이 즉위하기 전이었다. 선종이 13세 되던 해는 목종의 재위 기간이었다. 선종은 장난으로 황제의 동상에 올라가 여러 신하들에게 답례하는 흉내를 냈다. 그 모습을 보고 목종의 아들 무종이 매우 언짢게 여겼다. 목종이 죽고 무종이 즉위했다. 무종은 선종에게 가차없이 박해를 가했다. 선종은 궁궐에서 몰래 빠져나와 멀리 도망쳤다.

선종은 천하를 두루 돌아다녔다. 온갖 박해를 피해 다녀야만 했다.

염관현 안선사安禪師가 선종을 알아보고 오랫동안 잘 보살펴주었다. 선종은 당나라를 떠나 신라 송악군에 이르렀다. 곡령재에 올라 남쪽을 바라보며 중얼거렸다.

"아하, 여기에 도읍 할 만한 땅이 있었구나."

따르던 시종이 말을 받았다.

"태자마마, 이곳은 8진선八眞仙(여덟 신선)이 사는 땅이옵니다."

"그렇더냐? 한눈에 좋은 땅으로 보이는구나."

"도읍을 하고도 남을 길지이나이다."

선종은 곡령재에서 마가갑 양자동養子洞으로 내려와 보육의 집에서 고달픈 여장을 풀었다. 보육의 두 딸을 본 선종은 매우 흡족하게 여겼다. 산길을 걷다가 터진 옷소매를 꿰매달라고 보육에게 부탁했다. 보육은 한눈에 귀한 신분의 인물이라는 것을 알아차렸다. 옛날 술사가 찾아와 한 말이 어렴풋이 생각났다.

'이 사람이 당나라 천자?'

보육은 맏딸을 선종의 방으로 들여보냈다. 맏딸은 선종의 방에 들어가기도 전에 자기의 방 문지방을 넘다가 넘어져 코피가 터져버렸다. 할 수 없이 동생 진의가 선종의 방에 들어갔다.

"낭자, 이 옷소매를 꿰매주시겠소?"

진의는 한눈에 반해버렸다. 눈을 비비고 봐도 귀골이었다. 가슴이 뛰고 숨이 가빠졌다. 마음을 차분히 가라앉히고 선종의 터진 옷소매를 꿰매주었다. 둘 사이에 은밀한 사랑이 이루어졌다.

선종은 보육의 집에서 반년을 묵었다. 진의와 사랑에 빠져버린 것이다. 그러나 눌러앉아 있을 신분이 아니었다. 떠나기로 결심했다. 당나라 조정은 떠도는 선종에게 우호적이었다. 그는 보육의 집을 떠나기로 마음먹었다. 이별하는 날, 선종은 진의에게 활과 화살을 주며 말했다.

"만약 아들을 낳거든 이것을 주어 당나라로 나를 찾아오도록 하시오. 나는 장차 당나라를 다스릴 몸이라오."

선종은 진의가 자기의 씨를 잉태했다는 것을 알고 있었다.

"염려 놓으셔요. 아들을 낳으면 아버지를 찾아 떠나 보내겠나이다."

"부인만 믿고 떠나오."

"부디 백성들을 어여삐 여기는 황제가 되소서."

보육은 열 달을 채우고 아들을 낳았다. 이름을 작제건作帝建으로 지었다. 작제건은 어려서부터 총명하고 용감했다.

그의 나이 5, 6세 무렵이었다. 작제건은 진의에게 정색을 하고 물었다.

"어머님, 소자의 아버지는 누구이옵니까?"

진의는 숨길 까닭이 없었다. 황태자로서 긍지를 심어주어야겠다는 생각이 들었다.

"네 아버지는 당나라 사람이란다."

"장사꾼인가요?"

"아니란다."

"어디에 계시나이까?"

"당나라 황실에 계시니라."

"예에?"

"장차 당나라를 맡으실 분이란다."

"소자가 황태자…."

"그렇느니라. 각별히 몸가짐을 잘해야 하느니라."

작제건은 어머니의 얼굴을 뚫어지게 쳐다보았다. 어머니가 아버지의 이름을 밝히지 않아 서운한 마음이 들었다. 진의는 실은 선종의 이름을 알지 못했다.

작제건은 문무를 겸비한 청년으로 성장했다. 육예(禮樂射御書數)를 두루 잘했으나, 그중에서도 글씨와 활솜씨가 뛰어났다. 그의 나이 16세 때에 아버지가 남기고 간 활과 화살로 쏘면 무엇이든 백발백중이었다. 사람들이 그의 활솜씨에 신궁神弓이라고 혀를 내둘렀다.

그의 나이 18세, 작제건은 아버지를 찾아 당나라로 가려고 상선을 탔다. 상선이 난바다로 나왔을 때, 갑자기 안개가 끼고 비구름이 하늘을 덮어 앞이 보이지 않았다. 배는 닻을 내리고 꼼짝할 수 없었다.

사흘이 지나고 있었다. 당나라 뱃사람들이 점을 친 후 신라 사람 작제건을 내려놓고 가야 한다는 결론을 내렸다. 그래야만 바닷길이 열리고 항해가 순탄하다는 점괘가 나온 것이다.

작제건은 상선에서 쫓겨나는 신세가 되었다. 아버지가 남긴 활과 화살을 챙겨든 채 작제건은 당나라 뱃사람들에 의해 바다로 등을 떠밀렸다. 바다에 내던져진 작제건은 물속에서 우뚝 섰다. 바다 밑이 암석이어서 설 수 있었다. 그를 내려놓은 상선은 비구름과 안개가 말끔히 걷혀 순풍에 돛을 달고 나는 듯이 바다를 미끄러져 멀리 사라져갔다.

배가 멀리 사라진 후 난데없이 한 노인이 나타나 작제건에게 공손히 허리를 굽히고 나서 말했다.

"나는 서해의 용왕이외다. 요사히 날마다 저녁때쯤 늙은 여우 한 마리가 치성광여래熾盛光如來(부처의 이름 가운데 하나)의 형상을 하고 공중에서 내려와 안개 속에서 소라 나팔을 불고 북을 치면서 옹종경擁腫經(병을 부르는 독경)을 읽나이다. 그럴라치면 나는 심한 두통으로 고통을 견딜 수 없소이다. 듣건대 그대는 신궁이라는 소문이 자자하더이다. 그 여우를 죽여 피해를 덜어주오."

"용왕님께오서 사정이 딱하시니 모른 체할 수 없소이다. 한번 해보겠소이다."

"고맙소이다."

용왕의 말대로 저녁때가 되자 공중에서 홀연히 음악소리가 들리고 서북쪽 하늘에서 내려오는 자가 있었다. 작제건은 치성광여래 같아 활을 쏘지 못하고 망설였다. 그러자 용왕이 다급한 목소리로 재촉했다.

"저놈이 늙은 여우외다. 의심하지 말고 활을 쏘시오!"

그제서야 작제건은 정신을 가다듬고 활을 당겨 치성광여래를 겨냥하여 쏘았다. 화살이 적중했다. 그러자 이변이 일어났다. 용왕의 말대로 화살을 맞고 쓰러진 물체는 늙은 여우였다.

용왕은 작제건에게 고맙다며 용궁으로 데리고 들어갔다.

"그대의 도움으로 큰 근심을 덜었소이다. 은혜를 입어 보답하려 하니 사양하지 마시오. 앞으로 당나라로 들어가 황제이신 아버님을 만나시려우, 아니면 내가 주려는 칠보七寶(금·은·유리·거거·마노·파리·산호)를 가지고 돌아가 어머님을 잘 모시겠소?"

"내 꿈은 동방의 왕이 되는 것이오."

"그렇소이까? 동방의 왕이 되려면 건建자 붙은 이름으로 3대를 지나야 하오. 그 소원만은 당장 들어줄 수가 없소이다."

작제건은 임금이 되기에는 아직 때가 아님을 깨달았다. 그는 깊은 생각에 잠겼다. 자기 손자대에나 동방의 임금이 태어난다니, 그때까지 기다릴 수밖에 없었다. 용왕 옆에 있던 할머니가 농담 삼아 작제건의 마음을 떠보았다.

"용왕의 딸에게 장가들 마음 없수?"

"네에?"

작제건은 귀를 세웠다. 용왕의 사위가 된다면 모든 일이 순조로울 것 같았다.

"왜? 생각이 있수?"

"내가 용왕의 사위가 될 수 있다는 말이오?"

"마음먹기에 달렸지."

그러자 용왕이 맏딸 저민의蠫旻義를 불렀다. 수수한 차림의 저민의가 나타났다. 작제건의 마음에 쏙 들었다.

"어떤가? 내 사위가 되겠는가?"

"삼아만 주신다면 기꺼이…."

용왕은 쾌히 허락했다. 그리고 칠보를 내주었다.

작제건은 아내와 함께 용왕에게 작별인사를 하려고 했다. 아내 저민의가 속삭였다.

"아버님께서 가지고 있는 보물 중에 버드나무 지팡이와 돼지가 있답니다. 그것들은 칠보보다 더 귀한 것이지요. 그것을 달라고 하소서."

작제건은 아내의 말에 따랐다.

"장인어른, 칠보 대신 버드나무 지팡이와 돼지를 주시면 아니 되겠나이까?"

"딸은 도둑이라더니, 벌써 저민의가 귀띔한 게로군. 내가 가장 아끼는 보물을 달라고 하니, 선뜻 내키지는 않으나 맏사위가 원하니 어쩔 수 없구먼. 허나 돼지만 가져가게나. 주기로 했던 칠보는 그냥 가져가고."

"고맙사옵나이다."

작제건은 옻칠을 한 배에 칠보와 돼지를 싣고 아내와 함께 용궁을 떠나 눈 깜짝할 사이에 해안에 닿았다. 거기는 창릉굴昌陵窟(후에 고려 세조의 능이 있다는 석굴) 앞이었다.

작제건이 용왕의 딸과 결혼하여 돌아왔다는 소문이 퍼지자, 인근 사람들이 기이하게 여겼다. 백주白州 정조正朝 벼슬을 지내던 유상희가 개주開州·정주貞州·염주鹽州·백주의 네 고을과 강화·교동·하음의 3개 현 사람들을 데리고 와서 영안성永安城을 쌓고 궁실宮室을 신축하여 작제건에게 바쳤다.

용녀가 영안성에 정착한 다음 개주 동북 산기슭에 땅을 파서 우물을 만들고 은그릇으로 물을 떠서 썼다. 지금의 개성 큰 우물(대정)이 곧 그것이다.

영안성에서 지낸 지 1년, 어느 날 돼지가 우리로 들어가지 않고 떼를 썼다. 저민의가 아무리 달래어도 떼를 쓰며 우리에 들어가지 않으려고 했다.

"왜 그러느냐? 이곳이 싫으냐? 그렇다면 네 마음대로 떠나가거라. 나도 너를 따라가겠느니라."

돼지는 꿀꿀거리며 영안성을 떠나 송악산 남쪽 기슭에 가서 누워버렸다.

저민의가 돼지를 따라갔다 와서 작제건에게 말했다.

"아무래도 이사를 해야 할 것 같나이다."

"무슨 말이오? 여기가 싫으시오?"

"돼지가 성을 나가 다른 곳에 누워 있나이다."

"그곳이 어디오?"

"송악산 남쪽 기슭이나이다."

"이런 재변이 있나."

작제건은 돼지가 누운 자리에 새집을 짓고 이사했다. 그곳은 작제건의 할아버지 강충이 살던 옛터였다. 작제건은 영안성을 오고가며 그곳에서 30년을 살았다.

아내 저민의는 새집 창 밖에 우물을 파고 그 우물을 통하여 서해 용궁을 왕래했다. 그 우물은 광명사廣明寺(개성 송악산에 있던 고찰) 동상방 북쪽에 있는 우물이다.

저민의는 작제건에게 늘 다짐을 두었다.

"제가 용궁으로 떠날 때는 절대로 우물 안을 들여다보지 마소서. 만약 약속을 지키지 않으면 저는 돌아오지 않을 것이나이다."

작제건은 그 약속을 지킬 수 없었다. 어느 날 저민의가 어린 딸을 데리고 우물 속으로 들어가는 것을 보고 궁금하여 우물 안을 들여다보았다. 저민의가 황룡으로 변하여 오색 구름을 일으키는 것이었다. 작제건은 그 모습을 보고 황홀하여 넋이 빠져버렸다. 용궁을 다녀온 저민의가 성을 냈다.

"부부간에는 신의가 첫째이나이다. 당신은 약속을 어겼으니 함께 살 수 없나이다."

저민의는 어린 딸을 데리고 우물 속으로 들어간 후 다시는 돌아오지 않았다. 그 사이 작제건과 저민의 사이에는 아들 넷을 두었다. 맏아들을 용건龍建이라 불렀는데, 후에 융隆으로 고치고 자字를 문명文明이라 했다.

작제건은 저민의를 잃고 속리산 장갑사長岬寺에 들어가 불경을 읽으며 지내다가 세상을 떠났다.

아버지를 잃은 융이 가장이 되었다. 융은 몸집이 크고, 도량이 넓고 성격이 화통하여 삼한을 통일하려는 뜻을 품었다. 그는 일찍이 이상한 꿈을 꾸었다. 아름다운 여인이 꿈속에 나타나 아내 되기를 약속하는 것이었다. 그는 먼 훗날, 송악산에서 영안성으로 가는 길에 한 여인을 만났다. 언젠가 꿈속에서 본 그 여인이었다. 그는 주저 없이 청혼했고 여인은 흔쾌히 받아들였다. 이 여인이 어디에서 왔는지 아는 사람은 아무도 없었다. 그리하여 사람들은 융의 부인을 몽부인夢夫人이라 불렀다. 나중에 이 여인은 왕건이 삼한을 통일한 후에 삼한의 어머니가 되었다 하여 한韓씨 성을 지니게 된다.

융은 송악산 옛집에서 여러 해 동안 살다가 새집을 송악산 남쪽에 짓고 있었다. 그 터는 연경궁延慶宮 봉원전奉元殿 터다.

그 무렵, 동리산桐裏山 도선道詵 스님이 삼한을 통일할 인재를 찾으러 다니다가 융이 짓는 새집을 보고 끌끌 혀를 찼다.

"쯧쯧… 기장을 심을 터에 어찌 삼을 심었는고?"

이 말을 들은 목수가 융에게 달려가 전했다. 융이 달려와 도선을 찾았다. 그 사이 도선은 곡령에 올라 주위의 산수를 꼼꼼히 살폈다. 도선은 풍수의 대가였다.

융이 정중하게 인사를 트고 새집을 짓고 있는 터에 대해 물었다.

"목수를 통해 대사의 말씀을 들었나이다. 깨우침을 주소서."

"내가 이 근처의 산수를 두루 살펴보니 지맥이 북방 백두산 수모목간水母木幹으로부터 내려와 마두명당馬頭名堂에 떨어졌소이다. 댁은 수명水命이니 마땅히 수水의 대수大數를 좇아서 36구區의 집을 지으면 천지의 대수에 부합하여 명년에 슬기로운 아들을 낳을 것이외다. 아들이 태어나면 이름을 건建이라 부르시오."

말을 마치자 도선은 축지법을 써서 산속으로 감쪽같이 사라져버렸다.

이듬해 도선의 예언대로 삼한을 통일할 왕건이 새집에서 태어났다.

왕건의 가계는 성골장군, 즉 호경으로부터 강충→보육→작제건→용건(융)→건으로 이어진다. 왕건이 즉위 2년에 그의 3대 조상을 추봉追封했다. 증조부 보육을 원덕대왕元德大王으로, 부인 덕주를 정화왕후貞和王后로 추증했다.

할아버지 작제건은 경강대왕景康大王으로, 저민의를 원창왕후元昌王后로, 아버지 융을 위무대왕威武大王으로, 몽부인에게 한씨 성을 주어 위숙왕후威肅王后로 각각 추존했다. 그리고 증조부를 시조始祖, 조부를 의조懿祖, 아버지를 세조世祖라 했다. 전설적인 가계가 고려 역사에 임금으로 자리매김된 것이다.

⊙ 도선과 왕건

왕건이 태어난 그해, 도선이 왕융의 집을 찾았다. 융은 도선을 목마르게 기다리던 참이었다. 새집 터를 골라주고 왕건 탄생을 예언한 도선이어서 융은 태어난 왕건의 장래에 대해 도선의 가르침을 받고 싶었던 것이다.

도선은 당대의 선승禪僧이었다. 신라 말 교승들이 가르치는 불교가 백성들에게 먹혀들지 않고 사회가 매우 혼탁해져갔다. 신라 조정의 중앙집권체제가 붕괴되고 조정에서는 왕권 다툼이 치열했다. 걸핏하면 반란이 일어나 하루아침에 임금이 바뀌고, 불교는 교승들의 인심을 잃어 쇠퇴해가고 있었다.

이러한 틈을 이용해 당나라 유학파 스님들이 선禪을 앞세워 대중들에게 파고들었다. 교승들의 교언영색에 식상한 백성들이 선승들의 깨끗하고 청빈한 생활에 매혹되어 신도들이 하루가 다르게 불어났다.

선승 도선은 전라도 영암 월출산 밑에서 태어나, 구례 화엄사에서 머리를 깎고 중이 되었다. 어머니는 영암 벌족의 하나인 최씨였으나, 아버지는 알 수 없다. 처녀 최씨가 개울에서 떠내려오는 오이를 먹고 아기를 잉태하여 도선이 태어났다. 도선이 태어난 곳은 백제 때 일본으로 건너가 글을 가르친 왕인 박사가 태어난 마을이다.

도선은 화엄사에서 불교 교리를 경전을 통해 공부하다가 이웃 동리산 혜철惠哲 스님의 소문을 듣게 된다. 혜철은 속성이 박씨로 경주 사람이었다. 당나라에서 유학하여 서당 지장에게 심인心印을 받고 서당이 입적한 후에 사방을 떠돌다가 서주西州의 부사사에서 3년 동안 대장경을 공부한 후 귀국하여 9산선문九山禪門의 하나인 동리산파를 열었다.

9산선문은 홍척이 연 실상산문, 체징이 연 가지산문, 범일이 연 사굴산문, 혜철이 연 동리산문, 무염이 연 성주산문, 도윤이 연 사자산문, 도헌이 연 희양산문, 현욱이 연 봉림산문, 이엄이 연 수미산문을 일컫는다.

어느 날 도선은 '장부가 마땅히 세법을 떠나 스스로 안정할 것이어늘 어찌 문자만을 붙들고 있으랴' 라는 생각이 들어 동리산 대안사大安寺(후에 태안사)의 혜철 문중으로 들어간다. 혜철에게 무법無法의 법을 전수받고 비구계를 받는다.

도선은 혜철에게 당나라의 사찰풍수를 전해듣고 풍수에 심취하여 전국토를 만다라화할 국토 연구에 몰두한다. 그는 신라 말의 기울어가는 나라꼴을 보고 새로운 기운이 솟아날 땅, 즉 새 도읍지를 찾아 팔도를 누비며 풍수 공부를 한다. 그 무렵 도선보다 100년 가까이 먼저 살다 간 당나라 일행 선사의 풍수학에 매료되어, 항간에서는 일행 선사에게 풍수를 배웠다는 소문이 나돌았다.

도선이 송악, 즉 개성의 지리에 주목한 것은 그곳을 삼한을 통일할 나라의 도읍지로 봤던 것이다. 개성의 지형을 살피러 가서 송악산에 집터를 잡은 왕융을 만나 아들을 점지해줄 땅을 골라주고, 개성 일대의 토호인 왕융 집안과 인연을 맺는다.

도선은 왕건이 태어난 해 봄, 왕융의 집에 들렀다. 왕융은 도선을 신선처럼 받들었다. 갓난아기를 사랑방으로 데리고 와서 도선과 대면을 시키면서 왕융이 말했다.

"대사, 이 아기는 대사께서 점지해준 아이옵니다. 대사의 뜻대로 하소서."

"쉬잇! 큰일날 말씀, 삼가소서."

도선은 자리에서 일어나 갓난아기에게 큰절을 올리고 나서 품에서 봉투를 꺼내 왕융에게 주었다. 겉봉에는 "삼가 글을 받들어 백번 절하면서 미래에 삼한을 통합할 주인 대원군자大原君子께 드리노라"라고 씌어 있었다.

"대사, 이것이 무엇이오이까?"

"이 아기는 예사 아기가 아니나이다. 장차 삼한을 통합할 대업을 이룰 아이오니 유념하시오소서."

"대사, 무슨 말씀이신지?"

"왕 장자께서 꿈이 없었다는 말씀이오?"

왕융은 마음에 품은 뜻을 들켜 몹시 당황해하는 눈치였다. 비록 신라 조정에서 내린 벼슬을 받았으나 뜻은 새로운 시대를 여는 데 있었다.

도선은 왕융의 그런 마음을 훤히 읽고 있었다.

"이 봉투를 제가 봐도 되나이까?"

"건이 철이 들면 그때 같이 뜯어보소서."

왕융은 궁금했으나 벽장 깊숙이 감추어두었다. 도선은 왕융의 만류를 뿌리치고 개성을 떠났다.

도선은 스승 혜철 스님이 입적한 후에 희양(전남 광양) 백계산 자락 밑의 큰 웅덩이를 메우고 그곳에 절을 지어 옥룡사玉龍寺라 이름지었다. 혜철 스님의 동리산파에서 가지를 뻗어 옥룡사파를 연 것이다.

희양은 후백제 땅이었다. 무진주에서 후백제의 간판을 내건 진훤이 부하들을 시켜 도선을 초청했다. 국사로 삼고 싶다는 전갈이었다. 도선은 움직이지 않았다. 희양에서 가까운 남원의 양 장군도 도선과의 접촉을 희망했으나 도선은 세상을 관망하는 자세였다. 그러면서 땅을 연구하고 새로운 정치 질서를 갈망하고 있었다.

풍수에서는 인간의 삶을 땅과 연관지어 해석하기를 즐긴다. 도선이 땅을 연구한 것은 쇠한 지기地氣를 비보하여 그곳에 사는 사람들의 생활을 활기차게 이끌어주는 데 있었고, 전국토를 재편성하는 것에 있었다.

가령 신라 천년의 역사를 간직한 수도 경주는 지기가 시들어 국운이 기울고 있다고 보고 새 도읍지와 새 인물을 바라는 것과 같은 것이었다. 도선은 송도, 즉 개성을 지기 왕성한 도읍지로 보고 거기에 합당한 인물을 찾은 것이다. 그리고 사찰풍수를 연구하여 새로운 불교 중흥을 위해 절터를 잡아 불사를 하고 쇠퇴해가는 사찰의 중창을 서두르고 사찰 내의 허한 부분을 비보하여 지기를 살려갔다.

그러면서 새로운 나라의 건국에 맞춰 인재를 양성하는 데도 눈을 돌렸다. 지방 토호세력과는 유대를 맺어 선종 사찰을 세우는 데 도움을 받았다.

도선은 동리산파에서 갈라져나와 백계산 옥룡사파를 이루었으나, 옥룡사에 칩거하는 일이 드물었다. 마음은 늘 전국토 위를 떠도는 뜬구름 같았다. 전국을 떠돌며 불사를 하고 중창을 하고 비보하기에 바빴다.

진성여왕 대에 궁예와 진훤이 나라를 세워 신라를 위협했다. 여왕은 불력으로 나라를 위기에서 구하고자 불사를 서둘렀다. 사찰터를 잘 고른다는 도선을 경주로 불러들였다.

도선은 내키지 않았으나 불사를 하는 일이어서 진성여왕을 만났다. 여왕은 항간의 소문처럼 요염해 보이지 않았다. 궁중에 미모의 소년을 두고 음행을 일삼는 여자로 보이지 않았다.

"대사, 이 나라의 형편을 잘 아시지요?"

"무슨 말씀이시온지?"

"음흉한 야심을 품은 자들이 각 지방에서 발톱을 드러내고 있소이다.

이들의 야심을 불력으로 막아보려 하오. 나를 도와 불사를 해주오."

"신이 보아둔 절터는 많사옵나이다. 하명을 내리시오소서."

"마음에 둔 사찰터가 있나이까?"

"많사옵나이다."

"조정에서 공양을 할 터이니 임진강이 가까운 곳에 절을 세워주오."

"한수(한강) 이북 임진강 가까운 곳에 고령산이 있나이다. 그곳에 좋은 터가 있나이다."

"서둘러 불사를 해주오."

진성여왕에게 불사를 부탁받은 도선은 데리고 온 제자 두 사람에게 고령산으로 가서 불사를 하도록 이르고 혼자 송도로 갔다. 송도에서 왕융이 눈이 빠지게 기다리고 있었다.

왕건은 자라서 헌헌장부가 되었고, 왕융은 자식의 진로를 두고 고민하던 터였다. '소도 언덕이 있어야 비빈다'는 속담이 왕융의 머리를 꽉 채웠다. 왕건 혼자 독자적인 세력을 갖기란 나이로 보나 따르는 인물로 보나 벅차기만 했다. 왕융은 옥룡사에 사람을 보내 여러 번 도선을 찾았으나 번번이 헛걸음이었다. 도선이 옥룡사를 비우고 어디를 떠도는지 알 길이 없었다.

왕건의 나이는 들어가고, 진로를 정하지 못한 아버지 왕융은 속이 타들어갔다. 그러던 차에 도선이 귀신처럼 눈앞에 나타났다.

"대사, 우리 건이를 잊으신 것이오이까?"

도선은 웃음으로 답했다. 글공부를 하고 있던 왕건이 사랑으로 나와 도선에게 큰절을 올렸다. 도선이 대뜸 물었다.

"봉투 속의 지도는 숙지했느냐?"

왕건이 머뭇거렸다. 아무리 봐도 도선이 주고간 봉투 속의 지도를 알아볼 수 없었다. 삼한의 지도인 것만은 틀림없어 보였으나 큰 점, 중간점, 작은 점으로 표시된 3,000여 개의 점이 무엇을 뜻하는지 도무지 짐작조차 할 수 없었다.

"숙지하지 못한 게로구나."

"그러하오이다."

"대사, 실은 나도 그 점들을 이해하지 못했소이다."

왕융이 미안하여 머리를 조아렸다. 도선이 부자를 번갈아보다가 불쑥 말했다.

"왕 장자, 건이를 내게 반년만 빌려주시오."

"예에?"

"건이를 소승이 데리고 가겠소이다."

"어디로 데려간단 말씀이나이까?"

"묻지 마소서."

"지도를 익히지 못한 벌이옵나이까?"

"아니나이다. 아무것도 묻지 마시고 남해안으로 떠날 배나 한 척 마련해주소서."

"언제 떠나겠나이까?"

"지금 당장 떠나겠소이다."

"며칠 묵었다 가시면 아니 되겠나이까?"

"건이의 진로가 시급하지 않나이까?"

"그렇사옵나이다."

"그래서 서둘러 떠나겠다는 말씀이외다."

왕융은 더는 캐묻지 않고 정주 포구로 나가 쓸 만한 상선 한 척을 내주었다.

"따르는 종자는 소용없소이다. 다만 이 배를 도로 가지고 올 사공이면 되겠소이다."

사공 둘이 따랐다. 도선은 왕건을 데리고 며칠 동안 서해를 지나 남해의 나주 포구에 닿았다.

"여기서부터 지형을 잘 살펴두거라. 훗날 네가 유용하게 활용할 고장이니라."

"지도에도 있나이까?"

"없다. 그 지도는 삼국도로서 큰 점은 사찰을 지을 곳, 중간 점은 사찰을 중창할 곳, 작은 점은 사찰을 비보할 곳이니라."

"왜 절을 짓고 중창하고 비보해야 되나이까?"

"이 나라 지기는 죄다 쇠하여 지기를 살리지 않으면 백성들이 고달퍼지느니라."

"왜 제가 이 지도를 숙지해야 하나이까?"

"네 뜻이 뭐더냐?"

"백성들과 더불어 편안히 사는 것이나이다."

"그러려면 네가 어찌 되어야 하느냐?"

"제게 힘이 있어야 하나이다."

"그렇다. 끊임없이 힘을 기를 시기가 왔느니라. 그 준비작업을 하러 가느니라."

"예에?"

도선은 말없이 앞장서서 활개를 치며 걸었다. 젊은 왕건이 따라가기에 숨이 찼다.

하룻밤을 주막에서 묵고 이튿날 무진주(광주)에 닿았다.

"진훤이 후백제의 간판을 내건 고장이느니라. 이곳을 눈여겨 봐두어라. 너와는 특별한 연을 맺게 될 것이니라."

도선은 왕건을 무진주에서 하룻밤 묵게 했다. 진훤이 차지한 무진주는 다른 마을에 비해 부산했다. 사람들의 왕래가 빈번하고 분주한 듯 보였으나 활기가 느껴지지는 않았다.

도선은 왕건을 진안 수도산으로 데리고 들어갔다. 산 정상의 너럭바위에 닿은 도선은 심난해하는 왕건에게 단호하게 말했다.

"너는 이곳에서 풍찬노숙으로 100일 동안 기도를 드려 문수보살의 말씀을 들어야 하느니라. 말씀을 들을 때까지 정진해야 하느니라."

"꼭 이래야만 하나이까?"

"힘을 기른다는 자가 사람의 힘이 무한하다고 보느냐?"

"아니나이다."

"그러니 부처님의 가호를 받아야지 않겠느냐?"

"알겠나이다."

"기도에 정진하면 문수보살님이 나타나실 것이니라."

왕건은 너럭바위에 올라 가부좌를 틀고 앉았다. 도선이 바랑에서 선식을 꺼내 바위에 놓고 말했다.

"내가 올 때까지 이것으로 연명하여라. 날이 밝을 무렵에는 골짜기에 내려가 몸을 씻는 것을 잊지 마라."

"잠은 어디에서 자나이까?"

"네가 앉은 자리가 방이니라."

도선은 산 아래로 내려가버렸다.

왕건은 졸지에 하늘과 땅 사이에 혼자가 되었다. 밤에는 뭇 짐승들이 넘볼 터, 생각만 해도 끔찍했다. 하지만 피할 수 없는 길이었다. 사람의 힘에는 한계가 있다는 것을 알기에 고행을 통해 무한한 힘을 얻을 수 있는 길을 가야만 했다.

도선은 그 길로 옥룡사에 들러, 선술仙術에 능한 제자에게 선식을 마련하여 수도산으로 가라 이르고 고령산으로 갔다.

고령산에서는 불사가 한창이었다. 도선이 알려준 대로 대웅전 터가 자리를 잡아가고 있었다.

"큰스님, 절 이름을 아직 모르나이다. 무엇이라 부르리까?"

"보광사普光寺라 부르거라."

"좋은 이름이나이다."

"나는 이 절의 완성을 볼 수 없느니라. 너희가 알아서 잘해나가거라."

"염려 놓으소서."

도선은 달포를 보광사에 머물다가 옥룡사로 돌아왔다. 초여름의 기운이 온산을 푸르름으로 치장해갔다. 수목이 하루가 다르게 이파리를 키우고 있었다.

옥룡사에 머문 지 이틀, 남원 양 장군이 직접 도선을 찾아왔다. 거구에 기름기가 번들거리는 얼굴에 잔조름한 웃음을 머금은 양 장군은 덩치에 어울리지 않았다.

"대사, 뵙기 힘이 듭니다그려."

"장군께서 어인 일로 이 하찮은 납자를 찾으셨나이까?"

"배움을 청하고자 왔나이다."

"이 납자에게 배움을 청하다니요?"

"세상이 어지럽게 돌아가고 있소이다. 갈 길을 알려주소서."

"흐핫 흐핫 핫핫핫… 이 웃음이 이 납자의 답이외다."

"무슨 말씀을….'

"세상이 한바탕 웃음거리이거늘 무엇을 가르치고 무엇을 배우리요. 길은 천 갈래 길이거늘 어느 길을 지적하리요. 양 장군 마음내키는 대로 행하소서."

황당한 대답에 양 장군은 어리벙벙해졌다. 그러나 무슨 말이든 한마디쯤 듣고 싶었다.

도선은 입을 다문 채 염주를 굴리고 있었다. 양 장군을 의식하지 않고 있었다. 양 장군이 도선의 눈치를 살피다가 불쑥 물었다.

"무진주를 따르오리까?"

도선이 벼락치듯 소리쳤다.

"그대는 어느 나라 장군이오!"

"신라의 장군이외다."

"알았으면 물러가시오!"

"대사, 미련한 제게 길을 알려주소서."

"남원땅에 불사를 하시오."

"그리하면 길이 보이겠나이까?"

"보일 수도 있소이다."

"대사, 저와 함께 남원으로 떠나 불사할 곳을 정해주소서."

"정녕 불사를 할 요량이오?"

"그러하나이다."

"가십시다."

도선은 양 장군을 앞세워 남원땅에 닿아 미리 봐두었던 사찰터 두 곳을 알려주었다. 양 장군이 놓아주지 않는 바람에 두 절의 상량식을 보고서야 남원을 벗어났다.

왕건을 수도산에 두고 온 지 100일에 가까웠다. 왕건은 비쩍 말라 있었고, 눈빛만이 형형할 뿐 몸은 많이 축나 있었다. 수발을 드는 스님이 도선에게 귀띔했다.

"의지가 대단하나이다. 잠도 앉아서 자고 오로지 문수보살만을 찾고 있나이다."

"이뤄낼 게야. 나는 저 청년을 알고 있다네."

100일째 되는 날 석양 무렵, 왕건은 문수보살의 현신을 보았다. 왕건이 두 손을 벌리고 중얼거렸다.

"보살이시여, 말씀하시오소서. 연약한 백성에게 갈 길을 알려주소서."

문수보살이 왕건의 머리를 쓰다듬었다. 그리고 속삭이듯 말했다.

"너에게 힘을 주노라. 삼한을 짊어지고 갈 힘을 주겠노라."

이 말을 남기고 문수보살은 황혼과 함께 사라져갔다.

"대사님, 보았나이다, 들었나이다!"

"알았느니라. 이 산을 떠나 육로로 송도로 가거라."

"대사님, 함께 가시지 않겠나이까?"

"너를 보는 것도 오늘이 마지막이니라."

"무슨 말씀이옵나이까?"

"내 말 명심하거라. 삼한의 지도를 숙지하여 거기에 표시된 곳에 불사를 하고 중창을 하고 비보를 하여 삼한을 불국토로 만들지어다."

"명심하겠나이다."

"삼한의 통일이 네 어깨에 짐지워져 있느니라. 어서 떠나거라."

도선은 왕건과 제자를 남겨놓고 산을 내려가버렸다. 어둠이 산을 휘감았다.

왕건과 선승은 밤길을 도와 송도를 향해 떠났다. 이후 도선과 왕건은 만나지 못했다. 도선은 왕건의 삼한 통일을 보지 못하고 입적했다. 왕건은 도선의 뜻을 받들어 〈훈요 10조訓要十條〉에 다음과 같은 말을 남겼다.

"모든 사찰은 도선의 의견에 따라 산천의 길지를 골라 세운 것이다. 도선의 말에 따르면 자기가 선정한 곳 외에 함부로 절을 짓는다면 지덕 地德을 훼손시켜 국운이 길지 못할 것이라 했다. 내가 생각하건대 후세에 국왕 · 공주 · 왕후 · 대관들이 각기 원당願堂이라는 명칭으로 더 많은 절을 증축할까 크게 걱정된다. 신라 말기에 사찰들을 야단스럽게 세워 지덕을 훼손시켰고 결국 나라가 멸망했다. 이 어찌 경계할 일이 아니겠느냐."

◉ 왕건의 여인들

송악산에서 내려오는 물은 북쪽에서 흘러 간방艮方으로 돌아 구불구불 성 안으로 들어가 동쪽 광화문廣化門에서 다시 북으로 머리를 두르고 흐르다가 시내를 관통하여 남으로 흐른다.

송악산에서 성 안을 바라보노라면 왼편에는 시냇물이 흐르고 오른편에는 산이 겹겹이 둘러 송악산 산봉우리까지 언덕이 잇닿아 있다. 그 언덕 골짜기를 따라 소나무가 우거져 마치 한 마리 푸른 용이 꿈틀거리며 물을 희롱하는 것처럼 보인다.

금성 서북쪽에 위봉루라는 전각이 있다. 임금이 손님이나 백관들을 맞이하고 나라에 대례가 있을 때 주로 이용한다. 정전인 천덕전天德殿 서쪽에 위치해 있었다.

천덕전은 왕궁 안에서 가장 규모가 컸다. 높이 5자의 기대基臺 위에 세우고 오르는 양쪽 층계에 붉게 칠한 난간이 좌우로 벌어져 있었다. 전각 좌우에는 긴 장랑長廊을 지어 30여 간의 통로를 만들었다. 임금은 장랑을 통해 침전으로 들었다.

천덕전 뒤에는 건덕전乾德殿과 장화전長和殿이 있었다. 임금이 근친들과 국사를 은밀히 의논하는 곳이다. 장화전 뒤에 원덕전元德殿, 건덕전 뒤에 만령전萬齡殿이 있었고 임금의 침전으로 쓰였다. 만령전을 중심으로 여러 개의 방이 길게 꾸며져 있었다.

정전 동쪽의 선정전宣政殿은 임금이 신하들의 하례를 받는 곳이며, 뒤에는 장경전長慶殿과 중광전重光殿이 양쪽에 자리하고 있었다.

이 화려한 궁궐만큼 왕건의 부인들은 무려 29명이나 되었다. 신혜왕후 유씨柳氏, 장화왕후 오씨吳氏, 신명순성왕후 유씨劉氏, 신정왕후 황보씨皇甫氏, 신성왕후 김씨金氏, 정덕왕후 유씨柳氏 등은 왕후 칭호를 받았고, 헌목대부인 평씨 등 23명은 부인으로 불렸다.

신혜왕후 유씨는 경기 지역의 토호 유천궁의 딸로서 고려 건국에 크게 이바지했다.

장화왕후 오씨는 나주 오다련의 딸이다. 나주 지방에서 농사짓는 농부였으나, 왕건이 나주 점령시에 취한 여인이다.

신명순성왕후 유씨는 충주 유긍달의 딸이다. 유긍달은 충주를 대표하는 호족이었다.

신정왕후 황보씨는 황주 황보제공의 딸이다. 제공은 황해도의 유력한 호족이었다.

신성왕후 김씨는 신라 왕족이며 경순왕의 큰아버지 김억렴의 딸이다. 신라가 고려에 선위한 직후에 정략적으로 왕건에게 바친 왕후이다.

정덕왕후 유씨는 정주 출신 유덕영의 딸이다. 유덕영은 시중을 지냈다.

왕후 가운데 왕자를 다섯이나 생산한 신명순성왕후는 경종·광종의 어머니이자 정략적으로 경순왕에게 시집보낸 낙랑공주의 어머니이기도 하다.

왕건은 왕후와 부인 사이에서 왕자 25명과 공주 9명을 보았다. 이 가운데 3명이 왕이 되고 2명의 왕후를 배출했다.

왕건과 부인들의 관계는 정략적으로 맺어진 관계였다. 신라의 마지막 임금 경순왕(김부)은 고려에 나라를 고스란히 바쳤다. 싸움 한번 하지 않고 성이 다른 왕씨에게 선위한 것이다. 왕건은 신라를 선위받고 반란세력을 잠재우기 위해 신명순성왕후와의 사이에 태어난 낙랑공주를 주어 경순왕을 사위로 삼았다. 김부는 40세를 넘어 장성한 아들까지 두었으나 다 뿌리치고 젊은 낙랑공주의 치마폭에 싸였다. 그리고 감사한 나머지 신라 3보三寶의 하나로 꼽는 진평왕의 옥대玉帶를 바치기도 했다.

경순왕은 자기가 왕건의 사위가 된 것을 고맙게 여겨 조카딸을 바치기로 마음먹었다. 큰아버지 김억렴은 경순왕의 처신을 못마땅하게 여겼으나, 권력에 아부하기 위해서는 딸을 내놓는 길이 우선이었다.

왕건의 나이 환갑에 가까웠다. 신라 공주를 품에 안은 왕건의 즐거움은 남달랐다. 20세의 신라 여인은 인물이 빼어났다. 왕건은 첫눈에 반해버렸다.

새로 전각을 짓고 신라 여인을 보물처럼 아꼈다. 새 왕비를 모시는 궁녀를 부려 경주 사람의 딸들로 골랐다. 왕건의 신라 왕족에 대한 특혜가 어떠했는지를 말해준다.

후백제가 망하기 전 진훤의 사위 박영규는 고려와 내통하여 먼저 송도로 들어왔다. 왕건은 그를 맞아들여 벼슬을 주고 후한 상을 내려 우대했다. 박영규는 왕건의 후의에 보답할 일을 찾았다. 그에게는 과년한 딸이 있었다. 들자하니 신라의 경순왕이 사촌누이를 왕건에게 바쳤다는 소문이 파다했다. 박영규 부부는 이 일에 착안하여 딸을 바쳐 왕건을 사위로 삼고 싶었다.

그는 지체하지 않고 왕건에게 청을 넣었다.

"폐하, 신에게 과년한 딸이 있나이다. 폐하께 바치고자 하오니 가납하여주시오소서."

"장군에게 꽃다운 여식이 있다구요? 듣던 중 반가운 소식이구려."

"미천한 여식이오나 거두어주신다면 큰 광영이겠나이다."

"오히려 내가 영광이외다."

왕건은 박영규의 딸을 취하여 동산원東山院 부인으로 삼았다. 신라와 후백제 여인을 품에 안은 왕건은 여인문제라면 정략적으로 흔쾌히 받아들였다. 동성同姓 혼인에서부터 호족·장군·토호·사냥꾼의 딸에 이르기까지 죄다 자기 수중에 넣으려고 했다.

왕건은 서경(평양)에 큰 관심을 두었다. 고려 초기 서경은 여진 무리가 점령한 황폐한 도시였다. 사촌동생 왕식렴을 평양으로 보내 여진 무리를 내쫓고 성을 새로 쌓는 등 서경 복구에 진력하도록 했다. 서경이 차차 새롭게 바뀌어가자 왕건은 서경 나들이를 즐겼다. 그 근처에서 사냥도 하고 서경 백성들을 이주시킬 계획을 구상하기도 했다.

한 번은 왕건이 서경 나들이길에 사냥을 즐기고 있었다. 이 사냥 대열에는 명궁으로 이름난 김행파金行坡가 끼어 있었다. 비산비야非山非野의 산야를 누비며 꿩·노루·토끼 등을 사냥하며 왕건은 자신의 활솜씨를 은근히 과시했다. 왕건 옆에 행파가 따랐다. 행파는 날짐승·길짐승의 사냥감을 왕건에게 양보하며, 왕건이 놓친 사냥감만을 골라 백발백중 쓰러뜨렸다.

왕건은 행파의 활솜씨에 반해버렸다.

"과연 신궁神弓이로다."

"과찬의 말씀이나이다."

"아니야, 나보다 한 수 위야."

"폐하, 신 몸 둘 바를 모르겠나이다."

사냥은 해거름 무렵까지 이어졌다. 해가 저물어서야 철수를 서둘렀다.

"폐하, 신의 집이 여기에서 지척이나이다. 잠시 쉬어가시면 광영이겠나이다."

"공의 집이 가깝다구?"

"그러하나이다."

"폐가 되지 않을까 주저되노라."

"폐하, 백성의 집에 들르시는 것은 민정시찰의 차원이 아니겠나이까?"

"민정시찰이라… 명분 한번 좋구나. 앞장서게나."

행파의 집은 크지 않았으나 깔끔하고 정겨워 보였다. 잘 가꾸어 주인의 체취가 물씬 풍기는 집이었다. 임금을 맞은 행파의 집은 바삐 움직였다. 사냥해온 짐승을 요리하고 담가놓은 술을 빚느라고 부산을 떨었다.

큰 사랑방에 산해진미 가득한 상이 들어왔다. 술병과 잔을 받쳐든 어여쁜 자매가 주안상을 따라 들어왔다. 왕건은 자매의 고운 자태를 보고 눈이 휘둥그레졌다.

"폐하, 신의 미천한 여식들이옵나이다."

"오오, 곱게 자랐구나. 시골에 두기는 아까운 미색이야."

자매가 고운 자태로 나붓이 큰절을 올렸다.

"소녀, 폐하의 시중을 들게 되어 크나큰 광영이나이다."

"목소리마저 자연의 새소리를 닮아 곱구나. 내 너희의 술시중을 받으니 신선이 된 것 같구나."

"폐하, 우리 가문의 홍복이나이다."

"여보게 행파, 그대는 영리한 자매를 두었으니 부러울 게 없겠네."

"어여삐 봐주시니 은혜 백골난망이나이다."

술잔을 거듭 비우며 왕건은 몽롱해져갔다. 두 자매의 얼굴이 겹쳐 뇌리를 스쳤다. 하나를 고르라면 둘을 다 포기할망정 누구를 고를 수 없을 만큼 인물이 빼어난 자매였다.

"폐하, 누추하오나 신의 집에서 하룻밤 묵어가시오소서."

"그대가 쫓아내도 오늘 밤은 가지 않을 것일세."

임금의 침실이 깔끔하게 마련되었다. 왕건은 침실에 들어 끓어오르는 정염을 지그시 누르며 바튼 신음을 토해냈다.

금침에 비스듬히 누워 자매의 얼굴을 떠올리며 마른침을 삼켰다. 이때 미닫이문이 스르르 열리고 행파의 큰딸이 곱게 단장하고 방 안으로 성큼 들어섰다. 왕건이 금침에서 일어나 앉았다.

"소녀, 아버님의 분부 받잡고 폐하를 모시러 왔나이다. 무례했다면 소녀를 물리치소서."

"그 무슨 섭섭한 말이냐. 이리로, 이리로 가까이 다가오너라."

"소녀, 청이 하나 있나이다."

"말해보라."

"소녀를 어여삐 여기겠나이까?"

"내 너를 처음 보는 순간 전생에서 맺어준 인연이 아닌가 여겼노라."

"폐하, 망극하나이다."

왕건은 그밤을 꿈결처럼 흘려보냈다.

이튿날, 사냥이 이어졌다. 이번에는 행파의 큰딸이 따라나섰다.

"사냥도 배웠느냐?"

"잘은 모르오나 흉내는 낼 줄 아나이다."

동주洞州 고을 넓은 산야를 누비며 왕건은 행파의 큰딸과 즐거운 하루를 보냈다. 그날도 왕건은 행파의 집에서 묵었다. 그 밤에는 작은딸이 왕건의 품에 안겼다. 여복이 미어터진 임금이었다.

송도로 돌아온 왕건은 국사와 대궐 안의 여인들 품에 안겨 행파의 자매를 까맣게 잊고 지냈다. 세월이 꽤 흐른 후에 행파의 자매는 왕건이 송도로 부르지 않자 서경 근교의 절에 들어가 중이 되어버렸다. 이 소식을 듣고 왕건은 행파의 큰딸에게 대서원, 작은딸에게 소서원 부인 칭호를 내려주었다.

이런저런 인연으로 황해도의 장군 유금필의 딸을 취하여 동양원東陽院 부인으로 삼고, 고려 개국공신 4인방의 한 사람인 홍유의 딸을 의성부원 부인으로, 공신 박수문의 딸을 월경원 부인으로, 박수문의 동생 박수경의 딸을 몽양원 부인으로, 선필의 딸을 해량원 부인으로, 홍규의 딸을 홍복원 부인으로, 필의 딸을 숙목 부인으로 각각 봉했다. 이 부인들은 모두 공신의 딸로서 궁에 들어와 공신의 딸에 맞는 예우를 받았다.

공신뿐 아니라, 왕족·장군·지방 토호들은 딸을 주어 왕건과 인연을 맺으려고 안달이었다. 경주인 평준의 딸을 헌목 부인으로, 왕경의 딸을 정목 부인으로, 경주 태수 임언의 딸을 천안부원 부인으로, 합천인 이원의 딸을 후대량원 부인으로, 왕애의 딸을 대명주원 부인으로, 경기도 광주인 왕규의 큰딸을 광주원 부인으로, 작은딸을 소광주원 부인으로, 왕유의 딸을 예화 부인으로, 강기주의 딸을 신주원 부인으로, 영장의 딸을 월화원 부인으로, 순행의 딸을 소황주원 부인으로, 박지윤의 딸을 성무 부인으로 시녀 출신 서전원 부인 등을 각기 후궁으로 삼았다. 이들 중 신혜왕후 유씨를 비롯하여 후대량원 부인, 대명주원 부인, 광주원 부인, 동산원 부인, 예화 부인, 대서원·소서원 부인, 서전원 부인, 신주원 부인, 월화원 부인, 소황주원 부인, 월경원 부인, 몽량원 부인, 해량원 부인은 일점 혈육이 없었다.

왕후를 제외한 부인 가운데 성무 부인은 4남 1녀를 생산했고, 동양원 부인, 천안부원 부인은 2남을, 나머지 부인들은 1남 1녀 혹은 1남과 1녀를 두어 그나마 왕건의 꾐을 받은 자취를 남겼다. 아마 아기를 낳지 못한 부인들은 신혜왕후를 제외하고는 대서원·소서원 부인의 신세와 다를 바 없었을 것이다. 왕건의 정략결혼과 근친혼은 건국 후의 수성을 위한 포석의 일환이었다.

◉ 3최三崔의 선택

신라 말 3최로 불리는 최치원 · 최승우 · 최언위는 당나라 유학파로서 나름대로의 이름을 떨친 학자들이었다. 최치원은 당나라에 유학가서 17세에 과거에 급제하여, 황소의 난 때 고변의 종사관으로서 격문을 써서 이름을 날렸다.

귀국 후 조정에 나아가 진성여왕에게 〈시무 10조〉를 냈으나 받아들여지지 않자 조정을 떠나 은자의 생활에 들어갔다. 지리산 · 속리산 · 가야산 등지를 떠돌며 숱한 전설과 일화를 남겼다.

그는 신라의 멸망을 예측하고 있었다. '황도(경주)는 황엽黃葉이요, 곡령(개성)은 청송靑松'이라는 예언을 퍼뜨린 것도 최치원이라는 설이 있다. 경주는 낙엽, 즉 기우는 나라요 개성은 푸른 솔, 즉 싱싱하게 뻗어나는 나라라는 은유이다.

고려가 건국되자, 그를 찾기 위해 백방으로 노력했으나 끝내 찾지 못하고, 그의 문인들이 고려 조정에 많이 출사했다. 심적으로 고려의 건국을 반겼다는 설이 있으나 그 진위는 알 수 없다.

최승우는 당대 문장가로서 일세를 풍미했다. 당나라에서 유학하고 돌아와 은인자중해 있다가 진훤이 후백제를 세우고 모셔가자 책사로 활약했다는 설이 있으나 확실하지는 않다. 후에 고려에 들어왔다는 설도 있으나, 이는 막연히 그가 남긴 《대진훤기고려왕서代甄萱寄高麗王書》 때문으로 추측된다. 그의 생몰연대도 확실하지 않다.

3최 중의 최언위(崔彦撝)는 18세에 당나라에서 유학하고 과거에 급제한 후 벼슬을 살다가 42세에 돌아왔다. 고려에 귀의하여 태자사부 · 문한 · 한림원령 · 평장사 등을 지냈다. 왕건과 수를 같이하고 왕건보다 1년 늦게 77세로 세상을 떠났다.

3최는 같은 시대에 호흡을 같이한 학자였지만 가는 길이 서로 달랐다. 최치원은 망국의 한을 달래며 은자로서 전설적인 인물이 되었고,

최승우는 자신을 받아준 진훤에게 협조하다가, 후백제가 망하자 고려의 손짓을 뿌리치지 않은 처세의 달인이었다.

고려는 통일 전부터 신라의 학자들을 모셔오려고 공을 들였다. 신라의 오랜 전통과 학문을 고려에 유입하면 나라에 큰 이익이 될 것이라는 계산에서였다. 학자들을 유입하여 모든 제도와 문물이 그들의 머리에서 이루어진다면 건국의 기틀을 잡는 데 크게 도움이 될 것 같았다.

왕건은 신라에 밀사를 보내 학자들을 회유했다. 많은 학자들이 경주를 떠나 송도로 옮겼다. 그러나 왕건이 모시고 싶은 학자는 3최였다. 최치원은 산으로 숨어 종적조차 찾을 수 없고, 최승우는 이미 진훤에게 마음을 두고 있다는 보고였다. 나머지 한 사람, 최언위에게 기대를 걸었다. 그는 기우는 신라를 보듬고 망연자실해 있다는 소문이었다.

고려 밀사가 최언위에게 접근하려 했으나, 두문불출하고 서책으로 시름을 달래고 있었다. 그와 가까운 신라 조정 벼슬아치들을 통해 연통을 해보았으나 효과가 없었다. 그는 집사성 겸 서서원瑞書院 학사 벼슬에 있었으나 이름만 걸어두었을 뿐 나가지 않았다. 그리하여 그를 만나기가 더욱 어려웠다.

신라는 나날이 기울어가고, 진훤의 무자비한 침공으로 경애왕이 포석정 연회에서 날벼락을 맞았다. 진훤은 경순왕을 앉혀 놓았다. 경순왕은 후백제와 고려를 놓고 저울질하고 있었다. 어느 곳에 사직을 넘겨야 자신의 안위가 보장될지 오로지 그 한 가지만을 생각하고 있었다.

무자비한 진훤이 포석정에서 저지른 만행을 생각만 해도 경순왕은 치가 떨렸다. 그에게 사직을 넘기면 평생의 안위를 보장받을 수 없을 것 같았다.

왕건은 신라인에게도 인심을 잃지 않았다. 그릇이 크고 도량이 넓어 용서하고 화해하는 정치를 폈다. 경순왕의 마음이 고려로 기울어 선위하기 위한 물밑 작업이 한창이었다.

최언위는 조정 돌아가는 사정을 훤히 간파하고 있었다. 신라는 버팀

목마저 차차 무너져가고 있었다. 신하들은 경순왕을 등에 업고 고려에서 벼슬을 받으려고 혈안이 되어 있고, 왕실은 무기력하여 힘을 모아 사직을 지킬 엄두를 내지 못했다.

최언위는 최치원처럼 산속으로 들어갈 생각이었다. 갈고 닦은 학문을 백성들을 위해 써먹지 못하는 것이 아쉬웠으나, 선비가 때를 만나지 못하면 물러서서 때를 기다리는 것이 도리였다.

최언위가 몸을 숨기려 한다는 보고를 받은 왕건은 최승우를 놓치고 최치원을 잃은 터여서 마음이 조급해졌다.

"목을 쳐서라도 최언위를 송도로 데려오도록 하라!"

엄명이 떨어졌다. 밀사들의 활약이 다각도로 진행되었다.

어느 날 밤, 복면을 한 밀사가 최언위의 집을 덮쳤다. 보쌈이라도 해서 데리고 갈 각오였다.

"웬놈이냐!"

"해치러 온 것은 아니니 염려 마오."

"복면은 어찌하여 했느냐?"

"최 학사와 말이 통하지 않으면 보쌈이라도 해가려고 복면을 한 게요."

"복면을 벗고 이야기를 나눠보십시다."

밀사가 복면을 벗었다. 서로 통성명을 했다. 밀사는 왕건의 최측근으로 문무를 겸한 자였다.

"나를 데려다가 무엇에 쓰려 하오?"

"그냥 송도로 옮기기만 하면 되오."

"하는 일 없이 축생처럼 밥이나 축내라는 말이오!"

"할 일이야 많지 않겠소이까? 나라법을 만들고, 새로 짓는 궁궐의 이름을 짓고, 제도와 통치법을 만들고… 일이 쌓이고 쌓였소이다."

"신라에서 송도로 간 학자들의 수를 헤아릴 수 없다고 들었소이다. 그들이면 충분하지 않소이까?"

"아무리 많으면 뭘 하오. 쭉정이가 백이면 알맹이 하나에 비기겠소이까?"

"나를 과대평가하는 것 같소이다."

"최 학사, 새로운 세상에서 새로운 학풍을 열고 싶지 않으시오이까?"

"내 나이 쉰을 넘겼소이다. 내 나라도 아닌 다른 나라로 가서 무얼 하겠소이까?"

"다 같은 삼한 땅이외다. 주인이 시원찮아 바뀌었다는데 무엇이 그리 아쉽다는 말이오이까?"

"함부로 말하지 마시오. 천년 사직이외다. 자그마치 천년이란 말이외다."

밀사는 찔끔했다. 망국의 신하를 과소평가했다는 자책이 앞섰다.

"최 학사, 사과드리오. 하오나 과거사에 매달려 앞날을 그르치는 우를 범하지는 않으시겠지요?"

"난세에는 옳고 그름을 판단하기가 쉽지 않소이다. 왕건은 어떤 인물이오?"

"용을 닮은 상에다가 도량이 바다를 만들 만하오이다."

"그런 인물이 모시던 궁예왕을 쳤단 말이외까?"

"궁예를 친 것이 아니오라, 궁예가 난폭하여 제 스스로 무너진 것이외다."

"자기가 자기를 쳤단 말이외까?"

"그런 셈이지요."

"내일 아침 날이 밝으면 날 찾아주시오."

"결심이 서신 것이외까?"

"아니외다. 내일 아침까지는 결단을 내릴 것이외다."

밀사가 떠났다. 최언위는 아들 광윤을 불렀다.

"너는 신라를 어찌 보느냐?"

"재기할 수 없다고 보나이다."

"앞으로 어찌할 셈이냐?"

"삼한을 통일하는 나라에 출사할 것이나이다."

"누가 삼한을 통일한단 말이냐?"

"소자의 생각으로는 왕건이 삼한의 주인이 되리라 확신하나이다."

"어째서?"

"진훤은 백성들의 민심을 잃고 왕건은 인심을 사고 있나이다. 민심은 천심이라 했나이다. 왕건은 민심이 세워주는 것이 아니겠는지요."

"고려로 가겠느냐?"

"가겠나이다."

"내일 아침 떠날 차비를 하라. 너와 나만이 가느니라."

이튿날, 밀사를 따라 최언위 부자는 송도로 갔다. 왕건은 목마르게 기다리고 있던 터라 용상에서 일어났다.

"오, 그대가 최언위 학사라 그 말이외까?"

"폐하, 뵙게 되어 광영이옵나이다."

"그 무슨 말씀을… 어려운 걸음인 줄 내가 왜 모르겠소. 이렇게 오셨으니 내게 힘을 보태주시오."

"미력이나마 열과 성을 다하겠나이다."

"고맙소, 최 학사."

왕건은 최언위를 가까이 두고 국사를 의논했다. 벼슬을 태자의 사부로 정하여 태자의 학습을 지도하게 대상大相을 겸하도록 하여 옆에 두었다. 최언위로서는 눈이 뒤집힐 만한 후한 대우였다. 왕건은 최언위의 환심을 사려고 조정 중신들의 불만을 누르고 고집스럽게 밀어붙였다.

나라의 터를 닦는 중이어서 궁궐을 지으면서도 이름을 짓지 못하고 설왕설래 말만이 무성했다. 정전·정문·침전·내전·외전·편전 등이 완공되었거나 완공단계에 있었다.

왕건은 최언위를 대동하고 궁전을 꼼꼼히 살펴보고 있었다.

"최공, 궁전에 이름을 지어주어야 하지 않겠소이까?"

"이름도 짓지 않고 착공했나이까?"

"급한 김에 우선 공사판부터 벌였소이다."

"신이 이름을 지어 올리겠나이다."

"고려 사직이 번창하고 백성들이 편안히 잘살 수 있는 이름을 지어 주오."

최언위는 그날부터 신축되는 궁전을 시도 때도 없이 돌아보았다. 규모도 보고 방위도 살피고 그에 합당한 이름을 찾느라고 열심이었다. 당나라 서책을 뒤적여 궁궐과 관계된 책을 찾아 꼼꼼히 살폈다. 그리하여 정문을 의봉문儀鳳門, 정전을 대관전大觀殿, 내전을 만령전萬齡殿, 침전을 장화전長和殿, 외전을 선정전宣政殿, 편전을 장경전長慶殿으로 지어 올렸다.

"과연, 최 학사로다. 궁전 이름이 짐의 마음에 쏙 드는구려."

"신, 마음이 놓이나이다."

"나무랄 데 없는 훌륭한 이름이오."

최언위는 뒤에 지어지는 궁전 이름도 왕건의 마음에 들도록 지었다. 서고를 청영각淸英閣, 신하들과 정사를 논하는 궁전은 중광전重光殿, 중신들을 따로 접견하는 궁전을 연영전延英殿, 왕후가 거처하는 곳을 장경궁長慶宮이라 이름지었다.

최언위는 고려에 와서 그 진가를 보여주었다. 신라 사람들은 고려에서 최언위의 활약상을 듣고, 그를 보고 찾아오는 학자·선비들이 많았다. 왕건이 노린 것도 바로 이것이었다. 아들 광윤은 후진국後晉國에서 유학하여 과거에 합격했다.

3최와는 다르지만 최은함崔殷含은 최언위가 고려에서 성공하자 경주를 떠나 송도로 옮겼다. 그의 아들 승로承老가 천재라는 소문이 송도에 좍 퍼졌다. 인재를 널리 구하던 왕건은 승로의 소식을 듣고 궁으로 불러들였다.

승로의 나이 12세 때였다.

"네가 모르는 것이 없다고 들었느니라. 글공부는 어디까지 하였더냐?"

"《사서삼경》을 죄다 외우나이다."

"내게 솜씨를 보여주겠느냐?"

"폐하, 하명을 하시옵소서."

"《논어》를 첫장부터 외워보거라!"

승로는 거침없이 외워나갔다. 막힘없이 구성지게 《논어》를 외우는 모습을 보고 모인 중신들이 혀를 내둘렀다.

"과연 소문대로구나."

왕건은 최승로에게 후한 상을 내리고 그 자리에서 원봉성 학사로 임명했다. 파격적인 예우였다. 12세의 학사는 학문면에서 어른들에 뒤지지 않았다. 어찌나 의연한지 어른들이 어려워할 정도였다.

최승로는 나이 들어가며 여러 임금을 모셨다. 성종 때 그가 올린 〈시무 28조〉는 역대 임금의 선악득실善惡得失을 분석한 내용이다. 벼슬은 문하수시중에 이르렀다.

최언위·최승로의 후손들이 고려 조정에 끼친 영향은 크고 막대하다. 최언위가 만약 최치원처럼 은자생활을 했다면 그의 후손들은 빛을 보지 못했으리라.

⊙ 유천궁의 딸

초여름이었다. 왕건은 궁예 밑에서 전쟁터를 누비고 다녔다. 멀리 나주에 말썽이 생겨 그곳에 다녀오는 길이었다. 정주 포구에서 배를 내려 수하 장병들을 거느린 왕건이 말을 달려 벌판을 가로질러 어느 마을에 닿았다. 마을 한복판에 고래등 같은 기와집이 보였다. 그 기와집 앞 우물터에 예쁜 처녀 둘이 한낮의 나른한 초여름 정취를 즐기고 있었다.

우물가에는 버드나무의 이파리가 산들바람에 반들거렸다.

왕건은 목이 말라 우물가로 말을 달렸다. 갑자기 들이닥친 갑주 차림의 장군 모습에 처녀들은 한쪽으로 비껴섰다.

"목이 타는구려. 물 한 바가지 주시겠소?"

한 처녀가 바가지 가득 물을 채워 왕건에게 내밀었다. 왕건이 바가지를 받아 급히 물을 마시려고 했다.

"장군님께서는 잠시 숨을 고르소서."

다른 처녀가 버드나무 이파리를 훑어와 물바가지에 뿌렸다.

"이 무슨 짓이오!"

"장군님, 천천히 이파리를 불어가면서 마시소서. 물에 체하면 약도 없다고 들었사옵니다."

왕건은 치미는 화를 누르고 곰곰이 생각에 잠겨 있다가 이파리를 천천히 불어가면서 마신 후에 활짝 웃었다.

"낭자, 고맙소이다. 낭자가 아니었으면 내가 물에 체할 뻔했소이다."

"무례였다면 용서하소서. 장군님께서 워낙 바쁜 길이기에 소녀가 행여 맹물에 체하실까 염려되어 그리했나이다."

"고마운 일이오. 혹여 어느 댁 규수인지 알려줄 수 있소이까?"

"소녀 아버님의 함자는 유柳 천天자 궁弓자 이옵나이다. 정주 고을 유 장자로 알려져 있나이다."

왕건은 화들짝 놀랐다. 아버지 읍에게 경기·황해·평안도 일대의 장자들의 이름을 누누이 들어 유천궁의 함자를 알고 있었다.

"낭자께서 유 장자님의 따님이라니, 인연도 이런 인연이 없소이다."

"장군님께오서 아버님을 아시는지요?"

"아다마다요. 나는 송도의 왕건이란 사람이오."

"어머, 장군님이 왕건님이라구요?"

"그렇소이다."

"소녀 집에 들러 땀을 들이고 가시면 어떠실는지요?"

"댁이 어디오이까?"

"바로 이 집이오이다."

왕건은 고래등 같은 대문 앞에 서 있었다. 유 낭자가 안으로 들어가 아버지를 모시고 나왔다.

"왕 장군, 어인 발걸음이시오? 유씨 가문의 영광이오이다."

"유 장자께서 훌륭한 따님을 두셨나이다."

"예에?"

"따님에게 물어보시지요."

집 안이 들썩거렸다. 귀한 손님을 모셔놓고 지극 정성으로 대접하려고 바삐 움직였다. 왕건의 이름은 웬만한 사람이면 모르는 이가 없을 정도로 알려져 있었다. 지략과 용기를 갖춘 장수인데다가 글을 잘하는 훌륭한 인물로 세간의 화제가 되어 있었다. 그러한 장수를 맞은 유 장자 집안은 잔칫날처럼 법석였다.

왕건과 유 장자가 마주앉고 유 낭자가 곁에서 수발을 들었다.

"왕 장군께오서 나주에 계시다는 소문은 들었나이다. 정주 고을은 어이하여 들르셨는지요?"

"나주에서 일을 마치고 배편으로 정주 포구까지 왔나이다. 송도로 돌아가는 길에 목이 말라 우물가에 들렀다가 따님과 인연이 닿아 예까지…"

"우리 집안으로서는 이보다 더 기쁜 일이 없소이다. 미천한 딸이 마음에 드시나이까?"

"지혜롭게 훌륭히 성장했나이다."

"과찬의 말씀을."

유 낭자는 왕건의 늠름한 모습에 흠뻑 빠져들었다. 헌헌장부로서 나무랄 데 없는 인품이었다. 쫙 벌어진 어깨에 기대고 평생을 살려면 한평생 다 바쳐 종이 되어도 좋겠다는 심정이었다. 술잔을 주고받으며 왕건의 눈길이 낭자에게 는실난실 던져졌다. 낭자는 그것을 즐기고 있었다.

해거름 무렵, 왕건이 자리를 뜨려고 했다. 수행 병사들은 포식을 하고 집 안 여기저기 몸을 부리고 쉬었다.

"장군, 바삐 떠날 일이라도 있나이까?"

"바쁜 일은 없사오나 유 장자님께 너무 폐가 되는 것 같아…."

"그런 염려는 놓으소서. 병사들도 지쳐 있는 듯하니 하룻밤 묵어가시지요."

"그래도 되겠나이까?"

"묵어가시면 더없는 광영이지요."

"그럼, 하룻밤 신세지겠소이다."

낭자가 잠자리를 보러 자리를 떴다. 유 장자가 정색을 하고 물었다.

"왕 장군, 혹여 정혼한 데가 있소이까?"

"전쟁터를 쏘다느니라고 장가갈 틈이 없었나이다."

"장가드실 생각은 있으시나이까?"

"가정을 가져보고 싶나이다."

"제 딸아이를 어찌 보시나이까?"

"어여쁘고 당차고 지혜롭다 보았나이다."

"어느새 꿰뚫어보셨나이다."

유 낭자는 기가 세고 지혜로웠다. 흠이라면 옳다 싶으면 고집을 꺾지 않는 것이었다.

"장군, 오늘 밤 제 여식을 거두어주시지 않겠나이까?"

"귀하게 키우신 따님을 전쟁터를 누비고 다니는 저에게 무얼 믿고 맡기시려 하나이까?"

"인연인 듯싶어 권하는 것이나이다."

"저야 황감할 뿐이나이다."

"어서 침소로 드시지요."

왕건은 낭자가 자리를 보아놓은 침소로 들었다. 아랫목에 원앙침 비취금이 깔려 있고 윗목에는 조촐한 주안상이 놓여 있었다. 혼례를 치른 신랑 신부의 첫날밤 방 분위기였다.

왕건은 낭자를 기다렸다. 어느새 새색시 단장을 한 낭자가 함빡 웃음을 머금고 들어왔다. 다소곳이 앉아 술잔에 술을 따랐다. 왕건이 잔을 비우고 빈 잔에 술을 반만 따라 낭자에게 권했다.

"합환주외다. 드시구려."

낭자는 눈을 내리깔고 술잔을 비운 후 술을 가득 채웠다.

"낭자, 나는 전쟁터를 누비는 장수외다. 언제 불행을 당할지 모르오. 그래도 나를 따르겠소이까?"

"사람의 명운은 하늘이 정하는 것이나이다. 전쟁터에 나간다고 다 죽지는 않사옵고, 평지를 걷는다 해도 다 무사하지는 않사옵나이다. 소녀, 장군님의 어깨만을 믿사옵나이다."

"고맙소, 낭자."

여느 신랑 신부처럼 왕건과 유 낭자는 첫날밤을 아름답게 장식했다. 왕건으로서는 객고를 푼 셈이었으나, 유 낭자는 한평생을 섬길 낭군을 모신 것이었다.

유천궁은 난세에 장래가 촉망되는 장군에게 딸을 맡기게 되어 기대가 매우 컸다. 왕건을 예사 인물로 보지 않았다. 언제까지 궁예 밑에서 싸움터만을 누비고 다닐 인물이 아니었다. 잠룡이 때를 기다리듯 서서히 자신의 우익을 포섭하여 지금은 준동하는 때라고 왕건을 본 것이다. 세간의 왕건에 대한 평가도 우호적이었다. 아직은 궁예가 미륵이라고 자처하며 백성들의 마음을 사로잡고 있지만, 사기극이 드러나는 날에는 하루아침에 무너지고 말 태봉국이었다. 그 대안이 무엇인가, 왕건이었다. 난세에는 사람에게 투자하는 것만큼 확실한 장사가 없었다.

유천궁은 딸을 장삿속으로 왕건에게 준 것이다. 그러나 유 낭자는 왕건의 명성을 익히 들은 터였고, 마음속으로 흠모하던 터에 실제로 만나 첫눈에 반해버렸다. 그리하여 한평생 모실 낭군으로 가슴에 새기고 아버지의 뜻을 흔쾌히 받아들인 것이다.

왕건은 아무 일도 없었다는 듯이 유천궁의 집을 떠난 뒤 낭자를 거짓 말처럼 잊고 지냈다. 전쟁터를 떠돌며 객고를 풀 여인은 언제 어디서나 얼마든지 만날 수 있었다. 때로는 지방 토호들이 유천궁처럼 딸을 바치는 예도 가끔 있었다.

삼국의 판도가 서서히 태봉 쪽으로 힘의 균형이 실리고 있었다. 신라는 숨통이 끊겨 겨우 경주 일원을 차지하고, 후백제는 진훤의 아들 신검이 반란을 일으킬 기미를 보이고 있었다.

태봉국에 힘이 실렸지만, 궁예의 잔혹상이 백성들에게 알려져 민심이 떠나고 있었다. 왕건은 명실공히 궁예 다음의 제2인자였다. 벼슬이 시중에 이르렀던 것이다. 어느 날 궁예가 왕건의 마음을 떠보았다.

"왕 시중은 혼례를 아니할 작정이오?"

"마마, 때를 잠시 놓쳤을 뿐 혼례를 아니하겠다는 마음을 먹은 적은 없나이다."

"혼인을 서둘러야 할 연치가 아니오?"

"그러하옵나이다."

"짐이 중매를 설까?"

"황공하옵나이다. 신이 신부를 찾아본 연후에 마마께 중매를 부탁하겠나이다. 신, 노력해보지도 않고 마마의 심려를 끼치고 싶지는 않사옵나이다.

"그렇다면 서두르시오."

"그리하겠나이다."

왕건은 등골이 오싹했다. 궁예가 변덕을 부려 자기가 품에 안았던 여인을 방출하여 결혼하라고 영을 내리면 거역할 수 없는 일이었다. 그리되면 아무 여인이나 아내로 맞아야 할 판이었다. 다행히도 유예기간을 주어 왕건은 혼인을 서둘러야 했다.

왕건은 자기를 거쳐간 여인들을 하나하나 짚어보았다. 나주의 오 낭자, 광주의 왕 낭자, 황주의 김 낭자, 정주의 유 낭자… 왕건은 유 낭자를 떠올리고 온몸에 전율을 느꼈다. 지혜롭고 기가 세고 어여쁜 여인 유 낭자, 잊은 지 3년이 넘은 것 같았다. 정실 부인감으로 유 낭자가 제격이라는 판단이 섰다.

서둘렀다. 정주 유천궁 집에 사람을 보냈다. 그런데 뜻밖에도 슬픈 소식을 전해 왔다.

"장군, 유 낭자께오서는 장군을 기다리다가 버려진 줄 알고 절에 들어가 중이 되었다 하나이다."

"뭬야? 어찌 그럴 수가… 어느 절이라더냐?"

"정주 인근 정토사淨土寺라고 하옵니다."

"그곳으로 가자!"

왕건은 서둘러 정토사로 말을 달렸다. 가슴이 쓰려왔다. 그 얼마나 가슴에 원망이 서렸기에 그 원망을 쓸어내리려고 스님이 되었을꼬. 차라리 나를 원망하여 보란 듯이 시집을 가 살고 있다면 내 가슴이 이리도 쓰리지는 않을 게야.

왕건은 달리는 마상에서 후회의 한숨을 토해냈다. 한나절 만에 정토사에 닿았다. 머리를 깎은 유 낭자가 법당에서 기도를 드리고 있었다. 왕건은 기도가 끝날 때까지 요사채에서 기다렸다.

한식경이나 지난 후 유 낭자가 왕건 앞에 나타났다. 맑고 고운 얼굴이었다.

"낭자, 나를 많이도 원망했겠구려."

유 낭자가 얼굴을 붉히며 웃음을 보였다.

"부처님 앞에서는 죄다 부질없사옵니다. 장군님께오서 건재하시니 이 낭자 고마울 따름이옵나이다."

"낭자, 환속을 해야겠소이다."

"무슨 말씀이시온지?"

"환속하여 나와 혼인해주어야겠소이다."

"풍문에 듣자하니 장군님께오서는 태봉국 시중이라 하더이다. 일국의 시중 대감께오서 어이하여 이 중을 배필로 맞으려 하시나이까?"

"그 까닭은 살아가면서 알려드리리다."

"까닭을 알지 못하면 절을 떠날 수 없나이다."

"그대와 더불어 꼭 이뤄야 할 일이 있어서라오."

"이뤄야 할 일이라…."

유 낭자가 왕건을 말끄러미 쳐다보다가 방긋 웃었다.

"이뤄야 할 일이 이 미천한 것이 있어야 이뤄지나이까?"

"그렇소이다. 낭자가 아니면 아니 되오."

"산을 내려가시지요. 하옵고, 머리가 다소 길어질 때까지 기다려주셔야겠나이다."

"아니오. 고깔을 쓰고라도 혼례를 올려야 하오."

"무슨 연유이나이까?"

"철원에서 낭자를 기다리는 사람이 있소이다."

"알겠나이다."

왕건은 유천궁의 집에 들러 서둘러 혼례식을 올리고 고깔을 쓴 신부를 데리고 철원으로 돌아왔다. 민대머리 신부를 맞은 왕건의 집에서는 영문을 몰라 유언비어가 난무했다.

왕건은 신부를 데리고 궁예를 만났다.

"폐하, 신의 아내이옵나이다. 절 받으시오소서."

신부가 절을 하자 궁예는 허파가 터져나오도록 웃음을 터뜨렸다.

"으하하하… 핫핫핫… 홋홋홋…"

웃음이 괴성이 되어 기이한 소리를 냈다.

"신부는 고개를 들라!"

신부가 고깔 쓴 머리를 살짝 들어보였다.

"허허, 그 얼굴에는 민대머리가 어울리는구나."

"마마, 사연이 있나이다."

"왕 시중은 취미가 참으로 특이하오. 하필이면 비구니를 꼬여 아내로 삼다니, 모를 일이로다."

"마마, 신의 내자는 정주 유 장자 천궁의 따님이나이다."

"아니 유천궁의 딸이 어찌하여 중이 되었더란 말이오!"

"마마, 여자의 철없는 짓이 낭군을 크게 욕보이나이다. 낭군께오서 신첩과 혼인 약속을 하지 않았사오나, 신혼밤을 보내고 떠나신 후에 종 무소식이어서 원망을 품고 중이되었나이다. 하오나 인연이 질겨 환속 했나이다."

"내가 관심법으로 보건대 두 사람은 잘 맞는 한 쌍이야. 왕 시중, 혼 인을 축하하오."

"성은이 망극하여이다."

오히려 잘된 일이었다. 신부가 민대머리가 아니었더라면 궁예가 이 것저것 트집을 잡아 괴롭혔을지도 모를 일이었다. 궁예는 신부의 민대 머리에 그만 실소를 터뜨리고 왕건의 혼인을 흔쾌히 허락한 것이다.

우여곡절 끝에 혼인한 유씨 부인은 왕건의 첫째 왕후 신혜왕후였다. 슬하에 일점 혈육이 없었으나, 덕을 베풀고 지혜를 짜서 말 많고 트집 많은 궁궐의 내명부를 소리 소문 없이 잘 꾸려나갔다. 그리고 왕건이 궁예를 치러 나서는 그날 저녁 손수 갑옷을 입히고 용기를 북돋워주어 거사를 성공시키는 데 큰 역할을 해냈다.

왕건이 29명의 여자를 상대로 직접을 내렸으나, 그 많은 여인들 가운 데 유씨를 첫째 왕후로 삼은 것은 그녀가 국모로서 큰 그릇이었기 때문 이다. 왕건의 여자 보는 눈이 높았던 것 같다.

◉ 못생긴 생불의 탄생

고려가 건국되면서부터 불교는 태조 왕건이 새로운 통일국가로서 국 민사상을 통합하는 데 절실했다. 왕건은 도선의 말을 믿고 여러 곳에 사찰을 짓고 불당을 세웠다. 그러자 왕건을 가까이 모시던 문신 최응이 조심스럽게 충언을 잊지 않았다.

"폐하, 문덕으로 치민治民의 요체를 삼을지언정 부처나 음양설로 인심을 얻을 수는 없나이다. 이 점 통촉하시오소서."

"경은 모르는 소리외다. 이 어지러운 세태를 신속하게 안정시키기 위해서는 백성들 사이에 널리 퍼져 있는 불교를 존중하고 잠정적으로 보호하는 것이 상책이외다."

"하오나 궁예왕께서도 스스로 미륵을 사칭하면서 불교에 의존하다가 실패한 전례가 있나이다. 불교만을 너무 앞세워도 이롭지 않을까 하나이다."

"궁예왕은 불교를 미끼로 백성들을 속였기에 말로가 그리된 게요. 짐은 불교가 백성들 사이에 널리 퍼져 거친 마음을 순화시키고 갈등을 해소하며 인생살이가 고달플 때 위안의 대상이 되었으면 하오."

왕건은 자기가 후삼국을 통일한 것은 부처님의 가호라고 믿고 〈훈요 10조〉 첫머리에 이 사실을 밝히고 불교의 존중을 유훈遺訓에까지 남겼다. 그것은 불교정신으로 민심을 단합시켜 하나의 민족정신으로 길러 나라의 기틀을 튼튼히 하려는 의도였다.

923년(태조 6) 8월 8일, 황주 북쪽 형악荊岳의 남쪽 기슭 둔대엽촌遁臺葉村의 변邊씨 집안에 경사가 났다. 60세 된 노파가 아들을 출산한 것이다. 어머니 이름은 점명占命이었다. 점명은 아들을 낳기 6년 전 4월 7일 밤에 희한한 꿈을 꾸었다. 한 쌍의 봉황이 하늘에서 내려와 점명의 품으로 날아들었다.

꿈이 너무도 선명하여 새벽녘에 잠이 깬 점명은 남편 변씨를 깨웠다.

"영감, 일어나 봐요."

"무슨 일이오? 악몽을 꾸기라도 한 게요?"

"악몽인지 현몽인지 모르지만, 어쨌든 봉황 한 쌍을 보았나이다."

"뭐? 봉황이라구? 그것도 한 쌍을?"

"그래요. 봉황 한 쌍이 내 품에 안겼다오."

"허허, 이걸 어쩌나. 태몽이 틀림없는데, 임자의 나이가 몇인가?"

"아이고메, 나 좀 봐. 내 나이 쉰은 훌쩍 넘었나이다."

"그러니 개꿈이지. 그 나이에 어찌 수태를 할 수 있단 말이오."

"하오나 영감, 꿈이 어찌나 선명한지 지금도 눈에 선하나이다."

"그만 잊게나."

점명은 잊을 수 없었다. 슬하에 일점 혈육 하나 없는 것이 천추의 한이었다. 변씨 집에 시집 와서 한 집안의 대를 끊어놓게 되어 남편에게 늘 죄인처럼 굴어야 했다. 남편은 겉으로는 원망하지 않는 체했으나, 속으로는 골내종을 앓고 있을 것이었다.

점명은 한 쌍의 봉황 꿈을 꾼 후 부쩍 욕심을 부렸다. 남편을 극진히 봉양한 후에 좋은 날을 골라 합궁하는 횟수를 늘려갔다. 남편은 아내의 지극정성에 협조를 아끼지 않았다.

3년 후 점명은 임신이 되어 배가 불러왔다. 동네 사람들은 뜻밖의 일이어서 모두 신통하게 여겼다. 점명은 부디 아들을 점지해달라고 부처님께 정성으로 기도를 올렸다. 열 달을 채워 태어난 아기는 딸이었다.

딸아이는 태어나자마자 이상한 울음소리를 냈다. 귀를 기울여 들어보면 울음이 율조를 띠었다.

보통의 아기는 '으앙'이라든가 '애앵' 등의 울음소리를 내는데 이 아기는 '으아앙앙' '애애~앵' 우는 것이었다. 아기가 울 때마다 변씨는 투덜거렸다.

"계집애가 울음마저 제대로 울지를 못하는구먼. 못된 것이 엉덩이에 뿔이 난다더니 저놈의 계집애가 그 짝이야."

은근히 구박이 심했다. 점명은 처음에는 섭섭했으나, 딸일망정 집 안에 아기가 있어 사람 사는 집 같았다. 내외만이 살 때에는 집 안이 적막강산이었는데, 딸이 태어나 이상한 울음소리나마 내주어 집 안에 훈기가 돌았다.

변씨는 딸의 이름을 수명秀明이라 지었다. 수명은 자라면서 총기를 발휘했다. 어찌나 영리한지 아버지도 차차 정이 들었다.

"늘그막에 보배덩어리야. 아이구, 내 복덩어리."

변씨는 수명을 귀여워했다. 그러면서도 마음 한구석이 허전했다.

'저것이 고추를 차고 나왔으면 얼마나 좋았을까. 내게는 아들 복이 없나 보군, 후유.'

수명이 재롱을 부리면 변씨는 이따금 짙은 한숨을 토해냈다.

점명의 집념은 대단했다. 수명을 낳고 자신이 생겨 아들을 원했다. 남편 공양을 지극정성으로 하며 합궁하는 날을 골라 아들을 바라고 열성을 다했다. 아내의 열성에 변씨도 감동하여 차차 희망을 갖게 되었다.

수명이 태어난 지 3년 후, 점명의 배가 불러오기 시작했다. 참으로 기적 같은 일이 일어난 것이다. 점명이 환갑을 몇 달 남겨두고 있을 때였다. 변씨는 설마 하다가 아내가 임신을 하자 덩실덩실 춤을 추었다.

"이번에는 틀림없이 아들일 게야. 수명이 저것이 아들 터를 팔았을 게야. 아니 그런가, 임자?"

"제 생각도 그러나이다. 영리한 수명이 틀림없이 아들 터를 팔았을 것이나이다."

점명은 자신감을 가졌다. 다만 워낙 나이가 들어 점지된 생명이어서 잘못될까 봐 늘 조마조마했다. 그런데 점명이 걱정하던 대로 불길한 일이 벌어지고 말았다.

임신 7개월 만에 점명은 진통 끝에 핏덩이를 쏟아놓았다.

"이게 뭐야? 고추는 달고 나왔는데 사람이 아니네. 이걸 어쩌나."

집 안 아낙이 아기를 받아보고 혀를 찼다. 변씨가 방으로 뛰어들어가 갓난아기를 보고 그만 까무라쳐버렸다. 점명도 정신을 차리고 아기를 본 후 외면해버렸다. 칠삭둥이로 태어난 아기는 천덕꾸러기였다.

"임자, 저것은 사람이 아니오. 내다 버립시다."

변씨가 단호히 말했다.

"하지만 우리 아기예요. 생명을 어찌 버린단 말이나이까."

"사람이 아니란 말이외다. 저것이 우리 수명이까지 망칠까 봐 겁이 나오."

"나는 그럴 수 없나이다. 내 새끼이니 내가 키우겠나이다."

변씨는 울부짖는 아내의 몸부림을 뿌리치고 칠삭둥이를 외진 곳에 버렸다. 그런데 까마귀 두 마리가 날아와 핏덩이를 날개로 이불처럼 덮어주었다. 지나가던 마을 사람이 이 광경을 보고 변씨에게 알려주었다.

"이보시오 변공, 예삿일이 아닌 것 같소이다. 까마귀가 아기를 보호하고 있더이다."

"쓸데없는 말 마오. 그 따위 추한 핏덩이를 까마귀가 보호하다니 말도 안 되는 소리요. 아마 먹이인 줄 알고 탐색했겠지요."

"내가 거짓말을 한단 말이오? 당장 가 보십시다. 까마귀가 아기를 보호하고 있으면 어쩔 테요?"

"그럴 리 없소이다."

"가 보자니까요."

"그럽시다. 까짓것 뭐."

변씨가 사내를 따라 나섰다. 아기가 있는 외딴 곳에는 까마귀떼가 모여 있고, 새까만 어미 염소가 갓난아기에게 젖을 물리고 있었다.

두 사람은 그 광경을 보고 깨달은 바가 많았다.

"짐승들도 생명을 저리도 고귀하게 여기거늘. 하물며 사람으로 태어나 제 새끼를 버리다니, 천벌을 받을 일이야."

변씨는 넋두리를 늘어놓고 아기를 안고 집으로 돌아왔다. 아내 점명은 앓아누워 있다가 아기를 보고 생기가 솟았다.

아기는 볼 수 없을 만큼 추한 모습이었다. 점명은 동네 사람들이 들여다보고 설왕설래 입방아를 찧는 것이 싫어 아기를 나무 상자 속에 넣어놓고 길렀다.

열 달이 지나고, 다시 열 달이 지나자 아기는 비로소 사람꼴이 되어 갔다. 그제야 아기는 상자 속에서 나올 수 있었다.

아기가 태어나자 수명은 시기라도 하듯 더더욱 총기를 보였다. 수명의 나이 5세 때였다. 하루는 탁발승이 변씨 문전에서 법화경을 외며 목탁을 두드렸다. 그 소리를 수명이 귀를 기울여 들었다. 점명은 주발에 곡식을 담아 탁발승에게 주었다. 탁발승이 떠나자 수명은 외워두었던 법화경을 막힘없이 암송하는 것이었다.

변씨의 문전을 떠났던 탁발승이 되돌아와서 수명에게 물었다.

"오늘 밤 법화경 한 권을 읽어줄 테니 듣고서 다 암송할 수 있겠느냐?"

"알려만 주소서. 암송하겠나이다."

탁발승은 밤늦도록 수명에게 법화경 한 권을 소리내어 읽어주었다.

"이번에는 네 차례다. 어디 외워보거라."

수명은 눈을 지그시 감았다 떴다 하며 법화경을 한 줄도 빼먹지 않고 처음부터 끝까지 낭랑한 목소리로 외우는 것이었다. 그 소리의 높고 낮은 장단이 어찌나 듣기 좋은지 변씨 내외마저 홀딱 반해버렸다.

탁발승이 변씨 내외에게 말했다.

"이 보살님은 보리유지삼장(普堤留支三藏)이며 덕운비구德雲比丘의 화신이나이다."

"예에? 딸아이가 중의 화신이라구요?"

"그렇소이다."

"이를 어쩌면 좋소. 딸아이가 중 팔자라니…."

"예사 인물이 아니오니 잘 보살피소서."

"출가를 한단 말이외까?"

"아니외다. 이 보살님에게 남동생이 태어나질 않았소이까? 그 남동생에게 유익한 누이가 될 것이외다."

"무슨 말씀이신지?"

"이 보살님의 남동생이 장차 이 나라의 대덕大德이 되실 것이나이다. 누이는 대덕의 동무가 되고… 나무관세음보살…"

그러고는 탁발승이 온데간데없이 사라졌다.

못생긴 사내아이가 10세가 되기 전에 양친이 약속이나 한 듯 앞서거니 뒤서거니 하며 세상을 떠났다. 사내아이가 15세 되던 해였다. 누이 수명에게 집을 떠나겠노라고 선언했다. 수명은 놀라거나 붙잡지 않았다.

"드디어 때가 왔나 보다. 내가 부모님의 제사를 정성껏 모실 것이니 너는 세속의 인연을 끊고 대덕이 되어라."

"누이, 미안하오. 사내가 집을 지키지 못하고 누이에게 큰 짐을 지워주는구려."

"너는 어이하여 한 가정을 생각하느냐. 네가 가는 길은 중생 계도의 길이니라."

"부탁하오, 누이."

15세의 사내는 집을 버렸다. 이 사내가 후에 불교 종파의 통합에 기여하고 〈보현가〉 11수를 남긴 균여均如 대사이다. 균여의 활약상은 광종 임금 시대에서 다시 기술하기로 한다.

혜종시대 (943~945)

⊙ 주름살 임금

고려 제2대 임금은 혜종惠宗이다. 처음 이름은 무武요, 자는 승건承乾이다. 태조 왕건의 맏아들로서 어머니는 장화왕후莊和王后 오吳씨이다. 오씨는 나주인羅州人이며, 할아버지는 오부돈, 아버지는 오다련이다.

오 낭자가 16세 되었을 무렵 하루는 감당하기 어려운 꿈을 꾸었다.

나주 포구에서 황룡이 나타나 혼신의 힘으로 달려와 오 낭자의 뱃속으로 들어가는 꿈이었다.

"으악!"

오 낭자는 비명을 지르며 꿈에서 깨어났다. 온몸이 땀으로 흥건히 젖어 있었다. 비명소리에 놀란 어머니가 낭자의 방으로 달려왔다.

"아가, 무슨 일이냐? 도둑이라도 보았느냐?"

"아니어요. 무서운 꿈을 꾸었나이다."

"무슨 꿈을 꾸었기에 그러느냐?"

오 낭자는 자기의 아랫배를 눌러보았다. 약간 도도록해진 것 같았다.

"무슨 꿈을 꾸었기에 그리도 놀랬느냐?"

"황룡이 제 아랫배 속으로 뚫고 들어왔나이다."

"뭐라, 황룡이?"

"예, 어머님."

"예사 꿈이 아니구나. 각별히 몸가짐에 유의하거라."

어머니는 낭자를 눕히고 이불을 덮어주었다.

"길몽이니라. 마음 푹 놓고 한숨 더 자거라."

안방에서 오씨 부부의 말소리가 도란도란 들려왔다.

"영감, 황룡이 무얼 뜻할까요?"

"대궐 같으면 왕손을 잉태할 꿈이외다."

"혹여 장자 집에서 혼사가 들어올지 모르겠구려."

"그럴 수도 있겠소이다. 어찌됐든 길몽이오. 딸아이에게 좋은 일이 있을 듯하오."

그 무렵, 나주 일대에는 태봉국 궁예 휘하의 왕건 장군이 쳐들어온다는 소문이 파다하게 퍼져 있었다. 백성들은 불안에 떨었다. 무진주 쪽의 진훤 군대가 쳐들어온다는 소문도 들렸다. 나주 백성들은 고래 싸움에 새우등 터지는 격이었다. 날이 새면 싸움 소식에 넋이 빠져 있었다.

오 낭자가 황룡의 꿈을 꾼 지 한 달 후였다. 왕건 장군이 나주 포구에 닻을 내렸다는 소문이 고을 내에 좍 퍼졌다.

오다련은 대비책을 마련해야 했다. 나주에서 농사께나 짓고 염전을 가지고 있는 토호였다. 세력이 센 쪽에 붙어야 난세에 살아남을 수 있을 것이었다. 지리적으로는 진훤 진영이 가까웠으나 왠지 내키지 않았다. 장차 진훤이 천하를 휘어잡기에는 무엇인가 부족한 듯싶었다. 오다련이 잘 아는 몇몇 지방 유력자는 이미 진훤에게 충성 맹세를 한 터였다.

오다련은 왕건의 인물 됨을 시험해보기로 마음먹었다. 나주 관내에 들어오면 면회를 청해서라도 만나볼 참이었다.

한편, 나주 포구에 내린 왕건은 사방을 휘둘러보았다. 멀리 관내 쪽에 오색 구름이 찬란하게 빛나고 있었다.

"이보게 별장, 그대의 눈에도 오색 구름이 보이는가?"

별장이 사방을 휘휘 둘러보았다. 오색 구름은커녕 솜털 구름 한 점 보이지 않았다.

"장군, 오색 구름이 어디에 있나이까?"

"그대가 날 놀릴 셈인가? 저기 관내 쪽 하늘을 보게나."

"그쪽은 뻥 뚫린 푸른 하늘뿐이나이다."

"정녕 그러한가? 다른 장수들에게 물어오게."

왕건은 휘황찬란하게 빛나는 오색 구름을 황홀한 듯 지켜보았다.

"장군, 아무도 오색 구름이 눈에 띄지 않는다 하옵나이다."

"알았느니라, 나를 따르라."

왕건은 오색 구름을 따라 말을 달렸다. 병사들이 그뒤를 늘어서서 따랐다.

나주 관내에 들어섰다. 오색 구름은 관내 변두리 시냇가에서 뻗쳐오르고 있었다.

"너희는 이곳에서 기다리거라. 나 혼자 가볼 곳이 있느니라."

"아니 되오, 장군! 여기는 적진이나이다."

"관내를 보니 적군이 매복해 있는 것 같지 않구나. 관아를 정리하고 나를 기다려라!"

왕건은 수하 장수에게 명령을 내리고 단기로 오색 구름을 따라 달렸다. 오색 구름은 시냇가에서 빨래를 하고 있는 처녀의 몸에서 뿜어져 나오고 있었다.

"기이하도다. 처녀의 몸에서 오색 구름이 피어오르다니…"

왕건은 중얼거리고 나서 말에서 내려 처녀 가까이 다가갔다. 처녀는 빨래를 헹궈 바구니에 담고 있었다.

"어험."

"에구머니나."

"놀라셨소이까?"

"어디에서 오신 장군이신지요?"

왕건은 처녀를 살펴보았다. 오색 구름은 온데간데없고 달덩이 같은 처녀의 얼굴이 아름다웠다.

"나는 태봉국에서 온 왕건이외다."

"오신다 오신다 소문이 무성하던 그 장군이나이까?"

"내가 온다고 이 고을에 소문이 나 있소이까?"

"그러하오이다. 하온데 장군, 전쟁은 언제 끝나는 것이옵니까?"

"오래 가지는 않을 것이오. 헌데 낭자는 어느 집 규수오이까?"

"이 아랫마을 큰 기와집이 소녀의 집이옵고, 아버님의 함자는 오 다 자 련자이옵나이다."

"아버님을 뵐 수 있겠나이까?"

"소녀를 따르시오소서."

오다련의 집은 시냇가와 둑 하나 사이에 있었다. 큰 기와집 서너 채가 한 울타리 안에 자리잡고 있었다.

왕건의 출현에 오다련은 황망하여 어찌할 바를 몰랐다. 소문으로 듣던 것보다 왕건은 더 웅장해 보였다. 두둑한 배짱이 엿보이고 자신감이 온몸에 넘쳐흘렀다. 오다련은 첫대면에 호감이 갔다.

'이 사람이라면 몸을 의탁해도 손해는 보지 않겠구먼.'

수인사를 트고 왕건은 나주의 상황을 물었다. 오다련은 별로 아는 바가 없었다. 진훤이 무진주에서 후백제를 건국한 후 남녘 일대의 토호와 장군들을 포섭하고 있다는 정도만 알 뿐이었다. 남해의 물개로 알려진 수달, 남원의 양 장군 등이 진훤의 휘하로 들어가고, 오다련처럼 사태를 관망하고 있는 장수나 지방 토호들이 많았다.

"오 장자께오서는 정국을 어찌 보시나이까?"

"우리 같은 상고(장사꾼)들이야 재화벌이에는 눈이 틔었으나, 세상 돌아가는 일에는 젬병이지요."

"마음에 두고 있는 인물이 있소이까?"

"없소이다. 오늘 왕 장군을 만난 것은 제게는 큰 복이옵나이다."

"과찬이십니다. 나는 태봉국의 일개 장수에 지나지 않나이다."

"왕 장군님의 소문이 이곳 남녘에까지 퍼져 있나이다."

"내가 나주에 온 것은 이곳에 태봉의 교두보를 쌓고 후백제를 공략할 기회를 엿보려는 것이외다. 후백제와의 한판 승부는 피할 수 없는 운명이외다. 때마침 나주 성주께서 태봉 편에 서주어 나주 입성이 순조로웠소이다."

"잘 오셨나이다. 나주 백성들이 환영할 것이나이다."

"오 장자의 협조를 부탁하는 바요."

"여부가 있겠나이까."

오다련은 왕건을 돕기로 마음먹었다. 이야기를 나눠보니 야심만만해 보이고 우선 덕이 있어 보여 마음에 들었다.

"오 장자님, 아까 나를 댁으로 안내한 낭자는 따님이오이까?"

"그렇사옵나이다. 그 아이가 왕 장군의 나주 입성을 오래 전에 알고 있었나이다."

"무슨 말씀이오?"

"꿈에 왕 장군님을 보았다고 이 아비에게 이야기한 적이 있나이다."

"괴이한지고. 그렇다면 그 오색 구름은 나를 낭자에게 인도하기 위한 것이란 말인가?"

"왕 장군, 오색 구름이라니요?"

"아무것도 아니오."

"혹여 미천한 여식이 장군의 마음에 드시는지요?"

"들다마다요. 미색을 갖춘데다가 영리해 보였소이다."

"미련하지는 않소이다. 거두어주시면 우리 가문의 광영이겠나이다."

"나야 따님을 주신다니 황감할 따름이나이다."

그날 밤, 왕건은 오다련이 마련해준 신방에서 묵었다. 오 낭자는 활달하고 붙임성이 있고 나긋나긋한 성품이었다.

"나를 믿을 수 있겠소?"

"소녀가 장군님을 믿지 못하면 누구를 믿겠나이까?"

"나는 전쟁터를 누비는 야생마 같은 사람이오. 목숨은 하늘에 맡기고 싸움을 일삼는다 그 말이외다. 그래도 믿겠느냐 그 말이오."

"염려 놓으소서. 장군님께서는 소녀를 잊지나 마시오소서."

왕건은 춘정에 겨워 낭자의 몸을 희롱했다. 그러면서 오다련의 가계를 곰곰이 생각해보고 그리 탐탁하지 않게 여겼다. 한천한 집안이 오다련대에 와서 재물을 조금 모았을 뿐, 내놓을 것이 없는 선조요 집안이었다.

왕건은 낭자의 몸을 탐하면서 잉태만은 피하고 싶었다. 절정에 이르자 왕건은 질외 사정을 해버렸다. 당황한 낭자가 돗자리에 흥건한 정액을 자신의 질 속에 손가락으로 찍어넣었다.

왕건은 오 낭자의 정성에 미안한 생각이 들었으나 결코 아기를 잉태시키고 싶지 않았다. 그리하여 나주에 머무는 동안 오 낭자와 잠자리를 같이하면서도 질외 사정만은 철저히 지켰다. 그때마다 오 낭자는 돗자리에 쏟은 왕건의 정액을 자신의 질 속에 찍어넣었다.

오 낭자는 드디어 임신에 성공했다. 열 달을 채워 아들을 낳았다. 왕건은 태어난 아기를 보았다. 갓난아기의 얼굴이 주름살 투성이었다. 오 낭자가 돗자리에 쏟은 정액을 질 속에 쓸어담아 잉태하여 아기의 얼굴이 주름살 투성이었던 것이다. 성인이 되어서도 주름살은 그대로 남아 있었다.

세상 사람들은 이 왕자가 등극한 후에도 주름살 임금이라 불렀다. 주름살 임금 혜종은 또 다른 습벽이 있었다. 잠자리에 들 때 항상 물을 챙겨두고, 큰 병에 물을 담아놓고 팔을 씻으며 놀기를 즐겼다. 용과 물은 떼어놓을 수 없는 관계이다. 혜종은 어머니 오씨의 꿈에 나온 황룡이었던 것이다.

혜종의 나이 7세 때 왕건은 맏아들인 그를 태자로 삼으려 했으나 걸리는 점이 있었다. 외가가 한천하여 다른 왕자들의 외가에 휘둘릴 염려가 있었다. 왕건은 혜종의 기반을 튼튼히 해주고 자신의 뜻을 확고히 정하기 위해 낡은 옷상자에 석류빛 황포(황제의 옷)를 덮어 오씨에게 주었다. 오씨는 이것을 소중히 간직하고 있다가 태자를 세우려고 조정의 여론이 설왕설래할 때 옷상자를 슬그머니 대광 박술희에게 보였다. 박술희는 왕건의 의중을 알아차리고 무를 태자로 삼자며 조정 여론을 모았다. 왕건은 모른 체하고 있다가 조정 여론이 무 쪽으로 기울자 태자로 삼았다. 우여곡절 끝에 혜종이 왕위에 올랐으나, 재위 2년 4개월 만에 세상을 떠나고 말았다. 혜종은 나약한 임금이 아니었다. 아버지를 도와 후백제를 토벌하는 데 공을 세워 1등 공신이 되기도 했다. 그러나 등극 후 왕위 쟁탈전 등을 겪으며 나약해지고 말았다.

◉ 왕위 쟁탈전과 최지몽의 점성술

혜종은 진晉나라와 원만한 관계를 유지하며 태평성대를 이루려고 애썼다. 그런데 야심을 품은 왕규가 혜종을 제거하려는 음모를 꾸몄다. 대광大匡 벼슬에 오른 왕규는 태조 왕건에게 두 딸을 바치고 출세한 인물이었다. 광주원 부인과 소광주원 부인이 왕규의 딸이었다. 왕건과 소광주원 부인 사이에 왕자가 하나 있었다. 왕규는 이 왕자를 왕위에 앉히려고 음모를 꾸몄다.

혜종은 왕규의 음모를 보고받고 박술희를 침전으로 불러들였다. 박술희는 혜종을 임금으로 앉히는 데 공이 큰 인물이었다.

"요즘 왕규의 행동이 수상하다고 들었소이다. 지난해에도 왕규는 짐의 아우 요堯(후에 정종)와 소昭(후에 광종)를 모함했다가 무고임이 드러났으나 짐이 너그러이 용서했거늘 그자의 소행이 괘씸하구려."

"폐하, 신도 이상한 소문을 들었사오나 뜬소문이 아닐까 여겨지나이다."

"그렇지 않소이다. 요사이 내 침전을 엿보는 수상한 자들이 있다 하오. 어찌하면 좋으리까?"

"폐하, 심려 거두시오소서. 철통 같은 수비로 만약의 사태에 대비하겠나이다."

그 무렵, 사천공봉司天供奉(천문을 살피는 관직) 최지몽崔知夢은 하늘의 별자리를 유심히 관찰하고 있었다. 최지몽은 소년 시절에 별점을 잘 본다는 소문이 왕건의 귀에 들어와 발탁된 인물이었다.

그의 초명은 총진聰進 · 원보元甫였다. 전라도 영암 사람으로, 왕건과 인연 깊은 도선의 외가댁 인물이었다. 대광 현일玄一에게 경서를 배웠고, 특히 천문 · 복서에 뛰어났다.

왕건은 남쪽 영암땅에 점성술을 잘하는 소년이 있다는 소식을 듣고 사람을 내려보냈다. 총진은 송도에서 자기를 데리러 오는 사람이 있음을 별점을 보고 안 다음 사람이 오기 전에 미리 송도에 가서 왕건을 뵈었다.

"폐하, 신을 찾으셨사옵니까?"

"네 어찌 알고 사람이 가기도 전에 왔느냐?"

"신이 며칠 전부터 별점을 보고 폐하의 부름이 있음을 알았나이다."

"신통하도다. 내 너를 부른 것은 삼한의 일이 잘 풀리지 않아 천문으로 앞날을 짚어봐 주었으면 해서이니라."

"폐하, 신이 오랫동안 삼한의 정립을 별자리의 운행을 통해 지켜보았사옵니다."

"내게 삼한의 장래를 말해줄 수 있겠느냐?"

"조금만 기다려주시오소서."

"마냥 기다리라는 말이더냐?"

"아니옵나이다. 열흘 말미를 주시오소서."

"알았느니라. 열흘 후에는 짐에게 말해주어야 하느니라."

총진은 송악산에 올라 별을 관찰했다. 초저녁부터 아침까지 밤을 꼬박 새우고 낮에 잠깐 눈을 붙였다. 그러기를 열흘, 총진은 왕건 앞에 나타났다. 왕건은 총진을 애타게 기다리고 있었다. 꿈이 불길한 흉몽 같아 해몽을 부탁하려고 총진을 기다렸던 것이다.

"짐이 그저께 밤에 꿈을 꾸었느니라. 꿈에 짐이 깊은 산속으로 사냥을 나갔다가 대궐보다도 큰 벌집에 들어갔느니라. 벌집 속에는 수백만 마리의 벌이 있었느니라. 그 벌들이 짐에게 머리를 조아리는 것이었느니라. 아무래도 흉몽이 아니냐?"

"폐하, 길몽이옵나이다. 수백만 마리의 벌은 삼한의 백성들이옵고, 대궐보다 큰 벌집은 삼한을 통일하여 번성한다는 뜻이옵나이다."

"네 별점은 어떠하냐?"

"신이 고향에서부터 임금의 별인 자미성紫微星을 꾸준히 지켜보았나이다. 자미성이 희미하다가 요 근래에 들어 밝아지면서 송도 쪽으로 빛을 발하는 것 같았나이다. 폐하의 꿈과 자미성의 움직임으로 보건대, 폐하께오서 삼한의 주인이 되는 것은 기정사실인 듯하나이다."

"오, 그러하냐? 네 꿈 해몽도 별점도 마음에 쏙 드는구나. 내 너에게 이름을 하사하고 항상 내 곁에 두고자 하니 그리 알라."

왕건은 총진에게 지몽이라는 이름을 하사하고 일관日官 벼슬을 주어 곁에 있도록 했다.

최지몽은 유성이 자미성을 범하는 것을 보고 대궐에 큰 변란이 일어날 조짐을 보여 혜종에게 아뢰지 않을 수 없었다.

"폐하, 아무래도 심상치 않나이다. 별점으로 보아 아랫것이 윗사람을 해할 징조로 보이나이다. 궁 단속을 엄히 하시오소서."

박술희는 혜종의 영을 받고 대궐을 엄중히 경계하도록 했다.

왕규는 음모를 그만두지 않고 자신의 음모가 들통난 것 같아 마음이 더더욱 초조해져 거사를 서둘렀다. 심지어 임금의 침전 벽을 뚫고 들어가 임금을 시해하려고 했다. 하지만 삼엄한 경계로 뜻을 이룰 수 없었다.

왕규는 야습을 감행하기로 계획을 세웠다. 궁에서는 이런 사태가 벌어질 줄 알고 대비를 철저히 했다. 왕규는 조급한 나머지 혜종의 침전으로 쳐들어갔다. 침전에서 혜종은 바깥의 창칼 부딪는 소리를 훤히 듣고 있었다.

"네 이놈! 칼을 버리고 항복하라. 목숨만은 살려주겠다."

박술희의 고함 소리가 궁궐 회랑을 타고 침전을 울렸다. 혜종은 소름이 끼쳤다.

"박술희야, 줏대 없는 혜종을 받드느니 나와 함께 새 왕을 옹립하여 권세를 누려보지 않겠느냐?"

왕규의 목소리였다.

"왕규 이놈! 네 선왕과의 인연을 봐서 살려주려 했더니 아니 되겠구나. 죽여달라면 할 수 없길 않느냐!"

"이얏!"

"아압!"

창칼 부딪는 소리가 번거롭고 비명소리가 낭자하더니 어느 순간 바깥이 조용해졌다. 혜종은 자신의 귀를 의심했다. 바깥에 귀를 곤두세웠으나 언제 그랬느냐는 듯이 사람의 숨소리 하나 들리지 않았다.

박술희가 침전으로 급히 들어왔다.

"폐하, 심려 놓으소서. 역적 일당을 일망타진했사옵나이다."

"역적들이 몰려왔었소이까?"

"그러하나이다."

"나를 시해하려는 자객이었겠지."

"황공하여이다, 폐하."

박술희가 보기에 혜종의 태도가 이상했다. 그 증상은 그 이튿날 중신들의 회의에서 나타났다. 역적 무리들을 색출하여 뿌리를 뽑아야 한다는 중신들의 아우성에 혜종은 냉담했다.

"그만한 일을 가지고 무에들 그리 야단이오? 한낱 좀도둑을 놓고 칼로 난도질하자는 게요?"

"폐하, 역적이 좀도둑이라니요. 더구나 그 수괴를 알고 있거늘 어찌하여 도둑이라 이르시나이까?"

"어젯밤 일어난 일은 모두 짐이 불민한 탓이요. 거론하지 마시오!"

"아니 되옵나이다. 나라의 기강을 바로잡지 아니하면 역적들이 시도 때도 없이 속출하여 조정과 백성이 고달파지나이다. 이번 기회에 뿌리를 뽑아야 하나이다."

"뽑을 뿌리도 없거니와 역적은 없었소이다. 그만두시오."

중신들은 어이가 없어 말문을 닫아버렸다. 박술희는 기가 찼다. 어젯밤 왕규와 싸우기까지 했거늘, 역적이 없었다니 혜종이 아무래도 수상 쩍었다. 왕규는 혜종의 침전 침투에 실패하자 슬그머니 꽁무니를 빼어 달아나버렸다. 그는 귀를 활짝 열고 조정의 의논을 염탐하고 있었다.

혜종의 행동이 날이 갈수록 이상해졌다. 무사들에게 침전을 철통같이 지키게 한 후 이따금 연회를 베풀고 한밤중에 가무를 즐겼다. 그리고 잡기에 능한 시정잡배들을 끌어들여 임금의 체면을 내던지고 어울려 놀았다.

박술희 등 중신들이 잘못을 아뢰었으나 혜종은 귀담아듣지 않았다.

"폐하, 역적들이 기회를 노리고 있는 때에 한밤중 가무는 부당하나이다. 유념하여 주시오소서."

"임금은 즐기지도 말란 말인가! 그대들은 사가에서 밤늦도록 즐기면서 짐더러는 그러지 말라? 부당하다고 생각하지 않는가!"

왕규는 무너져가는 혜종의 심기를 훤히 읽고 제2의 역모를 꾸몄다. 최지몽이 알아차리고 혜종에게 알렸다.

"폐하, 신이 천문을 보니 변란이 일어날 조짐이 보이나이다."

"어느 놈인가?"

"왕규가 또다시 폐하를 노리나이다."

"그자가 짐을 우습게 아는구먼."

혜종은 신병이 깊어갔다. 그 틈새를 아첨배들이 노려 신하들의 면회를 금하고 수작을 부렸다. 아첨배들이 황실을 장악해버렸다.

"사천공봉, 어느 날 밤에 짐을 노리겠는가?"

"지금 바로 침전을 옮기시옵소서."

혜종은 측근 내관 하나와 상궁 하나에게만 알리고 몰래 침전을 중광전으로 옮겨버렸다. 왕규는 그런 줄도 모르고 침전인 신덕전을 덮쳤으나 허탕이었다. 신덕전 주변을 샅샅이 뒤졌으나 헛수고였다. 왕규는 궁궐을 다 뒤져서라도 혜종을 찾아낼 생각이었다. 무리들을 거느리고 궁궐을 뒤지다가 최지몽을 만났다.

"사천봉공, 잘 만났소. 내게 협조하면 함께 영화를 누릴 것이오."

"무슨 말씀이시온지?"

"네 이놈! 네놈 농간인 줄 알거늘 시침을 뗄 작정이냐?"

"무얼 말하시는 게요?"

"임금을 어디다 숨겼느냐?"

"임금을 숨기다니요. 천부당만부당한 일이외다."

"이놈이 피맛을 봐야 실토할 모양이다. 여봐라! 이놈의 얼굴에 칼자국을 내주어라!"

최지몽은 오싹 소름이 끼쳤다. 순간 칼끝이 왼쪽 뺨에 자국을 남겼다. 피가 흘러내렸다.

"바른대로 대라! 입을 다물겠다면 다시는 열지 못하도록 해주마."

왕규가 눈에 핏발을 세우고 최지몽의 목에 칼을 대었다. 일촉즉발의 위기였다.

"살고 싶으면 임금이 있는 곳을 대라!"

"주주주 주웅과앙전…"

"중광정에 있다고?"

최지몽은 고개를 끄덕였다.

"네 목숨을 살려주마."

왕규가 최지몽의 얼굴에 침을 뱉고 무리를 이끌고 중광전으로 달려 갔다. 잠시 후 궁궐 안에 혜종의 승하 소문이 좍 퍼졌다.

　왕규의 반역에 박술희가 즉시 반격에 나서 반란군을 격파하고 혜종 의 동생 요를 옹립했다. 고려 제3대 정종이다.

　혜종의 죽음을 《고려사》나 《고려사절요》는 중광전에서 병으로 승하 했다고 기록하고 있다.

정종시대 (945~949)

◉ 충신 박술희의 운명

혜성(면천) 박씨의 시조 박술희는 태조와 혜종 2대에 걸쳐 남다른 충신으로 알려져 있다. 18세에 궁예의 호위병으로 발탁되어 출사한 후 왕건을 섬겨 대광 벼슬을 지냈다.

왕건이 유훈으로 남긴 〈훈요 10조〉를 받아 보관해두었다가 후대에 전해준 것도 박술희였다. 또한 혜종을 세우는 데도 큰 공을 세웠고, 왕규가 두 번씩이나 반란을 일으켰을 때도 박술희가 막아냈다. 그리고 왕규의 반란군을 격파하고 정종을 옹립한 것도 박술희였다. 정종은 왕건과 신명순성왕후 사이에 태어난 왕자로, 이름은 요堯였다.

정종은 즉위하자마자 조정의 기강을 바로잡으려고 애썼다. 그런데 왕규의 처치문제가 골칫덩어리였다. 조정에 그의 세력이 곳곳에 포진하고 있어 섣불리 건드릴 수가 없었다.

왕규는 황실과의 인연이 막강했다. 두 딸을 태조에게 바치고, 혜종의 제2비 후광주원 부인도 왕규의 딸이었다. 혜종이 왕규를 과감하게 처단하지 못한 것도 이런 인연 때문이었다.

정종은 왕규 문제를 놓고 중신들과 의논했다. 정종으로서는 처형해 버렸으면 하는 생각이었으나, 여의치 않으면 송도에서 멀리 내쫓은 후에 쥐도 새도 모르게 없애고 그의 잔존세력들을 말끔히 제거해버리고 싶었다. 그런데 그것이 만만하지가 않았다. 왕규의 세력이 박술희를 걸고넘어졌다. 왕규를 칠 때 궁궐에서 임의대로 군대를 출동시켰다는 명분을 내세워 박술희도 함께 처단해야 한다고 목청을 높였다.

박술희는 왕규를 치려고 군대를 출동시켰으나, 임금의 재가 없이 취한 행동이므로 충분히 역모로 볼 수 있었다.

"어찌했으면 좋겠소? 말해보오."

왕규는 두 번씩이나 반란을 일으켰으므로 아무리 왕규의 패거리라 할지라도 함부로 두둔할 수는 없었다.

"폐하, 왕규의 죄상이 낱낱이 드러났사오니 마땅히 사형에 해당되나이다."

문하수시중이 조심스럽게 운을 뗐다.

"폐하, 왕규의 죄상이 사형죄에 합당하오나 선왕과의 인연과 건국의 공이 있으므로, 마땅히 참작하셔야 할 줄 아나이다."

왕규의 패거리가 말했다. 정종은 예측하던 터였다.

"박술희는 죄가 없지를 않소이까?"

정종이 슬쩍 떠보았다.

"아니옵나이다. 폐하의 재가 없이 군사를 동원한 죄는 왕규의 반역에 합당한 죄상이나이다. 그에게 역심이 있었는지 어찌 아시겠나이까?"

역시 왕규파에서 걸고넘어졌다. 왕규를 죽이면 박술희도 죽여야 한다는 엄포였다.

정종은 서경에 있는 당숙 왕식렴을 머리에 떠올렸다. 황실의 수장이요 건국에 공로가 큰 왕식렴을 송도로 불러들여 국사를 의논하고 싶었다. 왕식렴은 왕건의 사촌동생으로 정종의 당숙이었다. 왕건의 신임이 두터웠고 건국 후 서경 발전에 공이 큰 인물이었다.

"두 사람의 처결문제는 좀더 심사숙고한 후에 결정하는 것이 옳을 듯싶소이다."

정종은 왕식렴을 불러 의논할 생각이었다. 왕규와 박술희는 옥에 갇혀 정종의 하회만을 기다릴 뿐이었다. 박술희는 기가 막혔다. 오로지 왕실을 위해 충성을 바쳤거늘 말년에 돌아온 것은 역적 누명이었다. 역모를 품고 군대를 임의대로 출동시켰다는 모함이었다.

정종의 부름을 받고 왕식렴이 송도로 왔다. 왕규와 박술희 처리문제로 정국이 꼬여 있다는 것을 왕식렴은 잘 알고 있었다. 두 사람 다 잘 아는 사이였다. 특히 박술희는 역모와는 거리가 먼 인물이었다.

"폐하, 신 부름 받고 달려왔나이다."

"어서 오시오 당숙, 당숙이 오시기를 학수고대했나이다."

"폐하의 염려지심을 신이 아나이다. 하오나 법대로 처결하심이 옳을 줄 아나이다."

"왕규의 세력이 만만찮다는 것을 당숙께서도 알고 계시지 않나이까?"

"심려 놓으소서. 신이 서경 군대를 몰고 왔나이다."

"두 사람 다 우선 유배를 보낸 후에 처단함이 어떨까요?"

"폐하, 박술희는 태조께오서 아끼던 충신이나이다. 박술희를 죄로 다스리면 아니 되나이다."

"모르는 바 아니오나 왕규 세력의 저항이 워낙 거센지라 어쩔 수 없나이다."

"그러시다면 일단 함께 유배를 보낸 후에 왕규에게는 사약을 내리고, 박술희는 방면하여 크게 쓰시옵소서."

"그리하겠나이다."

정종은 왕식렴의 든든한 배경을 믿고 박술희와 왕규를 강화도로 유배보냈다.

왕규는 유배를 떠나기 전 수하들에게 당부했다.

"박술희 그놈 때문에 우리의 거사가 실패한 것이다. 그놈에게 자객을 보내 명줄을 끊어버려라."

"알겠나이다. 염려 놓으시고 유배지에서 잠시 쉬고 계시오소서."

"너희만 믿고 떠난다."

두 사람은 유배를 떠나 왕규는 강화도에서 조금 먼 곳에, 박술희는 강화도에 닿았다. 박술희는 만사를 잊기로 했다. 지나온 세월이 숨가쁘기만 했다. 궁예를 따라다니며 온갖 풍상을 다 겪고, 왕건을 도와 삼한을 통일하고 늘그막에 손주 재롱이나 즐기며 여생을 마치려 했는데, 팔자가 비색하여 섬으로 유배온 자신이 한낱 초부보다 불쌍하게 여겨졌다.

박술희가 강화 관내로 유배오자 강화 수장은 그를 극진히 모셨다. 조정에서 밀사를 보내 자객이 해칠지도 모르니 물샐틈없이 감시하고 보호하라는 밀령을 내렸던 것이다. 말이 유배이지 휴가를 보낸 것과 같았다.

왕규는 갑곶에서 박술희가 죽었다는 소식을 기다리며 아직도 희망을 버리지 않고 있었다.

반년의 세월이 흘렀다. 그동안 왕식렴은 왕규 일파를 조정에서 하나씩 제거해나갔다. 왕규 일파는 위기감을 느꼈다. 적개심을 품어 박술희부터 죽이고 보자는 말들이 무성했다.

박술희는 마음을 비우고 유배지에서 자연을 벗삼아 홀로 사는 방법을 익혀갔다. 강화 관아에서 신경을 써주어 먹고 사는 데는 불편이 없었다.

그날도 박술희는 관아에서 보내준 송순주를 홀짝거리며 변하는 산천을 눈여겨보다가, 문득 사람과 말을 하고 싶어 자기를 지키는 병사 3명을 방 안으로 불러들였다. 처음 있는 일이었다.

"너희가 무슨 죄가 있다고 나 때문에 이 고생이더냐. 오늘은 다 털어버리고 술이나 한잔 나누며 너희의 이야기를 듣고 싶구나."

"대광 어른, 저희 같은 무지렁이들이 대광 어른께 해드릴 이야기가 무에 있겠나이까? 혹여 장보러 가는 이야기라면 모를까."

"장보러 가는 이야기가 뭐냐?"

"히히히… 그런 것이 있습죠."

"그것이 뭐더냐?"

"남녀 합궁을 장보러 간다고 우리끼리 쓰는 말입죠."

"그렇더냐? 재미있는 말이구나. 장보러 가다니."

박술희는 병사들의 무식하고 투박한 말이 정겹게 들렸다. 고관대작들은 입만 열면 백성을 위하고 나라를 위한다며 열을 올리지만 정작 하층민들과는 말조차 통하지 않는다. 그러면서 누가 누구를 위하겠는가. 박술희는 느끼는 바가 많았다.

"너희는 세상을 무슨 재미로 사느냐?"

"재미랄 게 없지요. 그저 목숨 붙어 있으니 그냥저냥 살아가는 게지요."

"그래도 사람이거늘 희망이라는 게 있지 않겠느냐?"

"우리 같은 무지렁이들은 사람이 아니오라 사람 같은 짐승입죠."

"뭐라? 사람 같은 짐승이라?"

"사람은 사람인데 사람 취급을 못 받고 사람 대접 못 받으면 짐승입죠."

"왜 사람 대접을 못 받는다고 생각하느냐?"

"소인은 원래 농사꾼이었나이다. 하오나 땅뙈기가 없어 소작을 부쳤지요. 하온데 나라에 무슨 일이 터지면 관에서 뜯어가는 것이 많아 농사를 때려치우고 강화섬 수졸을 지원했습죠. 고향은 김포입죠."

"수졸생활이 농사일보다 낫더냐?"

"어디가요. 수졸이 되니 이것도 벼슬이라고 포구 백성들이 가끔 청탁을 넣고 뇌물이랍시고 해물을 가져다주곤 하는데, 하늘에 죄짓는 것 같아 마음에 걸려 외면하는 일이 많나이다."

"그만하면 출세하지 않았느냐?"

"출세라굽쇼? 사람 사는 고통이 자심할 뿐이외다. 뇌물은 아무나 먹는 게 아닙죠. 뇌물은 사람이나 챙기고 짐승은 양심에 걸려 그런 짓도 못하니 어찌 생각해보면 짐승의 세상이 사람의 세상보다 정직한지 모르겠나이다."

박술희는 명치뼈가 따끔거렸다. 한 수졸의 말이 뼈가 저리도록 가슴 아팠다. 벼슬아치들은 사람으로 치고 순박한 백성들은 짐승으로 치는 이분법의 발상이었다. 수졸 나름대로 세상 보는 눈이 날카로웠다.

"짐승들 세계에도 신나는 일이 있지 않겠느냐?"

"그야 야밤에 장보는 일이 그중 신나는 일이 아니겠나이까?"

"장보는 일이 남녀 합궁이라 했더냐?"

"그러하나이다."

"장보는 일을 너무 밝히면 정말 짐승이 되느니라."

"짐승이 되어도 좋으니 장보는 일이나 맘껏 즐겼으면 좋겠나이다."

"그것도 맘대로 안 되느냐?"

"사람들이야 온갖 거드름 다 피우며 골라서 즐기지만, 짐승들이야 수자리 들병이년들마저 쳐다도 안 보나이다."

"들병이는 짐승들 상대가 아니더냐?"

"짐승들 중에 사람이라고 으스대는 짐승과 사람 중간의 괴상한 괴물들이 있나이다. 들병이들은 그 괴물들 차지이나이다."

"괴물들이란 각 진에 근무하는 부장들을 말하느냐?"

"그렇나이다."

"참으로 사람 · 짐승 · 괴물의 세상이 어지럽기만 하구나."

박술희는 조정에서 백성을 위해 일하지 않았다는 것을 잘 알고 있었다. 그리고 백성을 짐승 취급한다는 것도 알려진 사실이다. 착잡한 심정이었다. 술을 마셔도 취하지 않고, 병사들의 이야기를 들으면서도 무감각이었다. 짐승이 말하면 사람은 긴장하고 들어야 나라가 바로 서는 것은 참다운 이치였다. 그 자신도 사람인 것만을 뽐내고 짐승을 짐승 대하듯 했다는 자책이 잠시 정신을 어지럽혔다.

"이곳에도 들병이들이 있느냐?"

"있습죠."

"오늘 밤 너희에게 사주랴?"

"예에?"

세 병사가 어리벙벙한 표정으로 박술희를 쳐다보았다.

"왜, 거짓말 같으냐?"

"장난치시는 줄 알고 있나이다."

"아니니라. 오늘 밤 장을 실컷 보거라."

박술희는 지니고 있던 옥을 서랍에서 꺼내주며 말했다.

"혹여 쓸 데가 있을까 하여 지니고 있었느니라. 가져가서 마음 놓고 놀아 보거라."

"저희는 이곳을 떠날 수가 없나이다."

"한 놈만 남고 두 놈이 먼저 다녀오고 교대하면 되지 않느냐."

"대광 어른, 그래도 되나이까?"

"사람이 사람에게 베푸는 호의이니 고맙게 받아들이거라."

그들은 어찌할 바를 모르다가 박술희의 진심을 알아차리고 한 병사만 남고 두 병사는 그곳을 떠났다. 집에 남은 병사는 사립문 밖에서 창을 세워둔 채 술에 곯아떨어져 버렸다.

그날 밤 자객 둘이 박술희를 덮쳤다.

"누가 보냈느냐?"

"알아서 어쩌겠다는 게냐?"

"저승에 먼저 가서 기다리려고 그러느니라."

"누가 보냈을 것 같으냐?"

"왕규 같구나."

"저승에서 복수를 실컷 하거라!"

자객의 칼이 박술희의 가슴을 파고들었다. 놈들은 확인살인을 하고 어둠 속으로 사라져갔다.

왕식렴은 정종에게 박술희의 사면을 청했다.

"폐하, 대광 박술희가 유배를 떠난 지 반년이옵나이다. 이만 조정으로 불러들여 벼슬을 내리시오소서."

"짐도 그리할 생각이었소."

정종은 강화에 사람을 보내 박술희를 즉시 올려보내라고 영을 내렸다. 강화로 사람을 보낸 지 한식경이나 지나 강화에서 박술희의 참살 소식이 날아왔다. 정종과 왕식렴은 망연자실했다.

"하루만 더 일찍 서둘렀어도 이런 참변을 당하지 않았을 터, 짐의 불찰이로다!"

"폐하, 자책하지 마시오소서."

왕식렴이 정종을 위로하고 나서 왕규 제거작전을 강력히 주장했다.

"폐하, 왕규를 소리 소문 없이 제거해야 하나이다. 그런 연후에 그를 따르는 30여 명의 간신배들을 모조리 참살하시오소서."

정종은 왕식렴의 청을 받아들였다.

"당숙께오서 알아서 처리하소서. 전권을 드리겠나이다."

"폐하, 감쪽같이 해치우겠나이다."

열흘 후, 왕규가 갑곶에서 참살당했다는 소문이 퍼졌다. 그리고 왕규와 손을 잡고 반란을 일으킨 자들이 소리 소문 없이 참살당했다. 무려 30여 명이었다.

이로써 왕규의 반란 망령이 사라졌다. 왕규는 딸 둘을 태조에게, 딸 하나를 혜종에게 바치고 외손자 원군院君을 보위에 앉혀 황실을 장악하려다가 끝내 비참한 최후를 맞은 것이다. 정종은 진훤의 사위 박영규의 두 딸을 왕비로 맞고 김긍률의 딸을 제3비로 맞았다. 정종은 27세의 나이로 단명했다.

⊛ 천년 후의 예언

정종시대에 도덕이 뛰어난 스님이 한 분 계셨다. 스님은 오늘날 대청 댐을 이미 천년 전 정종시대에 예언하여 스님의 혜안이 시공을 초월한 도력으로까지 추앙받는다.

신라에서 당나라로 유학 온 정진 스님은 곡산의 도연에게 법을 받고 당나라를 두루 주유하다가 귀국했다. 신라 경애왕 말이었다.

정진 스님은 경주에서 멀리 떨어진 광주 백암사에 머물며 선을 폈다. 그 무렵 신라는 9산선문이 일어나 교승에 염증을 느낀 신도들이 선승에 게 모이던 시절이었다.

정진 스님도 백암사에서 달마를 시조로 하는 선의 진수를 제자들과 신도들에게 전수하며 어언 30년의 세월이 흘렀다.

어느 날 정진 스님은 혼잣말처럼 중얼거렸다.

'내가 여기에 눌러앉아 무얼 하는 것인고? 밥이나 축내는 식충이 아 닌가.'

문득 떠나야 한다는 울림이 가슴을 쳤다. 그를 따르는 제자 법일을 불러들였다.

"떠날 차비를 하라!"

"예에, 큰스님. 어디로 떠나신단 말씀이옵니까?"

"납자가 오고 가고 가고 오는 곳이 따로 있다더냐? 백암사가 네 집이 더냐?"

"그것이 아니오라 너무 갑작스러워서 드리는 말씀이옵니다."

"납자가 길 떠나는 날을 정해놓고 간다더냐? 따를 테면 따르고 여기 남고 싶거든 남거라."

정진 스님은 항상 곁에 두고 지내던 석장을 들고 백암사를 선뜻 나섰 다. 법일은 바랑을 짊어지고 그뒤를 따랐다.

"큰스님, 신도들에게 한 말씀 하고 가시지 않으시렵니까?"

"법당에 신도들이 있더냐?"

"오늘이 법회날이라서 법당 가득 모여 있나이다."

"그러냐? 도망갈 수야 없지."

정진 스님은 법당에 들어가 선 채로 속삭이듯 말했다.

"이 납자, 이곳을 떠날 때가 되었소이다. 여러 불자들이시여, 부디 부처님만을 섬기고 이 납자는 잊어주시오."

"스님, 가시는 곳을 알려주소서."

"간다고 정한 것은 사실이오나 갈 곳은 정하지 못했나이다. 정처 없다는 말이 맞소이다."

"큰스님, 저희 신도들이 큰스님께 섭섭하게 해드렸나이까?"

"그 무슨 망발이오. 백암사는 내 집이 아니외다. 내 수도처요 부처님의 집이지요. 이 납자는 수도처를 떠나는 것이오."

"큰스님, 이곳을 떠나시면 계시는 곳을 알리시렵니까?"

"납자는 약속을 드릴 수가 없나이다. 가고 오고 오고 가는 길이 바로미타행이 아니겠나이까."

"하오면 백암사와는 인연을 끊으시겠나이까?"

"본래 맺은 인연이 없거늘 끊을 일이 무에 있겠소이까?"

정진 스님은 석장으로 법당 바닥을 쿵 하고 찍고 나서 법당 밖으로 나와 뒤돌아보지 않고 일주문 밖으로 나와버렸다. 큰 스님의 뒷모습에 대고 합장 배례하는 신도들이 법당 마당을 꽉 메웠다.

"법일아, 어디로 가느냐?"

"예에?"

"어디로 가고 싶으냔 말이다."

"가고 오고 싶은 곳이 따로 없나이다."

"옳거니, 이 석장이 찍는 대로 따라가면 되느니라."

정진은 입을 다물어버렸다. 침묵의 미타행이었다. 두 스님은 발길 닿는 대로 충청도 땅에 들어섰다. 법일은 마음속으로 정진 스님이 고향인

공주로 가려는가 보다 하고 생각했다.

그들은 날이 저물 무렵 지금의 충북 청원군 문의면 남계리에 도착했다.

"오늘은 이 마을에서 하룻밤 신세를 져야겠구나."

"큰스님, 이 고갯마루에서 잠시 기다리소서. 아랫마을에 내려가 숙소를 알아보겠나이다."

"그럴 것 없느니라. 마을에 내려가 첫 집에 묵으면 되느니라."

"혹여 그 집에 사정이 있으면 어찌 하오리까?"

"그러면 그 다음 집에서 묵으면 되느니라."

정진 스님은 앞장서서 마을로 내려갔다. 첫 집을 만나자 사립문 앞에서 주인을 찾았다. 범일은 뒤를 따랐다.

"주인장 계시오?"

"뉘시오?"

"지나가는 납자이오이다. 해가 져서 하룻밤 신세질 수 있을까 알아보나이다."

"스님, 이 누추한 곳이라도 괜찮겠나이까?"

"허허, 이 납자는 이 집보다 더 누추하다오. 재워만 주시면 부처님의 가호로 알겠소이다."

"들어오시오소서."

주인은 허름한 방으로 안내했다. 멍석이 깔려 있고 곰팡내가 물씬 풍겼다. 천장에서 인기척을 느낀 쥐들이 줄달음질쳤다.

"법일아, 좋은 방에서 묵게 되었구나."

"큰스님, 천장에 쥐가 득시글거리나이다."

"오죽 좋으냐, 노소동락이 아니라 인서동락이 되겠구나."

"사람과 쥐가 함께 즐긴다는 말씀이나이까?"

"그것이 어째서?"

"생각만 해도 몸이 근질거리나이다."

"네놈의 몸에 이가 기어다니는 게로구나."

두 스님이 수작을 부리고 있는 사이에 주인은 방에 군불을 때고 부인을 시켜 밥상을 마련해왔다.

"스님, 보시다시피 찬이 없나이다. 너그러이 해량하소서."

"주인장, 고기반찬이 먹고 싶으면 천장의 쥐사냥을 할 테니 찬 걱정일랑 마시오."

"스님을 모셔놓고 송구하나이다."

"그런 말씀을 하시면 이 납자 미안하여 여기 머물 수 없소이다."

"어서 드시오소서."

정진 스님은 김치와 된장국뿐인 밥상을 맛있게 비우고 일찌감치 잠자리에 들었다.

그날 밤, 정진 스님은 이상한 꿈속을 헤매었다. 오곡백과가 무르익은 가을이었다. 자신이 묵고 있는 남계리 마을에 장마가 들어 큰 홍수가 온 마을을 덮쳐버렸다. 마을 사람들은 간신히 몸만 빠져나와 남계리 고갯마루로 피난했다. 가축들이 물에 떠서 목숨을 구걸하는 소리를 냈다.

'큰일이로다. 내가 지켜보고만 있으면 아니 되지.'

스님은 꿈속에서 안타까워하다가 고갯마루로 올라가 큰소리로 외쳤다.

"마을 사람들이여! 내 말을 들을지어다. 가재도구에 연연치 말고 삽한 자루씩을 들고 남계리 고갯마루로 올라오시오! 서두르시오. 서두르지 않으면 목숨을 잃게 될 것이오!"

마을 사람들은 스님의 말을 듣고 삽을 들고 고갯마루로 올라왔다. 스님은 마을 사람들을 데리고 마을을 뒤덮은 황톳물을 물꼬를 터서 흘러보냈다. 마을 사람들은 물이 빠진 마을을 보고 감사하다며 스님께 합장으로 인사를 대신했다.

정진 스님은 꿈에서 깨어났다. 동창이 훤히 밝아오고 있었다. 법일은 옆에서 코를 골며 깊은 잠에 빠져 있었다. 절에 있었더라면 도량을 돌

시각이었다.

"예사 꿈이 아니야. 마을에 변고가 생길 게야. 지금 당장일까? 그럴 기미는 보이지 않아. 먼 훗날 이 마을은 필시 물에 잠기고 말 운명이야."

혼자서 중얼거렸다.

아침에 길을 떠나 고갯마루로 올라갔다.

"어? 스님, 어젯밤 비가 내렸나이까?"

법일이 머리를 갸우뚱거리며 물었다.

"이놈아, 청천 하늘에 별만이 총총하지 않았더냐?"

"하오나 이 고갯마루는 비가 온 자국이 뚜렷하나이다. 물이 괸 자국이 남아 있고 흙을 파낸 자국도 있지를 않나이까?"

"나도 알고 있느니라."

정진 스님은 남계리 일대를 내려다보고 혀를 끌끌 찼다.

"큰스님, 왜 그러시나이까?"

"남계리가 참으로 명당이로구나. 사찰을 세우면 불자들이 구름처럼 모일 명당터야."

"큰스님, 이곳에서 불사를 일으키시지요."

"아니 되느니라."

"좋은 터를 그냥 둔다는 말씀이옵니까?"

"천년 후까지를 내다봐야 하느니라."

"천년 후에 재앙이라도 당한단 말이옵나이까?"

"그럴 것이야."

정진 스님은 아쉬운 표정으로 그곳을 떠나 진천 고을에 절을 세우고 그곳에서 주석했다. 날이 갈수록 정진 스님의 불력이 알려져 절은 금세 번창했다. 그런데 언제부터인가 남계리 고개는 물이 넘친 고개라 하여 '무너미 고개' '수월치水越峙' '수여水餘'로 불렸다.

그후 천년의 세월이 흘렀다. 정진 스님이 묵었던 마을은 대청댐이 생기면서 물속에 잠기고 말았다.

　정진 스님은 신라 경애왕에게서 봉종대사의 호를, 고려 광종 2년에는 증공대사란 호를 받았다.

광종시대 (949~975)

⊙ 대중 속의 구법 스님

고려 제4대 광종 임금은 이름이 소昭이며, 자는 일화日華이다. 왕자 시절 그는 형 정종과 더불어 황실의 핵심 인물이었다.

광종은 민심 안정책의 일환으로 불교 진흥을 추진했다. 대봉은사를 송도 남쪽에 건립하여 태조의 원당으로 삼고, 불일사를 서쪽에 세워 어머니 신명순성왕후 유씨의 원당으로 삼았다. 그후 어머니의 명복을 빌기 위해 숭선사를 세웠다.

광종은 불교 증흥을 위해 균여와 손을 잡고 균여의 '성상융회性相融會' 사상을 받아들였다. 이 사상은 불교의 종파융합 정책이었다. 당시 불교는 선종보다 교종이 융성했다. 그런데 교종 내에서도 성종性宗과 상종相宗으로 나뉘어 있었다. 성종을 대표하는 교단이 화엄종이었고, 상종을 대표하는 종단이 법상종이었다. 선종은 그들대로 9산선문이 난립상태였다. 교종에 염증을 느낀 신도들이 9산선문이 일어나자 그쪽으로 많이 기울고 있었으나 역시 통합의 모습은 보이지 않았다. 광종은 9산선문의 통합을 꾀하고 중국에서 유학 중인 혜거 스님을 귀국시켰으나 결국 실패하고 말았다. 선종은 고려 후기에 보조국사 지눌이 조계종으로 통합시킨다.

광종은 교종의 화엄종과 법상종의 통합을 원했고, 그 중심에 균여가 있었다.

균여가 15세에 중이 된 후 스승 의순공의 허락을 받고 오랜만에 집에 들렀다. 누이 수명이 깜짝 반겼다. 수명은 일찍이 탁발승으로부터 덕운 비구의 화신이라는 말을 들을 정도로 불교에 심취해 있었다. 수명은 의젓해진 균여를 보자 대뜸 실력을 떠보고 싶었다.

"불제자여, 여태껏 공부한 불경에 대해 이야기해주시겠소?"

"누님, 지금도 경을 달달 외우시나이까?"

"이 비구니는 몸은 집에 있어도 마음은 늘 부처님 곁에 있다오."

"이 납자가 요사이 보현과 관음의 양지식법문兩知識法文을 공부했나이다."

"들려주소서."

균여는 한 자도 빠짐없이 외어주고 누이의 눈치를 살폈다. 누이의 얼굴이 상기되어 홍조를 띠었다.

"신중神衆·천수天手 두 경문도 아시는지요?"

"습득했나이다. 외어드리리다."

균여는 누이를 위해 열성을 다해 두 경문을 암송해주었다.

수명은 균여가 암송해준 경문을 한 자도 빠짐없이 머리에 넣어두었다. 5년이 지난 후에 수명에게 법문을 써보라고 하자 주저없이 써내려갔다.

균여가 27세 되던 해였다. 광종의 정비 대목왕후가 음창에 걸려 의원에게 보일 수 없어 의순공에게 불력으로 치료해달라고 부탁했다. 의순공이 기도하여 대목왕후의 음창을 치료해주었다. 그러나 공교롭게도 의순공이 그 병에 걸려 죽음을 넘나들었다.

균여는 의순공의 쾌차를 위해 부처님께 분향·축원을 게을리하지 않왔다. 균여의 지극 정성으로 의순공의 병이 완쾌되었다.

광종 원년, 후주의 사신이 광종의 국왕 책봉식에 참관하러 왔다. 책봉식날 비가 억수로 쏟아져 식을 늦출 수밖에 없었다. 후주의 사신이 언짢아하며 말했다.

"듣자하니 고려에는 성인이 있다고 들었소이다. 왜 부처님께 비가 그치도록 기도하지 않는 것이외까? 영검을 보일 성인이 없는 게요?"

광종과 고려 중신들은 몹시 민망했다. 그런데 갑자기 한밤중에 하늘에서 소리가 들렸다.

"대답을 걱정하지 말라! 내일 반드시 국익을 위한 설법이 있을 것이니라."

광종이 침전 밖으로 나와 하늘을 보았다. 검은 장막을 드리운 듯 사위는 캄캄하기만 했다.

다음날 아침, 광종은 서둘러 성현에 버금가는 스님을 찾아 법회를 마련하라고 내관에게 영을 내렸다. 광종의 머리에 떠오르는 스님이 없었다. 국사로 모시는 겸신 대사가 있었으나 성현으로 보기에는 선뜻 내키지 않았다.

겸신이 균여를 추천하여 31세의 새파란 납자가 궁궐에 들어왔다. 그는 법회석인 사자좌에 앉아 나긋나긋한 목소리로 설법을 해나갔다.

"비가 내리는 것도 부처님 뜻이요 그치는 것도 부처님 뜻이거늘, 불자들이여, 원망과 한숨을 거두라. 이제 부처님께서 맑은 하늘을 보여주실 것이거늘 걱정하여 마음을 다치려 하는고? 자, 하늘 귀퉁이를 보라. 검은 구름이 사라지고 햇살 한 줌이 먹구름을 뚫도다. 곧 하늘이 광명으로 가득할지어다."

균여가 법회를 여는 동안 하늘이 맑게 개어 햇살이 눈부셨다.

중국 사신이 혀를 차며 감탄했다.

"생긴 것은 고통스럽게 일그러진 불구덩이의 야차 같거늘 신통력은 하늘을 움직이는구나. 대체 괴물처럼 생긴 저 승려의 존함이 뭣이외까?"

고려 접반사에게 물었다.

"균여라 하옵고 아직 수도승에 지나지 않나이다."

"고려의 수도승이 하늘을 움직이는데 고승들은 천지조화를 마음대로 부리겠구려."

"아마 그러한 고승들이 곳곳에 숨어 있을 것이외다."

"고려를 다시 봐야겠소이다."

중국 사신은 균여의 법력에 놀라서 입에 침이 마르도록 찬사를 늘어놓았다.

광종은 균여에게 9배를 올리고 대덕大德으로 삼았다. 그리고 양전과 비복을 딸려주었다. 균여는 이날부터 광종의 신임을 얻어 교종 통합에 심혈을 기울였다. 광종 9년에는 과거제도가 실시되고 이후 불가에서 많은 인재가 배출되었다. 왕사·국사·대사·대덕 치고 균여의 제자가 아닌 자가 없었다.

광종은 균여를 위해 송도 부근에 귀법사를 세워 주지로 삼았다. 균여는 귀법사에서 10년을 수행했다. 여기에 주석하는 동안 때때로 이행異行과 기적을 보였다.

광종이 처음으로 과거를 실시하던 해에 균여는 시관으로 참여했다. 이 무렵 귀법사에서 법회를 열었다. 그런데 법회날 벼락이 떨어져 이 천재지변을 풀기 위해 다시 법회를 열었다. 균여가 설법을 했다. 밤낮을 쉬지 않고 삼칠일 즉 21일을 계속하여 법회를 열고 설법을 했다. 설법을 다른 스님이 교대해준다고 해도 균여는 이를 뿌리치고 끝까지 혼자 해냈다.

균여의 선참 스님들이 균여를 아니꼽게 여겼다.

"간이 배 밖으로 나왔구먼. 임금이 아껴준다고 해서 우리를 싹 무시하고 혼자서 북 치고 장구 치고 다 하겠다 그 말이로구먼."

"누가 아니래. 저래 봐야 저 혼자 따돌림당하고 후회한들 때는 늦을 게야."

"어쩌겠나. 두고 보는 수밖에…."

이때 낯선 거사가 나타나 불평하는 스님들을 타일렀다.

"내 말 새겨 듣거라. 균여는 그대들의 선조격인 의상대사의 제7신身이며 인간 세상에 큰 교훈을 널리 베풀려고 세상에 나온 것이니라. 그러니 질투·시기·원망 따위를 버려라."

거사는 온데간데없이 사라졌다. 선참 스님들은 크게 뉘우치고 균여를 다시 보았다.

균여가 설법을 마치고 내도량으로 들어갔다. 밤중에 한가닥 광명이 방 안에서 밖으로 무지개처럼 뻗어나오고 있었다. 광종이 그 광경을 보고 내관을 보내 살펴오도록 했다. 내관이 달려와 말했다.

"폐하, 그 무지갯빛은 균여 스님의 눈빛에서 뻗어나오고 있었나이다."

"아니, 그럴 수가! 분명 기적이 일어날 것이로다. 짐이 균여를 만나리로다."

광종이 균여의 처소를 찾았다.

"폐하, 어이하여 어두운 밤길에 이곳까지 순행하셨나이까?"

"대사, 어떻게 하여 이 경지에까지 이르셨소."

"무슨 말씀이시옵나이까?"

"대사의 눈에서 서기로운 무지갯빛이 뻗치고 있소이다."

"소승, 마음먹고 수행한 적이 없나이다."

"그 무슨 겸사의 말씀을…."

이때 궤상에 놓여 있던 염주가 저절로 공중으로 솟아올라 균여의 몸을 세 바퀴 돈 후 제자리로 돌아왔다. 광종은 숨을 죽이고 그 광경을 지켜보다가 합장을 한 후 처소를 떠나며 말했다.

"대사, 고려와 백성들을 위해 큰일을 해주오."

"소승, 부처님의 뜻에 따르겠나이다."

어느 해 귀법사의 중 정수正秀가 균여를 시기하여 무고했다.

"폐하, 균여가 폐하의 신임을 믿고 모반을 꾀하고 있사옵나이다."

"그럴 리가 있소? 균여 대사는 부처님의 훌륭한 제자요."

"아니옵나이다. 소승이 음모를 꾀하는 광경을 보았나이다."

"그 말이 사실이렷다?"

"감히 어찌 폐하를 기휘하겠나이까."

광종은 다른 일이 아니라 모반이라는 말에 그냥 넘어갈 수가 없었다. 귀법사에 사람을 보내 균여를 불러들였다.

"폐하, 소승을 찾아 계시오이까?"

광종이 균여를 빤히 내려다보았다. 아무리 살펴보아도 모반을 꾸밀 얼굴이 아니었다. 못생긴 얼굴에 인자함이 가득 배어 있었다.

"대사, 짐을 해코지할 마음을 먹은 게요?"

"그랬나이다."

"뭣이라고?"

"폐하, 소승이 어찌 보였기에 폐하를 음해할 인물로 비쳤겠나이까? 의심을 받게 한 소승이 폐하의 심기를 괴롭혔으니 이 또한 폐하를 해코지한 죄가 되겠나이다."

광종은 균여가 모반을 꾀하지 않았다는 것을 확신했다.

"그만 돌아가시오."

균여를 보내놓고 광종은 균여에게 미안한 마음이 들어 내관을 보내 사과했다.

"대사, 폐하께오서 경솔한 행동을 정중히 사과드리고 위로하라는 말씀이셨나이다."

"폐하께 전해주오. 이 납자는 궁을 나서는 순간 다 잊었노라고."

이날 밤, 광종의 꿈에 키가 10척이나 되는 신인이 나타나 침전을 가로막고 우뚝 서서 말했다.

"임금이 참소를 믿고 법왕法王을 능멸했으니 불상사가 일어날 것이니라."

광종은 놀라서 깨어났다. 온몸이 식은땀으로 흥건히 젖어 있었다. 내관을 불러 꿈 이야기를 들려주었다.

이튿날, 형부에서 보고가 들어왔다.

"폐하, 송악산 북쪽의 소나무들이 바람도 불지 않았사온데 수천 그루가 쓰러져버렸다고 하나이다."

"뭣이야? 괴이한지고. 사천봉공 최지몽을 불러라!"

점을 잘 치고 태조의 꿈 해몽을 해주어 조정에 발탁된 최지몽이 달려왔다. 광종은 꿈 이야기를 해주고, 소나무가 쓰러진 까닭을 점을 쳐서 알아내라고 영을 내렸다.

최지몽은 점괘를 뽑아 즉시 아뢰었다.

"폐하, 법왕을 욕보여 송악산 소나무가 바람도 없는데 쓰러졌다는 점괘가 나왔나이다. 아무래도 무고한 자에게 엄벌을 내리셔야 또 다른 재앙이 없을 듯하나이다."

"그대의 점괘가 맞도다. 귀법사 중 정수를 잡아들여 문초하라. 무고한 사실이 밝혀지면 저잣거리에서 목을 벨지어다."

정수가 잡혀와 곤장 서너 대를 맞고 금방 실토했다.

"이놈이 눈이 멀어 균여 대사를 무고했나이다. 균여를 제거하면 귀법사를 맡아 나도 왕사가 될 수 있을 것 같아 그 같은 일을 저질렀나이다."

정수의 목이 저잣거리에서 잘려져 효수되었다. 정수의 형도 정수를 사주한 죄로 목이 떨어졌다. 그리고 그의 집터를 못으로 만들어버렸다.

영통사의 백운방은 지은 지 오래되었다. 비가 새어 허물어져가고 있었다. 균여가 나서서 백운방을 증수했다. 그러자 지신地神이 탐을 내어 날마다 재변이 일어났다. 균여는 노래 한 수를 지어 벽에 붙였다. 곧 재변이 그쳤다.

균여는 가인歌人 기질이 많았다. 그는 〈보현십종원앙가〉라는 이름으로 향가 11수를 지었다. 그는 신라 때에 형성된 국민적 가요 형식인 향가 속에 불교의 교리를 쉽게 풀어넣었다. 백성들이 모두 부처님과 친근해질 수 있도록 한 것이다.

〈보현가〉는 대승불교의 진체라 할 수 있는 《화엄경》의 〈보현행원품普賢行願品〉의 십원十願과 게偈 두 편을 내용으로 하고 있다. 그 형식은 8귀체에 후구後句가 반드시 들어가 있다. 특히 후구 첫머리의 감탄사의 표기를 다채롭게 하여 균여의 시적 감각을 엿볼 수 있다. 〈보현가〉 11수 가운데 한 수를 옮겨본다.

부젓가락을 잡으며 불전의 등燈을 고친다
등주燈柱는 수미須彌요 등유燈油는 대해大海이로다
손에 법계에 미치도록 하며 손마다 법공法供을 들어
법계에 가득한 부처마다 공양하고자
아아, 법공은 많으나 이것이 최승공最勝供이로다

　　　　　　　　　　　　　—널리 공양을 닦는 노래

이 11수의 노래가 알려지자 사람들은 재앙을 막고 복을 빌기 위해 다투어 읊었고 담벼락에 써서 붙이기도 했다. 그리고 균여와 동시대 인물인 최행귀가 한역하여 송나라로 들여보냈다. 그곳 군신들이 보고 이 원작자는 반드시 생불일 것이라며 경의를 표하기 위해 사신을 보내기도 했다.

그러나 균여가 워낙 기이하게 생겨 처음보는 이들은 존경심을 일으키기 어려웠으므로, 조정에서는 송나라 사신이 균여를 보고 경멸하지 않을까 두려워 만나는 것을 꺼려했다. 송나라 사신이 눈치채고 몰래 균여가 거처하는 귀법사에 가서 면회를 청했다.

균여는 무심코 사신을 만나려 하다가 문득 조정의 군신이 불안해하는 것을 깨닫고 숨어버렸다. 송나라 사신은 균여를 보지 못하고 '어디에 가면 생불을 만날까' 하고 안타까워했다.

균여는 불교의 본뜻을 중생의 제도에 있다고 보았다. 그런데 경전이 너무 어려워 백성들이 이해하지 못한다면 모순된 일임을 깨달았다. 그리하여 불법을 펴서 만인을 이롭게 하는 일을 필생의 업으로 삼았다. 〈보현가〉도 그런 의도에서 지어졌으며 경전의 어려운 부분을 주석하는 데 게으름을 피우지 않았다.

당시의 다른 스님들처럼 구도나 학문에만 파묻히지 않고 불교의 보급과 통속화에 앞장섰던 균여였다. 그리고 불교계 종파의 통합에도 크게 공헌했다.

신라 불교의 대종은 화엄종으로 의상대사가 정립했다. 신라 말, 그 본산인 가야산 해인사에 두 종파가 생겨났다. 하나는 관혜를 중심으로 하는 남악파와, 다른 하나는 희랑을 중심으로 하는 북악파였다. 관혜는 후백제 진훤의 왕사였고, 희랑은 고려 태조의 왕사였다. 두 종파는 대립·반목을 일삼아 후삼국 통일 후에도 앙금이 가시지 않았다.

균여는 양파의 통합을 위해 그의 수좌 인유仁裕와 더불어 명산대찰과 백성들 사이를 오가며 설법했다. 그리하여 승속僧俗을 가리지 않고 균여의 뜻에 따라 종파의 알력과 분쟁이 사라졌다.

서기 973년(광종 24) 6월 7일, 김해 앞바다에 한 이승異僧이 나타났다. 김해부사가 이름과 거처를 물었다. 이름은 비파시毗婆尸이며, 후삼국 통일은 되었으나 아직 불교가 왕성하지 못해 전생의 인연을 생각하여 잠시 송악산에 머물러 여자如字(균여)로써 홍법했고, 이제 왜열도로 떠난다며 사라졌다. 이날 균여가 귀법사에서 입적했다. 균여의 전신이 부처였음을 암시하는 것이다.

균여는 고려 태조가 불교를 국가이념으로 삼아 민족의 단결과 국가의 안전을 기대했던 그 뜻에 잘 부응하고 종파가 갈렸던 불교계를 통합하여 불교 보급과 대중화에 전념하다가 51세로 짧은 생애를 마감한 위대한 큰스님이었다.

⊙ 은진미륵

광종의 불교 신봉은 맹신에 가까웠다. 개혁을 내세워 불교 교단을 정비시키고 사상을 통일시키려고 노력했다. 이는 왕권강화의 일환이었다. 당시의 불교계는 교종과 선종으로 나뉘어 암투가 심했다. 교종이란 경전과 이론 중심의 교파이며 선종은 참선에 의한 실천 중심의 교파였다. 교종은 남학과 북학으로 나뉘어 있었으며, 광종과 균여의 노력으로 화엄종을 중심으로 통합을 이뤄갔다.

선종의 9산선문은 난립상을 보이면서도 백성들의 호응을 받았다.

광종은 태조와 어머니 신명순성왕후 유씨의 원찰 건립을 비롯해 홍화사 · 유암사 · 삼귀사 등 많은 사찰을 세우고 온갖 불교 행사를 열었다. 그러는 한편 거대한 불상 조각에도 열을 올렸다.

이 무렵 광종 가까이에 국사 혜거와 왕사 탄문이 있었다. 특히 탄문과 광종은 특별한 인연이 있었다. 탄문은 광주廣州 고봉高燁 사람으로 5세에 출가할 뜻을 비쳤고, 시골 절에서 머리를 깎았다. 그후 향산성 내의 원효암터에 절을 짓고 여러 해 동안 공부한 후, 장의사 신엄 스님에게 《화엄경》을 깨우치고 15세에 구족계를 받아 비구가 되었다.

태조가 탄문의 계행이 높다는 소문을 듣고 별화상別和尙이라 불렀다. 이 무렵 신명순성왕후가 잉태를 했다. 태조는 탄문에게 왕자 생산을 위해 법력을 보여달라고 부탁했다. 탄문은 정성껏 치성드려 광종이 태어났다.

탄문이 구룡산사에서 《화엄경》을 강할 때 새가 날아들고 범이 법당 뜰에 엎드려 강을 듣는 이변을 낳았다. 그래서 별대덕別大德이라는 별칭이 붙었다. 또 한 번은 태조 시절 염주 · 배주 일대에 메뚜기떼가 나타나 곡식을 해쳤다. 탄문은 《대반야경》을 강론하여 메뚜기떼를 물리쳤다.

광종 21년(970) 불상 조각이 한창인 무렵이었다. 충청도 은진의 반야산에서 이상한 일이 벌어졌다는 소문이 들렸다.

한 아낙이 늦은 봄 반야산에 나물을 캐러 올라가 산중턱을 돌며 나물을 캐는데 어디선가 아기 울음소리가 들려왔다. 아낙이 아기 울음소리를 따라가보았다. 가깝게 들리는 듯해서 가보면 다시 가까운 곳에서 울음소리가 들렸다. 아낙은 아기 울음을 따라 산중턱을 헤매다가 한곳에서 아기 울음소리가 멈춰 그곳으로 달려가보았다. 아기 울음은 땅속에서 흘러나오고 있었다. 아낙은 아기 울음이 그칠 때까지 지켜보았다. 자지러지게 울던 아기가 울음을 뚝 그치더니 갑자기 땅속에서 커다란 돌이 솟아올랐다. 돌에서는 빛이 나고 크기를 헤아릴 수가 없었다.

　아낙은 예삿일이 아니어서 마을에 내려와 본 대로 말했다. 마을 사람들이 떼 지어 달려가보았다. 땅에서 솟아오른 커다란 돌이 버티고 서 있었다. 마을 사람들은 길조인지 흉조인지 몰라 안타까워했다.

　이 소문이 대궐에까지 흘러들어갔다. 광종은 불상 조각에 여념이 없는 때여서 언뜻 커다란 돌에 불상을 새겼으면 좋겠다는 생각을 했다. 국사 혜거와 왕사 탄문을 불러들였다.

　"국사께서는 반야산 소문을 들으셨소이까?"

　"금시초문이나이다."

　"왕사께서는 들으셨소이까?"

　"예에, 마마."

　"그 지방 사람들이 길조인지 흉조인지 몰라 불안해한다는 소문이외다. 왕사께서는 어찌 생각하시는지요?"

　"신의 생각으로는 흉조는 아니라 보옵나이다."

　"아니라면, 무엇이오?"

　"마마께오서 불상 조각에 진념하시니 부처님께오서 그 돌에 불상을 조각하라고 보내주신 선물인 듯하나이다."

　"그렇소이까? 짐도 그리 여겼소이다."

　"하오나 폐하, 도선 대사께오서 태조 대왕께 말씀하시기를 대사가 지정해준 곳이 아니면 함부로 절을 세우거나 불상 조각을 하지 말라 이르셨다 들었나이다."

국사 혜거는 광종의 사찰 건립과 불상 조각이 언짢은 터여서 한마디 하고 나섰다. 게다가 광종의 관심이 탄문에게만 쏠려 있는 것을 못마땅하게 여기고 있었다. 사찰 건립을 탄문과 상의하고 자기를 소외시켜 혜거는 불만이 쌓여 있었다.

"국사, 도선 스님께오서 말씀하신 것은 사찰의 난립을 경고하신 것이외다. 짐이 사찰 난립상을 초래했다는 말씀이외까?"

광종이 불편한 심기를 드러냈다.

"하오나 마마, 땅에서 솟은 돌덩이를 불상으로까지 만든다면, 난립은 아니오나 도에 지나친 감이 없지 않나이다."

"국사는 땅에서 솟은 돌을 산에 흩어져 있거나 길거리에 나뒹구는 돌덩이에 비기는 것이오이까?"

탄문이 혜거에게 쐐기를 박을 뜻으로 나섰다.

"여보시오 왕사, 그런 뜻이 아니지를 않소이까?"

"국사, 땅에서 솟은 돌은 이 나라에 불국토를 건설하라는 부처님의 가호이오이다. 어찌 소홀히 보시나이까?"

"왕사의 말씀이 옳으오. 국사께서는 잠자코 계셨으면 하오."

광종이 혜거에게 입 다물고 있으라고 말문을 막아버렸다.

"마마, 그 돌을 불상으로 만들어 폐하의 위엄과 백성 사랑의 너그러움을 보이시오소서."

"왕사, 짐의 마음은 이미 정해졌소이다."

"신이 전국에 연통을 놓아 조각할 인물을 찾아보겠나이다."

"그리해주시구려."

"신도 한몫 거들겠나이다."

혜거가 굽히고 들어왔다. 이번 불상 조각은 거국적이어서 국사의 신분으로 모르쇠할 수도 없는 입장이었다.

"당연히 그러셔야지요. 왕사와 의논하여 훌륭한 불상을 만들어주오."

혜거와 탄문은 불상 조각의 감독관을 물색하는 한편, 조각장이들을 모집했다. 전국에서 내로라하는 조각장이들이 다 모여들었다. 그들을 채석장에 모아놓고 돌 한 개씩을 주어 불상을 쪼아보라고 했다. 혜거와 탄문이 직접 심사를 보았다. 1,000여 명의 지원자 가운데 조각 솜씨대로 100명을 뽑았다. 뽑힌 100명은 최고의 솜씨 좋은 조각장이들이었다.

하지만 아직 이들을 총감독할 스님이 뽑히지 않았다. 감독의 실력에 따라 불상의 승패가 달려 있었다.

혜거와 탄문은 자신들의 제자들을 놓고 한 사람씩 검토하고 있었다.

어느 날 해거름 무렵이었다. 혜거와 탄문이 일시 거처하고 있는 절 요사채에 덩치 큰 스님이 나타나 큰소리로 말했다.

"국사와 왕사께서는 감독을 찾았나이까?"

우렁찬 목소리였다. 혜거는 이마를 찡그리고 탄문은 입가에 미소를 지었다. 탄문이 방문을 열지도 않고 받았다.

"밖에 저팔계가 왔거든 들어오시게나."

"왕사의 목소리가 아니오이까? 허허, 알아보시는구려."

"누가 누구를 안단 말인가? 왔으니 한번 대면이나 해보자는 게야."

밖에서 방문이 열리고 눈·코·입·귀가 미륵같이 큼직큼직하고 덩치가 코끼리 만한 스님이 성큼 방 안으로 들어섰다.

"혜명慧明이라 하오."

"어디서 왔는고?"

혜거가 물었다.

"오고 가는 길이 따로 없소이다. 그냥 여기에 있나이다."

"선문에 있었는고?"

"선문·교문을 오락가락했나이다."

"어찌하여 감독 운운했는고?"

"감독으로 이 납자를 써보심이 어떠하실지요?"

"뭘 믿고?"

"두 분 스님께오서는 뭘 믿고 불상을 조각하시려 하오이까?"

"부처님을 믿는 게지."

"이 납자는 조각장이들을 믿나이다."

혜가와 탄문은 서로 마주보고 고개를 끄덕였다. 탄문이 입을 열었다.

"불상 조각을 해본 일이 있는고?"

"젊은 시절, 채석장에서 돌을 다듬은 경험이 있나이다."

"누구의 제자인고?"

"혜정 스님의 제자이옵니다."

"오, 그러한가?"

탄문은 혜정 스님을 알고 있었다. 남녘 지방에서 고승으로 알려진 분이었다.

"불상 작업은 언제까지 마칠 셈인가?"

"아마 제 생전에는 완성을 보지 못할 것이외다."

"어째서?"

"나라에서 가장 크고 높은 불상을 조각하는 일이외다. 그러하옵고 수백 수천 명이 한꺼번에 투입될 수도 없나이다. 100여 명으로 작업을 하니 아마 40여 년은 족히 걸릴 것이외다."

탄문은 고개를 끄덕였다. 신중한 자세가 마음에 들었다. 더구나 채석장에서 돌을 다뤄봤다는 말에 믿음이 갔다.

"그대에게 감독을 맡기겠노라."

"오 부처님, 감사하나이다."

혜명은 합장하고 머리를 주억거렸다. 감격스러워하는 해명 스님의 모습이 어찌나 천진난만한지 혜가와 탄문은 빙그레 미소를 지었다.

혜명이 광종을 뵈었다. 광종은 혜명의 덩치에 우선 신뢰감이 들었다.

"국사와 왕사께서 스님의 칭찬이 대단하시었소. 큰일을 맡아 어깨가 무겁겠소이다."

"마마, 신이 평생 원하던 일이나이다. 신이 그 일을 맡게 되어 부처님의 가호를 가슴 깊이 새기고 있나이다."

"스님께서 조각하실 불상은 이 나라의 무궁한 발전과 백성들의 편안한 삶의 염원이 깃든 대역사외다. 모쪼록 정성을 다해주오."

"신 평생을 바라던 일이오라 신명을 다해 작업을 하겠나이다."

광종은 혜명에게 끌과 망치를 하사했다. 그리고 작업할 때 입을 가사를 두 벌이나 하사했다.

혜명은 전국에서 뽑힌 100명의 장인들을 이끌고 충청도 은진땅 반야산으로 갔다. 소문대로 반야산 아래쪽에 반야산을 등에 업고 작은 동산만한 돌덩이가 땅에 뿌리를 내리고 우람한 자태를 뽐내고 있었다. 길일을 잡아 산신제를 지내고 돌에도 작업을 알리는 제사를 지냈다.

혜명이 돌덩이에 정을 대고 망치로 세 번 치고 나무아미타불을 암송했다. 의식을 마친 후 바로 작업에 들어갔다.

혜명의 예측대로 불상은 작업에 들어간 지 37년 만에 완성되었다. 혜명은 불상을 완성시킨 후에 입적했다. 이 불상이 현재 충남 논산시 은진면 관촉사에 있는 석불이다. 일명 은진미륵으로도 불린다. 높이 18.12m, 둘레 9.9m, 귀의 길이 1.8m, 관의 높이 2.43m의 거대한 석불이다. 이 석불은 영검하여, 나라가 태평하면 온몸에서 광채가 나고 나쁜 일이 생기면 온몸에서 땀을 흘렸다.

◉ 최언위의 두 아들

최언위는 신라 말 당나라 유학파로 신라가 기울자 고려에 귀의하여, 태조를 도와 공을 세운 학자이자 문신이다. 그의 벼슬은 원봉성의 대학사 겸 한림원령이었다. 그후 그는 평장사에까지 올랐다.

최언위가 신라 경주에서 처음 고려 송도로 올 때 데리고 온 사람은 맏아들 광윤光胤이었다. 광윤은 송도에 머물다가 곧바로 후진국으로 유학가 그곳 과거에 응시하여 진사가 되었다. 그뒤 광윤은 광종 초에 귀국길에 올라 돌아오다가 거란 병사에게 붙잡혀, 거란 조정에서 벼슬을 받았다. 거란의 세력이 날로 커져가자 광윤은 은근히 고려가 걱정되었다. 이대로 세력을 뻗치다가는 고려가 큰 타격을 받을 것은 뻔한 이치였다.

광윤이 때마침 구성까지 올 일이 있었다. 구성은 아직 고려의 힘이 미치지 못해 여진족이 차지하고 있었다. 여진족은 고려와 협조하는 상부상조의 관계였다. 광윤은 여진족 추장에게 글을 써서 주고는 고려 조정에 전해달라고 신신당부했다. 거란이 고려를 침공할 뜻을 품고 있으니 고려 조정은 이에 대책을 강구하라는 내용의 편지였다.

고려 조정은 광윤의 비밀 편지를 받고서 비로소 거란의 야심을 알아챘다. 광종은 중신들을 모아놓고 대비책을 의논했다.

"거란은 여진족과는 다르오. 여진은 우리와 통하는 점이 많지만, 거란은 우리를 힘으로 누르려 하고 있오. 어찌하면 좋겠소?"

"폐하, 거란도 여진처럼 변방 오랑캐에 지나지 않나이다. 심려 놓으소서."

광종은 조정 수장의 안이한 태도에 발끈 화를 냈다.

"오랑캐라고 얕보는 게요! 그들이 힘을 길러 고려를 노린다는 데도 걱정을 말라니, 대체 수시중은 무얼 믿고 그런 말이 나오는 게요!"

중신들은 정신이 번쩍 들었다. 사실 안이하게 대처할 문제가 아니었다. 특단의 조처가 필요한 시기였다.

"폐하, 군대를 새로이 기르고 그 군대를 통솔할 기구를 설치해야 하나이다. 서두르시오소서."

상장군이 당장 부대를 창설하라고 건의했다. 광종은 이런 때는 문신보다는 무신의 의견을 따르는 것이 현명하다고 판단했다.

"상장군은 새로이 양성할 군대의 수와 기구를 충분히 검토한 연후에 짐에게 고하라."

"분부 거행하겠나이다."

문신들은 철퇴를 맞은 듯이 정신이 흐리멍덩하여 무신과 광종이 주고 받는 대화를 경청하고 있을 뿐이었다. 무신들은 신바람이 났다. 평화시에 무신들은 그 존재조차 희미했다. 군대를 양성하고 전쟁 준비를 하고 싸움터에서 말타고 종횡무진 내달려야만이 무신은 비로소 삶의 활력을 느낄 수 있었다.

며칠 후 상장군이 광종에게 고했다.

"폐하, 거란의 침입에 대비하여 30만 군사를 모으고 이들을 지휘·통솔할 광군사光軍司를 설치함이 옳을 듯하나이다."

"30만 대군을?"

"그러하나이다. 차제에 국방경비를 튼튼히 할 군사를 양성함이 가할 줄 아나이다."

"알았소이다."

광군사는 이런 연유로 태어났다. 최광윤의 공이 큰 일대 사건이었다.

최언위의 둘째 아들 최행원崔行遠도 유학파였다. 중국 남쪽 오월국에서 여러 해 동안 유학하고 그곳에서 비서랑이라는 벼슬살이를 하기도 했다. 그는 그곳 벼슬에 연연하지 않고, 오월국을 두루 살피고 난 후 귀국하여 고려 조정에 출사했다.

최행원이 오월국에 있을 때였다. 수도 항주杭州는 산수가 빼어났다. 오월왕 전굉숙은 풍류를 아는 시인이었으며 글씨를 잘 썼다. 그는 평화 애호가여서 태평성대를 구가했다. 최행원은 이러한 임금 밑에서 비서랑을 지내면서 풍류를 즐기는 습관이 몸에 배었다. 풍류에 빠지면 주색을 가까이 하게 마련이다.

광종 초에 귀국한 최행원은 즉시 임금을 가까이 모시는 승정원에 몸을 담았다. 광종은 유학파들을 좋아하여 그들을 가까이 두려고 했다.

광종이 최행원에게 물었다.

"오월국에서 오래 살아봤으니 그곳 풍광을 말해보오."

광종은 고려의 수도를 비롯하여 온 나라를 아름답게 가꾸려는 포부를 갖고 있었다. 최행원은 광종이 물은 뜻을 헤아리고 비위를 맞춰 대답했다.

"폐하, 오월국 수도 항주는 풍광이 빼어나 가위 지상천국이라 할 만하나이다. 성 앞에는 항주강이 유유히 흐르고, 도성 교외에는 큰 서호가 있나이다. 강과 호수 사이에는 운하가 뚫려 있나이다."

"배로 다니는고?"

"그러하나이다. 배들은 하나같이 채색이 되어 밤에 불을 켜면 배는 불야성을 이루나이다. 하옵고 당나라 때부터 멀리 파사波斯 여자들이 많이 들어와 호궁胡弓과 호가胡笳 소리에 맞춰 노래 부르고 춤을 추나이다. 이 광경을 보면 지상낙원이 따로 없다는 생각이 드옵니다."

"오월국이 그토록 살기 좋단 말인가?"

"그러하옵니다. 남쪽은 겨울에도 춥지 않아 꽃이 피나이다. 계절이 바뀔 때마다 사람들은 계절꽃을 즐기려고 파사의 여인들을 데리고 서호 근처로 나가나이다."

"백성들이 죄다 풍류객이란 말인가?"

"백성들이 살기 좋아 놀고 사치하는 풍습이 있나이다. 더구나 왕자의 놀이가 시작되면 온 나라 백성이 함께 놀아 노랫소리가 끊일 날이 없나이다."

광종은 최행원의 말에 부러움이 일어 감탄을 숨기지 않았다. 부러운 나라였다.

"최공, 고려도 오월국처럼 살 수 없겠소?"

"폐하, 고려도 오월국처럼 살 수 있나이다."

"정말 그리 될 수 있단 말이오?"

"폐하, 궁궐이나 이궁을 호화찬란하게 짓고 좋은 음식을 즐기시면 자연히 그리 되나이다."

"오월국처럼 평화를 누릴 수 있다 그 말이오?"

"그렇나이다. 신의 생각으로는 오월국에 사람을 보내 파사의 여자를 데려오며, 그 나라 시인·묵객들을 함께 초대하고, 곁들여 아악까지 들여오면 좋을 듯하나이다."

광종은 솔깃했다. 오월국의 사치스러운 생활이 부러워 허영심이 발동한 것이다. 그러나 오월국과의 해상 왕래가 순탄하지 않았다. 광종은 우선 대궐 안에서 오월국처럼 살아보기로 마음먹었다. 차차 시부詩賦를 잘하는 아첨꾼들이 광종의 주위에 포진되었다.

대궐 깊숙한 곳에서 어느 때부터인가 최행원을 비롯하여 시를 잘 짓고 놀기 좋아하는 선비들이 광종과 함께 노래부르고 춤추며 놀았다. 그리고 예쁜 여인들을 뽑아 오월국 여자처럼 꾸몄다. 얇은 천으로 옷을 만들어 여인들의 속살이 훤히 들여다보이도록 하고, 다리를 쩍쩍 벌리며 춤을 추도록 했다. 광종은 그 광경을 보며 손뼉을 치고 괴성을 질러댔다.

놀이에 지치고 배가 출출하면 주지육림을 차려놓고 음식을 즐겼다. 광종이 흥에 겨우면 최행원에게 물었다.

"이만하면 오월국보다 태평성대가 아니오?"

"아직은 좀 미흡하나이다."

"그러면 미흡하지 않을 때까지 큰 행사를 거듭 열어야겠소이다."

"그리하다 보면 오월국을 따라잡을 것이옵나이다."

"꼭 따라잡아야 짐의 직성이 풀릴 것이외다."

광종의 사치스러운 향락생활을 못마땅해하는 신하가 있었다. 내의령 서필徐弼이었다. 그는 광종에게 직언을 서슴지 않았다.

"폐하, 근자에 대궐 깊숙한 곳에서 풍악 소리가 낭자히 들리고 주지육림의 냄새가 궁궐 밖까지 진동한다고 들었나이다. 사치는 망국으로 가는 지름길이나이다. 듣자오니 폐하의 1년 비용이 태조 대왕의 10년 비용에 상당하다고 들었나이다. 하옵고 궁궐을 넓히신다 들었사온데, 신의 거처가 신이 살기에는 넓으오니 폐하께 바치겠나이다."

"경의 집은 그리 크지 않다 들었소이다. 그런 집을 받아 어디에 쓰겠소이까."

"신의 집이 좁으시다면, 외국인에게 주옵소서. 고려 재상의 집으로서는 너무 크다고 여겨지나이다."

"경의 집은 아무짝에도 쓸모가 없소이다."

"외국인들에게는 큰 것이옵나이다."

광종은 서필의 직언을 피하기 위해 말 바꾸기를 예사로 했다. 서필은 광종의 사치와 허영을 보고만 있지 않았다. 그러나 광종은 여전히 사치와 놀이에 빠져 헤어나오지 못하고 있었다. 나중에는 최행원을 탄핵하는 사람들을 모조리 없애라는 영을 내렸다.

이렇게 광종을 부채질하던 최행원은 광종이 죽은 후에 피살되어 비참한 최후를 맞았다.

◉ 명재상 서필의 집안

고려 성종 임금 때부터 목종을 거쳐 현종에 이르기까지 3차에 걸쳐 침입한 거란을 물리친 고려의 장수들은 서희·양규·김숙흥·강감찬이었다. 이 가운데 서희·김숙흥·강감찬 집안은 청렴결백한 가풍家風으로 후세에 귀감이 되고 있다. 강감찬 장군의 아버지는 태조의 건국에 공을 세워 삼한벽상공신에 올랐으나, 강감찬이 태어난 곳은 금천衿川(지금의 관악구 봉천동)의 오막살이였다.

김숙흥의 집안도 형편이 어렵기는 매한가지였다. 김숙흥은 가난한 무반 집안의 유복자로 태어났다. 어머니 이씨 손에서 자란 김숙흥은 내핍생활에 강했다. 어려서부터 가난에 길들여지고 자기 관리에 철저했다. 서희 장군의 집안도 다를 바 없었다. 욕심이 없고 결백하기로 이름이 나 있었다.

서희의 할아버지 서신일徐神逸은 본래 신라의 아전이었다. 신라가 고려로 바뀌자 서신일은 서원西原골에서 농사를 짓고 살았다.

어느 날이었다. 신일이 들에 나가 일을 하고 있었다. 그때 화살을 맞은 사슴 한 마리가 피를 흘리며 신일 앞으로 다가왔다. 신일은 불쌍히 여겨 사슴의 상처를 돌보았다. 그런데 화살을 맞은 사슴을 쫓아 산에서 내려오는 사냥꾼의 모습이 보였다. 신일은 사슴을 추수하여 묶어놓은 콩동 속에 숨겨놓았다.

사냥꾼이 신일에게 다가와 물었다.

"노인장, 화살 맞은 사슴을 보지 못했소?"

신일은 사냥꾼의 눈치를 살폈다. 보지 못했다고 대답하면 콩동 속을 살필 것 같았다.

"보았소이다."

"어디 있소?"

"내가 숨겨두었소이다."

"내놓으시오."

"사슴을 내주기는 어렵지 않소이다. 허나 화살을 맞은 사슴이 떨고 있어 불쌍하오."

"노인네가 잔소리가 많구먼. 그 사슴은 내 것이오. 얼른 내놓기나 하시오!"

신일은 사슴을 선뜻 내놓을 수가 없었다. 사슴의 애처로운 모습이 눈에 선히 밟혔다.

"여보시오, 사냥꾼. 사슴을 내어주면 어찌할 작정이오?"

"어찌기는 무얼 어째요. 시장에 내다 팔거나 내가 먹거나 둘 중의 하나요."

"그렇다면 내게 팔면 어떻겠소?"

"노인장이 무슨 돈이 있다고 사슴을 산단 말이오. 말장난 그만 하고 사슴을 내놓으시오!"

"글쎄, 내가 사겠소이다."

신일이 정색을 하고 나서자 사냥꾼의 마음이 움직였다.

"노인장이 진정 사시겠다는 말이오?"

"한 입 가지고 어찌 두 말 하겠소."

"좋소. 사슴을 갖고 산을 내려가기도 버거우니 노인장께 팔겠소이다."

신일과 사냥꾼은 흥정을 하여 적당한 값으로 사슴을 샀다.

"노인장, 행여 살려줄 생각일랑 마시오. 내게 또 잡히면 소용 없는 일 아니겠소?"

"내 사슴이니 내 맘대로 하겠소이다."

사냥꾼이 자리를 뜬 후 신일은 사슴을 안고 집으로 돌아와 정성껏 상처를 치료해주었다. 화살을 빼내고 산에서 나는 약초를 뜯어다가 찧어 상처에 발라주며 사슴과 함께 잤다.

신일의 지극 정성으로 사슴은 빠른 시일 내에 완쾌되었다. 신일은 사슴을 안고 밖으로 나왔다.

"순하디순한 사슴아, 이젠 네 갈 길을 가려무나. 부디 조심하여 다시는 사냥꾼에게 잡히지 마라. 나는 네가 잡히는 꼴을 차마 보지 못할 것이야. 어서 뛰어가거라!"

신일은 사슴을 마당에 놓아주었다. 사슴이 신일의 주위를 맴돌다가 산을 향해 달려갔다.

신일이 사슴을 놓아준 그 해에 70세의 그가 아내에게 잉태를 시켰다. 기적 같은 일이 일어난 것이다. 열 달을 채우고 아내는 건강한 아들을 낳았다. 이름을 필弼이라 지었다. 어린 필은 가난한 집에 태어났지만 머리가 비상했다. 신일 내외는 필을 애지중지 키우다가 필이 어른이 되기 전에 세상을 뜨고 말았다.

성인이 된 서필은 글을 잘하고 글씨를 잘 썼다. 성품이 민첩하고 솔직담백했다. 그가 내의령內議令 벼슬에 오른 후였다. 광종이 서필을 비롯한 몇몇 신하에게 금술잔을 하사했다. 신하들은 황송하여 어찌할 바를 몰랐다. 그러나 서필은 그 자리에서 사양했다.

"폐하, 신이 재상 반열에 올라 은총을 입은 것 하나로도 황송하온데 그 위에 금술잔까지 받는 일은 분수에 넘치는 일이나이다. 하옵고 사치하면 기강이 무너지고 검소하면 다스려지는 것이 세상의 이치가 아니겠나이까? 신하가 금술잔을 사용하면 장차 임금은 무엇을 사용하실 것이오이까?"

서필은 금술잔을 반납해버렸다. 광종은 깨우치고 이를 고맙게 여겼다.

"경이 보화를 보화로 여기지 않으나, 짐은 경의 말을 보화로 여기겠소."

"황공하옵나이다."

얼마 후 광종은 귀화한 송나라 벼슬아치들에게 백성들의 집을 빼앗아주어 조정이 시끄러웠다. 그러나 신하 가운데 이를 문제 삼는 이 하나 없었다. 서필이 광종에게 아뢰었다.

"폐하, 신의 집이 넓사오니 송나라 벼슬아치에게 주시옵소서."

"그 무슨 말이오? 경은 집 없이 어디에서 살 작정이오?"

"신이 어쩌다가 재상까지 되어 분에 넘치는 광영을 누리고 있사옵니다. 하오나 어찌 신의 자손들까지 재상가의 집에서 살기를 바라오리이까? 신은 자손들에게 큰 집을 주기보다는 덕德을 전해주는 것이 더 소중하다고 여기나이다. 하옵고 신은 앞으로 녹봉을 조금씩 저축하여 조그마한 평민 주택을 한 채 살까 하나이다."

"그렇게는 할 수 없소이다."

"신의 뜻은 이미 정해졌나이다. 윤허하시오소서."

"짐이 잘못 생각했으니 경 또한 뜻을 굽히시오."

"아니옵나이다. 차제에 재상의 집이 아닌 평민의 집에서 사는 것이 좋을 듯하나이다."

"웬 고집이오?"

"고집이 아니오라, 신이 재상직을 떠났을 때를 대비하려는 것이나이다. 신이 후에 재상직을 떠나고도 재상집에 산다면 인간의 도리가 아니나이다. 신의 뜻을 가납하여 주시오소서."

광종은 아무 말이 없었다.

서필은 후에 오두막으로 이사하여 말년에 자손들을 가르치며 청렴결백한 삶을 스스로 체득하며 살았다.

또한 서필의 아들인 서희는 거란군 80만 대병을 세 치의 혀 하나로 적장 소손녕蕭遜寧과 담판을 지어 물리친 명장이며 명신이었다. 서희가 훌륭한 인물이 된 데에는 할아버지의 선행과 아버지의 청렴한 선비정신이 큰 몫을 한 것이다.

◉ 과거시험에 얽힌 사슴 처녀

고려 광종 9년에 처음으로 과거시험이 치러졌다. 과거시험을 치르기까지 우여곡절도 많았으나, 광종의 의도대로 조정을 장악하고 있던 공신·호족들의 세력을 약화시키는 데는 큰 몫을 했다.

광종은 재위 7년째 되던 해에 왕권강화 작업에 들어갔다. 그 일환으로 노비안검법과 과거시험 제도를 실시한 것이다. 이 두 가지를 성공시킬 수 있었던 데에는 후주의 대리평사大理評使 출신 쌍기雙冀의 활약이 컸다. 쌍기는 후주 장작감 설문우를 따라 고려에 들어와 병이 나서 귀국하지 못하고 개경에 머물렀다. 이 소식을 듣고 광종이 그를 불러 이야기를 나눠보고 후주 세종에게 표문을 올려 쌍기를 신하로 삼게 해달라는 청을 드렸다. 후주에서 허락이 떨어져 쌍기는 일약 한림학사에 등용되었다.

고려 조정에서는 불만이 비등했다. 그러나 광종의 쌍기에 대한 신임은 지대했다. 노비안검법을 시행하며 광종은 쌍기를 기용하여 주관하도록 했다. 노비안검법이란 원래 노비가 아니었는데 전쟁 때 포로로 잡혔거나 빚을 갚지 못해 강제로 노비가 된 자들을 구별하여 양인의 신분을 되찾아준 제도이다. 이 제도에 반기를 들고 나선 쪽은 호족들이었다. 그들의 경제적·군사적 기반이 바로 노비였으므로, 노비안검법을 실시하면 큰 타격이었다.

광종은 이들과 이해관계가 없는 쌍기를 내세워 노비안검법을 주관하게 하여 성공시켰다. 이로써 호족들의 세력이 크게 위축되었다.

노비안검법이 성공을 거둔 지 2년, 광종은 쌍기의 건의를 받아들여 과거제도를 시행했다. 광종 9년 과거시험을 치르면서 쌍기는 지공거가 되어 인재를 선발했다. 이 과거제도의 시행으로 공신과 호족들은 다시 한번 세력이 크게 약화되었다.

그때까지 고려는 개국공신이나 호족의 자제들은 능력이나 절차를 따지지 않고 관리로 임용되었다. 이런 연유로 그들은 대를 이어가면서 막강한 세력을 구축할 수 있었다. 이 세력이 와해되고 새롭고 참신한 인물들이 등장한 것이다.

첫 과거시험을 치른 이듬해 쌍기의 아버지 쌍철은 아들이 고려 광종의 신임을 받고 있다는 소식을 듣고 고려에 들어와 광종을 뵈었다. 광종은 쌍철을 좌승佐承에 임명하여 조정이 또 한바탕 소용돌이쳤으나 광종은 흔들리지 않았다.

광종은 백관들의 예복을 네 가지로 정하여 신하들의 불만을 샀다. 그때까지 신하들의 예복이 따로 없었다. 주로 신라나 태봉·후백제 시절의 예복을 그대로 본떠 입어, 어떤 신하는 광종보다 더 화려한 의상을 입고 있었다. 이것을 못마땅하게 여긴 광종은 왕권강화의 차원에서 보라색 소매옷, 붉은색 소매옷, 연두색 소매옷, 자주색 소매옷 등 네 가지로 정하고 품계에 따라 관복을 입도록 했다. 이 복식 제도는 고려 건국 후 42년 만이었다.

왕권강화를 위한 세 가지 제도의 성공은 광종을 훌륭한 임금으로 만들었다. 그러나 쌍기 부자의 머리를 빌어 만든 제도여서 먼 훗날 이제현은 쌍기를 비판하기도 했다.

"광종이 쌍기를 등용한 것이 옛 글대로 현인을 씀에 한계를 두지 않은 것이라 이를 수 있을까. 쌍기가 과연 어질었다면 어찌 임금에게 착한 도리로써 말씀드려 왕으로 하여금 참소를 믿어 형벌을 지나치지 않도록 못했는가. 과거제도를 실시하여 선비를 뽑은 일은 광종이 본래 문文을 써서 풍속을 변화시킬 뜻이 있는 것을 쌍기가 뜻을 받들어 그 아름다움을 이루었다고 볼 수 있으니 도움이 없다고는 할 수 없다. 다만 그가 부화浮華한 글을 먼저 주장했으므로 후세에 와서 그 폐단을 감내할 수 없게 되었다."

이제현은 고려 말의 시인·성리학자로 벼슬이 문하시중에 이른 걸출한 인물이다.

과거시험이 생겨나 힘없는 일반 선비들에게는 등용문이 활짝 열렸다. 이 등용문에 사슴과 얽힌 이야기가 전해지고 있다.

개성 근교, 오관산 밑 산골 마을에 문무를 겸한 선비가 살고 있었다. 그는 세상을 비관하여 사냥을 일삼으며 세월을 낚고 있었다. 세상 돌아가는 꼴이 호족과 공신들이 조정을 차지하고, 백성들은 꿈이 있고 재주가 뛰어나도 쓸모가 없었다. 선비는 이따금 오관산으로 사냥을 나가 멧돼지도 잡고 노루도 잡아 친구들과 어울려 술 추렴을 즐겼다.

과거시험이 치러진 해 가을, 선비 김구빈金求彬은 몰이꾼 대여섯 명을 거느리고 오관산 골짜기를 누볐다. 토끼와 꿩은 대여섯 마리 잡았으나, 멧돼지와 노루는 눈에 띄지 않았다. 깊은 골짜기로 들어가지 않고 오관산 초입이어서 큰 짐승은 보이지 않았다.

"어이 구빈이, 이 정도면 안주감은 되었으니 그냥 하산하세나."

친구가 말했다. 구빈은 서운한 감이 있었으나 그만 하산하기로 마음먹었다. 그때였다. 가랑잎 부스럭거리는 소리가 나더니 사슴 한 마리가 눈에 띄었다.

"사슴이다! 포위하라!"

구빈이 외치고 사슴을 향해 활시위를 당겼다. 사슴이 놀라 뛰기 시작했다. 구빈은 사슴을 쫓아 언덕 하나를 넘었다. 사슴은 내리막길을 뒤우뚱거리며 넘어질 듯 내려갔다. 구빈은 사슴을 겨냥하여 활을 쏘았다. '시잇' 소리를 내며 화살이 사슴의 엉덩이에 꽂혔다. 사슴이 주춤 멈춰 몸을 떨더니 아래로 내달렸다. 구빈과 몰이꾼들은 사슴의 뒤를 천천히 따랐다. 사슴은 얼마 가지 못해 쓰러질 것이었다. 작은 언덕 하나를 넘자 처음 보는 마을이 나타났다. 10여 호의 마을이 외진 산속에 묻혀 있었다.

상처 입은 사슴이 밭에서 깨를 털던 여인에게 다가가는 모습이 멀리에서 보였다. 구빈 일행은 느긋한 마음으로 그 모습을 지켜보았다.

여인이 사슴을 안고 어디론가 사라졌다. 구빈 일행이 밭에 닿았을 때 여인이 밭 모퉁이에서 불쑥 나타났다. 구빈 일행은 여인을 보고 그만 그 자리에 주춤 서버렸다. 보기 드문 절세가인이었다. 게다가 부인이 아닌 처녀였다.

"낭자, 엉덩이에 화살을 맞은 사슴을 보셨는지요?"

구빈이 정중하게 물었다.

"보았나이다. 하오나 내줄 수는 없나이다."

"무슨 말이오? 그 사슴은 우리가 잡은 것이외다."

몰이꾼 하나가 발끈 성을 냈다. 처녀는 몰이꾼들을 돌아보고 나서 낭랑한 목소리로 말했다.

"사슴이 나를 찾아와 구원을 청했나이다. 이제 사슴은 내 친구가 되었나이다."

"허튼수작 마시오. 그 사슴을 쫓아 고개를 셋이나 넘으며 헐떡거렸소이다. 내놓으시오."

그러자 처녀는 구빈을 상대로 담판을 지으려는 듯 매몰찬 목소리로 물었다.

"선비님도 사슴이 선비님의 것이라고 생각하시나이까?"

"당연히 그렇소."

"사슴을 꼭 죽여야겠나이까?"

구빈은 말문이 막혔다. 아리따운 낭자 앞에서 사슴을 죽이겠다는 말이 차마 나오지 않았다. 처녀가 웃으며 말했다.

"그냥 돌아가시지요. 사슴은 제가 치료하여 산으로 돌려보내겠나이다."

"그리는 못하오."

몰이꾼들이 나서서 처녀가 밭고랑에 숨겨두고 가랑잎으로 덮어둔 사슴을 찾아냈다. 처녀가 화를 냈다.

"어찌 그리들 성정이 사납소이까? 사람이나 사슴이나 생명은 똑같이 소중하거늘, 어찌하여 약한 짐승이라 하여 함부로 명줄을 끊으려 하시나이까!"

"사슴은 짐승일 뿐이오."

"선비님께서도 그리 생각하시나이까?"

구빈은 대꾸할 수 없었다. 처녀의 얼굴이 예쁘기도 하려니와 위엄이 서려 있었다.

"이보게 구빈이, 뭐라고 말을 해보게나. 갑자기 꿀 먹은 벙어리가 되었나?"

"낭자, 내 친구들이 원하니 그냥 가져가게 해주오."

"선비님의 뜻이 그렇다면 가져가시지요. 하오나 한 가지 청이 있나이다."

"청이 무엇이오?"

"절대로 그 사슴을 죽여서는 아니 되나이다. 제 말을 명심하소서."

"장담할 수 없소이다."

"이 일을 어찌할꼬. 과거를 보실 선비께서 살생을 쉽게 하겠다니, 아까운 선비 한 분이 초야에 묻혀 좋은 재주를 썩히겠구나."

처녀가 혼잣말처럼 중얼거렸다. 구빈의 귀가 번쩍 틔었다.

"이보시오 낭자, 과거는 무엇이며, 아까운 선비는 누구란 말이오?"

"선비께서는 지난 5월에 대궐에서 과거시험이 치러진 줄 모르나이까?"

"그야 공신·호족들 자제분을 위한 과거였지요."

"답답하신 분이로군. 사슴이나 갖고 이곳을 떠나시오."

"과거가 일반 양민들 상대로 치러졌다는 말이외까?"

"갑과甲科에 최섬 등 2명, 명경과明經科에 3명, 복업과卜業科에 2명 총 7명의 일반 선비가 급제하여 조정에 출사했나이다."

"허허, 그런 일이 있었나."

구빈은 처녀에게 부끄러워 고개를 들지 못했다. 힘없이 돌아서는 구빈에게 처녀가 쏘아붙였다.

"사슴 목숨 하나 돌봐주지 못하는 선비가 과거에 급제하면 뭐 하누. 맘대로 하라지."

처녀는 앵돌아져 어디론가 사라져버렸다.

구빈은 예사 처녀가 아닌 것 같아 호기심이 들었다.

"이보게들, 아무래도 사슴을 살려주어야 할 것 같으이."

구빈의 말에 몰이꾼 친구들은 야유를 던졌다.

"처녀에게 홀딱 반해버린 모양이구먼. 자네는 처녀 사냥이나 하게. 우리는 사슴을 갖고 가서 포식이나 하려네."

"여보게들. 내가 사슴값을 후하게 쳐서 주겠네. 사슴을 이곳에 놓고 가세나."

"얼마나 주려고 그러나?"

"자네들이 달라는 대로 주겠네."

"그렇다면 맘이 달라지는구먼."

몰이꾼들이 머리를 맞대고 상의한 후 값을 호되게 매겼다.

"황소 한 마리 값을 주겠나?"

"인심 한번 고약하구먼."

"사슴 한 마리 값이 아닐세. 처녀와 끼워서 파는 것일세."

"에끼, 사람들 하고는."

"사기 싫으면 사슴을 그냥."

"아닐세, 사겠네."

구빈이 몰이꾼과 약속하고 사슴을 사서 밭에 놓아두고 마을로 내려 왔다. 구빈 일행이 떠난 후 처녀 세란世蘭이 나타나 사슴을 집으로 안고 가 정성껏 치료하여 산으로 돌려보냈다.

그해 겨울, 구빈의 집에 매파가 찾아왔다. 좋은 혼처 자리가 있어 구 빈을 소개시키려고 찾아온 것이다. 매파는 구빈 어머니와 이야기를 나 누고 떠났다. 어머니는 아버지를 안방으로 모셔 매파가 들려주고 간 말 을 전했다.

"영감, 매파의 말이 수상하더이다."

"무슨 말을 했기에 그러오?"

"아, 글쎄. 오관산 남쪽 기슭 한 작은 마을에 과년한 처녀가 있는데, 구빈과 혼인하고 싶다는 말을 했다는구려."

"그 처녀가 구빈을 어찌 알고 청혼을 했답디까?"

"사슴 이야기를 하면 자기를 알 것이라고 말했다 하나이다."

아버지가 구빈을 불러 물었다.

"오관산 밑 남쪽 기슭에 사는 처녀가 너더러 사슴 이야기를 하면 알 것이라며 혼인하고 싶다는 말을 매파를 통해 전해왔느니라. 너는 그 사 연을 아느냐?"

구빈은 지난 가을에 있었던 이야기를 털어놓았다.

"오, 그런 일이 있었구나. 네 생각은 어떠하냐?"

"그 처녀라면 장가들고 싶나이다."

"연분이 따로 있었구나."

이듬해 봄, 구빈과 세란은 혼인하여 세란네 집에 신접살림을 차렸다. 세란이 혼인조건으로 혼인하면 당분간 세란의 집에서 살기로 다짐을 받아서였다.

구빈은 세란의 집에서 과거준비에 들어갔다.

"서방님, 과거에 급제할 때까지 합방을 미루자는 약조 잊으셨나이까?"

구빈이 세란을 안고 싶어하면 세란은 첫날밤의 약속을 상기시키며 뿌리쳤다. 두 사람은 과거준비를 세란네 집에서 할 것, 급제할 때까지 합방을 하지 않을 것을 굳게 맹세했다.

이듬해 봄 과거시험을 치른다는 방이 전국에 내걸렸다.

구빈은 시험준비에 푹 빠져 있었다. 그 사이 세란이 살려준 사슴이 가끔 내려와 함께 놀다가곤 했다. 그해 겨울, 시험을 3개월 앞둔 어느 날이었다. 사슴이 세란에게 와서 입에 물고 온 종이조각을 주고 갔다. 종이에 글자가 써 있는 것 같았으나 세란은 알 수 없었다.

구빈에게 그 종이를 보여주었다. 종이에 시험문제 같은 내용의 글이 깨알같이 씌어 있었다. 구빈은 몇 날 며칠을 종이의 글자와 씨름하여 그 뜻을 알아냈다. 《사서삼경》에서 고루 뽑은 문자였다.

구빈은 그 글자들을 집중적으로 익히고 뜻을 파악했다. 그는 시험 날짜가 임박하여 세란의 집을 떠나 자기의 집으로 왔다.

드디어 과거시험 날이 되었다. 대궐 과시장에는 전국에서 올라온 선비들 수백 명이 모여 있었다. 구빈은 과시장에 앉아 머릿속을 정리했다. 시간이 되어 과시문제가 궁궐 담벼락에 걸렸다. 구빈은 문제를 보고 깜짝 놀랐다. 사슴이 주고 간 종이에 적힌 내용의 글이 문제로 출제되었던 것이다.

구빈은 일필휘지로 답안을 써서 일착으로 냈다. 대궐 담벼락 밑에 앉아 맑은 눈으로 구빈을 쳐다보는 사슴의 눈에 아내의 눈이 겹치는 모습을 머릿속으로 그리며 발표시간을 기다렸다. 그러다가 깜박 잠이 들었는데, 꿈속에서 선녀들이 내려와 구빈을 희롱했다. 구빈은 선녀들과 취하도록 놀다가 잠에서 깨어났다.

합격방이 붙어 선비들이 모여들었다. 구빈은 갑과의 방을 보고 감격의 눈물을 흘렸다. 갑과에 장원으로 합격한 것이다.

구빈은 감격을 안은 채 집으로 달려갔다. 기다리고 계시던 부모님께 합격소식을 전하고 처갓집으로 한달음에 뛰어갔다. 그런데 어찌된 일인가. 세란의 집은 온데간데없고 사슴똥이 어지러히 널려 있었다.

마을 사람들도 구빈을 모르는 것 같았다. 언제 보았느냐는 듯이 외면하거나 말똥말똥 쳐다보는 것이었다. 구빈은 넋이 나가 터만 남은 처가에서 밤을 새웠다. 사슴 한 마리가 밤에 내려와 구빈의 주위를 맴돌았다. 구빈의 눈에 그 사슴은 보이지 않았다. 그날 밤 꿈에 세란이 나타나 말했다.

"낭군님, 미안해요. 저는 본디 암사슴이온데 잠시 낭군님을 위해 처녀로 환생한 것이랍니다. 이제 제 본연의 모습으로 돌아왔사오니 너무 슬퍼 마시고 조정에 나가 사슴처럼 약한 백성들을 위해 훌륭한 관료가 되소서."

세란은 사슴으로 변하더니 슬픈 눈에 눈물이 그렁그렁 맺혀 사라져 갔다. 구빈은 꿈에서 깨어나 산길을 더듬어 자기 집으로 돌아갔다.

경종시대 (975~981)

◉ 두 자매 왕후

고려 제5대 경종景宗은 광종과 대목왕후 황보씨의 맏아들로 태어났다. 이름은 유伷, 자는 장민長民으로 11세의 나이로 왕태자가 되었다.

경종은 재위 6년 동안 5명의 부인을 두었다. 헌숙왕후 김씨, 헌의왕후 유씨, 헌애왕후 황보씨, 헌정왕후 황보씨, 대명궁부인 유씨가 그들이다.

헌숙왕후 김씨는 신라 경순왕 김부의 딸이다. 태조 왕건이 자신의 딸 낙랑공주를 김부에게 시집 보낸 적이 있었다. 헌숙왕후는 바로 이들 사이에서 태어난 딸이다. 헌숙왕후가 경종의 제1비로 기록되어 있으나,그녀와 제일 먼저 혼인한 사이는 아니다. 늦게 혼인했으나 신라 왕족과 혼인한 경종의 고모인 낙랑공주에 대한 특별 배려에서 나온 조치였다.

제2비 헌의왕후 유씨는 경종의 아버지 광종의 동복동생 정과 태조의 6비 정덕왕후 소생 문혜왕후 사이에서 태어났다. 문원대왕으로 추존된 정은 광종의 친동생이므로 경종과 헌의왕후는 친사촌 사이이다. 헌의왕후가 성을 유씨로 사용한 것은 아버지 문원대왕의 외가 쪽 성을 따랐기 때문이다.

　제3비 헌애왕후 황보씨는 태조와 신정왕후 황보씨 사이의 소생인 대종의 딸이다. 그녀의 어머니는 태조와 정덕왕후 유씨 사이에 태어난 선의왕후이다. 그런데 헌애왕후가 유씨 성을 따르지 않고 황보씨를 따른 것은 친할머니 신정왕후의 영향 때문이다.

　제4비 헌정왕후는 헌애왕후의 친동생이다. 헌애와 헌정은 친자매였다. 경종은 어머니·할머니가 황주 황보씨 댁이어서 외가에 대한 신뢰가 남달랐다. 그러기에 경종은 황보씨 세력을 경계하던 아버지 광종에게 죽을 고비를 넘기기도 했다.

　경종이 18세에 왕위에 오르자, 정권욕이 강한 헌애왕후가 섭정을 자청하고 나섰다. 자연히 자매 사이에 틈이 벌어졌다. 동생 헌정은 언니 헌애에게 순종했다. 대궐을 거머쥔 헌애의 횡포는 날이 갈수록 심해졌다. 헌숙·헌의왕후를 제쳐두고 헌애는 방자하기 이를 데 없었다. 더구나 헌애는 개녕군開寧君을 낳자 기세가 한층 등등해졌다.

　헌애가 헌정을 그녀의 처소에서 불렀다. 헌정은 시녀의 뒤를 따라 나서며 '오늘은 또 무슨 트집일까' 하고 고개를 갸웃거렸다.

　헌애의 처소에 들러 헌정이 문안을 여쭈어도 헌애는 눈 한번 주지 않고 앉으라는 말도 없었다. 헌정은 불안한 마음으로 방 한쪽 구석에 서 있었다. 잠시 후 문이 열리고 경종이 아끼는 대명군 부인이 방 안으로 들어섰다. 대명군 부인은 자매 왕후를 보고 몹시 당황스러운 표정이었다. 부인을 보는 순간 헌애왕후의 얼굴이 일그러졌다. 부인은 고개를 숙인 채 두려움에 떨고 있었다.

　"얼굴을 들라!"

　헌애의 호통이 떨어졌다. 부인은 떨면서 고개를 들었다. 노려보는 헌애의 눈이 살쾡이처럼 독기를 품고 있었다.

　"네 이년! 오라고 한 지가 언제더냐! 너 나를 무엇으로 아느냐!"

　대명군 부인은 부들부들 떨며 대답을 하지 못했다.

"냉큼 말하지 못할까!"

"예에, 왕후마마시옵나이다."

"내가 왕후이거늘 네년이 방자하게 구는 것은 나를 무시하겠다는 배짱이 아니더냐?"

"아니나이다. 천부당만부당한 말씀이나이다."

"교활한 년! 종아리를 걷으렷다!"

헌애는 회초리를 들었다. 대명군 부인은 매를 맞기도 전에 반쯤 넋이 나가버렸다. 회초리가 사정없이 부인의 종아리에 상처를 냈다. 종아리의 상처보다 부인의 가슴에 억울한 피멍이 들었다.

"네 이년! 상감마마의 은총을 받기로서니 네가 왕후라도 된 성싶으냐!"

"마마, 아니옵나이다."

"할 말이 있으면 해보아라!"

"없나이다."

"옳거니, 네년이 내게 앙심을 품고 있다 이말이렷다?"

회초리가 사정없이 부인의 온몸을 훑켰다. 헌애의 광기 어린 매질에 대명군 부인은 초죽음이 되어갔다.

헌정은 난감했다. 함부로 나설 수도 없거니와 잘못 나섰다가는 헌애의 화에 부채질하는 격이어서 손에 땀을 쥐고 구경할 뿐이었다.

대명군 부인이 까무라쳐 쓰러진 후에야 매질이 그쳤다. 헌정은 사색이 되어 서 있다가 언니에게 말했다.

"가도 되오리까?"

"가든 말든 네 맘대로 하되 명심하렷다!"

"무얼 말이옵니까?"

"마마의 꿈이 잠시 너에게 쏠린 듯하다 하여 저기 쓰러져 있는 년처럼 방자히 굴었다가는 네 목숨이 위태로울 것이야."

헌애의 독기를 뿜은 듯한 말에 헌정은 으스스 한기를 느꼈다. 한 핏

줄에서 태어난 자매이거늘 무엇이 둘 사이를 갈라놓고, 성격은 어찌하여 이리도 판이한지 헌정에게는 힘겨운 수수께끼였다.

헌정은 언니가 자기를 불러 대명군 부인을 매질한 것은 자기에게 경고의 뜻으로 벌인 계획적인 연극이라는 것을 금세 알 수 있었다. 헌정은 언니에게 한마디하지 않을 수 없었다.

"마마께오서는 언니를 누구보다 굄하고 계시나이다. 생사람 잡지 마소서."

"듣기 싫다! 내 말 명심하렷다!"

"다시는 본보기로 저를 이런 자리에 부르지 마소서."

헌정은 쏘아붙이고 헌애의 처소를 떠났다.

대명군 부인이 억울하게 당한 소문이 궁 안에 좍 퍼졌다. 경종은 헌애의 지나친 시기·질투·모함을 알고 있는 터여서 일을 크게 만들지 않았다.

헌정과 잠자리를 함께하는 밤, 경종이 헌정에게 하소연처럼 말했다.

"궁 안에서 여인들끼리 오순도순 사이좋게 지내면 오죽 좋을까."

"마마, 심려 놓으소서. 사이좋게 지내려고 노력하고 있나이다."

"대명군 부인에게 무슨 잘못이 있다고 사람을 그 지경으로 만들었누."

헌정은 할 말이 없었다. 매질하는 자리에 함께 있었던 것만으로도 경종에게 죄를 지은 마음이었다. 얼핏 듣기에는 자매가 대명군 부인을 시기하여 그렇게 만들지 않았느냐는 힐책으로 들렸다.

"마마, 신첩은 대명군 부인을 매질한 일이 없나이다."

"알고 있소이다. 허나 다정하게들 지냈으면 하오."

"명심하겠나이다."

경종이 손을 뻗어 헌정을 끌어당겼다. 헌정이 경종의 품에 안겨 속삭였다.

"마마, 신첩에게 왕자를 하나 낳게 해주소서. 신첩, 마마의 왕자를 낳고 싶나이다."

"내 어찌 헌정의 마음을 모르겠소이까. 허나 그 일만은 임금으로도 어쩔 수 없다오."

"마마, 간절히 바라옵나이다."

헌정이 경종의 품속으로 깊숙이 파고들었다. 경종은 헌정을 꼼하는 만큼 사랑의 결실을 보기 위해 심혈을 기울였다.

그러나 둘 사이에서 왕자가 태어나기는커녕 헌애의 질투심만을 부채질할 뿐이었다. 헌애는 동생을 대놓고 적대시했다. 헌정의 입지는 좁아지기만 했다.

경종이 26세 되던 해에 그만 병으로 자리에 누웠다. 회복할 기미가 보이지 않았다. 임금의 병상을 둘러싸고 왕후들의 심한 암투가 벌어졌다. 경종은 의식이 또렷해지면 누구 할 것 없이 왕후들을 둘러보고 외쳤다.

"여봐라!"

왕후들이 죄다 임금의 얼굴 위에 얼굴을 들이밀었다.

"다들 내 곁을 떠나라!"

임금의 영에 왕후들은 병상을 떠났다. 그러다가 임금의 의식이 흐릿해지면 다시 모여 충성경쟁을 하듯 병상을 에워쌌다. 그러기를 며칠, 경종은 그날 따라 유독 왕후들을 여러 차례 휘둘러보더니 단호히 말했다.

"《예기禮記》에 이르되 대장부는 부인의 손을 잡고 죽지 않는다고 하였느니… 여러 비妃들은 물러들 가라!"

경종이 왕후들에게 자리를 떠나라고 손짓했다. 헌애가 볼가진 소리로 말했다.

"마마의 손을 잡지 않을 터이니 옆에 있게 해주소서."

경종이 입을 실룩거리며 묘한 표정을 짓고서 손사래를 쳤다. 어서 물러가라는 뜻이었다.

"마마, 신첩이 옆에 있어드리면 아니 되겠나이까?"

경종은 고개를 저었다. 왕후들은 자리를 뜨지 않을 수 없었다. 헌정이 맨 마지막으로 자리를 뜨며 경종을 쳐다보았다. 경종은 알은체를 하며 엷은 미소를 보냈다.

경종은 끝내 자리에서 일어나지 못하고 26세의 아까운 나이로 세상을 떠나고 말았다. 경종이 세상을 떠나자 자매 왕후의 앞날은 판이하게 갈리고 말았다. 성종·목종대에 자매 왕후의 삶을 재조명해 보겠다.

◉ 물레가 맺어준 부부

《삼국사기》설씨녀薛氏女 편은 여자의 정절을 기록해놓은 아름다운 이야기이다. 신라 진평왕 때 설씨녀의 아버지는 나이가 들어 변방을 방비하는 병사로 차출되었다. 이때 소년 가실이 설씨녀를 몰래 사랑하다가 아버지 대신 변방 근무를 자원하고 나섰다.

설씨녀는 가실에게 감사하는 마음으로 변방 근무를 마치고 돌아오면 혼인하겠다는 언약을 했다. 두 사람은 신표信標로 거울을 둘로 잘라 한 조각씩 몸에 지녔다.

가실이 변방으로 떠난 지 6년, 약속한 3년이 지나고 3년이 더 지났다. 설씨녀의 아버지는 늙어가는 딸을 안타깝게 여겨 딸 몰래 다른 총각과 정혼하고 혼인날까지 딸에게 비밀에 부쳤다.

혼인날, 설씨녀는 가실이 맡기고 간 말을 쓰다듬으며 안타까워하고 있었다. 이때 거지가 그녀 앞에 나타나 알은체를 했다.

"뉘시온데, 심란한 내 마음을 어지럽히는 게요?"

"나 가실이오."

"그분은 변방 근무를 나가 돌아오지 못하셨소."

"이렇게 돌아왔소."

"믿을 수 없소. 신표를 보이시오."

가실이 품에서 신표를 보였다. 설씨녀는 자기의 신표와 맞춰보고 비로소 가실임을 알아보았다. 두 사람은 혼인하여 다복한 가정을 꾸렸다는 이야기이다.

이와 비슷한 이야기가 고려에 과거시험이 치러진 이후 강릉 지방에 전해지고 있다.

명주溟州(지금의 강릉)에 그리 크지도 작지도 않은 못이 하나 있었다. 이 못가에 집이 한 채 있고, 이 집에 아리따운 처녀가 부모님과 함께 살고 있었다.

처녀는 심심하면 못가에 앉아 먹이를 주며 물고기들과 재미있게 놀았다. 처녀가 나타나면 물속에 숨어 있던 물고기들이 수면에 나타나 입을 쩍 벌렸다. 처녀는 밥풀떼기며 콩·수수·좁쌀 등을 던져주었다.

처녀와 물고기들의 사이는 비가 오나 눈이 오나 바람이 불어도 하루도 몇 차례씩 거르지 않고 이어졌다. 어머니가 그런 처녀를 나무라면 딸은 웃으며 대답했다.

"어머니, 이 물고기들은 제 혈육과도 같아요. 이제는 뗄레야 뗄 수 없는 사이여요."

"물고기에게 시집 가려느냐?"

"혹시 누가 알겠어요. 물고기가 좋은 인연을 맺어줄지, 아무도 몰라요."

"꿈도 야무지구나."

그러던 어느 날, 못가에 낯선 젊은이가 나타나 거닐고 있었다. 처녀는 그 선비를 보고 첫눈에 반해버렸다. 선비도 처녀를 보는 순간 무엇에 홀린 듯 넋이 나가버렸다.

선비는 과거시험 공부를 하고 있었다. 잠시 강릉에서 머물며 시험준비에 열중하다가 바람 쐬러 나왔다가 못가에서 물고기밥을 주는 처녀를 만난 것이다.

두 사람은 서로를 원했으나 가까이 다가서지는 못했다. 선비는 애타는 심정을 밤새 한 수의 시詩로 남겨, 그 시를 고기밥을 주는 처녀 옆에 떨어뜨리고 오는 것이 애정 표현의 전부였다.

처녀는 편지를 주워 품안에 감추고 사방을 두리번거렸다. 그리고 재빨리 집으로 돌아와 사랑의 시를 읽고 사모의 정에 북받쳐 눈물을 흘렸다.

이튿날 두 사람은 못가에서 만났으나 둘 다 얼굴이 홍당무처럼 붉어져 어찌할 바를 모르다가 말 한 마디 주고받지 못하고 헤어졌다.

선비는 밤마다 시를 써서 처녀에게 바치는 것으로 사랑을 고백했다. 처녀도 어느 날 편지를 써서 선비 앞에 떨어뜨렸다. 선비가 재빨리 편지를 주워들고 한적한 곳으로 가서 읽어보았다.

"이 소녀의 마음 이미 선비님께 가 있나이다. 하오나 선비님은 할 일이 있는 듯 보이나이다. 원하옵건대 하고자 하는 일에 힘쓰시어 남보다 뛰어난 사람이 되시옵소서. 소녀의 부모님께오서 선비님을 허락하시면 소녀는 기꺼이 선비님의 아내가 되겠나이다."

선비는 편지를 읽고 깊은 생각에 잠겼다. 처녀가 편지에 쓴 '남보다 뛰어난 사람'이란 과거에 급제하는 일이었다. 선비는 결심이 섰다. 처녀에게 답장을 써주고 목적을 위해 처녀 곁을 떠나 송도로 올라갔다.

처녀는 홀로 쓸쓸히 못을 지켰다. 물고기들의 재롱에 시름을 날려보내려 했으나 선비를 향한 항심은 어쩔 수 없었다. 밤마다 눈물로 베갯잇을 홍건히 적시며 선비를 그리워했다. 그러나 한번 떠난 선비는 소식이 없었다.

처녀의 집에서는 나이 찬 딸을 시집 보내려고 백방으로 매파를 보내 합당한 신랑감을 골라 혼인 날짜를 잡은 후에 처녀에게 알렸다. 처녀는 눈앞이 캄캄했다. 그렇다고 사랑하는 선비가 있다고 말할 수는 없었다.

처녀는 그날밤 눈물로 얼룩진 편지를 썼다. 마음을 달래기 위한 궁여지책이었다.

"선비님, 어디 계시옵나이까. 우리 두 사람의 굳은 언약을 부모님께오서는 전혀 모르시고 소녀를 다른 남자에게 시집보내려고 혼인 날짜까지 잡아놓았나이다. 이 일을 장차 어찌하면 좋으리까. 또한 누구와 의논해야 하나이까. 답답하여 눈앞이 캄캄하나이다."

이튿날 못가에 나간 처녀는 물고기들에게 먹이를 주며 하소연을 늘어놓았다.

"나는 어찌하면 좋으냐. 너희의 지혜를 좀 빌려주려무나. 내가 다른 사내에게 시집가면 좋으냐? 너희는 나와 선비님의 마음을 알 것 아니겠느냐? 어찌하면 좋으냐, 물고기들아!"

그러자 물고기들이 물 위로 뛰어오르며 먹이가 아닌 다른 것을 던지라는 시늉을 하는 것 같았다. 처녀는 품안에 지니고 있던 편지를 무심코 던져주었다. 물고기들이 그 편지를 물고 물속으로 들어가버렸다.

"너희가 파발마가 되어 내 급한 사정을 선비님께 알려준다면 오죽 좋으냐. 하지만 어찌겠느냐? 너희는 말이 아닌 것을… 아, 이 일을 어찌하면 좋을꼬…."

혼인날은 다가오고 처녀는 혼자 속앓이를 하며 몸과 마음이 말라가고 있었다. 날마다 못가에 나가 물고기들을 상대로 하소연하는 것이 일과였다.

한편 송도에 올라온 선비는 시험준비에 여념이 없었다. '남보다 뛰어난 사람'이 되기 전에는 처녀 앞에 나타날 수 없었다. 밤낮을 가리지 않고 서책과 씨름하며 시험날을 기다리고 있었다.

그러던 어느 날, 선비는 바람을 쐴 겸 시장에 나가 시장 사람들의 활기찬 모습을 보려고 어슬렁어슬렁 거닐고 있었다. 어물전 끝머리를 거니는데 싱싱한 민물고기가 눈에 띄었다. 비늘이 선명하고, 물을 안겨주면 금방이라도 헤엄을 칠 것 같았다. 선비는 민물고기가 싱싱하여 어머니에게 매운탕을 끓여드리려고 그 물고기를 사왔다. 하인을 시켜 물고기의 배를 갈라 갈무리한 후에 부엌으로 들이라고 말했다. 공부방에 들어와 마음을 다잡아먹고 책을 읽는데 방문 밖에서 하인이 불렀다.

"도련님, 이것 좀 보시오소서."

"무엇이냐?"

선비가 방문을 열었다.

"이 편지가 물고기 뱃속에서 나왔나이다."

"무엇이야, 편지가? 어디 보자."

선비는 편지를 읽고 꿈에서 깨어난 듯 기지개를 켰다. 명주 못가의 처녀가 쓴 편지임에 틀림없었다. 혼인 날짜가 보름 정도 남아 있었다.

선비는 부모님께 자초지종을 말하고 처녀와의 혼인을 허락받았다. 그리고 예물을 갖춰 말 바리에 싣고 송도를 떠나 명주로 향했다. 서둘러 처녀 집에 도착한 날은 처녀가 다른 남자와 혼인식을 올리는 날이었다. 잔치준비를 하는 집에서 나는 음식 냄새가 멀리까지 풍겼다.

선비는 말 바리를 앞세워 처녀 집으로 들어갔다. 처녀가 알아보고 버선발로 뛰쳐나왔다. 두 사람은 처녀의 부모님 앞에 무릎을 꿇고 앉아 그동안의 사연을 털어놓았다.

"이상도 하구나. 네가 물고기에게 시집을 간 것이 아니라 물고기가 너를 신랑에게로 안내한 것이로구나."

처녀의 어머니가 물고기에게 정성을 들인 딸에게 싫지 않은 말을 했다.

"물고기도 보은을 아는 짐승이었구먼. 인연은 따로 있는 법, 두 사람의 혼인을 쾌히 허락하마."

처녀의 아버지가 하객들에게 신랑이 바뀐 사연을 이야기하고 두 사람은 바로 혼인식을 올렸다. 부부가 된 두 사람은 화목한 가정을 이루고 신랑은 과거에 급제하여 '남보다 뛰어난 사람'이 되었다. 그들은 아들딸을 낳고, 먼 훗날 두 사람의 인연을 세상에 널리 알리기 위해 물고기와의 기이한 사연을 노래로 담아 남겼다. '명주곡溟州曲'으로 불리는 이 노래는 지금 남아 있지 않지만, 두 사람의 사랑이야기는 오늘날까지 전해내려오고 있다.

성종시대(981~997)

⊙ 서희徐熙의 세치 혀

성종成宗은 태조의 제4비 신정왕후 황보씨 소생 대종 욱旭과 태조의 제6비 정덕왕후 소생 선의왕후 유씨 사이에 둘째 아들로 태어났다. 이름은 치治, 자는 온고溫古이다. 그의 나이 22세 때에 고려 제6대 왕이 되었다.

서기 993년(성종 12)은 거란이 고려 침공의 포문을 연 해였다. 이후 거란은 성종·목종·현종 등 3대에 걸쳐 고려를 괴롭혔다. 고려와 거란의 한판 승부는 각기 국가의 정책에서 비롯된 피할 수 없는 전쟁이었다. 고려의 북진정책과 거란의 동정정책이 언젠가는 부딪치고야 말 숙명적인 관계였다.

거란의 태종은 후진後晉을 멸망시킨 뒤 나라 이름을 대요大遼라 하고, 중원 정복의 꿈을 실현하지 못한 채 죽고 말았다. 중국에서는 송나라와 요(거란) 사이에 치열한 각축전이 벌어졌다. 고려는 송나라와 손을 잡고 북진정책의 교두보를 확보하려고 했다. 고려의 야심에 거란은 제동을 걸 필요가 있었다. 그리고 송나라를 제압하기 위해서는 고려를 정복하여 배후의 세력을 꺾어야만 했다. 거란은 이러한 명분으로 성종 12년 마침내 고려를 침공한 것이다.

거란이 침공한다는 첩보는 여러 경로를 통해 고려 조정에 알려졌다.

"거란이 군대를 동원하여 고려를 칠 계획을 꾸미고 있소이다. 미리 대비하소서."

여진족이 알려온 첩보였다. 고려 조정은 여진족이 고려를 속이기 위해 거짓 첩보를 흘리는 것으로 오해한 나머지 대비책을 마련하지 않고 속수무책으로 거란의 침략을 당하게 되었다.

여진족이 다시 알려 왔다.

"거란족이 이미 군사를 일으켰소이다. 서둘러 방비책을 강구하소서."

고려 조정은 그제서야 사태의 급박성을 감지하고 각 도에 병마제정사兵馬齊正使를 파견했다. 그리고 시중 박양유朴良柔를 상군사上軍使로, 내사시랑 서희를 중군사로, 문하시랑 최량崔亮을 하군사로 임명하여 출동시켰다.

성종도 대궐에 앉아만 있을 수 없어 서경(평양)까지 가서 적의 동태를 살피고 거기서 안북부安北府까지 나갔다. 온 나라가 거란의 침략 소식에 발칵 뒤집혔다. 개국 후 60여 년 동안 외침 없는 평화가 지속되던 나라에 살던 백성들은 더할 수 없는 혼란에 빠졌다.

거란의 적장 소손녕은 대군을 거느리고 이미 압록강을 건너 구성龜城으로 쳐들어왔다.

고려에서는 윤서안이 선봉장으로 나가 거란군과 맞서 보았으나, 싸움도 하기 전에 붙잡혀 포로신세가 되어버렸다. 안북부에 머물며 소식을 접한 성종은 장수들을 모아 대책을 의논했다.

"저자들의 횡포를 막을 계책을 내놓으시오. 어찌하면 좋겠소?"

성종의 목소리가 가늘게 떨었다. 적이 대군을 이끌고 코앞에 와 있어 입이 바짝 마르고 정신을 제대로 가누기가 힘들었다.

"마마, 거란은 그동안 남쪽 송나라와 줄곧 싸워왔나이다. 아마 우리

고려국을 견제할 목적으로 쳐들어오는 것 같나이다. 우선 사자를 보내 그자들의 진의를 알아보심이 가할 듯하나이다."

상군사 박양유의 말에 성종은 고개를 끄덕였다.

"마마, 여진족이 중간에서 농간을 부리는지 모르오니 여진족을 잡아 보내심이 어떠하실는지요?"

"그건 아니 될 말이오. 우리 사신을 보내 적의 동정을 살피는 것이 좋을 듯하오. 누구를 보내는 것이 유익할 것 같소?"

"예부소경 이몽진이 적격자라 사료되나이다."

박양유가 이몽진을 추천했다. 성종도 합당하게 여겼다.

"예부소경, 적진에 들어가거든 주눅 들지 말고 적의 동태를 꼼꼼이 살피고 군마의 수를 헤아리고 사기를 눈여겨봐야 할 것이오."

"분부 거행하겠나이다."

이몽진이 서둘러 적진으로 떠났다. 안북부에서 구성은 그리 멀지 않은 거리였다. 이몽진은 닷새 만에 적진을 살피고 돌아왔다.

"어떠했소? 그들이 과연 우리를 칠 목적이었소? 군대의 사기는 어떻고, 군마는 얼마나 되었소?"

성종은 급한 마음에 두서없이 물었다.

"마마, 유감스럽게도 적의 사기는 충천하옵고, 군마도 헤아릴 수 없이 많았나이다."

"그들이 뭐라 했소이까?"

"거란은 옛 고구려땅에 건국했으므로 우리 고려가 압록강까지 나온 것은 자기네 나라의 국경을 침범한 것이라고 억지를 부리더이다."

"뭣이야? 놈들이 헛소리를 하는구먼."

"마마, 우리가 국경지방을 내놓고 항복하면 돌아가겠다고 했나이다."

"이런 괘씸한 것들을 봤나. 적반하장도 유분수지. 무례하고 염치가 없는 것들이구나!"

성종은 화가 나서 얼굴이 벌겋게 달아올랐다. 박양유가 성종의 마음이 누그러진 틈을 노려 조심스럽게 말했다.

"마마, 국경지대의 땅을 다소 양보하는 것이 어떨까 하나이다."

"무엇이오? 우리 땅을 떼어주자고? 어느 곳을 떼어준다는 말이오?"

"옛날 발해국 땅인 대동강 이북이 어떨까 싶나이다."

"아니 될 말이외다. 나라땅을 적에게 떼어주고 구차하게 화의를 청하다니요. 절대로 아니 되나이다. 더구나 우리 태조 대왕께오서 우리의 국토를 압록강 근처까지 확장했거늘, 대동강 이북을 떼어주다니 천부당만부당한 일이외다."

중군사 서희가 절대 불가론을 폈다. 성종은 서희의 반대가 그저 이상론에 불과하다는 판단을 내리고 자신의 솔직한 심정을 피력했다.

"과인의 생각은 상군사의 의견이 합당하다고 보오. 우리는 거란의 대군과 싸울 능력이 없소이다. 저들의 요구조건을 무시한다면 고려땅은 그들의 말발굽에 초토화되고 말 것이오. 서경 이북땅을 적에게 내주고 황주에서부터 절령(자비령)까지를 봉강封疆으로 하여 우리와 적과의 국경으로 삼는 것이 지금으로서는 최선의 선택이 아닐까 여기지오."

"마마, 아니 되옵나이다. 비록 적이 대군을 앞세워 우리를 넘보고 있사오나, 한번 겨뤄보지도 않고 국토를 내준다는 것은 우리의 약세를 보여주는 것으로 이것이 선례가 되어 적은 우리를 시도 때도 없이 괴롭힐 것이나이다. 적이 고구려의 옛땅을 되찾는다는 명분을 내세운 것은 기실 우리를 두려워하고 있다는 증좌이옵나이다. 지금은 사태가 급박하오니 마마께오서는 개경으로 돌아가시어 사후대책을 강구하시오소서. 신은 적과 싸워본 후 기회를 보아 국경문제를 적과 의논해보겠나이다."

성종과 박양유는 난감한 표정이었다. 중군사 서희의 굽힘 없는 뜻이 가상하지만 현실성이 희박해 선뜻 용단을 내릴 수 없었다.

"마마, 중군사의 말씀이 백번 타당하나이다. 적과 한번 싸워보지도 않고 국토를 떼어주는 것은 태조 대왕께 죄를 짓는 일이외다. 중군사의 뜻에 따르는 것이 좋을 듯하나이다."

서희의 부장 이지백李知白이 서희를 거들었다. 성종과 박양유는 망설여졌다. 다른 장수들도 싸우는 쪽으로 분위기가 몰아갔다.

고려 진영에서 국토양보 문제로 진통을 겪고 있을 때 적진에서도 매우 초조한 기미가 엿보였다. 고려 사자 이몽진이 다녀간 지 한 달이 넘었는데도 고려에서 답이 없자 적장 소손녕은 불쾌하기도 하고 고려의 꿍꿍이속이 두렵기도 했다.

소손녕은 일단 군대를 움직여 안융진安戎鎭을 공격했다. 싸움은 피할 수 없게 되었다. 성종은 서희의 뜻에 따르기로 결론을 내렸다. 안융진을 지키고 있던 중랑장 대도수大道秀와 낭장 유방庚方 등은 고려가 싸우는 쪽으로 의견을 모았다는 소식을 듣고 적군에게 완강히 저항했다. 적은 산악싸움에 서툴렀다. 널따란 평야에서 종횡무진 말을 달리는 싸움에는 능했으나, 좁은 안융진에서의 싸움은 마음대로 되지 않아 애를 먹었다.

며칠을 두고 여러 차례 공격을 퍼부었으나 안융진은 철옹성이었다. 성문을 굳게 닫은 채 적을 비웃고 있었다.

소손녕은 안융진 공격에 실패하자 마음이 초조해졌다. 공격에 실패했다는 소문이 고려 진영에 퍼져 고려군의 사기가 드높고 적군의 사기는 저조해져갔다. 어떻게든 결말을 지어야 할 판이었다.

소손녕은 고려 진영에 사자를 보냈다.

"귀국 진영의 대신을 우리 장군께서 보자고 하시오."

"무슨 일로 보자는 게요!"

서희가 나섰다.

"우리 장군께서 귀국 대신과 대화를 나누고 싶다고 했소이다."

"대화라… 평화협상이라도 체결하겠다는 게요?"

"대화를 한 후에 판단할 것이외다."

"알겠소. 곧 고려국 대신이 갈 것이외다."

적군의 사자를 보내놓고 고려 진영에서는 적임자를 놓고 갑론을박이

오고갔다. 서희가 자원했다.

"내가 적진으로 가겠소. 이번 싸움은 내가 우긴 것이니 내가 해결해야 마땅하오."

"혹여 함정이 아닐까? 우리의 대신을 불러들여 볼모로 잡고 다른 요구조건을 내걸기 위한 수작이 아닐지 모르겠소이다."

"상군사, 설령 그들이 그런 속셈이 있다 할지라도 응하지 않을 수 없소이다. 나는 돌아오지 않을 각오로 가는 것이외다."

"중군사의 각오가 그렇다면 어쩔 수 없소이다. 부디 살아서 돌아오기를 바라오."

서희는 종자 몇 명을 거느리고 적진으로 갔다. 적은 봉산군 옆에 진을 치고 서희를 기다리고 있었다. 서희의 도착을 알리자 적진에서는 반가이 맞아들였다. 예상하지 못한 후대였다.

서희는 소손녕을 보고 간단히 군례로 대했다. 소손녕도 군례로 받았다. 소손녕은 서희의 생각과는 달리 겸손한 태도를 보였다. 소손녕이 서희를 설득할 목적으로 먼저 말문을 열었다.

"고려국은 신라땅에서 일어난 나라가 아니오? 당연히 고구려땅은 우리의 영토가 아니겠소? 헌데 고려국이 고구려의 영토를 침범했소이다. 당연히 우리에게 돌려주어야 옳지를 않소이까. 또 우리와 국경이 맞닿아 있는데도 멀리 바다를 건너 송나라와 친하게 지내는 것도 못마땅하오. 이 두 가지 죄를 묻고자 우리는 군사를 일으킨 것이외다. 귀국은 속히 옛 고구려땅을 내놓고 우리에게 조공을 약속하면 무사할 것이외다."

서희는 불쾌했으나 꾹 참고 부드러운 얼굴로 응수했다.

"적장께서 역사를 잘못 알고 계시오이다. 우리가 신라에서 일어났다니, 그건 억지외다. 우리는 고구려의 후손이외다. 그러기에 나라 이름도 고구려에서 구자 하나만을 빼고 고려로 지은 것이외다. 하옵고 국경을 들어 논한다면 우리가 귀국보다 할 말이 더 많소이다. 귀국의 상경까지 모두 고구려의 옛 영토이니 우리의 땅이 될 것이오, 아시겠소?"

소손녕의 얼굴이 일그러졌다.

"그런 궤변으로 통할 것 같소? 내 주장을 받아들이시오."

"더 들어보시오. 조공 말씀을 하시는데, 압록강 안과 밖에 여진족이 강성하여 좀체 통로가 열리지 않아 육로로는 갈 수가 없어 그리 된 것이오. 이제라도 압록강 주변의 여진족을 쫓아내고 우리의 옛땅 압록강 이남을 돌려주어 우리 쪽에서 성을 쌓고 귀국과 통하게 된다면 어찌 조공을 바치지 않겠소이까."

소손녕은 서희의 논리 정연한 말을 듣고 굳었던 얼굴이 다소 풀렸다.

"귀국의 의도는 알겠소. 허나 남쪽의 송나라와 통하면서 우리를 경멸한 것은 심히 불쾌한 일이외다."

"장군께서 오해가 많으십니다그려. 우리 고려국이 어찌 귀국을 경멸한다고 보시나이까? 유사 이래로 고려는 남의 나라를 침범하거나 경멸한 적이 한 번도 없다는 것을 역사가 증명하고 있나이다."

"허면 그전에 우리 나라에서 고려에 낙타를 보냈거늘 어째서 사신을 내쫓은 게요? 이래도 경멸이 아니라는 게요!"

소손녕이 태조 때의 옛날 이야기를 꺼냈다. 서희는 딱 잡아떼었다.

"우리는 모르는 일이외다. 다만 기록에서 그런 일이 있었다는 것을 접했을 뿐이외다. 그렇다고 현재의 우리가 책임질 일은 아니질 않소이까?"

이미 날이 어두워지고 있었다. 입씨름이 계속될 뿐 성과는 없었다. 서희는 적진에서 하룻밤 묵게 되었다.

밤이 이슥하여 소손녕이 뜻밖에도 서희를 찾아왔다. 빈손으로 오지 않고 부하들의 손에 주안상이 들려 있었다. 서희는 마음속으로 쾌재를 불렀다. 싸움은 끝났다는 예감이 들었다. 추운 겨울 날씨조차 훈훈하게 느껴졌다.

주안상이 차려졌다. 소손녕이 서희에게 잔을 권하며 말했다.

"낮에는 대접이 소홀했소이다. 술을 나누며 허심탄회하게 대화를 나뉘보십시다."

"좋습니다. 장군의 배려에 감사드리오."

두 사람은 술잔이 오고가는 사이에 친숙해져갔다. 서희는 거란이 침략한 뜻이 무엇인지를 간파할 수 있었다.

소손녕이 흉금을 털어놓았다.

"이보시오, 서 장군. 우리 황상께서는 귀국에서 고분고분 말을 잘 듣고 조공이나 바치면 만족할 것이외다. 우리 황상께서는 고려국이 아니라 저 넓은 중원을 노리고 있소이다, 아시겠소? 귀국이 우리를 오랑캐로 여긴다는 소문이 돌아 황상께서 진노하시어 나를 보낸 것이외다."

"황상께서 깊은 오해가 계신 듯하나이다. 귀국을 오랑캐로 폄훼한 적이 없거니와 송나라와 통교한 것은 다만 새로 일어나는 그 나라의 문물을 배우기 위한 뜻이었소이다."

"허면 우리가 송나라를 칠 때 귀국은 방관할 것이외까?"

"당연하오. 우리는 남의 나라 싸움에 관계하지 않나이다."

두 사람은 밤새 통음을 하며 많은 이야기를 나누었다. 서희는 거란의 뜻이 송나라 침략에 있고, 고려가 송나라를 도울 것인지의 여부를 아는데 이번 침략의 목적이 있다는 것을 확실히 알 수 있었다.

이튿날 서희는 돌아갈 뜻을 밝혔다. 소손녕이 만류했다.

"잠시 기다리셔야겠소이다. 우리 두 사람의 대화를 황상께 아뢰어 황상의 회신이 오거든 알고 가시오."

"그러리다."

서희는 적진에 머물며 7일 동안 술을 마시며 기다렸다. 황상의 회신은 서희로서는 만족할 만한 내용이었다.

"거란 군사는 당장 철수하고 압록강 이남의 땅에 고려가 성을 쌓아 조공을 바치는 길을 개척한 연후에 해마다 사신을 보내 서로 통하게 할지어다."

대단한 성과였다. 서희의 대담한 결단력과 순발력, 임기응변, 그리고 무엇보다도 남다른 나라 사랑이 고려 국토를 온존하게 보존케 했다. 그리고 역사상 유례가 없는, 피 한 방울 흘리지 않고 대군을 물리친 세 치 혀의 위대한 외교술로 기록되게 된 것이다. 하지만 이후 송나라와의 관계는 미묘하게 흘러갔다.

◉ 헌정왕후의 최후

경종의 제4비였던 헌정왕후는 궁으로 들어간 지 1년 만에 경종이 세상 떠나자 궁 밖의 사저로 나와 허송세월을 보냈다. 사저는 왕륜사 남쪽에 자리하고 있었다. 사저에는 궁에서 따라나온 늙은 궁녀 두 여인뿐이었다.

헌정왕후는 할 일 없는 나날을 늙은 궁녀를 상대로 꿈 이야기도 하고, 궁녀들이 물어다주는 이웃집 소식을 들으며 생과부나 다름없는 생활을 고단하게 지켜가고 있었다.

"어젯밤 꿈 이야기나 할까?"

"예에, 마마."

"이상도 하지. 어젯밤 내가 송악산에 올라간 게야. 그런데 흰구름이 뭉게뭉게 피어오르더니 내 앞에서 죄다 물이 되는 것이었어. 나는 물 속에서 허우적거리며 고함을 치다가 깨어났어. 무슨 꿈일까?"

"좋은 꿈이나이다."

"어째서?"

"높은 곳에 올라가 물을 많이 보았으니 필시 부자가 되실 꿈이나이다."

늙은 궁녀 하나가 듣기 좋은 소리로 꿈 해몽을 해주었다.

"부자가 되면 무얼 해. 차라리 물에 빠져죽었으면 좋겠네. 이렇게 홀로 살아봤자 무슨 재미가 있겠누."

늙은 궁녀는 헌정의 쓸쓸한 모습을 애처로이 바라볼 뿐이었다. 혼자 늙어가기에는 너무나 아까운 나이였다. 이제 갓 30세를 넘긴 풍만한 아녀자였다.

"아무도 없느냐!"

그때 대문 밖에서 인기척이 들렸다. 부엌에서 일하던 다른 궁녀가 대문으로 쏜살같이 달려갔다. 사람이 그리워 자신도 모르게 발걸음이 빨라졌던 것이다.

"뉘신지요?"

"마마의 아재비 욱郁일세. 마마께 문안인사차 왔다네."

옆집에 사는 욱이 조카가 왕비였던 헌정왕후를 보러 온 것이다. 욱은 태조 왕건이 신라 김억겸의 딸과 혼인하여 얻은 왕자이다. 헌정에게는 아저씨였다. 욱은 신라 망국의 외손으로서 왕자들 사이에서도 홀대를 받았다. 욱은 왕자들과 어울리지 않고 외톨이로 지냈다. 욱은 타고난 머리가 비상하고 글을 잘 지었다.

"어마, 아저씨께서 저를 다 찾아주시고… 고마워라."

"마마, 문안 여쭙나이다."

"제가 문안을 받을 자격이나 있나요. 그야말로 끈 떨어진 매 꼴이 아니겠나이까?"

"무슨 그런 말씀을…"

헌정은 심심하던 참에 왕욱을 맞아 생기를 찾았다. 늙은 궁녀에게 들려주었던 꿈 이야기를 하고 해몽을 부탁했다.

"마마, 발설하기가 무서운 꿈이나이다."

"무슨 말씀이시나이까?"

"천기에 관한 것이외다."

"천기누설? 속삭이듯 말해주소서."

"만약 아들을 낳으신다면 그 아들이 보위에 오를 꿈이나이다."

"답답도 하셔라. 과부가 아들을 낳다니, 천기가 아니라 개꿈이 아니오이까?"

"한 치 앞을 모르는 인생사이나이다. 마마의 신변에 무슨 일이 생길지 아무도 알지 못하나이다."

"턱도 없는 말씀이오이다. 안 들은 걸로 하겠나이다."

한번 길을 트자, 욱은 헌정이 무료해 있을 때 때맞춰 찾아와 기쁘게 해주었다. 헌정은 50세가 넘은 아저씨에게 차차 정이 들었다. 욱은 밤 늦게 술을 마시고 찾아와 사내의 체취를 방 안에 가득 채워놓고 가곤 했다.

어느 날 욱이 찾아와 말했다.

"마마, 집에만 계시지 마시옵고 나들이를 하시지요. 자연이 무척 아름다운 4월이 아니옵니까?"

"과부가 외출한다 해도 반길 사람이 없나이다."

"내일 왕륜사에서 큰 재가 있다고 하나이다. 구경하러 가시지요."

"그런 곳에 모습을 나타내도 좋을지 두렵나이다."

"한 번 바깥 출입을 하시면 다음부터는 차차 익숙해질 것이외다."

욱의 권유에 헌정은 마지못해 왕륜사 재 구경에 나섰다. 처음 나들이어서 여간 쑥스럽지 않았다. 사람들의 시선이 따갑고, 스님들의 후대도 부담스러웠다. 헌정은 법당에 들어가 경종의 명복을 비는 기도를 드렸다. 울적한 마음이 편안해졌다. 때마침 궁에서 헌애왕후가 온다는 소문이 퍼져 절간이 수런거렸다. 헌애는 헌정의 친언니였다.

"마마, 만나보시렵니까?"

"아니오. 그냥 가겠나이다."

자매 사이지만 서로 친하지 않았다. 욱은 헌정과 함께 헌정의 사저로 돌아왔다. 그날 밤 두 사람은 서로를 원하여 선을 넘어버렸다. 헌정은 크게 후회했으나, 이미 돌이킬 수 없는 사이가 되어버렸다.

헌정의 몸에 이상이 생겼다. 큰일이었다. 헌정은 혼자서는 감당할 수 없어 욱에게 털어놓았다.

"이 일을 어찌하면 좋사옵나이까? 세상의 눈총이 두렵나이다."

"철부지들의 불장난도 아니고, 어쩌겠나이까. 생명을 잉태했으면 낳는 것은 당연한 이치가 아니겠나이까?"

"낳는 것은 어렵지 않사오나 태어날 아기의 앞날이 걱정이나이다."

"마마, 세상의 눈총은 내가 사라지면 해결될 일이옵고 태어날 아기는 제 몫을 할 것인즉 크게 염려할 일은 아니나이다. 다만 마마가 겪을 수모가 걱정이나이다."

헌정은 아이와 함께 세상을 버려야겠다는 생각을 수없이 반복했다. 그러나 모진 것이 사람의 목숨이어서 여간한 독종이 아니고서는 제 목숨을 제가 끊는 것은 쉽지 않았다.

헌정은 불안과 공포 속에서 산월을 맞았다. 견딜 수 없는 공포에 떨다가 헌정은 욱의 집에 가서 최후의 담판을 지으려고 했다.

"아재비, 나를 죽여주오. 나는 원망도 한도 품지 않고 아재비 손에 죽고 싶나이다. 이 아기를 낳지 못하겠나이다. 제발 나를 죽여주오."

"마마, 진정하시오. 내가 모든 죄를 뒤집어쓰고 귀양이라도 갈 터이니 아무 염려 마소서."

"나 혼자 어쩌란 말이외까. 나를 나뭇더미 위에 올려놓고 불을 놓아주오."

"그럴 수는 없소이다. 마음을 너그러이 잡수시고 새 생명을 탄생시키오소서."

"싫소이다. 나는 죽어야 할 몸이외다."

헌정은 미쳐갔다. 나뭇더미에 불을 놓아 죽어야겠다고 난리를 피웠다. 욱은 어찌할 바를 모르고 쩔쩔매었다. 헌정을 붙들고 통사정을 늘어놓을 뿐이었다.

"결단코 죽고 말 것이외다."

헌정은 욱의 집을 뛰쳐나왔다. 집으로 돌아와 대문 앞에 쌓아둔 나뭇잎이 눈에 띄자 망설이지 않고 불을 질렀다. 불꽃이 일자 헌정은 불길에 뛰어들었다. 때마침 마을 사람들에게 발각되어 무사할 수 있었다.

타오르는 불길이 멀리까지 비쳤다. 대궐에서 성종이 그 불길을 보고 놀랐다.

"아니, 왕륜사 근방 같은데 웬 불길인고?"

신하들은 영문을 모른 채 눈치를 살피고, 내관이 불길을 따라 사정을 알아보러 갔다.

그 사이 헌정은 진통이 심해 늙은 궁녀의 부축을 받으며 집 안으로 들어가 아들을 낳았다. 헌정은 정신을 잃었다.

"마마, 정신을 차리시오소서."

늙은 궁녀의 울음 섞인 목소리가 밖으로 새어나왔다.

"마마, 옥동자를 낳으셨나이다. 정신을 차리시오소서."

헌정은 얼굴이 백지장처럼 하얘져 깨어나지 못하고 있었다. 궁녀 하나가 왕륜사로 뛰어갔다. 스님을 붙들고 자초지종을 이야기하고 살려달라고 애원했다. 스님인들 손쓸 재간이 없었다. 급히 대궐에 기별하여 시의를 불러올 수밖에 없었다.

시의가 헌정의 집에 왔을 때 헌정은 이미 시체로 변해 있었다.

성종은 사건의 전말을 소상히 알고 왕욱을 불러들였다.

"그대는 대죄를 저질렀도다. 왕후를 간통한 것도 모자라 죽게 했으니 용서할 수 없도다. 허나 왕자의 신분이니 참할 수는 없고, 멀리 남쪽 사수현四水縣으로 귀양 보내노니 반성할지어다."

성종은 욱에게 귀양을 명했다. 욱은 참회의 눈물을 뿌리고 물러났다. 성종은 대관 고현高玄에게 왕욱을 압송하라고 일렀다.

왕욱은 고현의 압송을 받으며 귀양길에 올랐다. 몇 날 며칠 고생 끝에 사수현에 닿았다. 욱은 눈앞에 펼쳐진 넓은 바다를 보고 한 수의 시를 읊었다. 고현을 보내고 난 허전함이 가슴을 저몄다.

그대와 함께 서울을 떠났네

그대는 먼저 돌아가고 나 홀로 못 가네

나그네 철창 속에 갇힌 원숭이 같은 심정

떠나는 그대 부러운 마음 그지없어라

황성의 봄빛은 꿈에나 볼 것인저

바다 풍경에 눈물이 옷깃을 적시누나

임금의 한 말씀 고칠 수 없어

이 바닷가에서 늙어가게 되리

헌정왕후가 낳은 왕자는 궁궐에 들어가 유모의 손에서 자라게 되었다. 아이가 어느덧 2세가 되었다.

어느 날 성종은 아이를 가엾이 여겨 무릎에 올려놓았다.

"아아버니임…."

아이가 성종을 보며 아버님이라고 불렀다.

"아, 이놈이 제 아비를 몹시 찾는 것 같구나."

콧날이 시큰해져 성종은 아이를 무릎에서 내려놓았다.

"아아버어지이, 아아버어지…."

아이가 자꾸만 아버지를 찾으며 보채었다. 그 모습을 지켜보던 성종은 차마 측은지정을 떨쳐버리지 못하고 결심을 굳혔다.

"그래, 네 아버지가 있는 사수현으로 너를 보내주마."

"아아버어지…."

아이는 성종의 용포를 잡고 칭얼대었다. 성종은 아이를 사수현의 아버지 욱에게 보내주었다.

⊙ 영검한 관세음보살님

중국 당나라 황제에게 절세 미녀인 사랑하는 여인이 있었다. 천자는 미녀의 아름다움을 후세에 길이 남기기 위해 화공 장승요를 불렀다. 미녀의 전신을 그려 벽에 걸어놓고 보다가 유산으로 남길 작정이었다.

"황제 폐하, 신 장승요 대령이옵나이다."

"짐이 너에게 청이 있느니라."

"신에게 청이라니요. 당치도 않나이다. 영을 내리시오소서."

"여봐라 내관, 짐의 여인을 부르라!"

내관이 선녀 같은 여인을 안내하여 들어왔다. 장승요는 황홀하여 그만 입을 벌린 채 다물 줄을 몰랐다. 빼어난 미인인데다가 어디 한 군데 흠잡을 데 없는 날씬한 몸매였다.

"여봐라 화공, 저 여인의 전신을 실물 크기로 그려야 하느니라."

"예에, 폐하. 그리하겠나이다."

그날부터 작업실에서 장승요는 여인을 세워놓고 멍청히 앉아 있었다. 여인은 영문을 모른 채 지루하여 하품을 하고 있었다. 그 하품조차 고혹적으로 느껴져 장승요는 화필을 들 수가 없었다.

'영감이 떠오르지 않으면 저 여인과 똑같이 그릴 수 없다. 그 영감이란 내가 아닌 신필神筆이어야 한다. 내가 아닌 신이 그리는 그림이어야 한단 말이다.'

장승요는 몇 날 며칠을 식음을 전폐하고 여인을 상대로 영감이 떠오르기를 기다리고 있었다.

황제가 내관에게 물었다.

"그림은 어느 정도 되어 가느냐?"

"아직 손도 대지 않고 있나이다."

"뭣이야? 화공이란 작자는 무얼 하고 있다는 말이더냐?"

"영감이 떠오르지 않아 기다린다 하옵니다."

"어디 두고 보자꾸나. 그림이 시원찮으면 상 대신 벌을 내리리라."

황제는 벼르고 있었다.

열흘을 기다린 장승요는 온몸이 불덩이가 되어 이글거리는 눈을 번

득이며 화필을 들었다. 그러고는 정신없이 여인을 화선지에 옮겼다. 아침부터 시작한 작업이 해거름 무렵에 끝이 났다.

그런데 큰일이 벌어졌다. 작업을 마무리하는 순간 배꼽 밑에 붉은 물감이 떨어져 점을 찍어놓았다. 장승요는 아차 싶었으나 곰곰이 생각해보고 껄껄 웃었다.

"틀림없을 게야. 내가 보지 못한 여인의 배꼽 밑에 필시 점이 있을 게야."

장승요는 확신을 가졌다. 완성된 그림을 본 황제의 눈이 커다랗게 떠졌다.

"똑같도다. 실물과 다른 곳이 하나도 없구나. 과연 신필이로다."

순간 황제의 안색이 샛노래졌다.

"네 이노옴! 이실직고하렷다. 배꼽 밑의 점을 어찌 알고 그렸느냐?"

"폐하, 실제로 보지는 않았사오나 신의 머릿속에 떠올라 그린 것이나이다."

"거짓말 마라! 네놈이 그동안 여인과 수작을 부린 것이렷다!"

"천부당만부당한 말씀이옵나이다. 신이 감히 어찌 그런 일을 할 수 있단 말이오이까?"

"폐하, 노여움을 푸시오소서. 화공은 신첩에게 아무 일도 하지 않았나이다."

여인이 변명해주었으나 황제는 막무가내였다.

"듣기 싫다. 이실직고하라!"

"신을 차라리 죽여주시옵소서."

장승요는 답답하여 차라리 죽고 싶었다. 여인의 배꼽 밑에 점이 있는 것만은 확실해졌고, 황제는 그것을 보지 않고 어떻게 그렸느냐고 생트집이었다.

보다 못한 내관이 지혜를 짰다.

"폐하, 화공은 보지 않고도 그림을 그리는 신통한 재주가 있는 듯하

나이다. 폐하께오서 어젯밤 꾸신 꿈이 있으시면 그것을 그리라 하시옵
소서. 그러면 화공의 신통력을 믿으시고, 틀리면 벌을 내리심이 가한
줄 아나이다."

"좋은 생각이로다. 여봐라 화공, 내가 어젯밤 꾼 꿈이 있느니라. 그걸
그려 올리거라."

"한번 그려보겠나이다."

장승요는 자신감 있게 대답하고 물러나와 먼산바라기처럼 앉아 있었
다. 그러더니 느닷없이 화선지를 꺼내 십일면관세음보살상을 그려 바
쳤다. 황제는 그림을 보고 소스라치게 놀랐다. 어젯밤 꿈에서 본 그 십
일면관세음보살상이 틀림없었다.

"너를 의심한 짐이 부끄럽도다. 너는 특이한 재주를 지닌 화공이로
다. 짐이 너에게 후한 상을 내리겠노라."

"황공하여이다."

황궁을 나온 장승요가 박사 분절에게 물었다.

"박사께서는 들으셨소이까?"

"무얼 말이외까?"

"신라에서는 불법을 높이 받든다 하오. 아시오이까?"

"신라는 불교국이오. 한때 교종이 성하더니 이제는 선종이 서서히 퍼
져나가고 있다고 들었소이다."

"박사, 나와 함께 신라로 가서 불법을 공부해보지 않겠나이까?"

"그 일이라면 여기서도 되는 일 아니겠소? 신라에서 이 나라로 불법
을 공부하러 오는 스님이 수백 명이나 되오."

"아니오. 신라만의 특이한 불법이 있을 것 같으오. 그것을 알고자 하
는 것이오."

"그렇다면 좋소. 함께 신라에 가서 신라의 불교 풍토를 배워보십시
다."

두 사람은 배를 타고 신라로 건너와 경주에 닿았다. 그 당시 중생사

에서는 관음상을 모시려고 마땅한 조각가를 찾고 있었다. 그 소식을 듣고 장승요와 분절이 중생사로 찾아가 자기들에게 그 일을 맡겨달라고 청했다. 중생사에서는 화공 장승요라는 말에 무척 반겼다. 미녀를 그린 장승요의 소문이 신라에까지 나 있었다.

장승요는 정성을 다해 관음보살상을 조성하여 중생사에 봉안했다. 관음상이 봉안되자 신라인들이 구름같이 모여들어 기도를 드렸다. 관음상에 기도를 드리면 영검을 본다는 소문이 널리 퍼졌던 것이다.

신라 말, 최은함은 나이가 많아 아들을 낳을 수 없었다. 관음상 소문을 듣고 중생사에서 살다시피 하며 기도를 드렸다. 그러자 기적이 일어나 늦은 나이에 아들을 본 것이다.

아들이 태어난 지 3개월 후 경애왕이 포석정에서 연회를 열고 있을 때 후백제 진훤이 쳐들어와 경주는 쑥대밭이 되어버렸다.

최은함은 아기를 안고 중생사로 달려가 관음상에게 고했다.

"보살님이시여, 후백제 군대가 쳐들어와 다급하게 되었나이다. 보살님께서 이 아기를 점지해주신 것이라면 자비의 힘으로 길러주시어 차후 우리 부자가 상봉토록 해주시오소서."

은함은 아기를 포대기에 싸서 관음상 밑에 감춰두고 그곳을 떠났다.

후백제 진훤이 경주를 휩쓸고 몇 달 머물다가 떠났다. 적병이 물러간 후 은함은 중생사로 달려가 아기를 찾았다. 아기는 멀쩡했다. 이제 갓목욕을 한 듯 살결이 뽀얗고, 금방 젖을 먹인 것처럼 입에서 젖냄새를 풍겼다.

"오오, 살아 있었구나. 관음보살님 고맙소이다. 이 은혜 살아가면서 평생을 갚겠나이다."

아기는 자라면서 총명하고 지혜로웠다. 이 아이가 최승로崔承老였다. 승로는 아버지를 따라 고려에 귀의했다. 그가 12세 때에 태조 왕건 앞에서 《논어》를 외는 재주를 보여 바로 원봉성 학사가 되었다. 이어 태조 · 혜종 · 정종 · 광종 · 경종 · 성종대로 내려오면서 관직에 머물렀고,

벼슬이 문하시중에 이르렀다. 이 최승로의 자손이 고려에서 벌족을 이루어 명문세가가 되었다.

성종 11년에 있었던 일이다. 중생사의 성태 스님이 관음보살상 앞에 무릎을 꿇고 쇠락한 절 형편을 고했다.

"보살님, 빈도는 오랫동안 이 절에 머물며 부지런히 기도하고 부처님을 모시는데 게으름을 피우지 않았나이다. 하온데 오늘날 중생사는 더이상 부처님께 재를 올리고 향을 피울 여력이 없나이다. 빈도, 이 중생사를 떠나려 하오니 너그러이 해량하시오소서."

성태 스님은 관음보살님께 작별을 고하고 지친 나머지 깜빡 잠이 들었다. 꿈에 관음보살님이 나타나 말했다.

"법사는 아직 중생사를 떠나지 말라! 내가 시주를 하여 재에 쓸 비용을 넉넉히 마련하겠노라."

스님은 놀라서 깨어나 관음상을 우러러 보았다. 관음상이 빙그레 웃고 있었다. 스님은 중생사를 떠나지 않기로 했다. 그후 13일이 지나 낯선 사람 둘이 소와 말 등에 짐을 가득 싣고 중생사 일주문 밖에서 스님을 찾았다.

"어인 일이시오?"

"심부름을 왔소이다."

"심부름이라니요?"

"우리는 김해 사람이나이다. 며칠 전 중생사에 계신다는 스님 한 분이 찾아와 부처님께 공양할 비용이 어려우니 시주를 하라기에 마을에서 곡식을 모아 쌀 엿 섬, 소금 넉 섬을 갖고 왔소이다."

"예에? 중생사에는 소승 한 사람 뿐이거늘 내가 그곳에 갔다는 말이오이까?"

"스님은 아니나이다."

"혹여 절을 잘못 찾은 것 아니오이까?"

"그럴 리가요. 우리를 안내해온 스님이 저 아래 우물가에 이르러 절이 멀지 않으니 먼저 가서 기다리겠노라며 앞서 가셨나이다. 여기에 오시지 않았나이까?"

"이 절에 중은 나 하나뿐이오."

"거 참 이상한 일이외다."

성태 스님은 그들을 법당으로 안내했다. 그들은 관음상을 보고 탄성을 질렀다.

"어? 바로 저기 계신 스님이시나이다. 저분이 저희에게 시주를 구했나이다."

"저분은 관음보살님이시나이다."

"그러기에 신통방통하다는 말이외다."

짐을 싣고온 그들은 관음보살상에게 108배를 하고 법당을 나왔다. 뒤에서 관음상의 웃음 소리가 들리는 것 같았다.

그후 중생사는 시주가 끊이지 않아 다시 옛날의 영화를 되찾았다. 전국에서 스님들이 모여 들었다.

중생사가 다시 번성한 후 큰불이 났다. 스님들과 마을 사람들이 불을 끄고 나서 법당에 가 보니 관음상이 감쪽같이 사라지고 없었다.

"큰일났소이다. 관음보살님이 사라지셨나이다."

"이걸 어쩌나. 그분이 절을 떠나면 중생사는 다시 쇠락의 길로 빠질 것이외다."

스님과 마을 사람들의 걱정이 태산 같았다.

"이러고 있을 것이 아니라 찾아보십시다."

"영검이 있으신 관음상이어서 누군가 훔쳐간 게요."

"훔쳐간다고 따라갈 관음보살님이 아니지요."

"어쨌든 한번 찾아나 보십시다."

모두 흩어져 경내외를 살피고 다녔다. 그때 한 여인의 외침 소리가 들렸다.

"여기요! 여기 관음보살님이 계시나이다!"

"어디요?"

"여기 뜰에 계시나이다."

사람들이 우르르 몰려들었다. 관음상이 뜰에 우뚝 서서 웃고 있었다.

"누가 불난 와중에 밖으로 안전하게 모신 것이외다."

"누가 그런 일을 했겠소이까? 어디 나서보시지요."

서로 얼굴을 쳐다볼 뿐, 그런 일을 한 사람은 나타나지 않았다. 마을 사람들은 관음상이 스스로 옮겨 앉았다고 보았다. 이런 일이 있은 후부터 중생사는 다시 한번 전성기를 맞았다. 관음상의 영검이 전국에 입소문으로 퍼져 몰려오는 신도들이 줄을 이었다.

목종시대 (997~1009)

⊙ 천추태후千秋太后와 대량원군大良院君

목종穆宗은 경종의 맏아들로 제3비 헌애왕후 황보씨의 소생으로, 이름이 송訟, 자는 효신孝伸이다. 성종이 죽자 18세의 나이로 고려 제7대 임금이 되었다.

경종의 제3비 헌애왕후는 음탕한 짓으로 널리 알려진 천추태후이다. 천추전千秋殿에 거처하고 있어 붙여진 이름이었으나, 이 태후에게는 김치양金致陽이라는 배후인물이 있었다.

김치양은 동주인洞州人으로 천추태후 황보씨의 외척이었다. 그는 머리를 깎고 스님 행세를 하며 천추궁을 드나들며 숱한 염문을 뿌렸다. 추한 소문이 떠돌자 성종은 김치양을 곤장을 때려 멀리 귀양보냈다.

성종이 죽은 후 경종과 천추태후 사이에 태어난 목종이 등극했다. 천추태후는 아들 목종이 나이가 어리다는 핑계로 섭정에 들어갔다. 천추태후는 대궐을 장악한 후 귀양가 있는 김치양을 불러들여 벼슬까지 내리고 옆에 끼고 살았다. 김치양은 성격이 간교하고 정욕이 강한 인물이었다. 두 사람의 관계는 날로 깊어만 가고 천추전의 추문은 끊이지 않았다.

김치양의 벼슬이 우복야겸삼사사右僕射兼三司事에 이르러 백관의 임명·파면권을 행사했다. 김치양은 자신의 지위를 내세워 재물을 거둬들였다. 그는 거둬들인 재물로 300여 칸의 집을 짓고, 정자·정원·연못·누대 등을 화려하게 꾸며놓고 밤낮으로 태후와 함께 향락을 일삼았다.

그뿐만이 아니었다. 농민에게 부역을 시켜 동주에 사당을 짓고 성숙사星宿寺라는 간판을 내걸었다. 그리고 궁성 서북쪽에 시왕사十王寺를 새로 지었다. 그 절에 그려놓은 화상은 실로 기괴망측하여 차마 눈뜨고는 볼 수 없을 정도였다.

목종은 어머니와 김치양의 음사를 알고 있었으나, 어머니의 마음을 상하지 않게 하려고 별다른 조치를 취하지 않았다. 김치양과 태후 사이에 심상치 않은 일이 벌어졌다. 태후의 몸에 태기가 있었다. 태후는 향락을 즐길 뿐, 아기는 바라지 않았다. 몹시 난처해진 태후는 걱정이 되어 김치양과 의논했다.

"여보시오, 스님. 내가 아기를 가졌소이다."

"태후마마, 아기라고 했나이까?"

"그렇소. 우리 둘 사이의 아기요."

"우리가 바라던 바가 아니오이까?"

"무슨 말씀이시오?"

"장차 이 나라의 대통을 이으실 왕자를 생산하시옵소서."

"그 무슨 해괴망측한 말이오? 왕씨가 아닌 김씨가 대통을 잇다니, 제정신으로 하는 소리요!"

"마마, 금상은 너무 허약하여 큰일을 못할 인물이나이다."

"치우시오! 그렇다고 김씨 성을 왕으로 추대하겠다는 말이외까?"

"왕자를 생산하시오소서. 역성혁명인들 못하겠소이까?"

"닥치시오! 내 어쩌다가 이 지경에까지 이르렀소."

자탄해보았으나 이미 늦은 일이었다. 태후는 열 달을 채워 옥동자를 낳았다. 김치양은 옥동자 소식에 회심의 미소를 띠었다.

'김씨의 나라를 만드는 게야. 그리되면 나는 추존 왕이 되겠지. 천추태후인들 별수 있겠는가. 자기 자식을 임금으로 만든다는 데 반대할 리 없지.'

김치양은 천추전에 들러 태후의 노고를 치하했다.

"마마, 큰일을 해내셨나이다. 태어난 아기로 하여 마마의 앞날은 탄탄대로일 것이나이다."

태후는 아무 말이 없었다. 이제는 아기의 앞날을 걱정해야 할 판이었다.

아이가 무럭무럭 자라자 천추태후는 욕심을 드러냈다. 김치양과 아이의 장래 문제를 의논한 끝에 왕위계승을 꿈꾸었다. 우선 갓난아기의 장래에 장애가 되는 인물부터 제거해야 했다.

목종이 죽고 나면 후사가 없어 다른 왕자를 물색해야만 했다. 왕실과 가장 가까운 인물이 왕순王詢, 즉 대량원군이었다. 대량원군은 왕욱과 헌정왕후 사이에 태어난 왕자로서 성종이 아버지 욱에게 보냈다가 지금은 송도로 올라와 있었다.

김치양과 천추태후는 대량원군을 없애거나 멀리 보내기로 합의를 보았다. 그가 다음 보위를 차지할 왕실에서 가장 유망한 왕자였다. 천추태후는 대량원군을 중으로 만들어 숭교사崇敎寺로 보냈다. 송도에서 정치적 발판을 만들 수 없게 만든 것이다.

목종은 어머니와 김치양의 의도를 알아차리고 대량원군을 멀리 피신시키려고 삼각산 신혈사神穴寺로 보냈다. 이때부터 대량원군을 신혈소군으로 불렀다.

천추태후는 목종이 대량원군을 감싸고 도는 것을 알고 아주 없애버리려고 작정했다. 신혈사의 노승은 대량원군이 위험에 처해 있다는 것을 알고 부처님 좌탑座榻 밑에 굴을 파고 그 속에 숨겨주었다.

어느 날, 대궐에서 사람이 나와 어명이라며 음식을 하사하러 왔다고 거짓말을 했다. 노승은 그들을 따돌리고 대량원군을 만나게 해주지 않았다. 그 음식물에는 독약이 들어 있었다. 이런 일이 있은 후부터 노승과 대량원군은 더욱 조심했다.

대량원군은 부처님 좌탑 밑이 답답하면 굴에서 나와 삼각산에 올랐다. 산에 오르면 가슴이 트이고 호연지기가 길러졌다.

이곳에 온 지 어언 3년, 그의 나이 18세가 되었다. 따뜻한 봄날, 송도에서 수상한 사람이 왔다는 전갈을 받고 뒷산으로 몰래 빠져나와 계곡을 따라 거닐었다. 계곡의 물소리가 귓전을 간질였다. 졸졸졸 소리를 내는 물소리에 귀를 기울이다가 시상이 떠올라 낮은 목소리로 중얼거렸다.

> 한 줄기 흐르는 물, 백운봉에서 나오거늘
> 만리 넓은 바다 가는 길 트여 있도다
> 졸졸졸 계곡물이 바위 틈에 운다고 마오
> 이대로 멀지 않아 바다 속 용궁에 이를 것을

대량원군은 계곡을 따라 위로 올라갔다. 시를 읊조리고 나자 한결 가슴이 트였다. 계곡 위에는 손바닥만한 약초밭이 있었다. 약초 사이를 실뱀이 꼬리를 힘차게 치며 기어가고 있었다. 갑자기 자기 자신이 약초밭을 기는 실뱀처럼 느껴졌다. 그리고 무한한 생동감과 함께 힘이 불끈 솟고 희망이 보였다. 자신도 모르게 실뱀에게 보내는 자신의 처지가 한 수의 시가 되어 읊어졌다.

> 작고 작은 실뱀이 약초밭을 기는구나
> 온몸이 아롱아롱 붉은 점이 찬란하이
> 언제나 풀밭과 꽃밭을 기지마는

용 되어 올라가기 어렵지 않을 것을

대량원군은 자기 포부의 일단을 시로 읊은 것이다.

송도의 김치양과 천추태후는 하루빨리 대량원군을 제거하려고 했으나 뜻대로 되지 않아 속앓이를 했다.

목종 12년 정월 열 나흗날, 임금이 원찰인 숭공사에 나가 재를 올리고 돌아오는 길에 갑자기 폭풍우를 만났다. 왕을 호위하는 의장儀仗이 날아가고 일산日傘이 부서져버렸다. 목종은 재난을 당하지 않을까 걱정하며 궁으로 돌아왔다.

이런 일이 있은 지 이틀 뒤에 목종이 상고전詳故殿에서 관등觀燈을 하는데 대궐의 기름광에 큰불이 났다. 그 불길이 천추전까지 옮겨붙어 화광이 충천했다. 불길은 삽시간에 전각과 곳간을 태우고 겨우 불길을 잡을 수 있었다. 그 시각 천추태후는 장생전長生殿으로 옮겨앉아 김치양과 노닥거리고 있었다.

목종은 마음을 놓을 수가 없었다. 이틀 전 갑자기 맞은 폭풍우와 대궐의 불길, 아무래도 불길한 징조였다. 목종은 대궐 숙직에 만전을 기하라는 영을 내렸다. 그리고 이 일로 하여 병석에 눕고 말았다. 신하들이 면회를 청해도 사절해버렸다.

어느 날, 목종은 병상에서 급사중給事中 채충순蔡忠順을 불렀다.

"내가 병으로 누워 있는 사이에 밖에서 내 자리를 노리는 자가 있다 하오. 경은 이 사실을 알고 있소이까?"

"소문으로 듣고 있나이다."

채충순은 김치양과 천추태후의 음모를 알고 있었으나 차마 바른대로 고하지 못했다. 앞으로 조정이 어떻게 될지 예측할 수 없는 상황이었다.

목종은 베개 밑에서 봉서를 꺼내 채충순에게 주었다. 그 봉서는 목종의 신임을 받고 있는 유충정劉忠正이 올린 상소였다. 채충순은 봉서를 읽어내려갔다.

"간사한 김치양이 심복을 널리 구하여 신에게도 조정에서 내응해달라고 했사옵니다. 신이 그를 좋은 말로 타일러 보냈사오나 이 사실을 폐하께 알리지 않을 수 없사와 비밀리에 상소하오니 속히 결단을 내리시오소서."

채충순이 떨리는 목소리로 봉서를 읽고 나자 목종은 또 한 통의 봉서를 내밀었다. 그 봉서는 신혈사에서 올린 대량원군의 것이었다. 그 내용은 김치양과 천추태후가 자기를 죽이려고 끊임없이 사람을 보내고 있으나 노승의 기지로 위기를 모면하고 있으니, 목종에게 구원을 청한다는 것이었다.

"경은 말해보오. 이 일을 어찌하면 좋겠소?"

"마마, 시급한 상황이오니 결단을 내리시어 서둘러야 하옵나이다."

"짐의 병이 차도가 없어 언제 땅속에 묻힐지 모르겠소. 경은 최항崔沆과 더불어 대량원군을 옹립, 이 나라 사직이 왕씨에서 김씨로 바뀌지 않도록 서둘러주오."

"폐하, 심기를 편하게 가지시오소서. 이 난국을 헤쳐나가실 분은 오로지 폐하뿐이나이다."

"짐이 이 몸으로 어떻게 강하게 나갈 수 있단 말이오. 짐에게는 몇몇 충신이 있어 그나마 다행이오. 대궐 안에는 경을 비롯하여 유충정·최항·유진·유방·하공진이 있고, 대궐 밖에는 강조康兆가 있을 따름이오."

"폐하, 강조를 대궐로 부르시오소서."

"그럴 생각이오. 우선 위급에 처한 대량원군을 구해야 하오. 짐의 뒤를 이을 왕자는 대량원군뿐이외다."

"폐하, 신이 폐하의 말을 받들어 실행에 옮기겠나이다. 심려 놓으소서."

"경을 믿소."

채충순은 바삐 움직였다. 최항을 은밀히 만나 목종의 뜻을 전했다.

그리고 목종을 따르는 신료들을 모아 차후 대책을 논의했다.

"일을 서둘러야 하오. 대량원군을 모셔다가 보위에 앉혀야 하오."

"임금이 아직 살아 계시거늘 그럴 수는 없소이다."

"아니오. 이는 목종의 뜻이외다. 서두릅시다."

"하지만 다시 한번 확인하는 절차를 밟읍시다."

이들은 한밤중에 몰래 목종을 만났다. 목종은 이들을 반겼다.

"짐은 자리에서 일어나지 못할 것 같소이다. 그대들이 서둘러 대량원
군을 모셔다가 짐의 뒤를 잇게 하오."

목종의 진의를 알고 채충순 등은 문연文演에게 무술 솜씨 좋은 장수
10여 명을 붙여 신혈사로 급히 보냈다.

이러한 조정의 동정을 김치양의 첩자들이 잽싸게 알아차리고 김치양
에게 보고했다. 김치양은 뾰족한 수가 생각나지 않아 머리를 쥐어짰다.

목종은 김치양의 오른팔 이주정을 서북면 도순검사로 삼아 대궐에서
내쫓는 인사를 단행하고, 대신 서북면 순검사 강조에게 군사를 거느리
고 송도로 올라와 왕을 호위하라는 영을 내렸다. 이러한 조치가 내려진
터라 김치양은 막강한 장수를 잃고 허둥대고 있었다.

왕명을 받은 강조가 임지를 출발하여 동주 용천에 다다랐다. 벼슬아
치를 지낸 위종정과 최창회가 면회를 청했다. 이들은 조정에서 부정을
저질러 쫓겨난 자들이었다. 이 사실을 까맣게 모르는 강조는 가뜩이나
조정 돌아가는 상황을 파악하지 못한 터라 궁금하여 이들의 면회를 선
뜻 허락했다.

"나를 보자고 한 까닭이 뭐요?"

"장군은 속고 계신 것이외다."

"무엇이오? 내가 속고 있다고?"

"그렇사옵나이다. 지금 조정은 성상께오서는 위독하시고, 천추태후
는 김치양과 더불어 사직을 바꿀 음모를 꾸미고 있나이다. 태후는 강
장군이 많은 군사를 거느리고 있기에 김치양을 배반할까 봐 왕명을 사

칭하고 대궐로 불러들이는 것이외다."

"그 말이 참말이오?"

"거짓이라면 우리의 목을 베어도 좋소이다."

강조는 조정 사정에 어두워 이들의 말을 믿고 본영으로 되돌아가 버렸다.

강조를 멋지게 물리친 김치양은 심복들에게 군사를 주어 절령을 철통같이 막고 군졸의 통제는 물론, 백성들의 통행마저 차단해버렸다. 서북면에서 송도로 오려면 절령을 통과해야만 했다.

강조가 송도로 오다가 김치양의 첩자들에게 속아 되돌아갔다는 소식을 듣고 그의 아버지는 자기 집 충복을 불렀다. 이참에 강조가 송도로 올라와 큰 공을 세우기를 아버지는 은근히 바라고 있던 터였다. 아버지는 아들에게 편지를 써서 죽장竹杖 속에 감추고 충복의 머리를 깎아 중을 만든 다음 편지를 아들에게 전하라고 당부했다.

충복은 밤낮을 가리지 않고 달려가 강조를 만나 죽장을 건넨 다음 겨우 말하고 심장이 터져 죽고 말았다.

"그 주욱자앙 속에 편지이가…"

"뭣이라고? 아버지의 편지가…"

강조는 죽장 속에서 편지를 꺼내 읽었다.

"…폐하는 이미 세상을 떠나셨다… 김치양과 천추태후가 왕씨 아닌 자기들 소생을 보위에 앉히려고 온갖 농간을 부리고 있으니, 지체 말고 송도로 올라와 간사한 무리들을 물리치고 국난을 평정하기 바라노라. 사세 급하니 서둘지어다."

강조는 부사 이현운과 더불어 5,000명의 군사를 이끌고 송도로 달렸다. 평주에 닿아 송도 소식을 들으니 아버지의 편지와는 다른 상황이라 어리둥절했다. 죽었다는 목종은 살아 있고, 대궐이 김치양의 손에 넘어간 것이 아니었다. 강조는 망설이지 않을 수 없었다.

"장군, 여기서 멈출 수는 없소이다. 목종이 살아 있더라도 나약하니 새 임금을 세워 나라를 일으키고 장군께서는 공신이 되시오소서."

부하들이 부추겼다. 강조는 솔깃해졌다.

"새 임금으로 누가 적임자요?"

"대량원군이 있지를 않나이까?"

"그렇구먼, 내가 그 생각을 못했구먼."

강조는 결심이 섰다. 대량원군을 옹립하기로 하고 부하 김응인을 신혈사로 급히 보내 대궐로 모시고 오라고 일렀다. 그리고 목종에게 장계를 올렸다.

"신 서북면 순검사 강조 폐하께 글월 올리나이다. 폐하께오서는 병환이 위중하신데도 후사가 없으시어 태자를 정하지 못했나이다. 이에 김치양 등 간악한 무리들이 호시탐탐 왕위를 노리고 있다가 이제 그 이빨을 드러냈다고 들었나이다. 이제 신이 명분을 내세워 왕명을 받들어 간악한 무리들을 제거하고 대량원군으로 하여금 폐하의 뒤를 잇게 하려 하오니, 폐하께오서는 놀라지 마시옵고 잠시 귀법사에 나가 계시오소서. 신 급히 달려가 뵙겠나이다."

조정에서 보낸 문연 등과 강조가 보낸 김응인 등이 신혈사에 닿아 대량원군을 모셔가려고 하자 노승은 또 간사한 무리들이 헤치러 온 줄 알고 은신처를 알려주지 않았다.

"스님, 이 사람은 강조의 부하 김응인이나이다. 하옵고 저분은 조정에서 폐하의 영을 받들고 오신 문연이란 분이나이다. 대량원군을 보위에 앉히려고 모시러 왔사오니, 우리를 믿고 은신처를 알려주소서."

노승은 이들의 동태를 꼼꼼히 살폈다.

"정녕 폐하께서 대량원군에게 보위를 내주신다 했소이까?"

"틀림없나이다. 경황중이라 신표를 갖고 오지 못한 제 실수를 너그러이 해량하시고 사세가 급하오니 대량원군을 만나게 해주소서."

문연의 간곡한 말에 노승은 그제서야 안심하고 법당에 들어가 부처님 좌탑 밑에서 대량원군을 모시고 나왔다.

문연과 김응인이 정중하게 맞았다.

"이제는 안심하시오소서. 새 시대가 활짝 열렸나이다. 저희와 함께 대궐로 가시지요."

"폐하께서는 어찌 되시었소?"

"아직 살아 계시나이다."

"서둘러 가십시다. 김치양의 무리가 그 사이 폐하를 해치지 않았는지 조급하오."

이들은 서둘렀다.

강조는 군사를 거느리고 절령을 가볍게 넘었다. 김치양이 보낸 군사들은 강조가 거느린 대군의 상대가 못되었다. 김치양의 군사들은 싸움 한번 해보지 못하고 뿔뿔이 흩어져 달아나버렸다.

강조는 송도 대궐 앞에 닿아 부사 이현운을 대궐로 진입하게 했다. 이현운은 김치양의 심복 유행간 등을 잡아 강조에게 보냈다. 조정은 아수라장이 되었다. 조정 신하들은 어느 편에 줄을 서야 할지 실로 난감한 일이었다. 하공진 등은 궐 밖으로 나가 강조에게 보호를 청했다.

강조가 군사 수천 명을 거느리고 궁궐로 들어갔다. 김치양의 무리들은 저항이 없었다. 이미 강조에게로 세가 기운 것이다. 강조는 대궐에 입성하여 호상胡牀에 걸터 앉았다. 임금이 앉는 자리였다. 그 모습을 보고 최항이 나무랐다.

"이런 무엄한 데가 어디 있단 말이오?"

강조가 엉거주춤 일어나 전부터 알고 지내던 최항에게 마지못해 인사치레를 했다.

"대궐 안에서 병사들의 약탈이 심하오. 명령을 내려 군기를 잡으시오!"

강조는 말없이 서 있었다. 병사들은 내전으로 뛰어들어 궁녀들을 상대로 희학질이 심했다. 내전에서 비명소리가 낭자했다.

"장군! 어찌하여 명령을 내리지 않는 것이오?"

"썩어빠진 궁궐을 말끔히 청소해야 하오."

"폐하 앞에서 어찌 이러실 수 있소."

"아직 새 임금은 오시지 않으셨소이다."

강조가 목종을 이미 내치고 있었다. 목종은 강조를 끌어들인 것을 후회하고 있었다. 목종은 신변의 위험마저 느꼈다.

천추태후가 사태를 관망하다가 사색이 되어 목종에게 달려왔다. 목종과 태후는 끌어안고 울음을 터뜨렸다.

"태후마마, 사태가 급하오니 잠시 피하소서."

"폐하께서는 어찌 하시려구요?"

"저들이 소자를 어쩌겠나이까? 하오나 태후마마는 다르오이다."

"아니오. 폐하와 함께 있겠소이다."

"우선 귀법사로 물러나십시다."

목종은 궁녀에게 태후를 모시도록 하고 함께 귀법사로 떠났다. 채충순·유충정이 뒤따랐다.

강조는 정전인 건덕전으로 옮겼다. 건덕전은 임금이 신하들의 조회를 받던 곳으로 어탑이 놓여 있었다. 강조는 어탑이 눈에 띄자 문득 앉아보고 싶은 충동을 느꼈다. 허나 그럴 수는 없었다. 어탑 아래에 앉았다. 군사들이 만세를 불렀다.

"강조 장군 만세!"

"만세!"

"만세!"

강조는 놀라서 자리에서 일어나 외쳤다.

"새 임금이 아직 도착 전이니라. 이 무슨 만세 삼창인고! 나더러 역적이 되란 말이더냐! 나는 어진 임금을 세워 나라의 기강을 바로잡고자 왔느니라. 경솔한 행동을 삼가라!"

드디어 대량원군이 대궐에 나타났다. 강조는 대량원군을 맞아 연총전으로 나가 즉위식을 거행했다. 제8대 현종이 탄생한 것이다.

즉위식이 끝난 후 목종을 양국공讓國公으로 봉하고, 합문통사인 부암을 보내 감시하도록 했다. 이어 김치양 부자와 그 일당 7명을 목베고 태후의 친족 30여 명을 섬으로 귀양보냈다. 이로써 김치양과 천추태후의 야심은 물거품이 되고 말았다.

◉ 강조의 최후

여러 날 동안 어지럽던 궁궐은 새 임금의 등장으로 차차 질서를 되찾아갔다.

귀법사에 감금당한 양국공(목종)과 천추태후는 충주에 내려가 여생을 보내려고 새 임금의 재가를 얻어 길을 떠났다. 오직 최항만이 그를 배웅했다.

"최공, 모든 것이 내 탓이외다. 누구를 원망하겠소이까. 공은 새 임금을 모시고 내 죄를 용서받도록 해주오. 새 임금은 영특한 분이니 잘 보좌하여 태평성대를 누리도록 하오."

"마마, 신들이 보좌를 잘못하여 몸 둘 바를 모르겠나이다. 부디 옥체 보존하시오소서."

"고맙소이다. 공도 몸 성히 지내시오."

고갯마루에서 최항은 돌아섰다. 더는 따라갈 수 없었다.

강조는 전왕이 살아 있어 불안하고 찜찜했다. 상약직장尙藥直長 김광보와 안패를 불렀다.

"너희가 큰일을 한 가지 해주어야겠다."

"장군, 하명하소서."

"전왕을 감쪽같이 해치우거라."

"예에?"

"왜? 못하겠느냐?"

"아니옵니다. 하겠나이다."

"쥐도 새도 몰라야 하느니라."

"명심하겠나이다."

전왕은 태후를 말에 태우고 자기는 걸어갔다. 따르는 종자도 없고, 궁녀 둘이 이들을 수행했다. 처참한 모습이었다.

태후는 마상에서 슬피 울었다. 멀쩡한 아들을 망친 죄책감이 이제야 느껴졌다. 김치양의 품에 안겨 환락에 젖어 있었던 나날들이 환멸로 다가와 태후의 가슴을 후볐다.

"폐하, 이 어미를 용서하시겠소?"

"마마, 용서고 뭐고 가당치 않나이다. 이제는 다 끝난 일이오니 심기를 바로 하소서."

"어미로서 폐하에게 씻지 못할 죄를 지었소이다. 용서하소서."

"마마, 그만 하시오소서. 이제는 한낱 자식으로서 마마를 어머니로 모시겠나이다."

"고맙소, 폐하."

태후는 콧물을 훌쩍거렸다. 목종은 어머니에게 미움도 사랑도 없었다. 그저 자기를 낳아준 어머니요, 이제는 모셔야 할 늙은 여인이었다. 성이 다른 동생에게 왕위를 물려주려 했던 야심만만한 천추태후가 아니라 이제는 평범한 여인에 불과했다.

저녁 무렵, 모자는 적성땅을 어슬렁어슬렁 걸어갔다. 그뒤를 강조의 명령을 받은 김광보와 안패가 그림자처럼 따르고 있었다.

전왕은 적성을 지나 작은 역사에서 하룻밤 묵으려고 짐을 풀었다.

"마마, 편히 주무시오소서. 소자는 옆방에서 자겠나이다."

"오늘 고생이 많았소이다. 하루종일 걸어 피곤하시겠소이다. 어서 잠자리에 드시오소서."

전왕은 어머니의 잠자리를 살피고 옆방으로 들어갔다. 따르는 궁녀 둘도 천추태후와 한방에서 묵었다. 곧 전왕의 방에서 코 고는 소리가 들렸다. 워낙 피곤한 터라 인사불성으로 곯아떨어진 전왕이었다.

"이보게 안패, 때는 지금일세."

"나 혼자서?"

"내 손에까지 피를 묻힐 게 있나. 나약하기 이를 데 없는 몸인걸."

"그래도 혼자는 무서워."

"방에 들어가 그냥 눌러버려!"

"정녕 나 혼자 해야 되오이까?"

"말이 많네."

안패는 전왕의 방에 들어가 베개로 전왕의 얼굴을 덮고 깔고 앉아 있었다. 엉덩이 밑에서 서너 차례 돌이질을 하더니 이내 잠잠해졌다. 한참을 깔고 앉아 있다가 엉덩이를 떼고 진맥을 해보았다. 맥이 뛰지 않았다. 콧김을 살펴보았다. 코 밑이 싸늘했다. 숨이 끊긴 것이다.

김광보와 안패는 그곳을 떠나 밤길을 걸어 송도 근처에서 새벽을 맞았다.

전왕의 주검 앞에서 천추태후는 회한의 눈물을 쥐어짰다.

"폐하! 죄많은 나를 데리고 가시오! 어찌하여 혼자 가셨단 말이오."

천추태후는 전왕이 스스로 목숨을 끊은 줄 알고 있었다. 전왕의 주검은 남의 손을 타지 않은 것처럼 흠집 하나 없이 깨끗했다. 사인을 모른 채 태후는 눈물을 뿌리며 충주로 가려던 발걸음을 바꾸어 황주로 옮겼다. 그곳에서 천추태후는 추레한 모습으로 천수를 다하고 생을 마쳤다. 질긴 인생이었다.

현종을 세우는 데 공이 컸던 강조는 중대사中臺使를 제수받아 국가의 기무를 총찰하게 되었다. 임금은 궁궐에 있던 교방敎坊을 철폐했다. 교방은 여악을 양성하던 곳으로 궁중연회에 차출될 관기양성 기관이었다.

임금은 이번 분란통에 강조의 병사들에게 잡혀가 행방불명이 된 궁녀가 많았으나, 궁궐에 궁녀가 너무 많아 대부분의 젊은 궁녀들을 궐 밖으로 내보냈다. 또 전왕이 만들어놓은 정자 남원정南源亭을 헐어버리고, 궁궐에서 기르던 여러 종류의 짐승을 놓아주었다.

전왕 목종은 천추태후에게 정권을 빼앗기고 엉뚱하게도 남색을 즐겼다. 이는 다분히 정략적이었다. 용모가 남달리 아름다운 김치양의 심복 유행간을 목종에게 보내 부러 접근토록 한 것이다. 목종은 그의 뛰어난 미색에 반하여 남색에 맛을 들였다.

유행간이 목종 곁에서 농간을 부렸다. 벼슬이 합문사인에 올라 정사를 농단하기에 이르렀다. 목종은 조정 일을 유행간과 상의하여 처리했다. 유행간은 김치양의 그늘에서 벗어나 목종을 끼고 돌며 세력을 만들어 나갔다. 그는 오만방자하여 조정 신료들에게 턱짓으로 지시하기도 했다. 유행간이 발해 출신의 유충정을 소개했다. 유충정도 얼굴이 곱고 몸매가 매끈하게 빠진 미남이었다. 목종은 유충정과도 남색을 즐기며 그를 사랑했다. 유충정은 목종의 충복이 되어 유행간과 함께 국사를 농단했다.

이러한 목종은 여러 종류의 짐승을 기르며 그것들에게 정을 붙이기도 했다. 새 임금은 전왕의 흔적을 지우려고 짐승들을 풀어주었다.

김치양의 살아남은 잔당들은 압록강가로 달아나 여진족과 어울리면서 강조를 죽일 기회를 노렸다. 그 무렵, 화주방어랑중和州防禦郎中 유종柳宗이 화주에 장사하러 온 여진인을 살해한 사건이 일어났다. 김치양의 잔당들은 이 기회를 이용, 여진족을 사주하여 거란으로 들어갔다. 거란의 성종은 고려를 칠 기회를 노리고 있던 차에 고려에서 온 김치양 잔당들을 만나게 되었다. 이들은 좋은 기회를 놓치지 않았다.

"폐하, 고려의 신하 강조라는 자가 목종 임금을 살해했나이다. 고려는 지금 신하의 세력이 강하고 임금의 세력이 약하여 강조가 장악하고 있나이다. 강조에게 죄를 물으시오소서."

"고려를 응징한다면 그대들이 앞장서겠는가?"

"폐하, 신들이 앞장서겠나이다."

성종은 음흉한 웃음을 흘렸다. 곧 고려에 트집을 잡는 편지를 보냈다.

"귀국의 강조라는 신하는 목종을 죽인 대역죄를 범하였는데도 이를 응징하지 않고 있도다. 거란으로서는 이를 묵과할 수 없도다. 곧 문죄하는 군사를 보내겠으니 그리 알라!"

고려 조정이 발칵 뒤집혔다. 때 아닌 청천벽력이었다. 다른 일도 아닌 국내 사정을 거란이 간섭하고 나서니 이 또한 불쾌한 일이었다. 그러나 어쩔 수 없었다. 이제 겨우 조정이 안정된 상태에 외환外患까지 당한다면 조정이나 백성 모두가 큰일이었다.

고려 조정은 진유를 거란으로 보내 오해를 풀도록 했다.

"폐하, 전왕이 나약하여 김치양 등이 정권을 쥐고 국사를 농단했나이다. 이에 강조 장군이 분연히 일어나 김치양의 무리를 도륙내고 새 임금을 추대했나이다. 이에 전왕은 충주로 가던 중 비관하여 스스로 목숨을 끊었나이다."

"고려 사신은 폐하께 거짓을 아뢰는 것이나이다. 믿지 마시오소서."

김치양의 잔당들이 거란의 성종 앞에서 기세등등하여 진유를 공박했다.

"폐하, 저들은 김치양의 잔당들이나이다. 고려로서는 반역자이온데 폐하께오서 저들을 용서하시었다면 큰 불찰이나이다."

"폐하, 고려 사신의 무례함을 보시오소서. 폐하께 불찰이라는 망발을 하고 있나이다. 목을 치시오소서."

진유는 수세에 몰려버렸다. 성종은 진유의 말을 믿을 수 없다며 물리쳤다. 진유는 소득 없이 귀국하여 임금에게 보고했다. 임금은 대책을 세우기 위해 강조 · 이현운 · 장연 · 안소광 · 노정 · 최현민 · 이방 · 최사위 등을 불러 군사회의를 소집했다.

"신 강조 아뢰오. 거란이 트집을 잡아 고려를 친다면 신 비록 재주 없사오나 사력을 다해 싸우겠나이다. 여러 장수들의 의견은 어떠하오?"

"강 장군께서 결심이 섰다면 소장들은 기꺼이 따르겠나이다."

"경들이 용감하게 나서 주니 짐의 마음이 가볍도다. 여러 장수들이 힘을 모아 거란의 침입에 대처해주시오!"

"폐하, 심려 놓으시오소서."

강조는 병마사가 되어 여러 장수들과 국경지대로 출동했다.

거란의 성종은 40만 대군을 이끌고 압록강을 건너 흥화진으로 쳐들어왔다. 흥화진을 지키던 양규는 성문을 굳게 닫고 적의 동태를 살폈다. 적의 공격이 퍼부어졌다. 양규는 완강하게 저항했다.

성종은 뜻밖에도 고려의 완강한 저항에 부딪히자 당황했다. 그는 통주성 밖에 있는 농민을 잡아 흥화진에 편지를 보냈다. 양규가 편지를 읽었다.

"짐은 전왕이 우리 조정에 오랫동안 충성한 것을 잘 알고 있도다. 헌데 듣자니 역신 강조가 전왕을 죽이고 새 임금을 세웠다고 하노라. 이는 이신벌군이 아니고 무엇이겠느뇨. 짐이 친히 군사를 몰아 국경까지 왔노라. 그대들은 강조를 잡아 보낼지어다. 그리하면 회군하겠거니와 불응하면 즉시 개경으로 쳐들어가 혼을 내줄 것이니라."

양규는 편지를 강조의 진영으로 보냈다. 강조는 편지를 읽고 즉시 통주로 진군하여 성종과 일대 결전을 벌이려 했다. 통주성 밖에는 작은 평야가 있었다. 강조는 이 평야에 세 군데 진을 쳤다. 적을 진 안으로 유인하여 협공하려는 전법이었다.

거란은 그런 줄도 모르고 기세등등하게 쳐들어왔다. 강조의 군대는 움직이지 않았다. 세 군데의 진안으로 적군이 다 들어오자 둥둥둥 북을 울려 결전 신호로 삼았다. 느닷없이 적 앞에 새로운 무기 검차劍車가 나타나 적을 무차별 격파했다. 적은 속수무책이었다. 이 검차는 일종의 장갑차로서, 장갑裝甲을 한 수레였다. 장갑 속에서 수십 명의 궁수들이 움직이며 화살을 날렸다. 그리고 겉에는 칼을 수없이 꽂아놓아 적이 접근하지 못하도록 되어 있었다.

강조는 이 검차를 활용하여 적군을 세 차례나 격파했다. 고려군은 거란군을 가볍게 여겼다. 막상 싸워보니 버거운 상대가 아니었다. 고려군의 사기가 드높았다. 적은 똑같은 방법으로 세 차례나 패하자 중앙 통과작전을 버리고 아군의 세 진지에 격파작전으로 나왔다. 적의 선봉이 3,000명의 병력으로 고려의 제3진을 공격했다. 제3진은 사력을 다해 싸웠으나 역부족이었다.

강조는 제3진이 무너지는 줄도 모르고 승리감에 취해 이현운과 바둑을 두고 있었다.

"장군! 적이 제3진을 무너뜨리고 제1진으로 쳐들어오고 있소이다!"

강조는 그 말을 귓등으로 흘려버리고 바둑에만 열중했다. 그 사이 제2진도 무너졌다. 이제는 강조가 있는 제1진뿐이었다.

"장군! 적이 눈앞에 와 있소이다."

"뭣이야? 큰일이로구나. 사력을 다해 싸우자!"

강조는 칼을 들고 진 밖으로 뛰쳐나갔다. 보이는 것은 적병뿐이었다.

"네 이놈들! 강조가 여기 있다. 나와 대적할 자는 썩 나서라!"

이때였다. 난데없이 죽은 목종이 나타났다. 강조는 머리끝이 곤두서고 온몸에 맥이 빠졌다.

"썩 물러가지 못할까! 요물이 감히 내 앞에 나타나다니 두 번 죽고 싶으냐!"

소리를 치자 목종의 모습은 온데간데없이 사라져버렸다. 그런데 이번에는 환청이 들렸다.

"강조 네 이노옴! 천벌을 받을 것이니라!"

"이 요사스러운 것! 정체를 밝혀라!"

강조가 악을 쓰자 눈앞에서 파란불이 번쩍했다. 갑자기 눈앞이 캄캄하여 버틸 힘이 없었다.

"전왕이시여! 잘못했소이다. 죽을 죄를 졌으니 용서하소서."

강조가 용서를 비는 사이 적병이 달려들었다.

"네 이놈들! 덤벼라!"

강조는 힘이 없었다. 적병에게 포로로 잡히고 말았다. 적병들은 강조를 천으로 묶어 둘둘 말아 어디론가 달려갔다.

강조를 잃은 고려군은 살 길을 찾아 뿔뿔이 흩어졌다. 장수 10여 명이 전사했다.

강조는 그날 저녁 어느 커다란 진에 던져졌다. 전신을 감싼 천조각이 풀렸다. 커다란 호상에 앉아 있는 황제가 눈에 들어왔다. 황제는 친히 장군을 묶은 오라를 풀어주었다. 황제가 통사通事를 시켜 말했다.

"강 장군! 그대 같이 훌륭한 인물이 작은 고려에 있다니 아깝도다. 짐은 너를 살려주고 싶도다. 짐의 신하가 되어다오."

강조는 황제를 노려보다가 단호히 대답했다.

"내 고려 신하이거늘 어찌 거란의 신하가 되리오."

"작은 나라에서 웅크리고 있지 말고 짐의 나라에서 장군이 되어다오."

"그만두시구려. 충신은 두 임금을 섬기지 않는다는 말을 황제는 몰라서 이러시오. 나는 차라리 고려의 역적으로 더러운 이름을 천추에 남길망정 적국의 신하는 되고 싶지 않소이다!"

황제는 안색이 변하여 고함치듯 영을 내렸다.

"저놈에게 형을 가하라!"

강조는 혹독한 고문을 당하면서도 끝내 뜻을 굽히지 않았다. 황제는 강조의 부장 이현운에게 물었다.

"너는 짐의 신하가 되겠느냐?"

이현운은 기다렸다는 듯이 황제 앞에 엎드렸다.

"두 눈이 이미 새로운 일월을 보게 되었나이다. 신의 한 마음 어찌 옛산천을 생각하오리까."

옆에서 듣고 있던 강조가 벌떡 일어나 발길로 이현운의 옆구리를 걸어찼다.

"네 이놈! 너는 고려의 장군이 아니더냐! 어찌 네 입에서 더러운 소리가 나온단 말이냐!"

강조는 피를 토하듯 말하고 이현운에게 침을 뱉었다.

강조는 황제가 아무리 구스르고 협박하고 고문을 가해도 거란의 신하는 될 수 없다고 버티다가 끝내 피살되고 말았다. 강조 그는 괴짜였을까, 만고의 충신이었을까?

현종시대 (1010~1031)

⊙ 내우외환에 몰린 임금

현종顯宗의 이름은 순詢이며 자는 안세安世였으나, 자처럼 편안한 세상을 맞지 못했다. 즉위하자마자 거란의 침입을 받아 수도 개경을 비우고 남으로 피란을 떠나는 수모를 겪었다. 그의 태어난 운명과 파란 많은 성장은 보위에 앉아서도 비참한 지경에 이르렀다.

현종은 태조의 제5비 신성왕후 김씨 소생 안종安宗 욱과 경종의 제4비 헌정왕후 황보씨 사이에 태어난 사생아 격이었다. 아버지와 어머니의 불륜관계로 세상에 태어난 현종은 태어나면서 어머니를 잃고, 아버지는 불륜죄로 귀양길에 오른다. 그는 성종의 손에서 길러지다가 아버지에게 보내져 양육되다가 다시 개경으로 올라온다. 이후 천추태후와 김치양의 끈질긴 제거작전에 삼각산 신혈사에 숨어 목숨을 보존하다가 강조의 목종 퇴출로 임금으로 추대되어 제8대 현종이 된다. 그러나 거란에서 목종을 죽이고 임금이 되었다 하여 그 일을 명분 삼아 고려를 침입하는 빌미를 주게 된다.

강조가 거란군을 맞아 한 차례 쉽게 승리한 후 자만에 빠져 결국 패하고. 포로가 되어 거란의 성종 앞에서 고려인의 기개를 보이고 죽음을 맞는다. 강조의 죽음은 거란군에게 사기를 진작시켜주었다.

거란은 홍화진 공격에 실패하고 실의에 빠져 있다가 강조의 사망소식을 듣고 홍화진을 철통같이 사수하던 양규에게 항복하라고 종용한다. 양규는 이를 단호히 뿌리쳤다.

"나는 강조의 명령을 받고 홍화진을 지키는 것이 아니다. 오직 임금의 영을 받들 따름이다. 허튼수작 하지 말라!"

성종은 홍화진을 그대로 둔 채 서경으로 쳐들어갔다. 홍화진 하나 격파하지 못한 망가진 자존심을 개경 침략으로 만회하려는 것이었다. 서경의 장수 지채문은 거란군에 맞서 싸웠으나 중과부적으로 서경을 버리고 개경으로 도망쳤다.

고려 조정에서는 중신회의를 열어 대책마련에 고심했다. 지채문은 서경에서 거란군과 맞서본 경험을 토대로 전열을 가다듬어 완강히 저항하자는 주장을 폈다. 그러나 강감찬의 생각은 달랐다. 파죽지세로 몰려오는 적을 막기에는 고려군의 군비가 허약하고 사기 또한 저조한 터여서 전면전은 어렵다고 보았다.

"폐하, 잠시 적의 선봉을 피하는 길이 상책이 아닌가 하나이다."

"짐더러 피란을 떠나라는 말이오?"

18세의 아직도 솜털이 보송보송한 현종에게 피란은 또 다른 역경이었다. 보위에 앉기만 하면 지긋지긋한 고생은 끝이 날 줄 알았는데 갈수록 험난한 길이었다.

"다른 신료들도 뜻을 말해보오."

"폐하, 종묘사직이 위급한 지경에 이르렀나이다. 일시 피하시는 것이 현명한 듯하나이다."

목종에게 충성을 바쳤던 채충순이 말했다.

"피하기만 하면 해결이 된단 말이오?"

"아니옵나이다. 항전하면서 한편으로는 적과 협상하는 전략을 펼쳐야 할 것이나이다."

"폐하, 피하시오소서!"

중신들이 가을 바람에 억새가 고개 숙이듯 앉은 자리에서 일제히 고개를 숙였다. 현종은 남으로의 피란을 결심했다. 그 밤으로 중신들을 앞세워 적성현에 도착했다. 섣달 그믐께여서 칼바람이 가는 길에 눈물을 뿌리게 했다.

임금이 개경을 비웠다는 소문이 퍼지자 김치양의 잔당들이 각지에서 준동하기 시작했다. 게다가 유언비어까지 퍼져 온 나라가 술렁거렸다.

현종이 적성현을 떠나 단조역에서 잠시 숨을 고르고 있을 때였다. 김치양의 졸개 견영과 역인驛人들이 왕의 행궁에 화살을 쏘아댔다. 지채문은 행궁에서 뛰어나와 견영의 무리를 쫓아냈다. 무리는 악착같았다. 물러갔다가 다시 돌아와 화살을 퍼부었다. 밤새도록 이런 일이 반복되었다.

이튿날 현종은 창화현昌化縣(양주)에 이르렀다. 현리들은 조정에 불만을 품고 임금 앞에 나와 대들었다.

"폐하! 설마 우리를 모른다 하지 못할 것이오. 우리를 아시지요, 폐하?"

현종이 그들을 살펴보았다. 신혈사에 숨어 있을 때 목숨을 노리던 자들의 얼굴이 눈에 띄었다. 임금은 그들과 다투기 싫어 시침을 뗐다.

"네 이놈들! 짐이 너희를 어찌 안단 말이더냐! 썩 물러가라!"

"너무 홀대하는 것 아니오? 알려드릴 말이 있어 폐하를 찾은 것이외다."

"무얼 알려준다는 말이더냐? 말하라!"

"하공진 장군이 오신다고 전하라 해서 왔소이다."

"하공진이 어찌해서 이곳에 온단 말이더냐?"

"채충순·김응인 등을 체포하러 온다고 했소이다."

"그들을 체포하다니, 말이 되는 소리냐!"

"폐하를 마음대로 모시고 남으로 내려간 죄를 묻겠다고 하더이다."

김응인은 이 말을 듣고 슬그머니 꽁무니를 빼어 달아나버렸다. 임금을 호위하던 군사들도 하나 둘 빠져나갔다.

그날 밤 개경에서 슬픈 소식을 전하러 사람이 왔다.

"폐하, 개경이 이미 적의 수중에 들어갔나이다."

채충순은 밤을 도와 지체없이 임금을 모시고 남으로 길을 재촉했다. 그런데 엎친 데 덮친 격으로 도둑떼가 나타나 괴롭혔다.

"네 이놈들! 감히 폐하의 행차를 막다니, 이러고도 살아남을 수 있다고 생각느냐!"

지채문이 칼을 빼어들고 호통을 쳤다.

"웃기고 있네. 개경을 팽개치고 도망치는 주제에 큰소리는. 그런다고 누가 떨 줄 아느냐!"

지채문은 호위군사를 지휘하여 도둑들을 쳤다. 놈들은 서너 명의 희생자를 내고 도망쳤다. 채충순은 놈들이 도둑떼가 아니라 김치양의 잔당들이란 느낌이 들었다. 도둑들과 싸우는 바람에 수행 신료들과 군사들이 또 도망쳐버렸다.

현종 일행은 모진 추위와 싸우며 점심때쯤 큰길 옆 암자로 찾아들었다. 절에서 임금과 왕비에게 점심 공양을 하고 있을 때 하공진이 군사 20여 명을 거느리고 찾아왔다. 지채문이 따졌다.

"하 낭장, 어제 어찌하여 채충순·김응인을 잡아간다고 했소이까?"

"무슨 말씀이오? 누가 누구를 잡아간다는 것이오?"

"아니란 말이오?"

"아니, 어가를 호위하는 분들을 어째서 체포한단 말이외까?"

"허허, 그놈들이 우리를 감쪽같이 속였소이다. 내가 경솔했소."

지채문은 화가 나서 오던 길을 되돌아가 창화현의 도둑의 무리를 모조리 잡아족쳤다.

현종 일행은 섣달 그믐날 큰 고을 양주에 도착했다. 일행은 다소 마음이 놓였다. 하공진이 현종에게 거란과의 강화를 권했다.

"폐하, 거란은 강조를 친다는 명분으로 쳐들어왔나이다. 이미 강조를 잡아죽였으니 명분을 세운 셈이나이다. 강화사를 보내 저들과 협상을 할 때이옵나이다."

"거란의 진영에 누구를 보내면 되겠소?"

"신이 가겠나이다."

하공진이 나섰다. 현종은 하공진과 고영기를 강화사로 삼아 거란의 진영으로 보냈다. 거란병의 일군은 개성을 떠나 남으로 중하 근처에까지 내려와 있었다.

하공진은 성종을 만나 따졌다.

"폐하, 강조가 폐하의 손에 목숨을 잃었나이다. 더 이상 무슨 명분으로 고려에 머무시는 것이외까? 회군하심이 옳을 줄 아나이다."

"그대의 임금은 어디에 있는가? 한번 만나보고 가려 했거늘 나를 뿌리치고 도망쳤도다."

"도망친 것이 아니오라 폐하에 대한 예의를 갖추기 위해 잠시 폐께 개경을 비워 주시고 남쪽에서 몸을 낮추고 계시나이다."

성종은 하공진이 마음에 들었다.

거란과의 협상이 이루어지고 있었으나, 현종은 공주까지 내려가 절도사 김은부金殷傅의 집을 행궁으로 삼았다. 비로소 안정을 누릴 수 있었다. 김은부는 현종의 차림새를 보고 새옷을 지어 올렸다. 피란길에 임금의 행색이 말이 아니었다. 새로 지은 옷은 현종의 몸에 꼭 맞았다.

"누가 짐의 몸에 꼭 맞는 옷을 지었소?"

"신의 딸이 폐하의 옷을 지었나이다."

"경에게 이토록 솜씨 좋은 딸이 있었더란 말이오?"

"내세울 만한 솜씨는 아니옵나이다."

"아니오. 내 맘에 쏙 드오."

그날 밤 김은부는 딸과 함께 현종의 처소에 들었다. 김은부의 딸이 곱게 단장한 채 현종에게 절을 올렸다. 현종이 보니 시골에서 자란 얼굴 치고는 예쁘고 귀여웠다. 순박하고 티없이 맑은 모습이었다.

"솜씨가 썩 좋도다. 짐의 마음이 흡족하노라."

"과찬이시옵나이다. 폐하께오서 입어주신 것만으로도 큰 광영이나이다."

말솜씨마저 예뻤다. 현종은 마음이 설레었다.

"경은 훌륭한 딸을 두었구려. 시골에서 묻혀두기에는 아깝소이다."

"배운 것이 없사와 개경에 보낼 엄두를 내지 못하고 있나이다."

"옷 짓는 솜씨는 짐이 일찍이 보지 못한 바요."

"과찬이시나이다."

현종은 공주에도 오래 머물 수 없었다. 협상 결과가 어떻게 될지 몰라 전주를 거쳐 멀리 나주까지 내려갔다. 나주에서 현종은 개경에서 협상소식이 오기만을 눈이 빠지게 기다리고 있었다.

며칠 후 개경에서 협상이 잘되어 거란군이 회군했다는 소식이 왔다. 거란과 조공관계를 이행하기로 하고 맺은 강화조약이었다. 현종은 개경으로 올라가게 되어 매우 기뻤다. 그보다도 공주에 가서 김은부의 딸을 만나게 되어 더욱 기뻤다. 그동안 현종은 나주에서 김은부의 딸을 부를까 생각했으나 피란 중이어서 참았던 것이다.

현종 일행은 나주를 떠나 여러 달 만에 공주에 도착했다. 세월은 흘러 벌써 2월이 되었다. 김은부는 현종이 개경으로 바로 가지 않고 공주로 온다는 소식을 듣고 파산역까지 마중을 나갔다. 김은부를 만나 현종이 말했다.

"짐의 몸은 나주에 있었으나 마음은 늘 공주에 있었다오."

"폐하께서 공주를 다녀가신 후 기다리는 사람이 많게 되었나이다."

"반가운 말이구려."

두 사람은 의미심장한 말을 나누고 저녁 무렵 공주에 도착했다. 임금의 행궁을 김은부의 넓은 뒤채로 정했다. 김은부가 딸을 앞세워 현종을 뵈었다. 김은부의 딸은 공손히 절하고 나서 가지고 온 옷보따리를 내놓았다.

"폐하, 소녀가 정성껏 지은 의복이나이다. 폐하의 마음에 드실지 모르오나 갈아입으시오소서."

"전에도 낭자가 지은 옷을 입었거늘. 신세를 지는 것 같구려."

"당치도 않으시옵나이다."

김은부의 딸은 현종이 옷을 갈아입도록 옆방으로 피해주었다. 현종은 새옷으로 산뜻하게 갈아입었다. 한땀 한땀 낭자의 정성이 깃든 새옷이었다. 현종은 몽진길의 근심을 새옷 한 벌로 훌훌 털어낼 수 있었다.

저녁상은 상다리가 휘어질 지경이었다. 게다가 낭자가 수발을 들었다.

"폐하, 소찬이오나 맛있게 드시옵소서."

"낭자가 옆에 있어 밥맛이 절로 나는구려. 음식을 낭자가 만들었소?"

"아니옵나이다. 어머님의 솜씨이나이다."

"어머니의 성씨가 어찌 되우?"

"인천 이씨옵고, 허許자 겸謙자의 따님이시나이다."

"오, 소성백邵城伯이 낭자의 외조부라 그 말이오?"

"그러하오이다."

이허겸은 개국공신으로 벼슬이 상서좌복야(尙書左僕射)에 이르렀고, 인천 이씨의 시조였다.

현종은 낭자의 수발을 받으며 저녁 수라를 맛있게 먹었다. 신하들이 들어와 앞으로의 일정을 말하고 급히 처결할 국사를 말했으나, 현종의 귀에는 들어오지 않았다. 머릿속이 온통 낭자로 꽉 차 있었다. 대충 일을 보고 신하를 물리친 후에 낭자와 단둘이 앉았다. 낭자는 수줍어 고개를 숙인 채 무릎을 꿇고 있었다.

"낭자, 편히 앉으시오."

"아니옵나이다. 신하 된 자가 폐하 안전에 어찌 편히 앉겠나이까?"

"짐은 아직 좋은 배필을 맞이하지 못했소. 이미 짐은 마음속에 낭자가 배필로 들어앉아 있다오."

"마마, 너무도 뜻밖이어서 몸 둘 바를 모르겠나이다. 소녀가 마마의 배필이 되다니, 믿어지지 않나이다."

"짐은 낭자의 옷 짓는 솜씨에 홀딱 반했소이다. 바느질 솜씨가 일품이외다."

"과찬이옵나이다."

밤이 깊어갔다. 두 사람의 이야기 소리가 도란도란 방문 밖으로 새어 나왔다.

"낭자는 개경에서 살아본 적이 있소?"

"전에 아버님께오서 개경에서 벼슬살이를 하실 때 살아보았나이다."

"공주는 시골이라서 갑갑하겠구려."

"이곳은 옛날 백제의 수도인 적이 있나이다. 시골이라고 말할 수 없사옵고, 개경에 못지않다고 생각하나이다."

"마음먹기에 달린 것 아니겠소. 자, 밤이 깊었으니 잠자리에 들도록 하십시다."

낭자는 금침을 펴놓고 옆방으로 가려고 했다.

"어디를 가려구?"

"소녀는 옆방에서 자겠나이다."

"그래서야 쓰나. 짐과 함께 있어야지."

"혼례도 올리지 않고 합방하는 법도 있나이까?"

"혼례식은 개경에 올라가는 대로 올리기로 하고 자, 이리 가까이 오우."

"하오면 마마께오서는 소녀를 궁녀로 삼겠다는 뜻이옵나이까?"

"아니외다. 낭자는 격이 다르오."

"소녀를 무엇으로 삼으시렵니까?"

"왜? 궁녀라면 거절하겠다 그 말이오?"

"그러하나이다. 소녀를 왕비로 삼겠다는 약속을 하시오소서."

"이미 말했거늘 잊어버린 모양이구려. 낭자를 왕후로 삼을 것이외다."

"폐하의 약속은 태산처럼 무겁다고 들었나이다. 소녀, 폐하를 모시겠나이다."

영리한 낭자였다. 현종은 낭자에게 깊숙이 빠져들었다.

한편, 거란의 성종은 하공진을 데리고 회군하여 압록강을 건너 요양까지 왔다. 하공진을 인질로 잡아간 것이다. 성종은 하공진에게 공을 들였다. 그러나 하공진은 성종에게 충성을 바치는 체하며 귀국할 기회를 노렸다. 성종은 하공진을 돌려보낼 마음이 추호도 없었다. 하공진은 도망칠 계획을 세웠다가 발각되어 성종을 화나게 만들었다.

"짐이 너를 후하게 대하고 편히 살도록 했거늘 짐을 배반하고 귀국하려는 뜻이 뭐더냐?"

"폐하, 신은 고려의 신하이옵나이다. 거란의 신하가 결코 될 수 없나이다."

"너를 죽인대도 짐을 따르지 않겠느냐?"

"그러하옵니다."

"하는 수 없이. 죽여야겠구나."

"보내주지 않으시려거든 차라리 죽여주시오소서."

성종은 하공진을 죽여버렸다.

현종은 개경에 돌아와 전쟁을 실감했다. 거란군이 짓밟고 간 상처가 무참히 남아 있었다. 불탄 곳이 많고 아녀자들이 겁탈을 당하고 백성들이 재물을 빼앗겼다. 현종은 약자의 슬픔을 눈물로 씻어낸 다음 각오를 새로이 했다.

우선 이번 전쟁에 공을 세우고 죽은 흥화진의 양규·하공진 등의 벼슬을 추증하고 그의 자손들에게 후한 상을 내렸다. 그리고 무명 전사자들의 시체를 모아 장사 지내주고 혼령을 위로하는 제사를 성대히 지내주었다.

⊙ 귀주대첩

거란의 성종은 고려의 하공진 등과 협상조약으로 현종의 친조親朝를 약속받았다. 그러나 현종은 이 일을 실천에 옮길 수는 없었다. 성종은 현종에게 여러 차례 거란으로 들어오라는 통지를 보냈으나 그때마다 임금을 대신하여 신하들이 들어가 변명으로 일관했다. 그러자 거란은 강동의 6성을 넘기라고 요구했다. 흥화진·통주진·용주진·철주진· 곽주진·주구진이 고려 성종 때 서희가 거란의 소손녕과 담판하여 거란으로 조공 가는 길목이라는 명목으로 고려에 넘겼으나 이제는 돌려달라는 것이었다. 이것은 억지였다. 이들 땅은 원래 여진족이 많이 살고 있었으나, 고려가 북진정책의 일환으로 이 6성을 개척하여 지금은 엄연히 고려의 영토였다.

거란은 해마다 3년에 걸쳐 6성을 돌려달라고 군사를 동원하여 쳐들어왔다. 이때마다 고려 조정은 잘 막아냈다. 고려 조정은 자연히 무관들이 득세하게 되었다. 거란과의 빈번한 국지전으로 나라는 경제가 거덜나고 심지어 관리들의 녹봉마저 줄 수 없는 지경에 이르렀다. 고려 조정은 사정이 다급해지자 경군京軍의 영업전永業田을 빼앗았다. 이 영업전이란 본래 무관들에게 녹봉으로 준 것으로, 이것을 빼앗자 무관들이 가만 있지 않았다. 무관들은 문관들의 횡포를 보고 자기들도 문관이 되겠다고 설쳐댔다.

상장군 최질·김훈 등이 주동이 되어 신임이 두터운 문관 황보유와 장연우 등을 몰아내려고 했다. 20여 명의 장군들이 모여 문신들 성토를 하며 타도 문신에 나섰다. 이에 흥분한 군사들은 대궐에 들어가 문신들을 붙잡았다.

현종은 불의의 습격을 당하고 당황한 나머지 왕비의 처소로 몸을 숨겼다. 왕비는 무신들의 청을 들어주라고 설득했다.

"마마, 거란과의 싸움이 계속되고 있나이다. 전시에는 문신보다 무신이 우선 아니겠나이까? 무신들의 청을 들어주시고 난관을 헤쳐나가시오소서."

현종은 왕비 김씨의 말을 받아들여 상장군 최질과 대면했다. 왕비 김씨는 성종의 딸이었다.

최질은 흥분하여 목소리를 높였다.

"폐하, 신들은 나라를 위해 피를 흘렸나이다. 하온데 문신들은 가만히 앉아 탁상공론만을 일삼고 있나이다. 그런데도 문신들은 우리의 영업전을 빼앗고 그것도 부족하여 우리를 전쟁터로 내몰아 죽이려 하고 있나이다."

"최 장군, 그 일이라면 정전에서 충분히 검토할 수도 있지를 않소. 군사가 대궐을 침입하는 일은 반란이오."

"우리를 반란군으로 체포할 것이나이까?"

"아니오. 이를테면 그렇다는 말이오."

"마마, 정전으로 납시어 하교를 내리시오소서."

최질의 강압적인 태도에 현종은 어쩔 수 없이 끌려나갔다. 여러 장수들은 장연우와 황보유를 오라로 묶어놓고 욕설을 퍼부으며 매도하고 있었다.

"파렴치한 문관 놈들아! 너희가 누구 덕에 편안하게 사는데 우리의 영업전을 빼앗는단 말이냐! 이 도둑놈들, 맛 좀 봐라!"

현종은 이 광경을 보고 참을 수가 없었다.

"무엄하도다! 장군들은 스스로 체통을 지키도록 하시오!"

최질이 성난 목소리로 받았다.

"이들은 나라의 녹을 축내는 좀도둑들이옵니다! 우리 군사들이 대궐에 온 것은 이따위 좀도둑들을 소탕하기 위해서이옵니다."

"알겠으니 자중하라 이르시오!"

현종은 사태의 위급성을 알고 즉각 조치를 취했다. 무관들 앞에서 영을 내렸다.

"장연우와 황보유를 파직시키고 멀리 유배 보내도록 하라!"

현종의 영이 떨어지자 군사들은 대궐에서 철수했다. 최질과 김훈 등은 문관을 겸하게 되어 정치에 관여했다.

현종은 무관의 정치참여를 달갑지 않게 여겼다. 이들을 제거하려고 측근 김맹을 불러 물었다.

"신료들 중에 누구를 충신이라 할 수 있겠소?"

"폐하, 전 화주방어사 이자림李子琳이 나라를 위해 충성을 다할 인물인 줄 아나이다. 지금 무신들에게 밀려 하는 일 없이 지내고 있나이다."

"그 사람 지금 어디에 있소?"

"서경에 있나이다. 신이 전에 그에게 들은 말이 있나이다."

"무슨 말을 했소?"

"무신들이 이대로 득세하다가는 장차 무슨 일이 벌어질지 모른다고 했나이다."

"으음, 그 사람과 더불어 일을 도모할 수 있겠소?"

"이자림이라면 실수 없이 잘해낼 것이나이다."

"알아서 하시오."

김맹이 이자림을 만나 최질 등 무신들을 없앨 음모를 꾸몄다. 서경의 날랜 용장들을 이자림이 심복으로 만들어 거사계획을 짰다. 김맹이 현종에게 준비가 완료되었음을 알렸다.

현종은 장락궁 넓은 전각에서 연회를 열고 장군들을 불러들였다. 최질·김훈을 비롯하여 여러 장수들이 모였다.

현종은 그들의 노고를 치하했다.

"여러 장수들은 들으시오! 그대들은 조정에서는 나랏일을, 조정 밖에서는 적을 상대로 싸우는 진정한 애국자들이오. 짐이 여러분들의 노고를 위로하기 위해 마련한 자리이니 오늘은 만사를 훌훌 털어버리고 취해보도록 하오."

"성은이 망극하여이다."

장군들은 들떠 있었다. 임금이 자기들을 위해 따로 연회를 베풀어주다니, 세상 살 맛이 났다. 현종은 이들의 흥을 돋우기 위해 여악까지 하사했다. 장군들은 먹고 마시며 여기저기서 무용담을 질펀히 늘어놓았다. 거란에게 여러 차례 당했는데도 그들은 승승장구했노라며 기염을 토했다.

장군들은 억병으로 퍼마셨다. 하나 둘씩 쓰러져갔다. 그 자리에서 쓰러지는 자, 궁 안의 방으로 기어드는 자, 장락궁 도처 길바닥에 쓰러지는 자, 각양각색이었다. 최질과 김훈은 부하들이 권하는 술을 사양하지 않고 마셔 연회장 상 밑에 얼굴을 처박고 쓰러져 있었다.

김맹은 이자림이 기다리는 곳으로 뛰어갔다.

"놈들을 일거에 쓸어버릴 기회가 왔소이다."

"죄다 쓰러졌소이까?"

"그렇소이다. 정신이 말짱한 놈이 한 놈도 없소이다."

이자림은 20여 명의 무예 고수들을 이끌고 연회장으로 갔다. 연회장에는 쓰러져 코를 고는 사내들만이 남아 있었다. 간단하게 최질과 김훈의 목을 따버렸다. 이날 무신 19명이 이자림의 칼에 목숨을 잃었다. 거란과의 대치상황에서 19명의 장수는 큰 손실이었다. 이 사건으로 무신들의 조정 장악은 물거품이 되어버렸다.

고려의 장수 제거 소문이 거란 조정에 알려졌다. 거란 조정은 싸움이 한결 쉬워졌다고 생각했다. 그동안 고려는 송나라와 교류하며 거란을 무시해버렸다. 10여 년 동안 거란과 고려는 분쟁이 끊일 날이 없었다.

거란의 성종은 이번 기회에 6성을 빼앗으려고 왕족 소배압을 도통都統으로 삼고, 소굴열을 부도통으로 삼아 10만 대군을 주어 고려로 출정시켰다. 이들은 압록강을 건너 고려로 밀고들어왔다.

고려에서는 강감찬을 상원수대장군으로, 강민첨姜民瞻을 부원수로 삼아 20만 대군으로 적과 맞섰다. 고려군은 흥화진에서 적과 조우했다. 소배압은 고려 장수들이 다 죽었다는 소문을 들은 터라 고려군을 얕잡아보고 사정없이 덤벼들었다.

두 강 장군이 마주 앉았다.

"상원수, 계책이 있소이까?"

"육지에서 수공水攻을 써보면 어떨까 싶소이다."

"자고로 물에서는 화공을, 육지에서는 수공을 쓴다 했소이다."

"홍화진 안에 있는 큰 개울은 수량이 많소이다. 이 물을 이용하면 어떻겠소이까?"

"묘책이외다."

"부원수께서는 홍화진성 동쪽에 있는 개울의 상류를 지키시오!"

다행히도 섣달인데도 날씨가 따뜻하여 개울이 얼지 않았다. 강민첨은 1만여 명의 군사를 거느리고 성 동쪽 개울의 상류로 가서 군사를 매복시키는 한편, 소가죽 수천 장을 모아 긴 줄로 엮어 개울물을 막았다. 개울물을 막은 지 7, 8일이 되자 물이 넘칠 것 같이 고였다.

거란군은 지리에 밝지 못했다. 섣달이 되었으니 으레 개울물이 꽁꽁 얼어붙었겠거니 하고 홍화진으로 쳐들어왔다. 거란군은 거침없이 마른 개울을 건넜다.

강감찬은 소배압의 군사들이 개울에 가득 들어가 있을 때 상류의 물을 트라고 전했다. 개울물은 우렛소리를 내며 바위가 굴러오듯 무섭게 밀려왔다. 당황한 적군들이 개울에서 우왕좌왕하다가 물살에 떠내려가는 자가 부지기수였다. 개울에서 겨우 빠져나온 적들은 아군의 매복군이 쏘는 화살에 속절없이 목숨을 잃었다. 적군은 1만 명 이상의 희생자를 냈다.

소배압은 분통이 터져 바로 개경을 치겠다며 서둘렀다. 그러나 거란군은 사기가 꺾이고 때마침 추위마저 몰아닥쳐 잔뜩 위축되었다. 때를 놓치지 않고 부원수 강민첨이 적을 추격했다. 자주慈州 내구산來口山 근처에서 적을 만났다.

"적장은 어서 나와 고려국 부원수 강민첨의 칼을 받아라!"

강민첨이 큰소리치며 적진으로 말을 몰았다. 거란군은 추격을 받고 전열을 가다듬을 새도 없이 꽁지 빠지게 달아나기에 바빴다. 그런 거란군을 사기 충천해 있는 고려군이 마구 짓밟았다.

거란군은 패하고 있으면서도 개경을 치겠다며 진군을 계속했다. 거란군이 말여울(마탄)에 이르러 지키고 있던 조원趙元군에게 또 한바탕 호되게 당하고 말았다.

강감찬은 거란군이 개경으로의 진군을 포기하지 않으므로, 부장 김종현에게 1만여 명의 군사를 주면서 샛길로 개경에 돌아가 방비를 튼튼히 하라고 일렀다.

소배압은 여러 차례 패한 원한을 개경 점령으로 만회해보겠다며 서해도 지방으로 방향을 잡아 신은현新恩縣에 이르렀다. 개경과의 거리는 100여 리였다.

개경은 벌집을 쑤셔놓은 듯 소란스러웠다. 현종은 중신들의 말을 듣고 성 밖 백성들을 죄다 성 안으로 들어오게 했다. 개경에서 신은현까지의 민가를 전부 철수시키는 청야작전淸野作戰을 폈다.

소배압은 고려에 항복하라는 글을 보냈다. 고려는 무시해버렸다. 소배압은 부하 야율호덕耶律好德을 시켜 고려 진중에 가서 거짓 회군을 통보하도록 했다.

김종현은 아무래도 수상쩍어 야율호덕의 뒤를 몰래 밟았다. 야율호덕은 금교역까지 수백 명의 군사를 이끌고 왔다. 김종현은 적의 계략을 알아차렸다. 김종현의 군대는 금교역 산쪽에서 적의 동정을 살피고 있다가 야밤에 역사를 습격, 적병 300여 명을 죽였다. 거란군은 야습을 받고 의기소침해져 더 이상 진군하지 않고 회군했다.

강감찬은 수천 병사를 거느리고 적이 회군하는 퇴로를 지키고 있다가, 적군이 위주渭州에 이르자 불시에 습격하여 적병 500명을 베었다. 강감찬은 여세를 몰아 적을 귀주 동쪽까지 밀고갔다.

싸움은 쉽게 끝나지 않았다. 서로 일진일퇴하며 대치한 지 10여 일,

강감찬은 적의 동태를 세세히 살피고 있었다. 이때 금교역에서 승리한 김종현이 군대를 이끌고 왔다.

때 아닌 비가 내렸다. 동남풍이 세게 불면서 빗발이 거세졌다. 김종현이 군막으로 강감찬을 찾아왔다.

"상원수, 하늘이 우리를 돕고 있나이다. 적은 비바람에 정신을 못차릴 것이외다. 지금 적진으로 쳐들어가는 것이 좋을 듯하오이다."

"이 빗속에 우리 병사들이 재빠르게 움직이겠소?"

"사기가 드높아 있나이다. 염려 놓으소서."

"좋소! 여기서 결판을 냅시다."

모진 비바람 속에서 싸움이 시작되었다. 고려군은 빗속을 뚫고 기세 좋게 적진으로 향했다. 비에 약한 적병들은 고려군의 공격에 속수무책으로 도망치기에 바빴다. 고려군은 적을 추격하며 무자비하게 죽였다. 추격전은 계속되었다.

어느덧 돌개(석천)까지 추격했을 때 비는 그쳐 있었으나 개울물이 불어 적의 퇴로가 차단되어버렸다. 적은 살 길을 찾아 산길을 택했다. 아군은 적을 세차게 밀어붙였다. 적병들은 다급한 나머지 넘치는 개울물에 뛰어들어 떠내려갔다.

산길도 무사하지 못했다. 여기저기에서 매복병이 나타나 적을 그냥 보내지 않았다. 시간이 흐를수록 적의 시체가 산과 들에 산더미처럼 쌓여갔다.

적장 소배압은 겨우 퇴로를 뚫고 도망쳤다. 따르는 적병이 겨우 수천 명에 불과했다. 10만 명의 거란군이 거의 전멸하다시피 했다.

이 소식을 접한 거란의 성종은 화가 머리 꼭대기까지 뻗쳤다. 소배압이 어깨를 늘어뜨리고 성종 앞에 무릎을 꿇었다.

"너는 필시 고려군을 얕보다가 그리 되었을 것이야. 작은 나라라고 얕보다가 이 황제의 체면을 깎았으면 죽어서 돌아올 일이지 어찌하여 살아서 돌아왔단 말이냐!"

"마마, 죽여주시옵소서."

"옥에 가두어라!"

성종은 분이 풀리지 않아 소배압을 금방이라도 죽일 듯이 노려보았다.

두 강 장군은 대군을 거느리고 개경으로 말머리를 돌렸다. 통쾌한 승리였다. 앞으로 거란이 함부로 쳐들어오지 못할 만큼 혼을 내주었다.

두 장군이 개선한다는 파발이 조정에 닿았다. 현종은 대궐에 가만히 앉아 있을 수 없었다.

"개선 장군을 맞으러 짐이 마중 나가겠노라!"

현종은 중신들을 거느리고 영파역迎坡驛까지 마중을 나갔다. 거리에는 백성들의 행렬이 이어졌다. 영파역 마당에 휘장이 처지고 꽃으로 수놓은 장막이 바람에 휘날렸다. 그 가운데 개선장군을 맞을 낮은 단이 만들어져 있었다.

풍악 소리가 흥겹게 울렸다. 구경꾼들이 인산인해를 이루었다. 병사들이 백성들을 제지했다. 현종이 이를 말렸다.

"백성들과 이 기쁨을 함께 나누겠노라. 백성들을 자유롭게 그냥 둘지어다."

"대왕마마 만세!"

백성들이 만세를 부르며 덩실덩실 춤을 추었다. 거란군을 섬멸시켰다는 자긍심이 백성들의 웅어리진 가슴을 쓸어내려주었던 것이다. 지난번 거란에게 당한 수모를 말끔히 털어버린 것이다.

드디어 개선장군들이 나타났다. 선봉장 김종현에 이어 부원수 강민첨, 상원수 강감찬 순으로 나타났다. 그들이 지나갈 때마다 백성들은 만세를 불렀다.

"김종현 장군 만세!"

"강민첨 장군 만세!"

"강감찬 장군 만세!"

강감찬이 현종 앞에 허리를 굽혔다.

"폐하, 성은을 입어 적병을 물리치고 무사히 돌아왔나이다."

"상원수, 노고가 많았소이다. 장군을 대하니 태산같이 든든하구려."

"황공하나이다."

"부원수도 노고가 많았소이다. 참으로 믿음직스럽소이다."

"황공무지로소이다."

단을 중심으로 군사들이 안팎으로 꽉 들어찼다. 현종은 단 위에 올라가 두 강 장군을 단 위로 끌어올렸다. 그리고 두 장군에게 휘황찬란한 금화팔지金花八枝의 꽃을 장군들의 머리에 꽂아주었다. 이어 현종은 금술잔에 술을 가득 부어 두 장군에게 권했다.

"성은이 망극하여이다."

"짐은 두 장군이 있어 마음이 편안할 수 있소이다."

"과찬이옵나이다. 이 모두 폐하의 은덕으로 이뤄진 공이옵나이다."

군신간에 돈독한 정이 오고갔다.

한바탕 환영연이 벌어졌다. 병사들은 승리의 잔을 함께 들었다. 온 나라가 축제 분위기였다. 곧이어 논공행상이 있었다. 귀주대첩은 역사에 길이 남은 고려의 대승이었다.

◉ 강감찬의 신통력

귀주대첩 이후 강감찬은 호국의 영웅으로 대접을 받았고, 백성은 그를 사람이 아닌 신에 가까운 존재로 알고 있었다. 따라서 그에 대한 민간설화와 전설이 시대를 초월하여 전파되어갔다.

강감찬도 사람인지라 나이가 들어갈수록 기력이 쇠잔해갔다. 현종은 강감찬을 안타깝게 여겨 산수가 수려한 곳에서 편히 지내게 하려고 백방으로 노력했다. 그 결과 해주에 적당한 장소를 물색하여 그곳 해주목사에게 이르길 강감찬에게 온갖 편의를 제공하라고 친히 어명을 내렸다. 강감찬은 노구를 이끌고 해주로 올라갔다. 해주목사는 부임한 지 얼마 되지 않아 강감찬이 지낼 경치 좋은 곳을 물색하느라고 애를 먹었다.

때마침 해주부가 있는 근처의 연못 부용당芙蓉塘에 맹꽁이떼가 몰려와 밤낮없이 울어대는 통에 해주성 백성은 몸서리를 치고 있었다. 사람들은 밤마다 잠을 잘 수 없어 충혈된 눈에 독기를 품고 부용당에 모여들어 맹꽁이떼를 원망했다.

"무슨 변괴가 일어날 징조인가? 큰일이로구먼. 무슨 수를 내야지 정신 사나워서 견딜 수가 있나 원. 죄다 죽일 수도 없고."

"푸닥거리라도 한번 해야지 이대로 두고 볼 수 없는 일이야."

이 소문이 조정에까지 알려져 해주부윤을 아예 강감찬으로 바꾸고 민생고를 해결하라는 어명을 내렸다. 강감찬은 혹 떼러 왔다가 붙이는 격이 되었다. 어명을 받은 강감찬은 해주부윤에 취임하여 맹꽁이떼 해결 방법에 고심했다.

강감찬은 이속들을 불러 명령을 내렸다.

"여러 이속들은 듣거라! 내가 부용당에 나갈 것이니라. 해주성 백성에게 부용당에 모이라고 일러라!"

이속들은 강감찬에게 묘수가 있을 것이라는 기대를 걸고 해주성 백성을 부용당에 모았다. 강감찬이 부용당에 모습을 나타냈다.

"해주성 백성은 내 말을 들을지어다. 요즘 맹꽁이떼 울음으로 고통을 받고 있다고 들었소이다. 내 귀에도 맹꽁이떼의 울음소리가 악머구리 소리처럼 지겹소이다. 헌데 맹꽁이도 생명이거늘 저희끼리 삶을 찬미하는데, 우리 인간이 울음소리로 알고 골머리를 앓는 거외다. 허나 백성들이 고통을 받고 있는데 목민관인 내가 보고만 있을 수 없소이다. 이놈들의 입을 틀어막을 테니 백성들은 안심하고 생업에 종사하기 바라오."

사람들은 강감찬을 의아한 눈으로 쳐다보았다. 아무리 용맹이 뛰어난 강감찬이지만 맹꽁이떼의 울음을 무슨 수로 잠재우겠다는 것인지 궁금하고 해괴했다. 하지만 지켜볼 일이었다.

강감찬은 관복 주머니에서 누르스름한 종이를 꺼내 그것을 접어 들고 북쪽 하늘로 향하여 주문을 한참 동안 외우다가 연못을 굽어보며 맹꽁이들에게 말했다.

"맹꽁이떼들아! 너희 미물들이 어찌하여 만물의 영장인 사람들을 소리로 괴롭히느뇨. 이제 그만 그치고 부용당에 머물려거든 떼지어 울지 말라! 만약 울려거든 사람이 살지 않은 외진 늪을 찾아가려무라."

강감찬은 속삭이듯 말하고 부싯돌을 쳐 불을 일으킨 다음 누르스름한 종이를 불태워 그 재를 연못에 던지고 해주부로 돌아왔다. 이속들과 사람들은 어이가 없어 수군거렸다.

"아직 노망하실 정도로 기력이 쇠약하진 않으실 텐데 어찌된 일인가. 맹꽁이들이 사람 말을 알아듣는다고 믿는 장군의 마음을 알 수 없구면."

"그러게 말이야. 오늘 보니 실성한 것이 분명하이. 천하의 강감찬 장군도 연세 앞에서는 어쩔 수 없구면."

그때 이속 하나가 입단속을 시켰다.

"입을 다물게나. 아까 장군께서 소지한 것은 부적일세. 기다려보세나. 장군이 기적을 일으킬지도 모르니 입방정을 삼가라는 말일세."

부용당에 모인 사람들이 서로 입단속을 하여 조용해졌다.

"쉿! 이보시게들 저 소리를 좀 들어보게나."

한 사람이 말하고 부용당을 손가락으로 가리켰다.

"무슨 소리를 들어보라는 게야."

"맹꽁이 소리를 들으라는 게지."

"어? 아무 소리도 들리지 않네. 갑자기 맹꽁이들이 벙어리가 되었나?"

"강 장군의 신통력이 나타난 게야."

부용당의 맹꽁이 울음은 뚝 그쳐 있었다.

이때 관복을 입은 사람이 부용당에 손을 넣어 맹꽁이 한 마리를 잡아 자세히 들여다보더니 껄껄 웃음을 터뜨렸다.

"이것 참, 맹꽁이가 벙어리가 되어버렸구면."

그 사람은 맹꽁이를 부용당에 던져버렸다. 사람들은 강감찬의 신통력을 보고 찬사를 아끼지 않았다.

"조홧속이오, 조홧속. 맹꽁이 울음을 그치게 하다니 사람의 힘으로는 안 되는 일이 아니오? 역시 강감찬 장군이야. 아마 거란군도 우리 장군의 신통력에 꼼짝 못하고 당했을 게야. 우리 고을을 강 장군께서 다스린다니 우리는 복받은 백성일세."

부용당 맹꽁이떼는 울음을 그치고 다시는 울지 않았다. 해주 백성은 낮에는 열심히 일하고 밤에는 단잠을 잘 수 있었다.

현종은 이 소식을 듣고 강감찬을 곁에 두고 싶어 다시 조정으로 불러들였다. 아직 편히 쉬게 해서는 조정의 큰 손실일 것 같았다. 강감찬에게 최고 벼슬인 문하시중개국후門下侍中開國侯를 봉하고 해주에서 불러들였다.

해주를 떠나는 날 읍성 백성이 길을 막고 가지 말라고 읍소했다.

"해주 백성을 버리고 가지 마소서. 이곳에 1년만 머물러주소서."

여기저기서 통곡이 터져나오면서 눈물 바다가 되어 사람들이 맹꽁이 소리를 냈다.

"백성은 들으시오! 나는 임금의 명령을 따르는 신하일 뿐이오. 내 마음대로 오고 가고 할 수가 없다는 것을 여러분들도 알고 있지를 않소? 그러니 맹꽁이처럼 울지 말고 뚝 그치시오!"

사람들이 맹꽁이 울음이란 말에 울음을 뚝 그쳤다. 강감찬은 맹꽁이 울음을 두 번 그치게 한 것이다. 사람들은 강감찬을 울지 않고 보내주었다.

조정에 돌아와 강감찬이 현종을 뵈었다.

"강시중, 맹꽁이를 벙어리로 만들었다는 것이 참말이오?"

"마마, 신이 어찌 맹꽁이를 벙어리로 만들 수 있다는 말씀이오이까. 다만 미물인 맹꽁이가 만물의 영장인 사람들의 괴로움을 알고 울음을 그쳤을 뿐이옵나이다."

"허허, 신통한 일이로다."

현종은 연회를 베풀어 강감찬을 위로해주었다. 강감찬은 현종의 후의에 마음속으로 고마움을 느꼈다. 군신간에 정이 통하고 사랑이 통하는 사이였다.

강감찬은 현종이 놓아주지 않아 조정에 나가지 않을 수 없었다. 매일 아침 관복을 차려입고 입궐하는 모습을 개경 백성은 즐거운 마음으로 지켜보았다.

어느 해 송나라에서 천문학에 조예가 깊은 사의원司義元이 사신으로 고려에 왔다. 사의원이 현종을 뵙고 강감찬을 힐끗 쳐다보더니 그 자리에 엎드려 넙죽 절을 올렸다. 만조백관이 놀라 강감찬과 사의원을 바라보았다.

"하늘에 문곡성文曲星이 나타난 지 이미 오래이고, 또 그 광채가 이 나라에 환히 비치기에 문곡성이 어디에 하강하였나 하고 궁금하던 차에 이곳에서 강림하심을 뵈니 그 영광 무어라 말씀 드리오리까."

강감찬은 사의원에게 다가가 그를 잡아 일으키며 물었다.

"이 어인 말씀이시오? 대인께서 뜻밖의 말씀을 하시니 몸 둘 바를 모르겠나이다. 폐하께서 계시오니 대인께서는 굽어살피시오소서."

사의원은 그제서야 정신을 차리고 송나라 황제의 친서를 현종에게 올렸다.

"아뢰옵기 황송하오나 고려국 전하께오서는 천복天福을 받으셨나이다. 전하 앞에 문곡성이 시립하고 계시오니 이 나라 만백성의 복이옵나이다."

현종은 처음에는 불쾌하게 여겼으나 사의원의 말을 듣고 보니, 강감찬으로 하여 백성이 행복하고 자신이 천복을 누리고 있다는 말에 고개를 끄덕였다. 강감찬은 고려에서 없어서는 안 될 큰 기둥임에 틀림없었다.

문곡성이란 하늘의 옥황상제께서 재주가 많아 특별히 사랑하는 매우 귀중한 별이었다. 그 귀중한 별이 인간 세상에 하강하여 그것도 고려국 조정에 있다니, 이는 나라의 경사가 아닐 수 없었다.

현종은 사의원을 치하했다.

"대인의 노고를 치하하는 바이오. 더구나 천지 운행의 이치를 통달하여 범인의 눈을 열어준 대인의 아량에 감사하오. 이후로 송나라와 더욱 친교를 두텁게 하고자 하오."

"고마우신 분부시옵나이다. 저희 황제께 그리 말씀 올리겠나이다."

현종은 송나라 사신을 위한 연회를 크게 베풀어주었다.

송나라 사신 일행이 떠난 후 현종이 강감찬을 불러 은근히 떠보았다.

"여보시오 문곡성. 그대는 진정 사람이 아니라 하늘에서 하강한 신인 神人이오?"

"마마, 당치도 않사옵나이다. 신은 마마의 신하이옵고 아버지, 어머니가 낳은 사람의 아들이옵나이다. 신을 놀리지 마시옵소서."

현종은 고개를 끄덕였다. 사의원이 문곡성이라고 말한 전이나 후나 강감찬의 행동은 여전히 겸손하고 자신을 낮추었다. 현종은 이러한 강감찬이 더욱 마음에 들었다.

어느 해 현종이 한양 별궁에 내려가 남쪽 지방의 민정을 살폈다. 한양은 개성에 비해 산골이었다. 낮에도 맹수들이 출몰하여 백성을 괴롭히는 일이 다반사였다. 때로는 맹수들이 사람을 해치고 잡아먹는 사례도 있었다.

한양의 배우개는 옛날 백고개라 불렸다. 해가 기울면 사람들이 마음 놓고 다닐 수 없어, 이 배우개를 넘으려면 백 사람이 모여야 넘을 수 있다 하여 백고개라 불렀던 것이다. 그만큼 맹수들의 횡포가 심했다.

한양은 사방이 산으로 막혀 있고 나무들이 무성하여 맹수들의 터전으로는 그만이었다.

현종이 한양 별궁에 잠시 머물 무렵, 호랑이에게 물려간 사람이 많아 백성의 근심이 태산 같았다. 한양 백성은 강감찬 장군이 한양에 내려와 호랑이 소탕작전을 해주었으면 하는 바람이었다.

"강 장군이라면 호랑이도 꼼짝 못하게 할 게야. 맹꽁이 울음을 주문을 외워 물리쳤다지 않은가. 그분이 한양에 내려와 호랑이를 상대로 싸워 주면 얼마나 좋을까."

"암, 그 어른이 오시면 호랑인들 어쩌겠소. 꼼짝 못할 게요."

현종은 한양 백성의 여론을 들었으나 속수무책이어서 아무 조치도 취하지 않은 채 개경으로 돌아와버렸다. 한양 사람들은 현종이 환궁했다는 소식을 듣고 불쾌하게 여겼다. 그리하여 공론 끝에 한 가지 방법을 마련했다. 한양을 대표하는 한 사람을 뽑아 개경으로 올라가 대궐 앞에 엎드려 상소를 올리자는 것이었다. 그리하여 한양 백성의 대표가 개경으로 올라가 대궐 앞에 거적을 깔고 엎드려 강감찬에게 호랑이 사냥을 해달라고 상소를 올렸다.

강감찬은 이날 가마를 타고 입궐하는 중이었다. 때마침 혼인 행렬이 지나갔다. 강감찬은 그 행렬을 보고 빙긋 웃었다.

"오늘은 매우 좋은 날이로구나. 혼인 행렬을 봤으니 오늘 하루 내내 즐겁겠구나."

강감찬은 혼자 중얼거리면서 다시 한번 혼인 행렬에 눈길을 주었다. 순간 강감찬은 깜짝 놀라 타고 가던 가마를 멈추라고 일렀다. 혼인 행렬 뒤에 홍재살이라고 하는 무서운 주당귀신 서넛이 따라가고 있었던 것이다. 가마를 멈춘 강감찬이 외쳤다.

"이놈들 홍재귀신아, 잠깐 이리 오너라!"

강감찬은 하늘을 쳐다보며 주문을 외는 것이었다. 그러자 홍재귀신들이 강감찬 앞에 와서 굽실거렸다.

"장군님, 저희를 불러 계시오이까?"

강감찬은 홍재귀신들을 쳐다보고 하얀 수염을 쓰다듬으며 말했다.

"너희는 지금 어디를 가는 게냐?"

"보시다시피 혼사 집에 가는 길이옵나이다."

강감찬은 손마디를 짚으며 일진을 보았다. 혼인날 많이 나타나는 주
당귀신이 여럿 있는데, 그중에서 가장 무서운 홍재귀신이 나타난 것은
불길한 징조였다. 이것들을 그대로 보냈다가는 사람이 많이 상할 것 같
아 강감찬은 미소를 띠고 홍재귀신들에게 말했다.

"너희는 혼인 잔칫집만을 찾아다니니 재미있는 일이 많을 게야. 내게
그 재미있는 이야기를 들려줄 수 있느냐?"

"그럴 짬이 없는댑쇼. 오늘은 관상감이 택일을 해주어 소귀들이 동하
는 시간에 혼인을 한답니다요. 오랜만에 소귀들이 통하는 시간인지라
오늘은 한판 결판지게 놀아볼까 하나이다."

강감찬은 이 말을 듣고 찔끔했다. 큰일날 일이었다.

"그렇느냐? 신통한 일이로다. 헌데 소귀들이 동하니 너희는 낭패가
아니더냐?"

"아닙지요. 소귀들도 그런 데만 쫓아다니지 않나이다. 소귀들이 따로
하는 일이 얼마든지 있나이다."

"그러냐? 허나 너희가 혼인 잔칫집에나 쫓아다니면 무슨 재미가 있
겠느냐?"

"어쨌든 혼인 집에 가야 하나이다."

강감찬은 홍재귀신들을 붙잡아두고 시간을 끌었다. 그동안에 홍재귀
신들이 발동하는 시간이 지나버렸다. 혼인 집에서는 무사이 혼례를 치
렀고 홍재귀신들도 그제야 눈치를 채고 공중을 떠돌며 한마디하고 어
디론가 가버렸다.

"우리가 동하는 시간이 지나 이만 물러가나이다."

강감찬은 그제야 안도의 숨을 내쉬었다. 만약 홍재귀신들이 혼인 집에 혼례 치를 시간에 맞춰 갔더라면 여러 사람이 죽을 뻔했다.

강감찬은 따르는 종에게 혼사 집에 가서 택일을 누구에게 했는지 알아오도록 했다. 종이 득달같이 달려갔다 와서 주인에게 고했다.

"대감 마님, 택일을 관상감에게 받았다고 하더이다."

"알았느니라. 입궐을 서둘거라!"

강감찬은 입궐한 후 관상감을 불러 물었다.

"오늘 혼인집에 택일해준 일 있소이까?"

"그렇사옵니다만⋯."

"관상감은 그 시간이 홍재귀신이 동한다는 걸 모르고 택일해주었다는 말이오! 사람을 얼마나 상하려고 그리했소?"

뜻밖에도 관상감이 빙그레 웃고 나서 말했다.

"대감께서 잘 보셨나이다. 홍재귀신이 동하기는 하오나 문곡성이 동해서 그 귀신을 막아주는 시간이므로 염려 없으리라 여겼나이다. 대감, 그렇지 않나이까?"

강감찬은 혀를 찼다.

"참으로 용하오. 우리 조정에 관상감 같은 훌륭한 인재가 있다니 자랑스럽소이다."

"과찬이시옵나이다."

이때 내관이 현종이 찾는다고 고했다. 강감찬은 의관을 고치고 현종을 뵈었다.

"강 시중, 노년에 또 한 가지 시중의 도움을 받아야 할 일이 생겼소이다."

"어인 하교시나이까?"

"이것을 좀 보오."

현종은 상소를 보여주었다.

"이것이 무엇이옵나이까?"

"한양 백성이 올린 상소요. 읽어보시오."

강감찬은 상소를 읽어내려갔다. 내용인즉, 한양에 호랑이가 출몰하여 사람을 해치고 있으니, 맹꽁이떼의 울음을 그치게 한 강감찬을 한양으로 내려보내 호랑이를 꼼짝 못하게 해달하는 것이었다.

강감찬은 상소를 다 읽고 현종에게 도로 내주었다.

"강시중, 어쩔 테요?"

"백성이 이몸을 기다린다 하니 아니 갈 수 있겠나이까."

"고맙소, 강시중. 그대는 백성을 사랑하는 마음이 한결같구려."

현종은 즉시 강감찬을 한양 별궁 수태사守太師로 삼아 날랜 병사 수백 명을 주었다.

강감찬은 한양으로 내려갔다. 사람들은 강감찬이 온다는 소문을 듣고 멀리 고양까지 마중을 나갔다. 강감찬이 지나가는 길마다 사람들이 모여 만세를 외쳤다.

강감찬은 한양 백성들의 뜨거운 환영을 받으며 별궁으로 들어갔다. 그런데 이상한 일은 호랑이가 설치지 않고 갑자기 조용해진 것이었다. 사람들은 호랑이가 강감찬의 신통력에 꼼짝 못한다며 기뻐했다.

"호랑이가 강 장군 이름만 듣고도 기가 꺾인 게야. 밤에도 꼼짝하지 못한다니, 강 장군의 신통력이 대단하구먼."

"그러게 말일세. 호랑이도 영웅호걸은 알아본다는데 그 말이 맞구먼."

며칠이 조용하게 지나갔다. 한양 어디에서 호랑이가 나타났다는 보고가 한 건도 없었다. 한양 백성들은 안도의 숨을 내쉬었다.

나흘이 지난 뒤 호랑이가 나타났다는 소문이 나돌았다. 백성의 동요가 심했다.

"강 장군의 신통력도 호랑이에게는 안 먹히는 모양일세. 지난밤에 남산골에서 어린애가 호랑이에게 물려갔다고 하는구먼."

"그뿐이 아니야. 삼봉이란 사람이 장에 갔다 오다가 호랑이에게 물려갔다는 게야."

"이 일을 어찌하나. 살아도 산 목숨이 아닐세. 언제 어디서 호랑이에게 물려갈지 모르겠구먼."

사람들은 끼리끼리 모여 대책 마련에 부심했다. 그들은 한양 별궁까지 나가 편지를 올렸다.

강감찬이 한양 별궁에 온 지 달포 가까이 되었다. 한양은 쓸쓸할 만큼 조용했다. 강감찬은 노란 종이에 글씨를 써서 부적 같은 것을 만든 다음 따르는 종을 불렀다.

"인왕산 중턱에 가면 늙은 중이 있을 것이니 너는 이것을 그에게 주고 오너라."

"알겠나이다."

종이 부적 같은 것을 가지고 인왕산 중턱에 올랐다. 두리번거리니 바위 밑 양지쪽에 앉아 이를 잡고 있는 늙은 중이 눈에 띄었다. 그곳으로 달려가 부적 같은 것을 내밀었다.

"우리 태사님께서 주시는 것이오, 받으시오."

종은 뒤도 안 돌아보고 별궁으로 달려와 보고했다.

"다녀왔나이다."

"수고했느니라."

그때 다른 종이 달려와 말했다.

"대감 마님, 웬 늙은 중이 대감 마님을 찾사옵나이다."

"그러느냐?"

인왕산을 다녀온 종이 힐끗 돌아보니 아까 본 그 중이었다.

"아니, 어느 틈에 내 뒤를 밟아온 게야. 귀신이 곡할 노릇이구나."

그 중이 들어와 댓돌 앞에 엎드렸다. 강감찬은 큰기침을 하고 나서 냅다 소리를 질렀다.

"네 이노옴! 네 끝내 탈을 쓰고 있을 테냐! 네 본색을 드러내거라!"

그러자 늙은 중이 재주를 두서너 번 넘더니 큰 호랑이로 변하는 것이었다. 이 광경을 지켜보던 사람들은 크게 놀라 잔뜩 겁을 먹었다.

강감찬은 문을 활짝 열어젖히고 꾸중을 내렸다.

"네 이노옴! 제 아무리 짐승이기로서니 그래도 산중 왕이 아니더냐. 다른 짐승들과는 달라 지각이 좀 있을 터, 어찌하여 사람을 함부로 해치느냐! 네가 날뛰면 천벌을 받는다는 걸 몰랐더냐. 내가 하느님을 대신하여 네 족속을 멸할 것이로되, 하느님의 뜻이 너그러우시니 너희 족속을 차마 멸할 수는 없도다. 그 대신 네 족속을 전부 데리고 이 땅을 떠나야 하느니라. 만약 내 말을 거역한다면 너희를 살려두지 않을 것이야. 어쩔 테냐?"

호랑이는 눈물을 뚝뚝 흘리며 말을 하는 시늉을 했다. 강감찬은 그제서야 알아차리고 큰소리로 말했다.

"내가 그 생각을 못했구나. 네가 호랑이로는 말을 못할 터, 다시 사람으로 변하거라!"

호랑이는 서너 번 엎치락뒤치락하더니 늙은 중으로 변하여 강감찬에게 예를 올리고 흐르는 눈물을 손등으로 닦았다.

"황송한 처분이나이다. 저희 무리 중에 사나운 놈이 있어 사람을 해치는 짓을 하여 늘 걱정하던 터였나이다. 장군님의 높으신 은덕으로 천벌을 면했사오니 그 은혜 백골난망이옵나이다. 하오나 우리 무리는 어디로 가옵니까? 갈 길을 알려주시오소서."

"길을 알려주마. 압록강 건너 요동 700리 벌판을 지나면 천년 묵은 울창한 원시림이 있을 터, 너희가 지내기에 안성맞춤인 곳이니라. 그곳에 가되 인근에 민가가 많으니 사람을 상하지 않게 늘 조심해야 하느니라. 만약 그곳에서도 사람을 상하게 하면 그때는 천벌을 면하지 못할 것이니라."

"명령 받들겠나이다. 언제쯤 떠나면 좋으리이까?"

"오늘이 4월 그믐이다. 보름 후 5월 보름날 삼경, 한양 백성이 잠자는 시간에 그 밤을 줄기차게 달려 압록강을 건너야 하느니라. 나도 그날 압록강가로 나가 너희를 배웅하려고 하느니라. 그때 먹을 것을 준비해 둘 테니 그리 알라!"

늙은 중은 대문 밖으로 나가 온데간데없이 사라져버렸다. 마당에 모였던 사람들은 꿈에서 깨어난 듯 어리둥절해 있었다.

금세 한양 바닥에 이 소문이 날개를 달고 퍼져나갔다. 사람들은 그제 야 안심하고 생업에 열중할 수 있었다.

강감찬은 5월 초사흘날 길을 떠나기로 하고 병사들에게 준비를 시켰 다. 개와 돼지 수십 마리를 잡아 말 바리에 싣도록 했다. 5월 열나흘날, 강감찬 일행은 압록강가에 도착했다. 이튿날 늙은 호랑이가 수백 마리의 호랑이를 거느리고 나타났다. 강감찬은 싣고 온 개와 돼지 고기를 내주었다.

"막상 너희를 이웃 나라로 보내려니 섭섭하구나. 그러나 어쩌겠느냐. 우리 백성들이 호랑이를 싫어하니 할 수 없구나. 너희를 보내는 내 심 정 서운하여 먹을거리를 마련했으니 골고루 나누어 먹고 압록강을 힘 차게 건너거라!"

"고맙습니다요, 장군님."

늙은 중은 허리를 굽혀 절을 하고 눈물을 흘리고, 호랑이들도 말은 못하고 눈물을 떨어뜨렸다. 호랑이들은 울면서 고기를 나눠먹고 압록 강을 건너기 시작했다. 암호랑이 한 마리가 새끼를 배어 불룩한 배를 안고 물속에서 헤엄을 치기가 버거워 버르적거렸다. 강감찬이 보고 중 얼거렸다.

"사람이나 짐승이나 임신중에는 괴로운 법이지. 저 암호랑이가 부른 배를 안고 저 넓은 강을 어찌 건너겠느뇨. 저놈은 예외로 여기에서 살 도록 용서해야겠구나."

강감찬은 병사들에게 물속에서 허우적거리는 암호랑이를 건져오도 록 했다. 암호랑이는 물에 젖어 슬피 울고 있었다.

"네가 강을 건너기는 무리일 게야. 그냥 가까운 백두산에 들어가 새끼를 낳고 살려무나. 어서 떠나거라."

암호랑이는 고맙다는 표시로 앞발을 들어 절하는 시늉을 하고 길을 떠났다.

그뒤 그 암호랑이가 종족을 퍼뜨려 고려국에 호랑이가 다시 퍼진 것이다. 강감찬의 신통력은 짐승을 좌지우지하는 힘을 갖고 있었다.

◉ 빗나간 행사

연등회를 부활시키려 하자 뜻있는 신하들이 이를 반대했다. 현종은 오래 끌던 거란과의 싸움이 승리로 끝나자 백성과 더불어 축제를 되살리고자 했다.

"마마, 성종 마마께오서는 백성이 너무 마시고 뛰놀고 난잡하다 하여 연등회를 열지 않았나이다. 이후 30년간 열지 않았던 연등회를 다시 열면 사람들이 그 시절로 돌아가지 않을까 염려되나이다."

"그렇지 않소. 거란과의 대립으로 모든 백성이 삶에 지쳐 있소. 이럴 때 연등회를 열어준다면 백성은 활기를 되찾을 것이오. 문하시중은 염려 마오."

현종의 뜻이 확고하여 더는 만류할 수 없었다. 봄철, 연등회철이 다가와 대궐에서부터 행사준비에 바쁘고 사람들도 마음이 들떴다.

대궐에서는 넓은 강안전康安殿 뜰 앞에 구름다리를 만들고 등을 달았다. 강안전 안에는 장막을 치고 뜰에는 임시 용상을 만들고 큰 향로를 놓아두었다. 그 옆에 꽃무늬가 그려진 2개의 탁자를 놓았다.

현종이 황색 곤룡포를 입고 편전에 나서자 의장병들이 만세를 불렀다. 근시近侍들이 임금이 계신 편전 앞 섬돌 위에서 재배를 올리고 강안전 앞뜰로 나갔다. 상장군 이하 대궐의 숙위들이 임금에게 재배하고 문신들과 함께 도열했다. 순서대로 모든 관리들이 재배하고 백희百戱 · 잡기雜伎 · 교방敎坊 · 주악奏樂들이 재배를 올리고 뜰 한쪽에 자리를 잡고 서 있었다.

강안전에서 태정문泰定門까지 연등회에 임금을 따라갈 의장대와 신하들이 죽 늘어섰다. 현종은 다시 편전으로 들어가 선조왕의 진영眞影에 예를 올리는 의식을 행했다. 예가 끝나고 임금은 붉은빛 곤룡포로 갈아입고 강안전에 나와 연등회를 알리는 악기 경磬을 울렸다. 악기 소리에 맞춰 금위병들이 소리 높여 외쳤다.

"만세!"

이에 태사국太史局에서 다음 차례를 알렸다.

"동가動駕할 시각이 되었소!"

신하들은 임금 앞에 나가 차례로 재배하고 물러섰다. 임금은 전각에서 내려와 초요련을 탔다. 진행을 맡은 신하가 외쳤다.

"동가하오!"

임금의 연이 서서히 움직였다. 이어 교방의 악사들이 풍악을 울리며 뒤따르고, 임금이 태정문에서 다시 연으로 바꿔탄 후 그뒤를 신하들이 말을 타고 따랐다. 행렬은 긴 꼬리를 이어 봉은사로 향했다.

백성은 임금의 행차 뒤를 따라 봉은사까지 따라가면서 동참했다. 봉은사 일주문 밖에서 신하들이 말에서 내리고, 임금은 일주문 안에서 연을 버리고 걸어서 임시 마련된 장막 안으로 들어갔다. 태자 이하 신하들은 왕이 참배할 여래진영전如來眞影殿 밖에서 기다렸다.

임금이 천천히 진영전으로 들어서자 신하들은 일제히 머리를 숙였다. 사인舍人이 임금의 뒤를 따르다가 큰소리로 말했다.

"태자 이하 근신 재배!"

일제히 진영전에 재배를 올렸다. 임금이 진영전 안으로 들어가자 태자 이하 신하들도 따라 진영전 앞 층계 위로 올라섰다.

임금은 진영전 안에서 추밀원사가 따라주는 술잔을 올렸다. 이것을 신호로 태자 이하 신하들이 일제히 절을 올렸다. 추밀원사가 잔을 다시 임금에게 주고 임금은 받아서 음복했다. 이것으로 절에서 임금의 의식은 끝이 났다. 임금은 절에서 미리 마련한 행궁에서 잠시 쉬었다.

그 사이 수많은 승려들은 여러 불당에 차려진 음식상 앞에서 재를 올리는 의식을 행했다. 재가 끝나면 임금은 잿상의 음식을 신하들에게 하사했다. 음식은 풍성하여 나누어 먹고도 남을 정도였다. 이때부터 백성들도 어울려 진탕 먹고 마셨다.

임금은 신하들을 거느리고 환궁했다.

이튿날은 대궐 강안전 앞 넓은 뜰에서 전날 같은 모든 의식절차를 밟아 식을 거행했다. 신하들이 음악에 맞추어 임금에게 재배하고 술을 올렸다.

"신들이 상원上元의 성회를 맞이하니 경사스럽기 한량없나이다. 삼가 만세수의 술을 올리고 엎드려 성지를 기다리나이다."

임금은 술을 받아 마시고 난 다음 신하들에게 차례대로 술을 나누어주었다.

다음에는 신하들이 임금에게 헌화하는 의식을 거행했다. 이러한 의식이 끝나면 임금이 꽃과 음식을 내렸다. 이어 넓은 강안전 뜰에서 군신이 어울려 연회를 열었다. 연회 뒤끝은 여민동락이 되었다.

밤이 되면 장식한 등에 불이 켜졌다. 궁중뿐만이 아니라 궁 밖 거리거리에도 등불이 휘황찬란했다. 개경이 불야성으로 변했다. 대궐·사찰·민가 할 것 없이 진수성찬을 차려놓고 즐겼다.

대궐의 경우 하루는 절에서, 다음날은 궁궐에서, 그 다음날은 대신의 집에서 사흘을 먹고 마시며 흥청망청 즐겼다. 백성들도 사흘 동안 음식을 장만하여 흥겹게 놀았다. 이날만은 인심이 후하여 서로 음식을 대접하고 모르는 사람에게도 음식을 나누어주었다.

연등회는 본래의 뜻에서 멀어져 먹고 마시고 노는 놀이로 변질되어 성종 때에 폐지되었다. 그것을 현종이 다시 부활시켜 행사를 거행한 것이다. 명분은 거란군에게 시달림당한 백성을 위로한다는 것이었다.

현종은 팔관회도 열었다. 음력 11월에 의봉루儀鳳樓에서 만조백관을 조하하고 음식을 나누어주고 풍악을 울리며 놀았다.

대람전大覽殿 앞뜰에 비단 장막을 치고 전후좌우에 등을 달아놓고 불을 밝힌 후 그 앞에서 백희와 가무를 즐겼다. 도성의 백성이 구름처럼 모여 구경했다.

팔관회도 성종 때 폐지되었으나 현종이 부활시킨 것이다. 백성들도 팔관회 날에 연등회처럼 음식을 장만하여 즐겁게 놀았다. 팔관회는 처음에는 하루로 끝냈으나, 해를 거듭할수록 늘어나 어느새 사흘이 되고 말았다. 그리하여 연등회와 팔관회는 본연의 뜻을 잃고 백성에게 사치스러운 풍속을 조장하고, 전쟁시에도 태평성대처럼 여기는 나태와 해이를 조장하는 결과를 낳았다. 이렇게 놀이문화가 잘못 발전하면 망국 풍조를 낳기 십상이다.

덕종시대 (1031~1034)

⊙ 천리장성

16세의 어린 나이로 왕위에 오른 덕종德宗의 이름은 흠欽이며, 자는 원량元良이다. 현종과 제3비 원성왕후 김씨 소생으로, 7세에 태자로 책봉되었다. 어린 나이였지만 덕종은 고려의 안정을 위해 부단한 노력을 기울였다. 그는 신하들과 불편한 관계이면서도 거란의 망명객들을 받아들이고, 아울러 발해인들도 적극 수용했다.

거란은 고려의 강경정책에 군사적인 압력을 행사하려다가 오히려 패하는 수모를 당했다. 거란군이 정주를 침략했으나 고려군에게 대패하고 퇴각했다. 이때는 이미 유소柳韶가 시작한 천리장성이 완성되어 고려 변방이 철옹성 같았다.

덕종은 즉위하자마자 인사를 단행하여, 유소를 승군 병마원수로 삼아 천리장성에 박차를 가하도록 독려했다.

본래 발해에 붙어 있던 말갈 사람들이 뒤에 여진이란 이름으로 한덩어리가 되어 동북쪽에 몰려 살았다. 처음에 이들은 고려를 어버이의 나라로 섬겼다. 고려가 거란과의 싸움이 잦아지자 피폐해진 틈을 노려 여진은 차차 세력을 뻗쳐 고려 변방의 두통거리가 되었다.

현종은 평장사 유소에게 명하여 흥화진 서북 40리에 걸쳐 있는 옛날의 성을 수축하여 위원진威遠鎭을 두게 했다. 그리고 그 북쪽의 정융진定戎鎭을 수축하여 영평永平의 백성을 옮겨 살도록 했다.

그럼에도 고려 조정은 늘 변방이 근심거리였다. 현종이 승하하고 덕종이 즉위하자 서북쪽 북방에 큰 성을 쌓아 나라를 안정시키려는 계획을 세웠다.

"유원수, 선대께서 북변이 늘 소란스러워 경에게 위원진과 정융진을 두게 했소이다. 허나 그것으로는 미흡하오. 경의 고견을 듣고 싶소이다."

"폐하, 연전에 돌아가신 강감찬 장군께오서도 북방을 조용하게 하려면 성을 쌓아 변방을 튼튼히 하는 방법밖에 없다고 했나이다. 소장의 생각에도 대대적인 축성이 긴요하다고 보여지나이다."

"진시황제의 만리장성 같은 것을 말하는 것이오?"

"그러하오이다. 고려는 진시황제처럼 만리장성을 쌓을 만한 땅도 없나이다. 그저 천리장성 정도면 변방수비가 완벽해져 평안을 누릴 것이옵나이다."

"복안이 있는 게요?"

"있사옵나이다. 병부상서와도 의논한 바가 있나이다."

덕종이 병부상서 장극맹을 불렀다.

"경은 변방 수비책에 대해 유원수와 의논한 적이 있다 들었소. 구체적인 안이 있는 게요?"

"폐하, 대체적인 안을 의논했나이다. 하오나 여진뿐만이 아니오라 거란이 호시탐탐 고려를 노리고 있으니 그들의 전쟁욕구를 잠재우기 위해서라도 변방의 성 쌓기를 서둘러야 할 줄 아옵나이다."

"어디에서부터 어디까지 쌓을 계획이오?"

유소가 대답했다.

"폐하, 옛 고구려의 국내성 경계 압록강이 바로 바다로 흘러가는 어귀이옵니다. 여기서부터 시작하여 정평定平의 도련포都連浦까지 쌓으면 실로 천리는 되나이다."

"천리장성이라 했소?"

"그렇사옵나이다."

"어디어디를 잇게 되오?"

"위원·흥화·정주·영해·영덕·영삭·운주·삭주·안수·청새·평로·영원·정융·맹주 등 열네 고을을 잇게 되나이다."

"오, 장엄한 계획이로다."

"폐하, 천리장성이 완성되면 여진은 물론 거란도 쉽게 우리 나라를 넘보지 못할 것이나이다."

"속히 거행하도록 하시오."

덕종은 형부상서 홍빈을 불러 죄수들을 천리장성 축성에 투입시키라고 영을 내렸다.

"살인·강간·반역 죄인을 제외하고 모든 죄수들을 성 축성에 투입시키고 일정기간의 사역이 끝나면 형을 면죄해주는 특별법을 만들어 시행토록 하시오."

비록 나이 어린 임금이었으나 부국강병에 대한 의지는 투철했다.

덕종의 남다른 관심으로 천리장성 축성작업에 들어갔다. 일반 백성들의 차출은 되도록 삼가고 죄수들과 병사들로 사역을 충당해갔다. 죄수들은 대사면령을 내려 형량을 사역으로 대신케 하여 대폭 줄여주었다.

성 축주는 빠르게 진척되었다. 2년 여 만에 완성되어 문덕전文德殿에서 축성완공 축하연을 열었다. 유소는 일약 민족의 영웅이 되었다. 감히 그 누구도 생각하지 못한 큰일을 해낸 것이다. 그에게 추충척경공신推忠拓境功臣의 호를 내려주고, 은청흥록대부상주국銀靑興祿大夫上柱國으로 벼슬을 높여주었다.

이로써 북변이 안정을 되찾았다. 성이 축성된 후에 거란이 정주에 쳐들어왔다가 제대로 싸워보지도 못하고 고려 수비군의 저항에 부딪혀 패퇴하고 말았다. 천리장성은 서해안에서 시작하여 압록강 입구까지, 거기에서 다시 13성을 거쳐 영흥군 요덕·정변·화주 등 3성을 지나 동해에 이르는 1,000여 리였다. 성벽 두께가 각각 25척이나 되는 석조石造성이었다.

유소는 죽은 후에 양의襄懿라는 시호를 받고 덕종의 사당에 함께 모셔지는 광영을 입었다.

덕종은 성이 완성되자 거란에 유교와 김행공을 파견하여 압록강에 설치된 다리를 철거하고 억류된 고려 신하들을 송환해줄 것을 당당히 요구했다. 거란이 이 요구를 받아들이지 않자 덕종은 거란에 외교사절을 보내지 않고 외교적인 압박을 가하기까지 했다. 그만큼 자신감이 생긴 것이다. 천리장성의 덕이었다. 그러나 덕종은 19세의 나이로 원대한 꿈을 펼쳐보지 못하고 생을 마치고 말았다.

◉ 호랑이가 된 낭자

아직 찬 기운이 가시지 않은 날씨였으나 봄기운이 완연했다. 산골짜기에는 잔설이 남아 있고 바람이 찼으나, 땅기운은 봄을 알려 봄나물들이 땅속에서 얼굴을 내밀었다.

통도사가 있는 영축산에도 봄이 왔다. 통도사 아랫마을에 사는 한 낭자가 혼자 봄바람도 쐴 겸 나물도 캘 겸 영축산으로 올랐다. 아직 봄나물이 지천으로 나 있지는 않았으나, 냉이며 달래가 뾰조록이 초록 이파리를 내밀고 있었다.

낭자는 나물을 찾아 산을 헤매며 콧노래를 흥얼거렸다. 그날 따라 나물도 하나 보이지 않는 호젓한 산길을 낭자 혼자 마음껏 즐기며 산을 올랐다. 나물 바구니에는 한 줌밖에 안 되는 냉이와 달래가 담겨 있었다.

낭자는 그만 내려가야겠다는 생각으로 뒤돌아섰다. 그런데 어찌된 영문인지 올라온 길이 생각나지 않았다. 어느덧 해는 기울어 영축산에 산그늘을 드리웠다. 큰일이었다. 낭자는 한참을 헤매다가 겨우 암자를 하나 발견했다. 사위는 이미 어둠에 묻혀버렸다.

암자에 닿은 낭자는 눈을 부비고 현판을 보았다. 백운암이었다. 마을에서 듣기로는 통도사에서 제일 높은 암자였다. 암자에서 불빛이 희미하게 새어나오고, 법당 안에서 경 읽는 소리가 들려왔다.

낭자는 암자 앞에서 인기척을 냈다. 경 읽는 소리가 그치고 암자의 문이 열렸다. 까까머리 스님이 낭자를 발견하고 주춤했다.

"이곳에 계시는 스님이시온지요?"

낭자의 목소리는 계곡물 소리보다 청아하고 아름다웠다. 스님은 순간 가슴이 찌릿했다.

"그렇소만, 낭자께서 어인 일로 이 밤에 이곳까지 오르셨나이까?"

"소녀 나물 캐러 왔다가 그만 길을 잃고 산을 헤매다가 이곳에 찾아들었나이다. 하룻밤 묵어가도록 허락하시옵소서."

스님은 난처했다. 암자에는 자기 혼자뿐이었다. 장차 훌륭한 강백이 되기 위해 통도사에서 제일 높은 백운암에 똬리를 틀고 앉아 정진하는 중이었다.

"낭자, 사정은 딱하나 소승 혼자 수행중이옵고 방이라고는 이 법당뿐이라 난처하나이다."

"스님, 이 밤중에 연약한 소녀를 쫓아내시겠다는 말씀이나이까?"

"그렇기는 하오만, 낭자께서 불편하지 않으실지 염려되나이다."

"그런 염려는 거두소서."

"그렇다면 법당으로 드시지요."

낭자가 법당으로 들어갔다. 스님은 낭자의 어여쁜 얼굴에 놀라고, 낭자는 젊은 스님의 옥골 선비 같은 모습에 놀랐다.

"아무 곳에서나 눈을 붙이시구려. 소승은 경전을 공부해야 하나이다."

"고맙나이다. 소녀는 개의치 마시고 공부하소서."

낭자는 잠을 이룰 수가 없었다. 정좌하고 경전을 읽는 젊은 스님의 자태를 불빛에 보니 신선이었다. 낭랑한 목소리는 속삭이는 듯 낭자의 심금을 울렸다. 낭자는 그만 스님에게 넋을 빼앗기고 말았다.

날이 밝아 마을로 내려오는 길이 낭자에게는 큰 고행길이었다. 살 수만 있다면 그 스님 곁에서 수발을 들며 살고 싶었다. 낭자는 집으로 돌아왔으나 마음은 백운암 스님에게 가 있었다. 낭자는 날이 갈수록 몸이 말라가고 시름시름 앓았다.

낭자의 부모는 용한 의원을 불러 보였으나, 의원은 고개를 갸웃거리며 병명을 알아내지 못했다.

"맥도 정상, 숨결도 정상, 눈동자도 정상이거늘, 도대체 아픈 곳이 어디란 말인가?"

의원은 며칠 동안 머물며 낭자의 병을 살핀 후에 드디어 알아냈다.

"상사병이 분명하나이다. 상사병에는 약이 없사오니 상대 남자를 찾아 혼례를 시키는 것만이 치료법이나이다."

"그럴 리가 있나? 내 딸이 외출이 잦나, 아닌 말로 마을에 쓸 만한 놈이 있기를 하나, 당치도 않소이다."

"틀림없소이다. 따님을 잘 구슬려보소서."

의원은 확신을 하고 낭자 집을 떠나버렸다. 낭자의 어머니가 물었다.

"애야, 의원이 우리한테 한 말이 있느니라. 네 소원을 다 들어줄 테니 이 어미에게 툭 털어놓으려무나."

"어머님, 정말이세요? 제가 무슨 말을 해도 다 들어줄 수 있나요?"

"아무렴. 네가 자리를 털고 일어날 수만 있다면 뭐든지 다 들어줄 테니 어서 말하려무나."

낭자는 눈물을 흘렸다. 말 못할 고통에 마음을 졸이다가 이제야 털어놓을 수 있어 감격스러웠다.

"어머님, 소녀 백운암 학승을 마음에 두고 있나이다."

"아니, 중을 사모하고 있다는 말이더냐?"

"그러하나이다."

"아이구 이를 어쩌나, 하필이면 중이었더냐? 사연이나 들어보자."

낭자는 자초지종을 죄다 이야기하고 이불에 얼굴을 묻고 흐느껴 울었다.

낭자의 부모는 딸의 딱한 처지를 이해하고 중간에 사람을 넣어 백운암 학승에게 보냈다. 학승은 날벼락을 맞은 듯이 정신이 멍멍했다.

"소승은 장차 훌륭한 강백이 되기 위해 불철주야 정진하고 있나이다. 낭자께서 소승을 사모하는 정을 모르는 바는 아니오나 소승은 받아들일 수 없는 몸이나이다."

"스님, 제가 불자도 있다고 들었나이다. 낭자와 혼인한 후에도 부처님 제자가 될 수 있지 않겠나이까?"

"나는 그렇게 할 수 없소이다. 헛수고 말고 돌아가 낭자에게 마음을 바꾸라고 이르시오!"

학승의 태도는 단호했다. 행여나 하고 기다리던 낭자의 부모는 낙담하여 며칠 동안 앓아누웠다. 마지막으로 낭자의 아버지가 학승을 찾아갔다.

"나는 처녀의 아비요. 학승께서 하시는 공부 또한 인간 구제에 목적이 있거늘, 죽어가는 내 딸아이를 외면할 수 있다는 말이오? 부디 뜻을 접고 우리 애를 배필로 맞아주오."

"그리할 수 없다고 분명히 말씀 드렸나이다. 따님이 소승을 사모하는 마음은 일시적인 탐욕이오나, 소승의 뜻은 부처님의 길을 가는 데 있나이다."

"가는 길을 가되 방법을 달리하면 되지 않겠소이까?"

"다른 길이 있나이까?"

"학승께서도 부설거사浮雪居士(신라 때의 승려. 묘화와 혼인하여 둔 1남 1녀를 모두 출가시켜 승려가 되게 했다) 이야기를 알고 계실 것이외다. 부설거사처럼 혼인을 하시어 온 가족이 성불하면 더 큰 뜻을 이루는 게 아니겠소이까?"

"사람에게는 각자 알맞은 그릇이 있는 법이외다. 소승은 부설거사가 아니외다. 헛수고 마시고 돌아가소서."

학승은 돌아앉아 경전을 읽었다. 낭자의 아버지는 소득 없이 집으로 돌아왔다.

"애야, 그 학승이라는 자는 몰인정한 자이니라. 그런 자가 성불을 꿈꾸다니, 소가 웃을 일이야. 잊도록 하여라."

"아버님 죄송하나이다. 소녀는 그분을 잊지 못하옵니다."

낭자의 고집도 학승 못지않았다. 낭자는 학승을 끝내 떨쳐버리지 못하고 병이 깊어 죽어가고 있었다. 어느 날 겨우 의식을 찾은 낭자가 어머니에게 말했다.

"어머님, 불효를 용서하소서. 소녀, 오래 가지 못할 것 같나이다. 그 학승에게 연통을 넣어 마지막으로 한 번만 만나게 해달라고 부탁해보소서."

어머니는 울면서 마을 신도를 백운암으로 보냈다.

"스님, 낭자의 병이 오늘 내일 한답니다. 낭자께서 스님의 얼굴 한 번 보기를 원하니, 죽어가는 낭자의 원을 풀어주소서."

"내가 이제 나타나서 어찌하겠소이까. 나로서는 어쩔 수 없는 일이외다. 부처님의 가호가 있기를 빌 뿐이나이다."

"정녕, 그 소원마저 거절하시겠다는 게요?"

"거절이 아니오라 애초부터 낭자와는 인연이 없소이다."

매정했다. 심부름꾼은 백운암을 나서며 투덜거렸다.

"중생을 구제한다는 중놈의 새끼가 사람이 죽어간다는 데 인연이 없다며 거절하는 법도 있나. 저런 작자는 부처님의 제자가 아니다. 퉤!"

낭자는 심부름꾼이 소득 없이 돌아오자 맥을 놓아버렸다. 그날 밤,

낭자는 가슴에 원한을 품고 세상을 떠났다. 이 소문이 퍼져 듣는 사람마다 학승의 매정함을 욕했다.

세월은 낭자의 아픈 사연을 잊어버리게 하며 빠르게 흘렀다. 그 학승은 정진하여 드디어 강백의 자격을 따냈다. 피나는 노력의 결실이었다.

강백 취임 예불이 통도사에서 열렸다. 소문을 듣고 신도들이 수백 명 모였다. 그 학승이 단 위에 올라 입을 열었다.

"소승에게는 오늘이 있기까지 슬픈 사연이 하나 있나이다. 소승은 그 사연부터 이야기하여 낭자의 명복을 빌까 하나이다."

그때였다. 통도사에 강한 돌풍이 일고 느닷없이 호랑이 울음소리가 들렸다. 통도사 신도들은 긴장했다. 법당 지붕을 호랑이가 뛰어다니며 으르렁거렸다. 그런가 하면 닫힌 법당 문을 앞발로 할퀴며 포효하는 것이었다.

"불길한 징조야. 강백 스님에게 좋지 않은 일이 생길 징조야."

"그러게나 말일세. 이거 큰일이 아닌가."

"그나저나 지켜보는 수밖에… 우리에게 무슨 힘이 있겠나."

신도들이 수군거렸다. 이때 행사를 맡은 스님이 제안을 했다.

"아무래도 호랑이가 사람을 찾는 것 같소. 신도들께서는 소지품을 하나씩 호랑이에게 던져 그것을 덥썩 물거나 앞발로 잡으면 호랑이가 찾는 사람으로 정하겠소이다."

"그렇게까지 해야 하나이까?"

"그러지 않으면 호랑이의 횡포를 막지 못하고 여러 신도들이 다칠 수 있소이다."

한 사람을 희생시켜 대중이 무사하자는 의견이었다. 신도들은 따르기로 했다. 하나씩 버선, 수건, 옷고름, 비녀 등을 던졌다. 호랑이는 거들떠보지 않았다. 마지막으로 강백 스님이 가사 저고리를 집어던지자 호랑이는 앞발로 덥썩 받아 갈기갈기 찢어버리는 것이었다. 강백 스님은 태연히 호랑이 앞으로 다가섰다. 호랑이는 낼름 강백 스님을 낚아채고는 입에 문채 어디론가 사라져버렸다.

　이튿날, 신도들이 나서서 온 산을 살피며 강백 스님을 찾았다. 백운암 등성이 근처에서 강백 스님을 찾았다. 스님은 목숨이 끊겨 있었으나 상처 하나 없었다. 그런데 사타구니에 피가 엉겨 붙어 있었다. 스님의 남근이 잘려 없어져 있었다. 사람들은 강백 스님이 낭자에게 원한을 사서 그렇게 된 것이라고 수군거렸다. 그 호랑이는 학승에게 원한을 품고 죽은 낭자였다.

　여자가 원한을 품으면 오뉴월에도 서리가 내린다는 말이 있다. 낭자는 죽어가면서 그토록 애원했으나 끝내 거절한 학승을 죽어서까지 잊지 못하고 복수를 한 것이다. 세상의 이치는 정을 잘 다스림에 있지 않을까 싶다.

정종시대 (1035~1046)

⊙ 당근과 채찍

정종靖宗은 현종의 둘째 아들이다. 이름은 형亨이며 자는 신조申照로서, 5세 때 내사령과 평양군으로 책봉되었다. 형 덕종이 약관의 나이로 세상을 떠나자 7세의 나이로 선위받은 정종은 고려 제10대 임금이 되었다.

정종은 외교문제에 심혈을 기울였다. 조정이 안정되고 백성이 생업에 활기를 찾아 태평성대의 세월로 진입하고 있었다. 정종은 형 덕종이 거란과의 관계를 긴장 속에서 풀어왔듯이 그도 거란을 상대로 당당하게 대처했다.

선왕대에 축조한 천리장성을 증축하고 북방의 방비에 심혈을 기울였다. 그러는 한편 창성에 성을 쌓아 주민을 이주시켰다. 이에 거란에서 통첩을 보냈다.

"칙사, 지금 뭐라고 했소?"

거란이 사신을 보내 트집을 잡았다. 정종은 위엄을 갖추고 거란 사신을 만났다.

"우리 폐하께오서는 고려의 장성 축조를 중지할 것을 원하고 계시나이다. 통촉하시오소서."

"이보시오 칙사! 우리 강토를 지키려고 성을 쌓고 축조하는데 거란이 어찌하여 간섭이란 말이오!"

"간섭이 아니오라, 축성을 하여 양국간에 벽이 생기면 서로가 좋지 않다는 뜻으로…."

"말씀 삼가시오! 거란이 고려의 내정간섭을 하겠다는 것이외까?"

"폐하, 천부당만부당하옵나이다. 우리 폐하께오서 건의하시는 것이외다."

"짐은 귀담아듣지 않겠소이다!"

정종의 싸늘한 태도에 거란의 칙사는 망설이다가 겨우 입을 열었다.

"폐하, 한 가지 청이 있나이다."

"말해보오."

"우리 거란과 고려국 사이에 국교가 정상화되지 않아 불편이 많사옵나이다. 폐하께오서 넓으신 아량으로…."

"닥치시오! 우리는 할 말이 없어 안 하고 있는 줄 아시오? 국교정상은 거란이 먼저 원치 않는 것 같소이다."

"그럴 리가 있겠나이까?"

"이보시오 황 이부상서! 우리가 거란에게 요구할 사항이 많다고 보지 않소이까?"

정종은 이부상서 황주량을 슬쩍 끌어들였다. 황주량은 기다렸다는 듯이 말했다.

"그렇사옵나이다. 먼저 거란에 억류되어 있는 우리의 사절들을 풀어주어야 하옵고, 거란이 무력으로 차지한 압록강 지역을 돌려받아야 하고…."

"그만 하시오. 이보시오 칙사, 들으셨소이까? 이러고도 거란이 우리에게 국교정상을 바라는 것이오이까?"

"폐하, 그것은 국교가 정상화되면 자연히 해결될 문제이나이다."

"가서 황제께 전하시오! 우리 고려는 거란이 침입하지 않겠다는 약조가 없으면 국교를 맺을 뜻이 없다고!"

정종의 단호한 태도에 거란 사신은 주눅이 들어 말을 삼갔다. 정종은 거란 칙사를 보낸 후에 평장사 황보유를 불러 은근히 영을 내렸다.

"평장사, 짐이 거란의 사신을 몰아붙였지만, 외교는 그래서는 아니 된다는 것을 알고 있소이다. 평장사께서 화의를 모색해보시오."

"폐하, 지당하신 분부이옵나이다."

이때부터 황보유와 거란과의 은밀한 협상이 이루어졌다. 황보유는 일단 거란의 실력 있는 신료를 물색했다. 그러는 사이에 거란 칙사가 거란에 들어가 정종의 거만한 태도를 말하고 무력만이 고려를 제압하는 길이라고 역설했다. 거란은 압록강에 군사를 보내 무력시위에 들어갔다.

정종은 보고를 받고 코웃음을 쳤다. 북변 방어사에게 단호한 영을 내렸다.

"사정 두지 말고 공격하라! 거란군이 우리 땅에 한 발자국도 딛지 못하게 하라!"

고려군의 강한 저항과 철통 같은 수비에 거란은 속수무책이었다.

이러는 사이에 황보유는 거란측 신료를 만나 물밑 작업에 들어갔다.

"거란은 걸핏하면 군사를 일으켜 우리를 괴롭히는데 그것이 온당한 처사라고 보시오?"

"우리 조정에 강경파가 득세하고 있어 번번이 고려국에 괴로움을 주고 있소이다. 황공과 내가 협상을 깔끔하게 마무리하여 정상외교가 되면 문제는 해결되나이다."

"선결문제는 우리 사신을 돌려보내는 일이외다. 거란에 우리 사절을 잡아놓고 국교를 정상화시키자고 억지를 쓴다 해서 우리 황제께 먹혀들 것 같소이까?"

"고려에서도 한 가지 삼갈 것이 있소이다. 송나라와 통교하는 것을 자제해주시오."

"그것은 어려운 일이외다. 송나라와 우리는 오랫동안 교류해와서 형제국 같으오. 헌데 거란과의 국교를 위해 형제의 나라를 버리라는 것은 억지외다."

"우리 폐하께오서 가장 싫어하는 일이 바로 고려와 송나라의 관계이나이다."

"그 일은 고려로서는 절대로 양보할 수 없는 일이오."

"우리가 억류된 사절을 돌려보내면 고려해보겠소이까?"

황보유는 곰곰이 생각해보았다. 썩 좋은 기회였다. 우선 억류된 사신들을 돌아오게 하는 일이 급선무였다.

"만약 그리 된다면 우리 폐하의 마음이 달라질지도 모르오. 그 일을 추진해주시오."

"그리해보리다."

황보유와 거란 신료와의 협상이 잘 이루어져 억류된 사절이 돌아왔다. 그리고 압록강을 위협하던 거란군이 철수했다. 이후 협상이 순조롭게 진행되어 4년 여 만에 고려와 거란의 외교관계가 정상화되었다.

하지만 그뒤에도 정종은 성 축성을 계속해서 해나갔다.

양국의 국교가 정상화되자 고려는 거란의 연호를 사용했다. 이후부터 거란이 멸망하기까지 고려와 마찰 없이 양국간에 평화가 지속되었다. 정종은 재위 12년 동안 거란과의 외교를 잘 풀어나가 다음 문종시대에 태평성대를 열어주었다.

◉ 예성강 노래

정종시대로 접어들면서 고려는 평화를 맞았다. 거란과의 국교 정상화가 사회 전반에 안정과 평화를 가져왔던 것이다. 고려의 태평성대는 풍요로운 생활을 가져왔고, 풍요에 수반되는 사치에 눈뜨게 만들었다. 계속되는 송나라와의 무역은 해가 갈수록 교역량이 많아지고 사치품이 주류를 이뤄갔다.

예성강 하류 벽란도는 고려 초기 국제 무역항이었다. 송나라 명주明州에서 떠난 배는 바람만 좋으면 사흘 만에 바다 한가운데로 나오고, 다시 닷새쯤이면 흑산도에 닿을 수 있었다. 흑산도에서 황해 연안의 섬 사이를 돌고 돌아 예성강 하류 급류 지역에 다다랐다. 뱃사람과 장사꾼들은 급류를 지나면서 주위의 빼어난 경관에 넋이 빠져 가끔 실수를 저지르기도 했다.

송나라를 떠난 무역선은 보름쯤이면 고려의 국제 무역항 벽란도에 도착할 수 있었다. 벽란도는 송나라 장사꾼은 물론이려니와, 멀리 대식국大食國(사라센)의 장사꾼도 왕래했다. 송나라 장사꾼이 주로 가지고 오는 물건은 책, 향료, 화장품, 약품, 질그릇, 비단 등이었다. 이런 물건들을 가지고 와서 고려의 인삼을 가져갔다. 고려 인삼은 그 당시 중국에서 인기 품목이었다.

벽란도는 국제 무역항답게 이국정서가 물씬 풍겼다. 끊일 새 없이 외국 무역선들이 드나들어 고려 장사꾼들은 호황을 누렸다. 개중에는 외국 장사꾼에게 비위를 맞춰주고 이익을 챙기는 부류들도 있었다. 특히 송나라 장사꾼의 비위를 맞춰 찻집과 기생집을 열어 짭짤한 수입을 올렸다. 음식도 그들이 즐기는 돼지고기를 주원료로 만들었고 독한 중국 술을 들여와 팔았다.

벽란도에 예성강 이름을 따서 예성집이라는 주막이 있었다. 음식 솜씨가 뛰어나고 이집 주모의 미모가 그야말로 절색이었다. 예성집 주모에게 수작을 부려보려고 외국의 장사꾼들이 썩은 고기에 쇠파리 꾀듯 했다.

송나라 장사꾼 하두강賀頭綱도 쇠파리 중의 하나였다. 그는 일반 장사꾼과는 달랐다. 소위 나라를 상대로 하는 관상官商이었다. 그 당시 관상으로 이름이 난 사람은 진의陳義, 황의黃宜 등이 있었다. 이들은 들여온 물건을 일부는 나라에 바치고 일부는 장사를 했다. 그들의 물건은 고급품으로 정평이 나 있었다.

하두강은 관상으로 처음 고려에 들어와 크게 재미를 보지 못했다. 관상은 양쪽 나라에 물건을 바쳐야 하므로, 치밀한 계산과 요령이 없으면 밑지기 십상이었다. 경험이 없으면 하기 어려운 장사였다.

하두강은 관상을 때려치우고 일반 장사꾼으로 이듬해에 벽란도에 왔다. 그는 곧바로 예성집부터 찾아가 술을 주문했다. 하두강은 술상보다는 주모에게 관심이 쏠려 있었다.

술상을 들고 나오는 주모를 보고 하두강은 그만 넋을 잃고 말았다. 송나라 청루에서도 보지 못한 절세가인이었다.

'아깝도다. 어찌하여 주모 노릇을 하며 인물을 썩히는 것일까? 내가 구해주리라.'

하두강은 흑심을 품었다. 음식맛을 본 하두강은 혀를 내둘렀다. 송나라에서 이름난 음식점의 맛보다 뛰어났다.

'절세가인에 음식 솜씨 또한 뛰어난 여인, 이 여인과 단 하루를 살다가 죽어도 여한이 없으리라.'

하두강은 함께 간 장사꾼과 술 한 상을 더 주문했다. 주모의 얼굴을 다시 보고 싶어서였다. 부른 배를 쓸어내리며 술을 마셔댔다. 하두강은 자리를 뜰 생각을 하지 않았다.

바깥 주인이 하두강의 자리로 와서 인사를 텄다.

"나는 이집 주인 왕호라 하오."

"송나라에서 온 하두강이외다."

"술이 과하신 것 같소이다. 숙소로 가시지요."

"아, 아니오. 술에 취하다니 어림없소이다."

하두강은 왕호에게 질투심이 일었다. 인품을 보니 저보다 나을 것이 없는데 천하의 절세가인을 끼고 살다니, 세상은 요지경 속이었다.

"그래, 무얼 가지고 나오셨수?"

"비단이오. 우리네 비단 송나라 최고품이외다. 댁도 사서 예쁜 부인께 선물하지 않으시려우?"

"그럴 만한 돈이 없수다. 돈이 있으면 마누라 앞세워 이따위 주막을 하겠수?"

"손님이 많은데 장사가 안 되다니, 왕 선생은 엄살이 심한 것 같수다."

"빛 좋은 개살구요. 빚 얻어 하는 장사라 이자 갚기 바쁘오."

하두강은 왕호와 이야기를 나누면서도 술상을 나르는 주모를 훔쳐보느라고 가자미 눈이 되어 있었다. 주모의 탱탱한 엉덩이에 자꾸 눈길이 가서 술을 엎지르곤 했다. 그의 동료가 눈치를 채고 하두강의 옆구리를 쥐어박았다.

"이보게 하형, 그만 일어나세나. 많이 취한 것 같네."

"한잔 더 하자구. 음식 맛 최고겠다. 게다가…"

"허허 이 사람, 안 되겠구먼. 그만 일어나자니까."

하두강은 마지못해 일어났다.

"이보쇼 주인장, 술값 받으시오. 비단 두 필이면 되겠수?"

주모가 부엌에서 생글거리며 나왔다. 그 모습이 어찌나 황홀한지 하두강은 그만 몸이 굳어졌다.

"두 필은 많아요. 한 필이면 족하나이다."

"허허 술값마저 싸구나."

하두강은 장탄식을 뽑아내듯 말했다.

"보면 볼수록 아름다운 미인, 주모야말로 서시나 달기보다도 더 빼어난 절색이로다."

하두강은 주모를 힐끔거리며 뒷걸음쳐 주막을 떠났다.

하두강은 정박해 있는 배로 돌아와 싣고 온 비단을 팔았다. 예상보다 쉽게 팔리지 않았다. 워낙 값이 비싼데다가 서민들 상대라서 날짜가 꽤 오래 걸릴 것 같았다.

낮에는 장사를 하고 하두강은 밤이 되자 예성집으로 달려가 주모를 감상하며 술을 마셨다. 아무리 퍼마셔도 취하지 않는 술이었다. 갈증만 더할 뿐, 주모에게로 쏠리는 마음만이 가슴 쓰리게 할 뿐이었다. 쓸쓸히 배로 돌아와 뜬눈으로 밤을 새고 아침 일찍 예성집을 찾았다.

"어인 일이셔요?"

주모가 동백기름을 바른 윤이 나는 새까만 머리에 진달래꽃 한 송이를 오른쪽 귀 뒤에 달고 생긋 웃으며 하두강을 맞았다.

"해 해 해자앙구욱을…."

하두강은 말을 더듬었다.

"해장국을 드시려구요? 우선 해장술부터 한 잔 하셔요."

"그 그러리이다아…."

주모는 어젯밤보다 더 아름다워 보였다. 하지만 병풍 속의 닭이요, 그림의 떡이었다. 하두강은 자기 자신이 한없이 초라하게 느껴졌다.

하두강은 술잔을 들고 멍청하니 앉아 있었다. 왕호가 수상쩍게 여겨 참견했다.

"객상, 무슨 일이 있는 게요?"

"있소만, 말 못할 고민이외다."

"무슨 일인지 털어버려야 고민이 풀리든 얽히든 할 게 아니겠소."

"그것이 엿장사 맘대로 된답디까?"

"우리 이야기나 하십시다. 송나라 서울 변경은 요즘 어떻소이까?"

왕호가 하두강을 측은하게 여겨 말동무가 되어 주려고 마주 앉았다.

"고려 서울보다 번화하고 경기도 좋습네다."

"미인들도 시글시글하다면서요?"

"많으면 뭘하우? 고려 미인 하나만도 못하거늘."

"고려에 그런 미인이 있다는 말이유? 어디에 있소이까?"

"그건 말할 수 없수다."

두 사람은 해장술을 주거니 받거니 하며 금세 취해버렸다.

주모가 해장국을 끓여왔다. 하두강은 술김에 보는 주모의 아침 얼굴에 그만 숨이 막힐 것 같았다. 엷은 화장기 속에 감춰진 하얀 피부가 아침 햇살을 받아 뽀얗게 빛났다. 주모는 하두강에게 술을 따라주며 위로의 말을 건넸다.

"객지라서 음식이 입에 맞지 않을 것이와요. 억지로라도 든든하게 드셔야만 장사를 할 게 아니겠어요."

"무슨 말씀을… 주모의 음식 솜씨가 천하 제일이외다."

"호호호… 듣기 괜찮네요. 칭찬 고마워요."

왕호는 옆에서 벌쭉 웃고 있었다. 주모는 단골 하나라도 더 확보하려고 하두강에게 친절을 베풀었다. 하두강은 장사는 뒷전이고 주모와 수작 부릴 생각으로 머리가 복잡해졌다.

"자, 아침 밥값으로 비단 한 필을 드리겠소이다."

"아닙니다. 어제저녁 아침 밥값까지 다 받았나이다."

"너무 싸지 않소이까?"

"저희 집을 계속해서 이용해주셔요."

"오지 말라고 쫓아내도 올 것이외다."

"고마워요."

하두강은 뭉기적거리며 주막을 떠나지 않았다. 장사할 생각은 하지 않고 왕호를 상대로 노닥거리고 있었다.

"객상, 오늘 장사 안 하시려우?"

"내가 없어도 함께 온 동료가 잘할 거외다."

"허어 참, 팔자 좋은 장사꾼이로군. 낮부터 술이나 죽이고 있을 참이오?"

"주인장, 혹여 장기 둘 줄 아오?"

"왜 묻는 게요? 가는 길은 아오만."

"그것 참 잘 됐수다. 심심하니까 내기 장기 한 수 두지 않으려우?"

"좋은 생각이우. 뭘 걸고 내기를 할까요?"

"나는 비단을 걸겠수다."

"난 걸 만한 물건이 없수다."

"돈을 걸면 되잖수? 비단 한 필과 돈 다섯 냥, 어떻소이까?"

"좋소이다."

왕호는 장기를 무척 즐겼다. 장기판이 벌어지면 지청구를 들으면서도 훈수를 했다.

왕호와 하두강은 장기판을 벌여놓고 수 읽기에 골몰했다. 두 사람 다 장기에는 일장일단이 있어 보였다. 왕호의 승승장구였다. 하두강은 비단 열 필을 잃고도 태연했다.

왕호는 하두강의 음모를 전혀 눈치채지 못했다. 승부욕에만 집착할 따름이었다. 하두강의 비단이 거의 왕호에게 넘어왔다. 하두강은 비단을 다 잃고 난색을 나타냈다.

"아하, 이걸 어쩐다지? 남은 것은 배 한 척밖에 없수다."

그러자 뜻밖에도 주모가 꼬드겼다. 주모는 남편이 비단을 다 따는 것을 보고 신이 났다.

"배를 걸고 한 판 승부를 걸면 어떻수?"

"아니 나더러 송나라로 돌아가지 말란 말이우?"

"배를 잃고 정 갈데가 없으면 여기서 살구려. 객상 입 하나쯤은 책임질 수 있나이다."

주모는 흥분되고 자신감에 차 있었다. 남편의 장기실력이면 하두강의 껍데기 벗기기는 식은 죽 먹기처럼 쉬어 보였다.

"주모, 날 먹여 살릴 수 있다 그 말이오?"

"한 입 가지고 두 말 하겠수? 그렇다니까요."

"좋소이다. 내가 배를 걸면 주인장은 뭣을 걸겠수?"

"따놓은 비단을 전부 걸겠소."

"에잇, 그것으로는 어림없지. 비단값하고 배값하고 비교가 되겠수?"

"내 집을 걸겠수다."

"나는 집이 소용없수다."

"정 그러시다면 어디 객상께서 말해보시구려."

하두강은 난처하다는 듯이 뒤통수를 긁적거렸다. 한참을 망설이다가 어렵게 말문을 열었다.

"주인장, 오해하지 마시구려. 내 배값하고 맞먹을 만한 것은 미안하지만 주모뿐이외다."

"에끼 여보쇼. 그걸 말이라고 하는 게요!"

"말하자면 그렇다는 것이외다."

왕호는 머릿속으로 손익계산을 해보았다. 첫째, 장기에 질 까닭이 없었다. 둘째, 설사 장기에 져서 마누라를 빼앗길지라도 다시 얻으면 되었다. 셋째, 내기에 이겨 배까지 생기면 한순간에 벼락부자가 되었다. 어느 한 가지 왕호에게 불리한 것이 없었다.

"좋소이다. 내 마누라를 걸겠소이다."

"주인장! 정신 나갔수?"

"왜요, 마누라를 걸라면요."

"농담이었수다."

"나는 농담이 아니외다."

"아니, 정녕 주모를 걸고 내기를 하고 싶다는 게요?"

"그렇다니까요."

"허허, 주인장의 성의를 받아들이지 않을 수 없소이다."

하두강은 왕호가 뒷말이 없도록 계약서까지 썼다. 처음부터 철저하게 계산된 내기 장기였다.

두 사람은 장기판을 사이에 두고 피가 마르는 내기 장기를 두었다. 장기는 시간이 갈수록 치열한 열기를 뿜었다. 왕호는 배를 차지할 욕심으로 외통수만을 노렸다. 그러나 비단을 다 잃어가며 왕호의 장기수를 알아놓은 하두강은 여유만만했다. 하두강이 왕호보다 처음부터 한 수 위였다. 결과는 왕호의 완패였다.

"주인장, 지셨소이다."

"알고 있소이다."

"약속은 이행하시겠지요?"

"어쩔 수 없수다."

왕호는 풀이 죽어 아내를 쳐다보았다. 주모는 설마하고 두 사내를 번갈아 보았다.

"여보, 내가 배에 눈이 멀었었나 보오. 객상을 따라 송나라에 가서 잘 사시우."

주모는 얼굴이 하얗게 질려 두 손으로 얼굴을 감싸고 어깨를 들먹였다. 남편이 원망스럽고 자신의 허욕이 후회스러웠다. 그러나 이미 엎질러진 물이었다.

주모는 보따리를 쌌다. 이제는 하두강을 따라가야 갈 몸이었다. 하두강은 음흉한 웃음을 지으며 왕호에게 말했다.

"너무 심려 마오. 내년에 고려에 올 때 송나라 미인을 데리고 오겠수. 그때까지만 홀로 지내고 계슈."

"그따윈 바라지도 않수다. 어서 가시우."

하두강은 싱글벙글 웃으며 주모를 데리고 자기의 배로 갔다.

"자, 이 배에 오르시구려."

주모는 예성집을 뒤돌아보고 서서 눈물을 흘리다가 배에 올랐다. 이어 돛이 올려지고 배 안이 떠날 준비로 소란스러웠다. 주모는 설움에 북받쳐 울음을 터뜨렸다.

왕호는 그제야 하두강에게 속은 것을 깨달았다. 울분이 치밀어 방문을 걷어차고 밖으로 나와 부두로 뛰어갔다.

"네 이놈! 송나라 장사치야! 나를 속이고 내 마누라를 가로채다니, 하늘이 무섭지 않느냐! 내 마누라를 내놓아라!"

배는 이미 부두를 떠나고 없었다. 주모를 싣고 벽란도를 떠나 이미 난바다로 나가고 있었다.

주모는 탈진될 만큼 울었다. 아무리 울고 또 울어도 정든 집과 사랑하는 남편 곁으로 갈 수 없었다. 하두강이 주모 곁으로 다가와 느물거렸다.

"주모, 이제는 예성집 일일랑 다 잊고 송나라로 가서 나와 재미있게 사십시다. 부인을 내가 호강시켜 드리리다. 송나라에 닿는 대로 혼인식도 멋지게 치르고요."

하두강이 은근슬쩍 주모의 허리를 껴안았다. 주모가 거세게 저항했다.

"이러지 마시오. 나는 고려의 여인이오. 송나라 여인이 아니란 말이오."

"이거 왜 앙탈이야? 내기를 하랄 때는 언제고 이제 와서 시침을 뗀다고 무슨 소용이람."

"이제 생각해보니 객상은 처음부터 나를 노리고 치밀하게 음모를 꾸몄던 것이오. 나는 객상의 승리에 승복할 수 없나이다."

"이제 와서 그런 말이 무슨 소용이오. 내 말을 듣지 않으면 신상에 해로울 뿐이야."

하두강은 정욕에 불타 온몸이 뜨거워져 주모의 몸을 더듬었다. 주모는 죽을 힘을 다해 저항했다. 음흉하고 비곗덩이인 송나라 장사꾼에게 몸을 더럽히고 싶지 않았다.

"이보시오 객상! 나를 포기하는 게 나을 게요. 아니면 나를 죽이고 차지하던가, 아시겠소?"

이럴수록 하두강의 정욕에 기름을 부을 따름이었다.

"그렇게는 안 될걸. 자, 내 말대로 하면 행복이 눈앞에 펼쳐질 텐데 앙탈은 부려서 뭐하나?"

"내 정은 오로지 예성집에 있는 고려의 사내요. 정은 둘이 아니라 하나란 말이외다. 섣불리 덤비지 마시오."

"이거 약속이 틀리지 않는가!"

"이보시오 객상, 내기 약속이 뭐 그리 중하오. 어서 내 남편에게 보내주시오. 집이라도 팔아 비단값을 배상하리다."

"난 비단 같은 것 상관없소. 오로지 당신을 내 사람으로 만들려고 공력을 들인 게요. 주모, 내 마음을 깊이 헤아리고 송나라에 들어가 행복하게 살아봅시다."

"나는 송나라도 객상도 싫소. 고려와 내 남편을 사랑하오."

"이제 당신은 내 아내란 말이외다."

"내기로 빼앗은 여자가 어찌 아내가 될 수 있단 말이오!"

주모가 앙탈을 부릴수록 하두강은 정욕이 끓어올라 무자비하게 덤벼들었다. 주모는 결사적으로 저항했다. 그러나 여자의 몸으로 저항하기에는 한계를 느꼈다. 주모는 바다로 뛰어들려고 했지만 뱃사람들이 붙잡아 뱃전에 묶어놓았다.

그런데 잘 나가던 배가 갑자기 그 자리에 서서 빙글빙글 돌고 있었다. 마치 물매암에 빨려드는 것 같았다. 뱃사람들이 키를 잡고 배를 안정시키려고 했으나 소용없었다. 뱃사람들은 이런 일을 처음 당하는 일이어서 어찌할 바를 몰랐다.

하두강은 뜻밖의 괴변에 몹시 당혹스러웠다. 이곳을 몇 차례 지나다녔지만 이런 일은 한 번도 없었다. 다른 배들도 사고가 난 적이 한 번도 없는 곳이었다. 뱃사람들이 불안에 떨며 수군거렸다.

"원한이 있는 사람이 배에 타면 배가 그 자리에 멈춘다는 말이 있는데 이 배 안에 그런 사람이 있는 게야."

"그러게 말일세. 이러다가 죄다 물귀신 되는 것 아냐?"

"혹시 억울한 사람이 고려 여인이 아닐까?"

"맞아, 고려 여인이 주인에게 억지로 끌려가는 게 틀림없어."

"그 여인을 돌려보내야 해. 우리 선주님께 건의하세나."

뱃사람들이 하두강에게 거세게 항의했다.

"고려 여인 때문에 우리가 물귀신이 될 수는 없소이다. 고려 여인을 돌려주고 무사한 항해를 바라야 하옵니다."

"어떻게 얻은 여인인데 돌려보내란 말인가! 잠시 기다려 보세. 조수 차이로 이럴 수 있지 않겠나?"

"아닙니다. 이것은 예삿일이 아니외다. 고려 여인을 돌려보내지 않고는 해결될 문제가 아닌 것 같소이다."

"그렇소! 고려 여인을 돌려보냅시다!"

뱃사람들이 쌍수를 들고 하두강에게 시위를 했다. 하두강은 어쩔 수 없었다.

"뱃머리를 돌려라! 주모를 돌려보내야겠다."

하두강의 명령이 떨어지자 빙글빙글 돌던 배가 예성강을 향해 쏜살같이 나아갔다. 배는 눈 깜짝할 새에 벽란도 부두에 닿았다.

주모는 하두강에게 고맙다는 인사도 없이 부두로 뛰어나갔다.

왕호는 넋이 나가 먼 바다를 바라보고 있었다.

"여보!"

주모가 달려가 남편을 뒤에서 껴안았다.

"여보, 내가 돌아왔어요."

"오, 당신이 진정 돌아온 게요?"

남편이 정신을 차리고 돌아서서 주모를 와락 껴안았다.

"여보, 나예요."

"내가 죽일 놈이오. 당신을 걸고 내기 장기를 두다니… 날 용서해주오."

"이렇게 내가 돌아왔잖아요. 어서 집으로 가요."

부부는 어깨동무를 하고 예성집으로 돌아와 기쁨에 넘쳐 예성강 노래를 불렀다.

어와 다시 만난 님이여

요내 절부 내 몰랐더냐

돈에 어두운 못난 자들아

사랑 귀한 줄 알려무나

청산은 그림같이 배 봉창에 가득한데

실같이 가는 비 돌무지에 뿌리네

밤 깊어 잠 아니 올 제

뱃사람들 예성강 노래만 부르네

세상에서는 먼저 남편이 부른 것을 예성강 노래 전편이라 하고, 나중 것을 후편이라고 한다.

⊙ 출가한 왕자

고려 제11대 문종文宗은 현종의 셋째 아들로 원혜태후 김씨와의 소생
이다. 이름은 휘徽, 자는 촉유燭幽이다. 현종 13년 낙랑군에 책봉되고,
정종 3년에 내사령에 오르고 이어 정종의 선위로 왕위에 올랐다.

문종은 문무의 재능을 겸비하고 사리에 밝아, 주위로부터 일찌감치
왕이 될 인물로 칭송을 받았다. 그는 왕위에 오르자 잠재되었던 재능을
발휘하여 고려에 태평성대를 안겨주었다. 고려는 문종대에 이르러 정
치와 외교의 안정은 물론 학문·종교가 큰 발전을 이루었다. 학문 발전
을 주도한 인물은 해동공자로 알려진 최충崔沖이며, 불교 발전에 공헌
한 이가 대각국사 의천義天이다.

문종에게는 13명의 왕자가 있었다. 이 가운데 3명이 왕위를 계승하
고 2명이 승려가 되어 역사상 유래가 없는 기록을 남겼다. 대각국사 의
천은 바로 이 문종의 넷째 왕자였다. 이름은 후煦였으나, 송나라 철종의
이름과 같아 의천으로 많이 불렀다.

문종이 어느 날 여러 왕자들을 불러놓고 물었다.

"너희 왕자들 가운데 누가 스님이 되어 부처님을 공양하고 그 공덕을 닦겠느냐?"

서로 눈치를 살피며 선뜻 나서는 왕자가 없었다. 잠시 후 의천이 조심스럽게 입을 열었다.

"마마, 불초 의천이 중이 될까 하옵나이다."

"전부터 그럴 마음이 있었던 게냐?"

"예, 하오나 자신감이 없어 망설였나이다."

"자신감이라면?"

"과연 고행을 잘 이겨낼지 아둔한 불초의 마음과 끊임없이 타협해왔나이다."

"이제는 네 마음이 허락했느냐?"

"그러했나이다."

"그렇다면 출가하도록 하라!"

문종은 의천의 출가를 기꺼이 허락했다.

의천은 11세 때 영통사의 왕사王師 난원爛圓에게 머리를 깎이고 화엄 사상을 배웠다. 의천은 총명하고 지혜로웠다. 불교 교리에만 탐닉한 것이 아니라, 유가의 교리도 연구했다. 13세 때 문종은 우세승통祐世僧統의 직위를 내려주었다.

의천은 국내보다는 송나라에 들어가 중국 불교를 배우고 싶어 그 기회를 노렸다. 그러나 어머니 인예왕후가 아직 나이가 어리다는 핑계로 좀체 송나라에 보내주지 않았다.

의천의 나이 29세에 문종이 세상 떠나고 뒤를 이어 맏형 순종이 즉위했다. 그러나 4개월 만에 세상을 뜨고 둘째형 선종이 뒤를 이었다. 선종 2년, 의천의 나이 31세 때 그는 선종에게 송나라로 들어갈 뜻을 밝혔다. 그는 〈청입송구법표請入宋求法表〉, 즉 '법을 구하기 위해 송나라로 들어가기를 청함'이라는 글을 올렸다.

"일찍부터 송나라에 유학할 뜻을 세워 이미 아바마마 살아 계실 때 아뢰었으나 어머님의 반대로 뜻을 이루지 못하였나이다. 폐하, 신라시대에 원광, 의상 같은 고승들이 당나라에 들어가 불법을 닦고 온 예가 있사옵고, 신라 말에는 수백 명의 승려들이 당나라에서 유학하였나이다. 소승도 송나라에 들어가 고명하신 스님들을 만나 뵙고 불법을 보다 깊이 배우고 수양을 쌓고자 하나이다. 아울러 오랫동안 마음에 새겨둔 책들도 차제에 구해오고 싶은 마음 간절하나이다. 더욱이 지난해 8월에는 송나라 항주抗州의 혜인원慧因院 정원법사淨源 法師께오서 간곡한 권유도 있었나이다. 하루라도 빨리 가고픈 마음 절절하와 이제는 목숨을 걸고라도 이 한몸을 넓은 바다에 맡겨 송나라에 건너가 불법을 배워오고자 하나이다. 그리하여 부처님의 광명이 고려에 더욱 비치게 된다면, 어리석은 이 마음이오나 충효에 어긋날 일도 없을 줄 아나이다. 가엾은 이 소원을 이번에는 부디 굽어 살피시오소서."

이번에도 뜻을 이룰 수 없었다. 어머니가 들어주지 않았다. 어머니는 선종에게 압력을 넣어 왕명으로 막아버렸다.

"송나라에 가는 일은 불가하오. 왕자의 고귀한 몸으로 험한 바다를 건너 먼 나라에 보내 괴로움을 겪게 하는 것은 이 형으로서도 도리가 아니니 허락할 수 없소이다."

선종은 모두가 말리기도 했지만 거란과의 관계가 껄끄러워 이런 조치를 취한 것이다. 만일 거란에서 고려의 왕자가 송나라에 들어가 있다는 것을 알면 공연히 트집을 잡아 외교문제가 복잡해질 수도 있어, 중신회의에서 의논한 결과 불가 쪽으로 결론을 내린 것이다.

의천은 결코 포기할 수 없었다. 그동안 장사꾼을 통해 불교 서적을 들여온 적이 있었다. 의천은 장삿배를 이용하기로 결심했다.

선종 2년 4월, 의천은 송나라 장사꾼 임녕林寧의 배를 타고 몰래 송나라에 들어갔다. 그를 따르는 제자 2명이 수행했다. 뒤늦게 이 사실을 안 선종은 어사 위계정에게 영을 내렸다.

"무슨 일이 있어도 의천을 꼭 데려와야 하오. 송나라를 샅샅이 훑어서라도 꼭 찾아서 데려오시오."

의천은 송나라 판교진板橋鎭에 닿아 송나라에 들어온 뜻을 적어 송나라 철종 황제에게 올렸다. 철종은 그를 반가이 맞아 서울의 계성사啓聖寺에 머물게 하며, 수공전垂拱殿으로 불러 만나보고 극진히 우대해주었다.

의천의 뜻은 송나라에 와서 대우를 받는 일이 아니었다. 고승을 만나 불법의 교리를 제대로 배우고 심신을 수양하는 데 있었다. 의천은 철종에게 고승 대덕을 소개해달라고 청했다. 철종은 화엄법사로 널리 알려진 유성을 소개해주었다. 의천은 그와 필담으로 고담준론을 나누었다.

철종은 의천에게 유명한 시인 소식蘇軾(동파)을 관반사로 삼아 사귀도록 했다. 사실 소식은 의천이 송나라 수도 변경에 온 것을 달갑지 않게 여겼다. 거기에는 까닭이 있었다. 송나라는 거란의 남침을 받아 '전연의 맹약'이란 굴욕적인 화약을 맺은 후, 오랑캐인 거란에게 막대한 세폐를 바치고 있었다. 그리하여 거란을 의식하고 고려의 왕자가 송나라에 입국하는 것을 반대하는 세력들이 많았다. 소식도 그중 하나였다.

소식은 의천이 사모하던 정원법사를 멸시하고 있었다. 정원법사의 사찰을 운영하는 솜씨가 장사꾼 뺨쳐, 소식은 그를 경박한 장사꾼으로 생각하고 있었다. 그런 소식에게 철종은 안내자 역할로 정원법사를 의천에게 소개시켜주라는 영을 내렸다.

송나라 수도 변경을 둘러본 의천은 번화한 모습에 황홀할 지경이었다. 고려의 개경에 비하면 별천지 같았다. 유성법사의 안내로 변경 근처의 여러 사찰을 두루 살펴보기도 했다. 이렇게 반 년 동안을 계성사에 머물며 변경 일대의 사찰 순례와 여러 고승들을 만나 설법을 들었다.

의천은 철종에게 항주로 가서 정원법사에게서 공부할 뜻을 밝혔다. 소식은 철종에게 잔꾀를 부려 의천의 안내역을 양걸에게 떠넘겼다. 의천도 정원법사에게 감정이 좋지 않은 소식보다는 양걸이 마음 편했다.

의천은 항주의 혜인원으로 떠났다. 그리고 정원법사를 만나 정중히 사제의 예를 갖추었다. 76세의 늙은 고승은 늘그막에 고려 왕자 제자를 만나 무척 기뻐했다. 의천은 정원법사에게서 깨우침을 얻었다.

"평등 즉 차별이요, 차별 즉 평등이니, 이것은 이理(본질)와 사事(현상)는 서로 다르면서도 한편으로는 같은 것이며 한편으로는 다르기 때문에 서로 걸려드는 것이다. 이것이 이사무애理事無碍의 이치이니라."

정원법사의 경전 강론에는 당대에 따를 자가 없었다. 의천은 정원법사에게서 많은 것을 배웠다. 고려에서 몰래 도망쳐온 것을 매우 다행하게 여겼다. 그런데 고려에서 어머니의 병환이 위급하다는 소식이 날아들었다.

의천은 귀국을 결심했다. 귀국 도중 의천은 자변대사慈辯大師 종간從諫을 만나 천태天台의 강론을 듣고, 다시 영지사靈之寺에서 율종律宗으로 이름난 대지율사大智律師 원조元照를 만나 율에 관한 식견을 높였다.

의천은 송나라 수도 변경에 다시 들러 닷새 동안 머문 후, 철종을 뵙고 나서 귀국길에 올랐다. 그는 수주秀州에 있는 진여사眞如寺에 들러 정원법사의 스승이었던 장수법사長水法師 탑정塔亭을 둘러보았다. 탑정이 허물어져 보기 흉하여 백금을 시주, 수리하도록 했다. 그리고 혜인원에 다시 들러 정원법사에게 하직인사를 올렸다. 정원법사는 자신의 법을 고스란히 의천에게 전수했다.

의천은 혜인원에서 얼마 떨어지지 않은 천태산에 올랐다. 천태종이 근본 도량으로 삼은 이래 줄곧 그 법맥이 이어져오는 유서 깊은 곳이었다. 의천은 천태산에 모셔져 있는 천태 지자대사智者大師의 탑 앞에서 머리 숙여 합장했다. 그런 후 명주明州로 나와, 이곳의 육왕광리사育王廣利寺에서 각선사 회련懷璉을 만나는 등, 여섯 종파의 쟁쟁한 고승들을 두루 만나 토론하고 강론했다.

의천은 송나라에 사신으로 들어왔다가 귀국하는 사절단과 함께 1년이 넘는 송나라 체류를 마감하고 조국으로 돌아왔다. 그는 배가 고려땅에 닿기 전에 임금에게 표문表文을 올렸다.

"만리의 파도를 넘어 송나라에 가서 여러 선우善友를 만나 불법을 배

우고 오게 된 것은 오로지 성상의 은혜로 아옵나이다. 하오나 어명을
어기고 떠난 죄인은 마땅히 벌을 받아야 하옵나이다. 일찍이 설산동자
雪山童子는 진리의 말을 듣고 나서 기꺼이 자기의 몸을 나찰羅刹(악귀신)
에게 먹이로 바쳤다 하옵나이다. 소승은 이제 소원을 풀었고, 법도 듣
고 왔사와 죽어도 한이 없나이다. 다행히 3,000권의 책을 구해가지고
지금 고려땅에 와서 대령하고 있나이다. 하회를 기다리옵나이다."

선종은 벌을 내리기는커녕 바라던 소원을 풀고 무사히 돌아온 아우
가 반갑기만 했다.

궁궐에서는 의천을 맞을 준비에 바빴다. 선종은 모후를 모시고 봉은
사에 행차하여 의천을 기다렸다. 의천이 오자 그를 위로하고 환영잔치
를 크게 베풀었다. 의천은 건강한 모후를 뵙고 자기를 귀국시키기 위해
모후께서 위급하다는 소식을 보냈으리라 짐작했다.

의천은 귀국한 이듬해에 푸른 종이에 금으로 쓴 호화로운 〈대방광불
화엄경大方廣佛華嚴經〉과 함께 이 경을 모셔놓을 경각을 짓기 위한 비용
을 정원법사에게 보냈다. 이를 전해받은 정원법사는 혜인원에 경각을
짓고 〈대방광불화엄경〉을 모셨다. 이것이 인연이 되어 절 이름을 고려
사로 고쳤다.

의천은 귀국 후 송나라에 자주 연락하여 많은 책을 들여왔다. 그뿐만
이 아니라, 원효, 의상, 대현, 견흥, 원측, 의적, 승장 등을 비롯한 신라
의 고승에도 관심을 기울여 그들의 저서를 모았다.

이렇게 모은 불교 서적들을 경經·율律·논論의 세 가지로 나누어 정
리하고 목록을 만들어 그 이름을 《신편제종교장총록新編諸宗教藏總錄》 또
는 《해동유본견행록海東有本見行錄》이라 했다. 이 목록을 상·중·하 세
권으로 나누어, 상권에는 경에 관한 561부 2,586권의 서목을 적었고,
중권에는 율에 관계되는 142부 467권을, 하권에는 논에 관계되는 307
부 1,687권을 적어 도합 1,010부 4,740권을 기재했다. 목록을 만든 후
에도 의천은 이를 보충하기 위한 책을 모으는 데 힘썼다.

의천은 흥왕사興王寺에 교장도감教藏都監을 두고 하나씩 간행하기 시작했다. 그리고 간행된 책이나 수집한 책의 오자를 찾아내는 작업도 게을리하지 않았다. 흥왕사 소속 화엄종 스님 측유, 상원, 덕선 등과 현화사玄化寺 소속 자은종慈恩宗 스님 화범, 각추 등이 오자 찾아내는 일을 맡았다.

그 많은 불교 서적들이 의천의 노력으로 하나씩 이루어져갔다. 대장경 가운데 순전히 불경만을 모아놓은 이른바 정장正藏은 송나라·거란·고려에서도 철종 때부터 팠으나, 불교 관계의 저술만을 모아놓은 속장續藏은 의천의 것이 처음이다. 구하기 어려운 책들이 의천의 노력으로 새롭게 찍혀나오자, 한 가지씩 나올 때마다 고려는 물론 멀리 송나라의 친지에게도 보내 널리 알렸다. 일본에서도 책을 얻으러 왔다. 이때부터 의천의 이름이 동방 여러 나라에 알려졌다.

의천이 속장경을 각판하기 시작한 그의 나이 38세 되던 해에 서경에서 정양 중이던 모후 인예태후가 세상을 떠났다. 불심이 지극한 인예태후는 은가루로 《유가현양론瑜伽顯揚論》을 베끼기도 했다. 의천은 여산에 백련사를 짓고 모후의 위패를 모셔 극락왕생을 빌었다.

의천은 모후의 상을 당하여 서경으로 내려가서 어머니의 성불成佛을 빌고 영명사에서 묵고 난 다음날 아침, 대동강 부벽루에 올라 어머니를 여읜 쓸쓸한 마음을 한 수의 시로 달랬다.

영명사 경치 좋다고 들었기에
여기를 찾아보려고 몇 해를 별렀던고
이 아침의 강산은 죄 슬프게 변하나니
경치란 본시 내 마음에 달렸도다

어머니가 돌아가신 2년 후 의천은 홍원사洪圓寺 주지로 가 있다가, 속장경 간행을 다른 스님에게 맡기고 해인사로 은퇴했다. 선종이 그의 은

퇴를 말렸으나 듣지 않았다.

그 해에 선종이 세상 떠나고 헌종이 즉위했다. 그러나 헌종은 1년 5개월 남짓 보위에 앉아 있다가 권력 다툼으로 보위를 숙부에게 물려주어야 했다. 의천의 셋째형이 왕위에 올랐다. 곧 숙종肅宗이다. 형 숙종이 의천을 여러 차례 불렀으나 가지 않고 미루다가 어쩔 수 없이 임금을 만났다.

"왕사王師, 세상 사람들이 내가 조카를 몰아내고 임금이 되었다고 말들이 많으오. 어찌하면 누명을 벗을 수 있소?"

"폐하, 모든 것이 인연으로 맺어지는 것이나이다. 새롭고 밝은 정치로 누명을 벗으시옵소서."

"왕사, 길을 가르쳐주오."

의천은 송나라 서울 변경에 있을 때의 일이 생각났다. 의천은 사람들이 물건을 사고파는 데 돈을 쓰는 것을 보았다. 그때 의천은 변경이 번영하는 것은 돈을 쓰기 때문이라고 느꼈다. 고국에 돌아가면 한번 건의해보리라 마음먹고 있었다.

"폐하, 소승이 송나라 변경에 머물 때 그곳에서 돈을 쓰는 것을 보았나이다. 돈을 씀으로써 물자의 융통성이 원활하고 사람들이 생기 있게 움직이고 있었나이다. 고려에서도 돈을 만들어 사용하면 어떨는지요. 백성들이 기꺼이 따르지 않겠나이까?"

"좋은 말씀이구려. 무엇부터 하면 되겠소?"

"우선 주전도감을 설치하여 돈을 만들어야겠지요. 그런 후 백성들에게 나누어주시면 어떨는지요?"

"그리하리다."

의천의 건의로 숙종 2년에 주전도감이 설치되었다. 그후 5년 만에 1만 5,000관貫의 '해동통보'가 만들어졌다. 그러나 의천은 해동통보를 써보지 못하고 입적했다.

숙종 2년 국청사國淸寺가 낙성되었다. 이 국청사는 세상을 떠난 인예태후의 원에 따라 천태종의 근본 도량으로서 선종 6년에 세우기 시작한 절이었다. 그가 세상을 떠나기 3개월 전 견불사見佛寺에서 천태종 예참법을 올리기 시작했다. 인예태후의 뜻도 있고 하여 의천은 송나라에서 귀국할 때부터 이미 마음먹고 있던 천태종을 새롭게 일으켰다. 의천은 국청사의 주지로 있으면서 천태종을 새롭게 일으키는 데 온갖 정열을 쏟아부었다.

천태종은 천태 지자대사로부터 비롯되었다. 《묘법연화경妙法蓮華經》의 가르침에 따라 여러 불경을 오시팔교五時八敎라는 교판敎板에 의해 묶고 삼제원융(三諦圓融)의 이치를 깨닫고 성불하고자 하는 종파이다.

의천은 천태종에 화엄을 묶어넣었다. 또 선禪을 묶어넣어 새로운 종파를 내세워 고려 불교를 새롭게 하려고 했다. 그리고 교敎를 배척하는 선은 참된 것이 아니라 하고 선과 화엄과의 일치를 부르짖었던 규봉선사圭峰禪師에게 경의를 표했다. 교와 선의 일치, 화엄과 천태의 일치, 화엄과 선의 일치를 부르짖어 새로운 천태종을 일으킴으로써 교와 선을 아울러 갖추게 되었다. 그렇게 고려 스님들은 자연히 혁신되어갔다.

의천은 원효를 존경하여 원효사상을 역설했다.

"원효야말로 성자이시다. 우리의 자세는 원효성자에게로 돌아가야 한다."

의천은 경주 분황사에 가서 원효에게 공양을 바치고, 거란의 도종道宗에게 원효의 저서를 보내 원효를 널리 알렸다.

숙종 6년 8월, 의천은 병이 들어 총지사摠持寺에 누워 있었다. 그 무렵, 나라에서는 원효를 대성화쟁국사大聖和諍國師로 모시어 의천은 병석에서 기뻐했다. 10월 5일, 의천은 46세의 아까운 나이로 입적했다. 속장경 간행이 거의 완성단계에 이르러 중단되었다. 그의 제자 징엄, 계응, 덕린, 혜선 등이 스승의 글을 모아 《대각국사문집大覺國師文集》을 간행하고 시호를 내리기까지 말썽도 많았다. 중서문하성에서 반대가 심했다.

"대각이라는 것은 부처라는 말이옵나이다. 외람되게 부처의 이름을 쓰는 것은 아마 의천 본인도 싫어할 것이옵나이다."

숙종은 신료들의 반대를 뿌리치고 의천에게 기어이 대각이라는 시호를 내렸다. 또 의천의 복상문제로 말썽이 일었다.

"고인은 비록 왕자이오나 예법에 따르오면 출가한 스님이므로 복을 입을 수 없나이다. 하오나 재주와 덕행이 뛰어나 그 명망이 거란·송나라·왜국에까지 드높아지고 국사로 추존한 터여서 복을 입지 않을 수 없나이다."

정당문학 이오의 건의에 신료들은 절충안을 내놓았다. 임금과 신하들이 사흘 동안 소복을 하고 조회를 중지했다. 누가 뭐라고 해도 의천은 천태종의 중흥 시조요, 고려 불교의 원류라 하지 않을 수 없다.

◉ 명문 사학의 원조

문종의 재위 36여 년 기간은 고려의 전성기로 불린다. 문종은 검소한 생활을 하며 인재를 등용하고 학문을 장려했다. 또 전제田制·형벌·병서 등 다방면에 걸쳐 개혁하고 시정하여 백성 위주의 정책을 폈다.

토지제도의 경우 전국 토지의 품질을 가려 이에 알맞게 세금을 책정했다. 이는 곧 백성의 형편을 고려한 관대한 조치였다. 또한 국가 유공자의 자손에게 주는 공음전시功蔭田柴의 규정도 명확하게 했고, 녹과祿科를 확정하여 관리의 녹봉을 등급에 맞게 정하여 시행했다.

형벌제도는 삼복제三覆制로 정비했다. 삼복제는 지금의 삼심제와 같다. 이렇듯 문종은 여러 제도를 정비하고 유학을 진흥시키는 한편, 풍수설에 따라 남경을 건설하고 서경을 확장하는 데 상당한 힘을 기울였다. 이러한 현치賢治시대에 우리 나라 최초의 사학私學기관이 세워졌다.

당대의 이름난 학자 최충은 70세가 넘어 집에서 책을 벗삼아 한가하게 지냈다. 문종은 이러한 최충을 가끔 대궐로 불러들여 국사를 묻고 연회를 베풀어주기도 했다. 최충은 문종 9년 내사령 벼슬을 마지막으로 관직에서 물러나 있었다. 그는 관직에서 물러난 뒤 구재학당을 열어 후진 양성에 힘쓰고 있었다.

최충은 아버지의 영향으로 어려서부터 학문을 좋아하고 글짓기를 잘했다. 성종 대에 문행文行이 뛰어나고 관리를 지낸 최온崔溫이 그의 아버지였다. 최충은 풍채가 뛰어나고 성품과 지조가 굳건했다.

최충은 목종 8년(1005) 약관 20세의 나이로 과거에 장원급제하여 벼슬길에 올랐다. 이후 그는 70년 동안 현종·덕종·정종·문종 등 네 임금을 섬기며, 밖으로 나가면 장수요, 안으로 들어오면 재상으로서 나라 살림에 진력했다. 그동안 그가 문운진전에 이바지한 공로는 매우 컸다.

현종 4년 그의 나이 30세 되던 해에 군사수찬관이 되어 최항·황주량 등 여러 선배 학자와 더불어 거란 침입 때 불에 타버린 역대 문적의 재편수를 담당했다.

그러나 그의 70평생에 여러 방면의 업적이나 공훈보다 더 빛나는 것은 후진을 위해 여생을 바친 교육사업이었다. 그는 외형적으로 이루어진 고려문물의 융성을 교육사업을 통해 안으로 알찬 결실을 맺게 하여 귀족사회에 새로운 풍조를 불러일으킨 가장 위대한 학자요 교육자였다.

문종 초, 세상이 평화로워 교육열이 급격히 높아졌다. 그러나 마땅한 학교가 없어 향학열에 불타는 선비들은 좋은 교육기관을 갈망하던 터였다. 국학기관이 있었으나 유명무실했고, 향학鄕學은 아직 미흡한 상태였다.

고려 귀족사회는 현종 무렵부터 새로운 단계로 들어갔다. 문반文班 현직자를 우대하는 토지제도가 확정되어 그들 중심의 새 국가질서가 형성되고 있었다. 게다가 왕실의 외척이 세력을 뻗쳐 두각을 나타내기 시작했다. 그리하여 실력을 길러 과거에 급제하지 않으면 이들과 대결할 수도 없고, 벼슬을 얻기도 힘든 형편이었다. 이러한 욕구에 호응하여 최충은 집에 사숙을 열고 후진 교육에 나섰다. 이에 학도들이 문전성시를 이루었다.

최충은 학사學舍을 송악산 아래 자하동에 마련하고 학장學場을 아홉으로 나누었다. 학사 이름은 악성樂聖 · 대중大中 · 성명誠明 · 경업敬業 · 솔성率性 · 조도造道 · 진덕進德 · 대화大和 · 대빙待聘이었다. 이 9재九齋 학도를 가리켜 그의 벼슬 이름을 따서 시중侍中 최공도崔公徒라고 했다.

이 9재 학당의 교과서는 9경九經과 3사三史였다. 9경은 역 · 상서 · 모시毛詩 · 예기 · 주례周禮 · 의례 · 좌씨전 · 동공양전同公洋傳이었다. 3사는 사기 · 한서 · 후한서였다. 교습은 그 당시의 풍조인 과거준비를 위한 유학공부에 발을 맞추었다. 그러나 단순한 시험공부만이 아니라, 조직적이며 함축성 있는 인격도야를 꾀했다.

또 9재의 분류 교육은 초학자가 먼저 악성재樂聖齋에 들어가 육례를 익힌 다음 여러 재를 거쳐 마지막에 대빙재에서 졸업하게 된다. 이 제도는 주나라의 주관성균周官成均과 같았다. 그리고 9재의 명칭은 《중용》에서 따왔다.

최충의 이와 같은 후진교육은 당시 학계에 커다란 반응을 불러일으켰다. 과거에 응시할 선비들은 반드시 최충의 사학에 들어가 공부하려고 했다. 이 최충의 사학을 모방하여 다투어 개경에 사숙이 세워져 그 수가 제법 알려진 곳만도 열한 군데나 되었다. 그래서 최충과 더불어 세칭 12도가 세워졌다. 그때 세상 사람들은 최충을 해동공자海東孔子로 칭송했다. 당시의 12도와 설립자 및 직위는 다음과 같다.

시중侍中 최충 문헌공도文憲公徒

시중 정배길 홍문공도弘文公徒(또는 태천도)

참정參政 노단 광헌공도匡憲公徒

좨주(祭酒) 김상빈 남산도南山徒

복야僕射 김무체 서원도西園徒

시랑侍郎 은정 문충공도文忠公徒

평장平章 김의진 또는 낭중郎中 박명보 양신공도良愼公徒

평장 황영 정경공도貞敬公徒

시중 문정 정헌공도貞憲公徒

벼슬 미상 유감 충평공도忠平公徒

시랑 서석 서시랑도徐侍郎徒

설립자 미상 구산도龜山徒

이들은 대부분 문종 전후의 문관들이었다. 대체로 과거시험관을 지내고 특히 유학에 힘쓴 당대의 이름난 선비들이었다. 12도를 설립한 시기는 문종 중기와 말기로 11세기 후반이었다.

그 당시 사학이 번성한 것은 관학이 재정 궁핍과 고관들의 실력 부족으로 국자감 학생들이 학업에 충실하지 못하고 국학의 권위와 면목을 떨어뜨렸기 때문이다. 지방의 학생들도 그 지방의 학교가 시원찮아 서울의 사학으로 몰렸다. 최충은 12도 사학의 선구자였다.

문종 19년 봄, 꽃이 만발한 때에 임금은 문영각文英閣에서 최충을 비롯한 문신들을 위로하는 연회를 베풀었다. 최충은 두 아들 유선·유길의 부축을 받으며 연회장으로 들어섰다.

오늘은 특히 최충을 위해 베푼 연회였다.

"선생님, 어서 오시오소서."

고관 대작들이 최충을 맞아 공손히 인사하고 덕담을 한마디씩 나누었다. 최충은 문종의 옆자리인 공신이나 태사太師들이 앉는 자리에 앉았다.

"최 태사, 오늘은 태사께서 주빈이시오. 어서 정좌하시지요."

문종이 깍듯이 모셨다.

"성은이 망극하여이다."

"태사께오서 아직 근력이 있으시니 반갑소이다."

"신, 몸 둘 바를 모르겠나이다."

아악 소리가 은은한 가운데 연회가 시작되었다.

한림학사 김행경이 어전에 나와 부복하고 인사를 올렸다.

"태사 최공께 사연을 베푸시니 어의 더욱 융숭하나이다. 아울러 신들에게까지 배연을 허락하시니 황공하옵나이다."

최충이 문종에게 인사를 하려고 자리에서 일어나려고 하자 임금이 말렸다.

"태사는 그냥 앉아 계시오. 태사의 아드님 이부상서가 대신하면 되오."

유선이 아버지를 대신하여 문종에게 인사를 올렸다.

"늙은 신을 잊지 않으시고 사연을 베풀어주시니 황공하옵나이다."

의식이 끝나자 문종은 신하들이 자유롭게 즐기도록 자리를 떴다. 모인 신하들은 문하시중을 비롯하여 나라의 중추들이었다.

연회는 화기애애하게 무르익어갔다. 모두 술이 불콰해져 담소를 나누며 즐거운 시간을 보냈다.

최충은 적당한 시간에 자리에서 일어섰다. 두 아들이 재빨리 부축했다. 문종에게 작별인사를 고하려고 내전으로 들었다. 두 아들도 50세가 넘은 고려의 중추였다.

신료들은 3부자의 모습을 보고 칭찬을 아끼지 않았다.

"상서령·중서령·이부상서가 한자리에 모였구려."

최충의 모습은 마치 신선 같았다. 정1품의 금관조복을 입고 흰 수염을 길게 늘인 채 좌우에서 아들 형제가 부축하고 있었다. 이 모습을 김행경은 한 수의 시로 칭송했다.

상서령이 중서령을 모시고 가니
을장원이 갑장원을 부축하는구나

최충의 아들 유길이 상서령이고, 최충은 전에 중서령을 지냈다. 그리고 최충은 전에 갑과에 장원한 적이 있고, 유길은 을과에 장원한 적이 있었다.

문종 22년(1068) 9월, 최충은 85세로 세상을 떠났다. 천수를 다한 것이다. 임금은 조사를 보내 애도의 뜻을 전했다. 그후 최충의 사업은 그의 후손들이 이었다.

최충의 아들 유선은 후에 중서령에 올랐고, 간관諫官으로서 이름을 떨쳤다. 유선의 동생 유길도 상서령에 올랐고, 유선의 아들 사제思齊는 감수국사에 오른 학자였다. 사제의 아들 약은 예부상서와 한림학사를 지낸 학자였고, 그의 아들 윤의는 학자로서 예종대에 《고금상정예문古今詳定禮文》 58권을 지었다. 그후에도 최충의 후손 중에 학자가 끊이지 않았다.

최충의 문장과 덕행을 중요시한 시 한 수가 전한다.

집에 귀물貴物 없으나 한 가지 보배 전하오니
문장은 비단 같고 덕행은 구슬이라
오늘 분부한 바를 뒷날 감히 잊지 않으면
나라 일군 종이 되어 오래오래 홍창하리라

⊙ 스님과 눈 맞은 규수

문종 21년, 흥왕사는 12년간의 대공사를 마무리하게 되었다. 그동안 뭇 신하들의 반대를 뿌리치고 고려에서 제일 규모가 큰 절을 세웠다. 송도에서 남쪽으로 20여 리 떨어진 덕적산德積山 남녘에 절터를 잡아 30여 채의 사찰을 완성한 것이다. 이 절을 짓는 동안 백성들의 원성이 끊이지 않았다. 절의 규모가 워낙 방대해서 그 부근의 민가가 다른 곳으로 옮겨가기도 했다.

문종은 흥왕사의 낙성식 겸 연등회를 열기로 했다. 전국에 소문이 퍼져 스님들이 모여들었다. 임금은 모여드는 스님들 중에 1,000명을 뽑아 흥왕사에 머물도록 했다.

낙성식에 쓸 양식과 장·반찬 등은 궁에서 가져왔다. 대궐 상식국에서는 부지런히 흥왕사에 보낼 물건을 준비했다. 연등준비가 차질 없이 진행되었다. 송도에서 흥왕사까지 20여 리 좌우에 채색된 등을 달고 비단으로 장식한 채색줄을 울긋불긋 매달았다. 이런 연등놀이를 이틀 연장하여 닷새간 하기로 했다. 밤이 되자 20여 리 길이 온통 꽃등으로 수놓아졌다.

문종은 연을 타고 꽃등 사이를 지나갔다. 길거리에 백성들이 하얗게 흩어져 나라의 큰 행사를 마음껏 즐겼다.

흥왕사 정전인 흥교전 안에 금빛을 두른 삼존불이 온화한 모습으로 만백성을 내려다보고 있었다. 문종은 산문 밖에서 작은 교자로 바꿔타고 전문 밖에서 교자에서 내려 흥교전으로 들어섰다. 뒤를 따르던 백관들이 절 앞마당에 늘어서 있었다.

문종이 부처님께 향을 올리고, 이어 왕비·태자순으로 분향 예식이 치러졌다. 스님들의 불경소리가 개구리 울음처럼 왁자지껄했다. 분향이 끝나자 문종은 비단과 보물을 시주했다. 그리고 1,000명이 1년간 먹을 양식을 시주했다. 왕비를 비롯하여 왕실 사람들이 서로 경쟁이나 하듯 시주했다. 백관들도 질세라 눈치 보지 않고 시주했다.

큰 마당에는 높이 50여 척이나 되는 괘불掛佛을 걸어놓았다. 괘불 사면은 울긋불긋한 천을 늘어 장식하고 사이사이에 등불을 달았다. 괘불 밑에 높은 단을 쌓고, 괘불 위에는 '천하태평'이라고 쓴 걸개를 걸어놓았다. 이곳에서 먼저 사선악四仙樂이 시작되었다. 이어 풍악소리와 함께 여러 가지 춤사위가 벌어졌다.

흥왕사에 새로 들어온 법종法宗은 목청이 좋아 경을 읽는 소리가 구성지고 힘찼다. 그의 염불소리에 불자들은 넋을 잃었고, 염불 소리가 나는 곳이면 많은 불자들이 모여들었다.

송도 이상서李尙書의 서녀 이 낭자는 구경을 즐겼다. 흥왕사의 연등행사기간 내내 새옷을 차려입고 한 번도 빠지지 않고 다녔다. 낭자의 나이 20세였으나, 혼처가 나타나지 않아 부처님께 시집보내 달라고 빌기도 했다.

연등회 마지막 날이었다. 사람들은 밤을 새우며 마지막 밤을 즐기고 있었다. 이 낭자도 동무들과 어울려 흥왕사에 왔다. 낭자는 연등 첫날부터 법종을 그림자처럼 따라다녔다. 그의 염불 소리가 좋아서였다. 낭자뿐만이 아니라 여자들 대부분이 법종의 목청을 좋아했다.

법종은 30세의 한창 나이였다. 절밥을 먹은 뒤부터 타고난 목소리로 절에서 재가 있는 날이면 뽑혀 다녔다. 법종은 흥왕사에 붙박이로 있을 요량으로 요사채에 방 한 칸을 얻었다.

법종은 닷새 동안 쉬지 않고 염불과 경을 읽어 목소리가 잠겨 있었다. 그런데 사람들은 그의 쉰 목소리가 더 좋다고 아우성이었다.

이 낭자는 하루종일 법종의 그림자를 쫓다가 저녁 무렵 그의 요사채 방으로 허락도 없이 들어갔다. 법종은 늘 있는 일이어서 놀라지 않았다.

"스님, 여러 날 고생이 많으셨나이다."

낭자는 고개를 숙이고 읍으로 예를 갖췄다. 법종이 처음 보는 낭자였다.

"구경 잘하셨수? 사람이 무척 많지요? 자, 자리에 앉으시구려."

낭자가 수줍은 표정으로 자리에 앉았다.

"저녁 공양은 하셨수?"

"아직 공양 전이옵니다."

"공양을 드셔야겠구면."

법종은 자기가 부리는 동자승을 불러 저녁 공양을 방으로 가져오라고 일렀다.

낭자는 공양을 기다리는 동안 머쓱해져서 위로 겸 말을 건넸다.

"스님, 그동안 너무 많이 애를 쓰셔서 그 좋던 목청이 잠겼나이다."

"워낙 많이 써먹어 쉴 수밖에요."

"소녀, 스님을 모시고 불공을 드릴까 했는데….."

"소승 기꺼이 동참하겠소이다."

"언제쯤이면 스님의 목청이 돌아오겠나이까?"

"한 이틀 쓰지 않으면 될 것이외다."

동자승이 공양상을 들고와 대화가 끊겼다. 뜻밖에도 공양상에 고기가 놓여 있었다.

"어인 일로 고기가 다 있나이까?"

"내가 독실한 신자님들 드리려고 몰래 감춰둔 것이외다. 많이 드시구려."

법종이 일어나 밖으로 나가려고 했다.

"스님께서는 공양을 아니 하시옵니까?"

"잠깐 나갔다가 올 일이 있으니 많이 드시고 기다리시지요."

이 낭자는 시장하던 참이라 고기 반찬에 공양을 맛있게 들었다. 식곤증으로 나른한 몸을 잠시 방바닥에 부리고 있는데 법종이 들어왔다.

"그대로 누워 계시오."

"아니옵니다."

낭자가 얼른 일어나 앉았다.

법종은 여자 다루는 솜씨가 빼어났다. 낭자에게 눈길을 주기도 하고 눈으로 몸을 더듬기도 하며 탐색을 게을리하지 않았다. 낭자도 법종의 마음을 읽으면서 알맞게 대처했다.

"스님, 빨리 시집가게 하는 불공도 드리나이까?"

"부처님께 원하는 소원은 뭐든 다 되지요. 아이 낳는 소원도 들어줄 것이외다."

법종은 낭자를 뚫어져라 쳐다보았다. 그 눈빛이 어찌나 강렬한지 낭자는 벌에 쏘인 듯 얼굴이 화끈거렸다.

"스님, 모레 오겠나이다."

"그대로 계시오. 하루종일 구경하느라고 피곤하실 테니 이 방에서 쉬고 가시지요. 소승이 나가리다."

"소녀 혼자 이 방에서요?"

"혼자 계시기 무엇하면 함께 오신 분들하고 쉬시지요."

낭자는 밖에 나가 동무들을 찾아 법종의 방으로 데리고 들어왔다. 이따금 법종이 방을 드나들며 탐색하는 눈빛이었다. 밤이 깊어가는 데도 밖에서는 사람들의 떠드는 소리가 줄지 않았다.

법종은 밤참까지 챙겨주었다. 역시 고기 반찬이 나왔다. 낭자를 비롯한 동무들은 웃고 떠들며 밤참을 나누어 먹었다.

"법종 스님, 목청만 좋은 게 아니라 마음 씀씀이도 부처시네."

"그렇지. 고기 반찬은 웬 거야? 찾아오는 불자들 생각을 다 하다니, 보통 스님이 아니야."

"벌써 깨우친 스님일까?"

"깨우친 스님은 행동이나 말에 구애됨이 없다고 들었지. 법종 스님의 행동을 보니 깨우친 게야."

밤이 새도록 연등놀이는 계속되었다. 봄이지만 밤에는 쌀쌀하여 모닥불을 피워놓고 백성들은 떠날 줄을 몰랐다. 왁자한 소음은 새벽이 되어서야 가라앉았다. 연등놀이가 다 끝나가고 있었다.

낭자는 아침 공양까지 드리고 집으로 돌아왔다. 집에 돌아와서도 낭자는 법종의 염불 소리가 귀에 쟁쟁하고 강렬한 눈빛이 가슴에 꽂혀 전전반측 잠을 이루지 못했다.

법종과 약속한 날이 되자 낭자는 어머니를 앞세우고 동무들과 함께 흥왕사로 갔다. 새로 지은 절이어서 영검이 있다 하여 사람들이 인산인해를 이루었다.

법종은 이날도 정신없이 바빴다. 여기저기 염불할 곳이 많아 목소리가 또 잠겨 있었다. 낭자는 법종이 가는 곳마다 따라다녔다. 낭자가 신청한 재는 겨우 저녁때야 시작되었다. 큰 법당에서 시작된 재는 밤이 이슥해진 후에 산신각에서 끝이 나도록 짜여 있었다. 이 산신각에는 법종과 낭자만이 갈 수 있었다. 혼인을 빨리 하게끔 올리는 재여서 낭자가 주빈이었다.

산신각은 경내에서 산 쪽으로 약간 떨어진 곳에 있었다. 법종은 낭자를 데리고 산신각에 들러 간단히 소원성취의 염불을 하고 절을 한 후 산신각을 나왔다.

"낭자, 이 뒤에 작은 암자가 있소이다. 그곳이 홍왕사에서는 제일 영검한 곳이라오. 그리로 가시지요."

법종은 낭자를 데리고 산신각 뒤로 갔다. 산을 조금 오르자 정자 같은 곳이 나왔다.

"자, 이곳에서 소원을 빌어보오."

"여기에서 소원을 빌면 시집을 빨리 갈 수 있나이까?"

"그렇소이다. 아마 아들 딸도 많이 낳을 게요."

낭자는 눈을 감고 소원을 빌었다. 합장한 두 손에 따스한 손길이 닿았다. 법종이 낭자의 합장한 손을 감쌌다.

"낭자, 인연은 전생에서부터 맺어지는 법이오. 낭자의 첫 번째 인연은 이 법종이외다."

낭자는 법종이 하는 대로 내버려두었다. 어차피 법종에게 마음을 빼앗기고 전전반측하던 터였다.

법종은 낭자를 탐하며 욕구를 흠뻑 채웠다. 낭자는 가슴이 쓰려왔다. 서녀여서 혼삿길이 트이지 않아 과년하도록 짝을 만나지 못한 터에 마음을 휘어잡는 법종에게 몸과 마음을 다 준 뒤끝은 쓰린 가슴과 텅 빈 마음이었다.

법종은 다음날부터 부처님 대하기가 민망스러웠다. 간음하지 말라고 그토록 가르쳤건만 네놈은 구제불능이야 하고 부처님이 나무라는 것 같았다. 법종은 모든 계율을 다 지킬 수 있었지만 여자에 대한 욕망은 끝내 그 불길을 끄지 못하고 한바탕 태워버리고 난 후에 죄책감으로 번민하는 나쁜 버릇이 있었다.

법종이 번민에 싸여 있을 때 낭자가 찾아왔다. 낭자는 법종에게 몸을 허락한 후 집착을 끊을 수가 없었다. 더구나 몸에 이상이 생긴 것 같았다. 두 사람은 반가워 어쩔 줄 모르면서도 어색했다.

법종의 방에 들른 낭자가 말문을 열었다.

"스님, 아무래도 소녀의 몸에 이상이…."

"낭자, 부처님이 점지해준 씨앗이오. 후일 대성할 인물이니 걱정 마시오."

법종은 태연했다. 그러나 책임 있는 말은 아니었다. 낭자는 혼자서 답답할 뿐이었다.

"스님, 어찌하면 좋으리까? 하라는 대로 하겠나이다."

"염려 마오. 소승이 기르겠소이다."

법종은 낭자를 데리고 산사 뒷산에 올랐다. 녹음이 짙은 산은 온통 초록빛이었다. 낭자는 아무것도 보이지 않았다.

"낭자, 집에 있기 불편하면 이 뒤 암자로 오시구려. 거기에는 비구니가 많소."

두 사람은 암자로 올라갔다. 비구니들이 그들을 맞아주었다. 낭자는 비구니들과 며칠 생활하다가 집으로 돌아왔다. 어머니가 눈치채고 낭자를 다시 비구니들이 사는 암자로 보냈다.

이 암자에서 낭자는 아들을 낳았다. 법종은 기뻐하며 아기의 이름을 외가의 성을 따서 이제로李齊老로 지었다.

어느 날 밤, 법종은 잠을 이루지 못하고 골똘히 생각에 잠겨 있다가 새벽녘에 깜박 잠이 들었다. 꿈에 누군가 나타나 소리치며 말했다.

"법종아! 너는 비구로서 죄를 지었구나. 이 나쁜 놈!"

그러면서 칼로 목을 찌르려고 했다. 법종은 칼을 피하기 위해 발버둥

치다가 던지는 칼에 두 눈을 맞아버렸다. 소스라치게 놀라 꿈에서 깬 법종은 법당에 들어가 보살에게 경을 읽었다. 얼마 후 법종은 두 눈을 앓다가 그만 실명하고 말았다.

'아, 이것이 부처님의 벌이로구나.'

맹인 법종은 자라는 아들이나 잘되라고 열심히 불경을 읽었다. 그후 이제로는 외가에서 자라 사문학四文學에서 진사시험에 합격했다. 그런데 어사대에서 이제로의 신분을 문제 삼아 임금에게 상소를 올렸다.

"… 사문학 진사 이제로는 맹인 승려 법종의 아들이오라 진사를 줄 수 없나이다."

그러나 임금은 문제 삼지 않았다.

"과거시험 제도는 어진 이를 구하는 데 목적이 있도다. 제로가 재주 있어 진사가 되었거늘 아비가 무슨 상관이뇨."

이제로는 사문학 진사로 있다가 후에 문과에 급제하여 벼슬길에 나갔다.

고려 제일의 사찰 홍왕사는 후에 몽고의 침입으로 거의 폐허가 되어버렸다. 충혜왕 때에 이르러 정조晶照·달환達幻 두 스님이 9년 여 세월 동안 재건했다. 하지만 공민왕 때 홍건적의 난을 당하여 홍왕사는 또다시 폐허가 되어버렸다.

조선시대 성종 임금 때 지중추부사를 지낸 성임成任은 시를 지어 홍왕사의 폐허를 조상했다. 성임은《용재총화》를 남긴 성현의 친형이다.

봄바람 길손의 옷자락에 불 때
길손은 멍청히 서서 빈 터를 바라보네
서방 궁궐 모두 사라지고
무너진 담, 쓰러진 주초, 눈물만 나누나
밭머리에 꿩이 하늘로 날고
산 위에 뜬 구름 한가하구나

그 옛날 문종이 행차하던 그날,

산같이 큰 일산 바람에 날렸으리

송도에서 절까지 긴 비단장막 늘일 때

장안의 모든 눈은 여기로 쏠렸네

역적의 횃불 초토로 변할 때

고운 그림 기둥 어디에서 찾을고

흥망성쇠 그 누가 만들었느뇨

오직 그 자취 청사에만 남으리

옷깃을 여미고 옛일을 조상할 때

발길 떨어지지 않아 갈 수 없구려

2,800여 간, 전간 30여 채, 큰 범종 2개, 작은 범종 10여 개를 지닌 고려 제일의 흥왕사는 한 줌 재로 남아 후세 사람들의 가슴을 쓰리게 하여, 절터의 잔해는 시를 읊게 만들고 청사에 그 위용만을 남겼을 뿐이다. 흥망성쇠를 누가 만들었는가? 인간인가, 부처님인가, 알 길 없어 답답한 인생이라 하지 않던가.

⊙ 인천 이씨 집안의 적선

이자연李子淵은 인천 이씨 소성백邵城伯 이허겸李許謙의 손자이다. 이허겸은 인천 지방의 호족으로, 고려 태조를 도와 그 공으로 소성백에 봉해졌다. 그의 아들 한翰은 상서우복야尙書右僕射(장관급)을 지냈고, 그의 손자대에 와서 인천 이씨는 명문 벌족이 되었다.

이자연은 딸 셋을 문종에게 시집보냈다. 인예왕후와 인경현비, 인절현비가 모두 자연의 딸이다. 특히 인예왕후는 10남 2녀를 낳고, 그중 아들 셋(순종·선종·숙종)이 보위에 올랐다. 또 아들 셋이 스님이 되었다. 대각국사 의천, 보응 승통 규, 총혜수좌 경이 이들이다.

인경현비도 아들 셋을 낳았다. 인절현비만이 슬하에 자식을 두지 못했다.

인예왕후의 칭호는 연덕궁주, 인경현비는 수녕궁주, 인절현비는 숙경궁주로 불렸다.

인예왕후는 특히 신심이 두터웠다. 왕후가 된 후 도성 밖에 국청사를 짓고 아침마다 국청사에 나가 10남 2녀의 앞날을 축원했다. 부처님 앞에 앉은 왕후는 언제나 경건한 마음으로 합장하고 불경을 읽었다. 인자하고 화사한 왕후의 모습은 흡사 보살상과도 같았다.

왕후는 친정 아버지 이자연의 말씀을 가슴 깊이 새겨두고 있었다.

"사람은 신심이 두터워야 하느니라. 이 나라는 개국 이래 부처님의 힘에 의지하고 있느니라. 우리 집안도 조상 대대로 부처님을 믿었느니라. 너는 부처님을 믿어야 잘된다는 것을 명심할지어다."

인예왕후는 자기가 이 나라의 국모가 된 것을 오로지 부처님 덕으로 알았다.

독경을 마치고 궁으로 돌아오면 여러 왕자들이 차례로 들어와 문안인사를 올렸다.

"너희는 늘 부왕父王을 생각해야 하느니라, 알겠느냐?"

늘 다짐하는 말이었다.

인천 이씨 집안이 이토록 번성한 데에는 소성백의 적선이 있었다.

소성백 이허겸은 불심이 많은 토호였다. 재물을 아끼지 않고 남을 돕는 데 썼다. 인천 지방에서 이허겸의 덕을 보지 않은 사람이 드물었다. 따라서 사람들의 칭송이 자자했다.

어느 봄날이었다. 이허겸이 사랑방에서 서책을 대하고 있었다. 하인이 달려와 고하기를

"대감 마님, 대문 밖에 거지 차림의 남자가 찾아와 대감을 뵙자고 하나이다."

"거지더냐?"

"차림은 거지이오나 예사로 보이지는 않았나이다."

"들여보내어라!"

하인이 나가고 곧 거지 차림의 사내가 나타났다. 이허겸은 첫눈에 보통 사람이 아니라는 것을 느꼈다. 차림은 거지였으나 눈빛이 맑고 기품이 있어 보였다. 사내는 이허겸에게 합장을 했다. 이허겸도 사랑방에서 일어나 마주 합장을 했다.

"어인 일로 나를 찾으셨소?"

"보시다시피 빈도貧道가 먹을 것이 없어 염치 불구하고 주인 대감을 찾았나이다."

"곡식을 주리까?"

"아니옵나이다. 한끼 밥이면 흡족하겠나이다."

"사랑으로 드시지요."

사내는 주저없이 사랑으로 들었다. 사내에게서 역한 냄새가 났다. 이허겸은 천연덕스럽게 사내를 맞아 불편해하지 않도록 배려했다.

이허겸은 안방에 연통을 넣어 더운 밥을 지어 오라고 일렀다.

"주인장, 더운 밥은 폐가 너무 많소이다. 식은 밥 한 덩이면 족하옵니다."

"손님은 가만히 계시오. 내 집에 온 손님을 식은 밥으로 대접하다니, 그런 법은 없소이다."

"황송해서 그러나이다."

"어찌 그런 마음을… 시장하시겠지만 조금만 기다리시오."

"은혜가 크오이다."

"은혜랄 게 없소이다. 혹여 절에 계시나이까?"

"절에 묵고 있사오나 정해놓은 절은 없나이다."

"지금 계신 곳을 말씀해주소서. 공양미를 좀 보내드리겠소이다."

"아니올시다. 더운 밥을 얻어 먹는 것도 과분하오이다."

"지나친 겸양은 결례가 된다고 했소이다. 묵고 계시는 절을 말씀해 주소서."

"주인장께오서 여태껏 여기저기 절에 시주한 것만으로도 부처님께 하실 도리를 다하신 것이외다. 하온데 이 빈도까지 챙기시겠다니, 염치가 없소이다."

"염치가 없다니요. 불제자를 신도들이 모시는 것은 부처님에 대한 예의가 아니겠소이까?"

이허겸은 스님에게 묵고 있는 절을 알려달라 하고 스님은 핑계를 대고 있는 사이에 밥상이 차려져 들어왔다.

밥상 위의 흰 쌀밥에서는 김이 모락모락 피어오르고 있었다.

"밥상이 나물뿐이나이다. 하오나 나도 이렇게 먹고 있소이다. 소찬이나마 어서 드시지요."

스님은 밥을 마파람에 게 눈 감추듯 먹었다.

"밥을 더 가져올 테니."

"아니옵니다. 본래 소식이온데 시장하던 참이어서 과식하고 말았나이다."

"시장기를 면했으니 다행이오이다."

"주인장, 훌륭한 대접을 받았나이다. 빈도 오늘의 일을 평생 잊지 못할 것이외다."

"진수성찬을 드린 것도 아니고, 소찬이라 오히려 내가 부끄럽소이다."

"소찬을 이 빈도가 천하의 진미로 알고 먹었나이다. 장차 귀댁 가문이 크게 번성하실 것이오니 아드님이 계시거든 개경으로 올려보내시어 큰물에서 놀도록 하시오소서."

이허겸은 귀가 번쩍 틔었다. 외아들 한이 그렇잖아도 가사를 돌보지 않고 개경으로 떠날 궁리만 하여 이허겸은 속앓이를 하던 참이었다.

"외아들이 있사온데, 개경으로 보내면 사람 구실을 하겠나이까?"

"여기 인주(인천)에서 가산을 물려받아 주저앉게 하지 마시고, 개경으로 보내시오소서. 아드님이 개경에서 벼슬길에 나가게 되고 손자들이 크게 번성할 것이나이다. 특히 왕실과 인연을 맺어 훌륭한 인재를 생산할 증손녀를 보실 것이외다."

"허면, 왕실의 외척으로 번성한다는 말이외까?"

"그렇소이다. 그리 되면 인주 이씨들은 자연히 벼슬이 끊이지 않고 자자손손 영화를 누릴 것이외다."

"빈말이라도 듣기 좋소이다."

"이 빈도의 말은 빈말이 아니외다."

그런데 밥상 위에 보지 못하던 산채 한 가지가 눈에 띄었다. 사내가 먹고 남긴 것이었다.

이허겸은 고개를 갸웃거렸다. 이제껏 한 번도 보지 못한 나물이었다.

"못 보던 나물인데 어찌된 영문이오이까?"

"아, 이것 말이오이까? 보통 나물이 아니지요. 산속에, 그것도 청정한 데에서만 자라는 삼이외다."

그러더니 스님이 벌떡 일어나 사랑방을 나갔다.

"주인장, 내 말이 빈말이 아님을 명심하소서."

스님은 서둘러 밖으로 나가버렸다.

"이상한지고. 우리 집에 산삼이 있을 리 없도다. 이것이 어인 일인가?"

이허겸은 하인을 불러 금방 나간 스님을 다시 모시고 오라고 일렀다. 하인이 밖으로 나가 한참 만에 혼자서 돌아왔다.

"어이하여 혼자 왔느냐?"

"대감 마님, 이 골목 저 골목 다 찾아보았으나 스님은 없었나이다."

"그럼 귀신이 왔다 갔다는 말이더냐?"

하인은 민망하여 대답이 없었다.

이허겸은 부인을 사랑방으로 불러 대뜸 물었다.

"우리 집에 산삼이 있었소이까?"

"산삼이라니요? 누가 산삼을 캤다고 그러시우?"

"이 산삼 나물은 무엇이오?"

"그러고 보니 못 보던 나물이나이다."

부인이 산삼 나물을 맛보았다. 그러고는 이허겸에게 물었다.

"손님이 가져온 것이나이까?"

"글쎄, 어찌된 영문인지 나도 모르겠소이다."

부부는 알 길이 없어 답답하기만 했다.

그 스님의 말대로 이허겸의 손자대에 이르러 증손녀가 셋이나 문종에게 시집가고, 그중 큰 증손녀는 왕자 10명을 낳아 셋이 임금이 되고 셋은 큰 스님이 되어 인천 이씨 가문을 크게 빛냈다. 그뒤에도 인천 이씨는 대대로 왕실과 인연을 맺으며 번성해갔다. 이허겸의 적선 덕이었다.

순종시대 (1083)

⊙ 순종과 선희왕후

순종純宗은 문종과 인예왕후 사이에 태어난 맏아들로, 이름은 훈勳, 자는 의공義恭이다. 8세 때에 태자로 책봉되었다가, 문종이 죽자 37세 의 나이로 제12대 왕이 되었다. 원래 병약한 순종은 상중의 피로를 이기지 못하고 즉위 3개월 만에 세상을 떠나, 고려 34명의 왕 중 재위기간이 가장 짧은 왕으로 기록되어 있다.

순종이 태자 시절, 홍왕사를 짓고 연등회를 닷새간 개최한 일이 있었다. 태자는 동궁의 신하들과 시녀들을 대동하고 홍왕사에 나가 절 뒤쪽에 임시 사처를 정하고, 조석으로 부왕 문종을 문안하고 부처님 앞에 나아가 향을 올렸다.

연등회 기간 동안 송도의 양갓집 규수들과 대관들이 거의 다 홍왕사에 나와 있었다. 문종이 나와 있었기 때문이다. 이 대관들 중에 서북면 병마사 김양검金良儉과 그의 가족도 끼어 있었다. 김양검의 딸 김규수는 18세의 꽃다운 나이로, 태자가 불공을 드릴 때 참여하기도 했다.

정월 열엿샛날 밤이었다. 하늘에는 둥근 달이 휘영청 떠 있었다. 김규수는 잠 못 이루고 요사채에서 나와 법당 뜰을 거닐고 있었다. 며칠 동안 보아온 태자의 얼굴이 눈에 삼삼하게 밟혀 잠이 오지 않았던 것이다. 어딘지 병약해 보이기는 했으나, 후리후리한 키에 백옥 같은 얼굴, 인자한 웃음이 인상적이었다.

김규수는 시녀를 대동하고 태자가 거처하는 법당 뒤쪽으로 갔다. 태자의 거처는 한산했다. 모두들 뒷산으로 달구경 나가고 시녀 서넛이 있을 뿐이었다.

김규수는 태자의 거처 방 앞에서 용기를 내어 아뢰었다.

"서북면 병마사의 여식 태자마마께 문안 여쭙나이다."

태자는 때마침 심심하던 참이어서 시녀들의 말동무를 하고 있었다. 그런데 뜻하지 않게 쟁반에 은구슬 구르는 듯한 아리따운 규수의 목소리가 들리자 손수 문을 열었다.

"고개를 들라!"

규수는 숙이고 있던 고개를 반쯤 들었다. 태자가 보고 첫눈에 반해 버렸다.

"방으로 들라!"

규수는 방으로 들어가 윗목에 엎드렸다.

"낭자는 아버님을 따라왔느냐?"

"그러하나이다."

"불공은 많이 드렸고?"

"소녀, 태자마마께옵서 불공 드리는 모습을 뵙고 태자마마의 만수무강을 부처님께 축원하였나이다."

"허허, 기특한 말이로고. 낭자의 가족을 위해 불공드리지 않고 나만을 위해 빌었다 그 말이렷다?"

"태자마마께오서 만수무강하셔야 상감마마 천세 후에 이 나라를 다스리지 않겠나이까?"

태자는 매우 기뻐 빙그레 웃음을 띠었다.

"낭자의 말이 마음에 쏙 드는도다. 지금 나라가 태평한 것은 모두 상감마마의 은덕이니라. 돌아가 낭자의 부모님에게 오늘 구경한 일을 이야기하도록 하라!"

규수는 더 머물지 못하고 태자의 처소를 물러나왔다. 그 다음날 밤에도 규수는 또다시 태자의 처소를 찾았다. 태자도 규수를 반갑게 맞았다. 두 사람은 그 사이 정이 들었다.

연등회가 끝나 문종은 환궁했다. 태자도 임금을 따라 환궁하고, 김규수도 집안 식구들과 함께 송도로 돌아왔다.

규수의 아버지 김양검은 왕명을 받들고 서북면 임지로 떠났다.

태자는 김규수를 잊지 못하고 부왕에게 자신의 마음을 솔직히 털어놓았다.

"아바마마, 아뢰옵기 황공하오나 소자 김양검의 딸을 정실로 맞이하고 싶어 주청드리나이다. 성은을 베풀어주시오소서."

"아니 될 말이니라. 태자에게는 태자비가 있지를 않느냐? 태자비에게 흠이 없거늘 어찌하여 그런 말을 입에 담는 것이냐!"

"아바마마, 아무래도 태자비가 장차 국모로서는 덕이 부족할 듯하나이다."

"공연한 트집이니라. 짐은 부왕마마 시절부터 김씨들이 궁중에 드나드는 것이 못마땅했느니라. 그 사람들이 세력을 얻게 되면 무슨 일을 하게 될지 모르느니라. 허나 정 네 뜻이 확고하다면 김양검의 딸을 정실이 아닌 궁주宮主로 봉하여주마."

"황공하옵나이다. 아바마마의 뜻에 따르겠나이다."

김규수는 태자궁에 들어와 연복궁주延福宮主에 봉해졌다. 연복궁주는 태자의 사랑을 받으면서도 항상 정실 태자비가 되지 못한 것이 불만이었다. 게다가 김양검과 경주 김씨 일파들은 연복궁주를 태자비로 앉히려고 온갖 노력을 다하고 있었다.

때마침 태자의 정실 정의貞懿 태자비 왕씨가 세상을 떠났다. 왕 태자비는 종실 평양공 왕기의 딸이었다. 태자비가 세상 떠나자 자연스럽게 연복궁주의 호칭문제가 거론되었다. 태자는 아버지에게 여러 차례 연복궁주를 태자비로 책봉해달라고 간청했다. 그럴 때마다 문종은 경주 김씨들의 세력을 견제하기 위해 허락하지 않았다.

"태자의 마음은 섭섭할 것이다만, 태자와 눈이 맞아 만난 여인을 태자비로 삼을 수는 없느니라."

문종의 뜻이 확고하여 태자는 속을 태웠고, 경주 김씨들은 기회를 노리고 있었다.

문종 25년 7월, 평장사 왕무숭王武崇이 장녕長寧·수안遂安 두 궁주를 만나 각기 자기들의 신세를 한탄했다. 특히 수안궁주는 문종의 손녀로 20세가 넘었는데도 시집을 가지 못해 늘 불만이 많았다. 게다가 열병을 앓다가 맹인이 되어 앞날이 더욱 캄캄했다.

수안궁주는 점공부를 하여 용하다는 평을 받고 있었다. 김양검이 어느 날 수안궁주에게 점을 치러 왔다. 자기 딸이 언제쯤 태자비로 책봉될지 몰라 답답한 나날을 보내고 있었다. 수안궁주에게 그 일을 물어보았다.

"우리 연복궁주께서 언제쯤 태자비가 되겠는지 점괘를 뽑아주소서."

수안궁주는 산대를 잡아 김양검에게 뽑게 하고 뽑은 산대를 보더니 서슴없이 말했다.

"하늘이 무너져야만 소원이 이루어지겠나이다."

"하늘이 언제 무너지겠소이까?"

"금명간에 무너지오."

"그때는 틀림없이 태자비가 되는 것이오?"

"나를 믿지 못하겠다는 게요?"

"못 믿어서가 아니라 초조해서 이러는 게요."

"태자께오서 곧 보위에 오를 것이외다."

"궁주마마를 그때 다시 뵈러 오겠나이다."

김양검은 딸의 처소로 갔다. 점을 본 이야기를 딸에게 들려주었으나 딸은 기뻐하지 않았다.

"연복궁주, 몸이 편찮은 게요?"

"아버님, 언제 무슨 일이 일어날지 모르는 곳이 대궐이나이다. 공연한 소문 내지 마시고 멀리 피신하시는 것이 좋을 듯하나이다."

"그 무슨 말씀이오? 하늘이 무너져야만 우리 경주 김씨들도 한 세상 보지 않겠소이까? 궁주께서 출가 외인이라고는 하오나 근본은 경주에 있소이다. 우리 신라의 옛 서울은 잡초만이 무성하오. 이 잡초를 누가 뽑겠소이까? 아마도 우리의 손이 필요할 것이외다."

"아버님, 말씀 삼가소서. 나라의 흥망성쇠는 국운이 아니라 천운인 것 같나이다."

"그 천운을 우리가 만들어야겠소이다."

"그만 하시오소서."

이때 태자가 들어왔다. 김양검은 황급히 뒷문으로 사라졌다.

문종 26년 9월에는 궁중에서 불의의 사변이 일어났다. 종친 왕진이 교위 거련巨連과 결탁하여 임금을 폐위시키려는 모반 음모가 있었다. 거련은 부하 1,000여 명을 동원하여 문종의 동생 평양공 기基를 보위에 앉히려고 했다. 그러나 평양공은 그 사실도 모르고 병사하고 말았다. 이 음모를 거련의 부하 장선張善이 고변하여 옥사가 일어났다. 거련은 목이 떨어지고 동조세력은 귀양조치되었다.

사건은 여기에서 그치지 않았다. 왕진이 다시 추궁을 당하고 수안궁주의 집에 드나든 사람들을 모조리 밝혀냈다. 김양검도 수안궁주 집에 드나든 일이 발각되어 파직당하고 화가 연복궁주에게까지 미쳤다.

문종은 연복궁주를 사가로 내치라는 칙서를 내렸다. 연복궁주는 아버지의 처신 잘못으로 억울하게 축출당하게 되었다.

"태자마마, 신첩이 불민하여 오늘의 화를 입었나이다. 마마께 죽을 죄를 지었나이다. 하해와 같은 마음으로 용서하여 주시오소서."

"이번 일은 궁주의 잘못이 아니오. 아바마마께오서 공연한 트집을 부리신 것이오. 전부터 아바마마께오선 궁주를 못마땅해하셨소이다."

"태자마마, 미미한 천첩을 여태껏 사랑해주신 은혜 태산 같사옵나이다. 신첩은 태자마마의 만수무강을 빌 따름이옵나이다."

"궁주, 너무 심려 마오. 우리의 정이 떼어놓는다고 해서 변하겠소이까? 부왕마마의 춘추 연로하시니 곧 다시 만나게 될 것이오. 슬퍼 말고 마음가짐을 잘하시오."

연복궁주는 사가로 돌아갔다. 아버지가 파직당한 집은 찬바람이 쌩 돌았다.

연복궁주가 태자궁을 나온 뒤 태자는 이자연李子淵의 손녀 장경궁주를 태자비로 맞이했다. 그러나 태자의 마음은 연복궁주에게 가 있었다.

문종 37년 7월, 임금이 65세를 일기로 세상을 떠났다. 태자가 즉위하여 순종이 되었다. 연복궁주는 어명을 받들어 입궁했다. 순종은 연복궁주를 왕비로 책봉하는 일을 신하들과 의논했다.

"그간 선왕의 축출로 연복궁주가 사가에 나가 있었노라. 이제 짐이 궁으로 불러 왕비로 책봉할까 하오. 경들의 뜻은 어떠하오?"

신하들은 예법상 문제가 있음에도 서로 눈치를 살피며 선뜻 나서는 사람이 없었다. 태자비가 있고, 또 국상중에 연복궁주를 왕비로 책봉한다는 것은 예의에 어긋나는 일이었다.

한참 동안 침묵이 흐른 후에 문하시랑평장사 이정공李靖恭이 입을 열었다.

"마마의 하교 중차대한 문제인 줄 아오나 조급히 결정하는 것은 부당하오이다. 태자비께서 계시옵고 또 국상중이어서 선왕의 재궁梓宮이 빈전에 계시온데 연복궁주의 왕비 책봉은 무리인 듯하나이다. 때를 기다리는 것이 지당하온 줄 아나이다."

그제서야 여러 신하들이 나서서 부당함을 아뢰었다. 반대의견이 많아지자 순종은 한 발 물러섰다.

"여러 중신들의 의견 잘 들었소이다. 대행왕의 산능이 끝난 후에 위의를 갖추어 왕비를 책봉하도록 하겠소."

연복궁주는 궁에 들어와 있었으나 신료들의 반대로 할 수 없이 문종의 발인이 끝날 때까지 기다리는 수밖에 도리가 없었다. 그런데 문종의 발인이 끝났는데도 조정 중론은 연복궁주의 왕비 책봉은 불가한 쪽이었다. 신하들이 그럴수록 순종과 연복궁주의 사이는 더욱 가까워졌다. 장경궁주를 왕비로 책봉하지도 않고 순종은 발길을 끊어버렸다.

송악산이 단풍으로 곱게 물들어 있었다. 회경전會慶殿 넓은 후원에서 순종과 연복궁주가 가을 달을 완상하고 있었다. 궁주는 기쁘면서도 순종에게 여러 가지로 송구스러웠다.

"마마, 신첩과 인연을 맺은 지 여러 해가 되었나이다. 하오나 여태껏 혈육 하나 수태하지 못하와 송구하기 그지없사옵나이다. 이 모든 것이 신첩의 죄이나이다."

"아직 궁주의 나이 한창이거늘 무에 그리 염려하시오? 궁주는 염려 마오."

"장경궁주마저 아직 수태 소식이 없사와 신첩은 걱정이 태산 같사옵나이다."

"장경궁주는 별을 봐야 따든 말든 할 터. 짐이 콧김도 쐬어주지 않으니 무슨 수로 수태를 하겠소? 오로지 그대의 몸에서 태자가 태어나야 하오."

"신첩, 몸 둘 바를 모르겠나이다."

순종은 연복궁주의 손을 잡고 달을 향해 심호흡을 했다. 연복궁주도 따라했다. 둥근 달에게 아기를 점지해달라고 마음속으로 빌었다.

장경궁주는 연복궁주가 사가에 나가 있는 사이에 잠시 태자의 입김을 쐬었다. 하지만 연복궁주가 다시 궁으로 들어온 뒤부터 장경궁주는 임금의 코빼기도 구경 못하고 밤마다 속앓이를 하고 있었다. 연복궁주를 원망하고 저주해보았으나 임금의 마음은 요지부동이었다.

순종은 연복궁주와 잠시 동안의 이별 때문에 더욱 가까워졌다. 낮에 국사를 보는 것 외에는 연복궁주와 늘 붙어 있었다. 두 사람의 사랑은 우물처럼 마르는 법이 없었다.

7월에 등극한 순종은 10월이 되자 눈에 띌 정도로 쇠약해졌다. 쇠약한 몸으로 아버지의 상청에 나가 조석으로 차를 올리고 곡하는 일을 거르지 않았다. 또한 홍왕사에 나가 아버지를 위해 재를 올리기도 하고 때로는 회경전을 임시 도량으로 만들어 반승飯僧하기도 했다.

순종은 더는 버틸 수 없을 만큼 탈진되어 있었다. 10월 하순, 순종은 그만 세상을 떠나고 말았다. 조정은 1년에 국상을 두 번이나 당해 신하들의 슬픔이 배가되었다.

"순종께오서는 효도를 하시다가 병을 얻으시어 홀연히 세상을 떠나시었도다!"

대신들이 통곡을 터뜨렸다.

연복궁주는 순종이 세상을 뜨자 하늘이 무너지고 땅이 꺼지는 듯한 충격 속에서 눈물로 나날을 보냈다.

장경궁주는 사랑받지 못한 대궐이 싫어 먼저 궁을 떠났다. 연복궁주는 새로이 등극한 선종의 명을 받고 궁궐을 떠났다. 순종의 숨결이 고루 퍼진 궁궐을 나가고 싶지 않았으나, 국법이 지엄하여 어길 수 없었다.

장경궁주는 선왕의 정식 태자비였던 관계로 우대하여 작은 처소나마 위의를 갖추어주었다. 좌우첨사·주부·녹사·기관·사인·궁노 등 여러 관속들이 배치되었다. 장경궁주는 모든 것이 번거로워 죄다 궁으로 돌려보내고 사인舍人 두 사람과 궁노 몇 명만 남겨두었다.

궁노 명이明伊는 근본이 궁노가 아니었다. 문종 때 거련의 반란에 연루되어 왕족이 궁노로 전락한 인물이었다. 용모가 빼어나고 왕족으로서의 위용과 품위가 있었다. 장경궁주는 명이와 정이 들어갔다.

선종 3년 봄, 상춘객들이 송악산으로 몰렸다. 장경궁주도 명이와 함께 사람들의 눈을 피하여 봄을 즐겼다. 들뜬 장경궁주의 마음이 이날

명이에게 몸을 맡기고 말았다. 그뒤부터 두 사람은 사람들의 눈을 피해 밀회를 즐겼다. 그러나 두 사람의 관계를 소문낸 사람이 없는데 금세 퍼졌다. 드디어 궁궐에까지 퍼져 선종의 귀에 들어갔다. 장경궁주는 폐 서인되고 말았다. 오히려 바라고 있었는지도 모를 일이었다.

연복궁주는 순종과의 사랑을 되새기며 하루하루를 추억 속에 묻고 살아갔다. 장경궁주의 폐서인 소식을 듣고 자신에게도 죄가 있는 듯하 여 몹시 괴로웠다. 장경궁주가 어쩌면 순종에게 복수를 한 것이라고 생 각하기도 했다.

연복궁주는 한평생 순종의 명복을 빌며 생을 깨끗하게 마감했다. 죽 은 후에 조정은 순종의 묘역에 장사지내고 선희왕후宣禧王后로 추증했 다. 두 사람은 저승에서도 사랑을 나누게 되었다.

◉ 삼파전의 승자

선종宣宗은 문종의 둘째 아들이다. 이름은 운運이며, 자는 계천繼天이
다. 순종이 즉위 3개월 만에 눈을 감자, 동복 아우 선종이 왕위를 계승
하여 아버지 문종의 정치철학을 이어갔다.

선종시대의 정치는 불교와 유교의 발전을 토대로 안정적이었으며,
외교면에서도 거란·왜·여진과 폭넓은 교역을 추진하여 주도권을 잡
아나갔다.

인천 이씨 이자연은 문종에게 딸 셋을 주고 외척으로서 영화를 누렸
는데, 선종 초까지 그 영화가 지속되었다. 외손자가 선종이었던 것이
다. 인천 이씨들은 왕실과 인연을 맺어 순종의 장경궁주, 선종의 세 왕
후, 예종의 연덕궁주, 인종의 두 폐비 등 역대로 내려오며 득세했다. 인
천 이씨들은 10여 명이 재상 지위에 올라 권력을 농단했다.

이자연의 아들 이호·이정·이개와 조카 이오·이여, 손자 이자인을
비롯하여 9명이 문화평장사의 지위에 있었다.

선종이 보위에 오르기 전, 인천 이씨들은 자기의 딸을 선종에게 바치

려고 암암리에 경쟁을 벌였다. 선종은 맨 처음 이여의 딸을 아내로 맞았으나 아내가 곧 세상을 떠나고 말았다. 다음에 이석의 딸을 아내로 맞았는데, 이분이 후일 사숙태후思肅太后이다.

사숙태후는 선종 원년에 왕자를 생산했다. 궁궐에서는 큰 경사로 원로대신들이 선종에게 축하인사를 하느라고 고개가 뻣뻣할 정도였다. 이자의도 선종에게 왕자 탄생을 하례드리고 국사를 상주했다. 선종은 국사보다는 다른 것에 관심이 있었다.

"내 듣자하니 경의 영매가 똑똑하다는 소문이오. 다음에는 경과 함께 입궐하도록 하오."

"황공하오나 신의 영매 매우 불민하와 신과 함께 입궐하기 어렵사옵나이다."

"겸사의 말이 지나치오. 선왕 때부터 왕실과 경의 집과는 혼인을 맺어 인척 관계가 되었소. 후궁에 지금 여러 궁녀들이 있으나 믿을 만한 여인이 없소이다. 경의 영매를 후궁에 두어 궁궐의 일을 보살피도록 할 것이오."

"마마, 성은이 하해와 같사옵나이다."

며칠 후 이자의는 누이를 궁궐로 들여보냈다. 이자의는 출세길이 탄탄대로였다.

선종 8년, 이자의는 사신으로 송나라 변경에 들어갔다. 이 무렵, 고려의 문화는 최고조에 달해 있었다. 중국에 없는 서적이 고려에는 얼마든지 있었다. 송나라 철종이 이자의를 만난 자리에서 물었다.

"그대의 나라에 중국 서적이 많다는데 사실이 그러하오?"

"그러하옵나이다. 많은 서적이 있나이다."

철종은 통역의 말을 듣고 고개를 끄덕였다.

"짐이 홍로시경鴻盧侍卿에게 분부할 것인즉 그대는 짐의 뜻에 따르도록 하오."

이자의의 가슴은 뿌듯했다. 아무리 송나라가 문화국이라고는 하지만 고려보다 책이 없다는 데 큰 자부심을 느꼈다.

이자의는 귀국하는 대로 이 사실을 선종에게 알렸다. 선종은 매우 기뻐하며 송나라에서 요구하는 책을 보내라고 영을 내렸다.

"자고로 고려는 인현仁賢의 나라요. 역대로 내려오며 큰 싸움이 없어 중국에 없는 책이 우리에게 있소이다. 신료들은 짐의 뜻을 받들어 송나라에 보낼 서적을 모으시오. 만약 구하는 책이 한 권만 남아 있다면 그 책은 전사傳寫하여 보내도록 하오. 궁궐의 서적포書籍鋪에 많은 책이 비치되어 있으니 그중에서 책을 고르고, 없는 책은 선비들에게 구하도록 하오."

송나라 홍로시경은 송나라 철종의 지시를 받아 고려에서 구할 책의 목록을 뽑아주었다. 고려의 학자들은 송나라에서 요구한 300여 종의 수천 권 책을 모았다. 이 공으로 이자의는 문하시랑평장사에 올랐다.

이자의의 누이 원신궁주는 선종의 아들을 낳았고, 한산후漢山侯가 선종과 원신궁주 사이의 왕자이다. 이자의의 세력은 날이 갈수록 커져갔다. 조정에서 이자의는 매사를 챙기고 좌지우지했다.

헌종시대 (1094~1095)

⊙ 조카를 몰아낸 숙부

선종 11년 5월, 선종이 세상을 떠나고 12세 된 한산후가 대통을 이어 받았다. 바로 헌종獻宗이다. 어머니 인예왕후 이씨를 사숙태후로 존숭 하고 태후가 머무는 곳을 중화전中和殿이라 불렀다. 태후는 어린 아들 대신 수렴청정에 들어갔다.

헌종의 숙부 계림공 희熙는 수태사守太師로서 임금의 고문격이었고, 이자의는 중추원 부사가 되었다. 이제 대궐은 어린 헌종을 놓고 삼파전 의 세력이 되었다. 계림공 · 사숙태후 · 이자의가 권력을 움켜쥐려고 치 열한 각축전을 벌였다.

이자의의 누이 원신궁주는 아들을 낳았으나 차자였으므로 보위에 앉 지 못하고 궁주 역시 왕태후의 봉호를 얻지 못했다. 자연히 이자의의 불평이 날을 세웠다. 누이를 찾아가 결연한 뜻을 밝혔다.

"마마, 선왕이 돌아가신 이후 홀로 궁을 지키시기에 적적할 것이나이 다. 신이 비록 불민하오나 마마의 명예를 위해 싸우겠나이다."

"오라버니, 별 말씀을 다 하십니다. 이 자리에 아무도 없거늘 마마니

신이니 듣기 거북합니다. 그냥 예전처럼 동기간으로 칭하소서. 부끄럽나이다."

"궁궐 안이어서 다른 사람이 들으면 조정에서 문제가 되나이다."

"남매 단둘이 이야기하거늘 누가 듣겠나이까? 어서 조정 소식이나 전해주소서."

"지금 금상께오서 나이가 어리고 몸이 약해 그 자리를 엿보는 자가 있나이다."

"누가 그 자리를 노린단 말씀이오?"

"계림공이옵나이다."

"장차 우리 모자는 어찌되겠나이까?"

"신이 있는 동안은 염려 없소이다. 아무리 계림공이 보위를 노린다해도 쉽지는 않을 것이외다. 사숙태후께오서도 우리 집안과 가까운 사이이니 우리가 힘을 모아 계림공과 싸우지 않으면 안 될 것이외다. 만약 약골인 임금이 잘못되기라도 하면 한산후를 옹립하고 누이가 수렴청정하시어 나라를 바로 세워야 할 것이나이다."

"그렇다면 지금부터라도 계림공을 수태사 자리에서 물리쳐야겠구려. 누가 그의 세력에 대항하겠나이까?"

"지금은 없나이다. 장차 신이 힘을 길러 대항하겠나이다."

"우선 사숙태후께 아뢰어 계림공을 돕는 자들부터 물리쳐야겠나이다."

"좋은 말씀이나이다. 다음 연등회 때 기회를 보아 궁주께오서 태후에게 아뢰도록 하시오소서."

원신궁주는 알았다며 고개를 끄덕였다.

헌종 원년 2월에 봉은사에서 연등회가 열렸다. 헌종은 사숙태후를 모시고 봉은사로 나갔다. 원신궁주 등 선왕의 후궁들도 죄다 사숙태후의 뒤를 따랐다. 헌종 일행은 광주의 봉은사까지 행차하게 되어 며칠 전 이미 남경(한양)에 와서 머물렀다.

계림공 일행도 왕을 따라 남경에 와 있었다. 계림공의 부인 명복궁주는 문하시중 유홍의 딸이었다. 계림공과의 사이에 7남 4녀를 둔 다복한 여인이었다. 이번에 남편을 따라 남경에 와 있었다.

궁궐의 행차를 맞이하기 위해 봉은사에서는 법당 뒤의 여러 방을 치우고 왕태후 이하 여러 후궁들을 모셨다.

2월 13일 밤, 연등회 하루 전이었다. 하루종일 따뜻했던 날씨가 밤이 되면서 비를 뿌리기 시작했다. 비는 소나기로 변하여 엄청나게 퍼부었다. 장식등은 비바람에 떨어지고 모든 장식품들이 무색하게 되어버렸다. 다행히도 새벽녘부터 비가 그치고 바람도 잠잠해졌다. 신새벽부터 봉은사 스님들은 새로이 장식품을 복원하느라고 분주했다. 궁녀들은 구경거리가 생긴 듯 밖으로 죄다 나와 있었다.

원신궁주는 사숙태후가 혼자 있기를 기다리고 있다가 좋은 기회를 엿보아 사숙태후의 거처로 나아갔다.

"태후마마께 문안 인사 드리옵나이다. 밤새 폭풍우 거세어 심려가 크셨을 줄 아옵나이다. 그 얼마나 노심초사하셨나이까?"

"궁주야말로 어린 왕자를 데리고 고생하셨겠소."

"걱정해주시니 고맙사옵나이다."

원신궁주는 태후의 기분을 살피며 조심스럽게 오라버니와 약속한 그 일을 태후에게 말하려고 슬쩍 마음을 떠보았다.

"태후마마, 때 아닌 폭풍우였나이다. 장차 큰 변동이 일어날 조짐 같사옵나이다."

"무슨 그런 말씀을… 변동이 생길 리 있겠소? 봄 날씨가 변덕을 부린 게지요."

"아닐 것이나이다."

"아니라면?"

"마마, 보위를 노리고 있는 무뢰배가 있다 들었나이다."

"궁주 그 무슨 말씀이오?"

"대숙大叔께오서…."

때마침 시녀들이 들어와 아침 문안 인사를 올렸다. 원신궁주는 어쩔 수 없어 물러나왔다. 사숙태후의 마음은 뒤숭숭했다.

'대숙이라….'

이 말이 마음에 걸렸다. 대숙은 현임금의 숙부였다. 계림궁 희가 어린 조카를 내몰고 그 자리를 차지한다? 그전부터 문종이 아끼던 계림공이었다. 왕위를 노릴지도 모른다는 생각이 들었다.

"태후마마, 상감마마께오서 대웅전으로 나가신다 하옵나이다."

궁녀가 태후의 얼크러진 생각을 뚝 끊어버렸다. 태후는 일어나 법당으로 향했다. 부처님 앞에 향을 피우고 어린 왕이 합장하고 있었다.

태후가 합장하고 말했다.

"상감마마, 만수무강하시어 오래도록 이 나라를 다스리오소서."

태후는 부처님 앞에 엎드렸다. 시녀들도 따라 일제히 엎드렸다. 잠시 후 태후가 일어나 어린 임금을 모시고 자기 처소로 갔다. 오늘 따라 왠지 임금의 기상이 불쌍하게 보였다. 태후가 임금의 등을 어루만지며 물었다.

"상감, 시장하지 않으시오?"

"소자는 견딜 만하옵니다. 하오나 태후마마께오서는 요기를 하셔야 할 시각이옵나이다. 곧 지밀나인에게 일러 상을 봐오도록 하겠나이다."

"아니오. 부처님께오서 공양을 드신 후에 먹어야 하나이다. 상감, 오늘은 일찍 환궁하도록 하소서."

"태후마마의 말씀에 따르겠나이다."

아침 예불이 끝나고 공양 시각이 되었다. 봉은사 안이 시끌벅적했다.

"어젯밤 폭풍이 거세더니 오늘은 아침부터 날씨가 쾌청하구나. 아마 임금의 덕일 게야."

"그렇고 말고, 우리 임금께오서 덕이 많으신 것 같으이."

백성들이 임금을 칭송했다.

연등회는 불경을 읽는 것보다 먹고 노는 것이 주목적이었다. 남녀노소 수천 명이 운집하여 넓은 경내가 온통 사람의 물결이었다.

점심 무렵, 태후는 임금에게 환궁하라고 말했다. 당황한 사람은 임금이 아니라 중신들이었다. 연등회는 사흘로 일정이 잡혀 있었다. 하루도 지나지 않아 환궁하라는 태후의 진의를 파악하지 못해 중신들은 당황스러웠다. 계림공이 태후 앞에 나섰다.

"태후마마, 연등회가 이제 시작이거늘 환궁이라니, 어인 분부시옵나이까?"

"궁을 비운 지 여러 날이니 환궁하도록 하오. 대숙은 여기에 남아 연등회가 끝날 때까지 마무리를 잘하도록 하오."

"신도 마마의 행차를 따르겠나이다."

"아니오. 여기에 남도록 하오."

"어명, 받잡겠나이다."

계림공은 한 발 물러섰다.

임금의 환궁 행차는 점심때 절을 떠나 남경에 잠깐 머문 후 바로 송도로 행했다. 신혈사에서 하룻밤 묵은 후 당일로 송도에 닿았다.

계림공은 영특한 인물이었다. 소년 시절부터 문종이 눈여겨 보아온 왕재감이었다. 계림공은 태후의 처사가 못마땅했다. 행사 도중 봉은사를 떠난 것도 그렇고 뒷마무리를 자기한테 맡긴 것도 그랬다. 아내 명복궁주도 불만이 많았다.

어느 날 명복궁주가 남편에게 하소연을 늘어놓았다.

"대감, 우리 슬하의 7남 4녀를 장차 어찌하면 좋으리까? 자식이 너무 많아도 걱정이구려."

"별 걱정을 다하는구려."

"앞날이 걱정되나이다."

"무슨 말을 듣기라도 한 게요?"

"그래요. 이상한 말을 들었나이다."

"무슨 말을 들었소?"

"봉은사에서 원신궁주가 태후를 몰래 만나 대감을 조심하라는 말을 했다 하더이다."

"그 말이 사실이오?"

"틀림없나이다."

"으음… 원신궁주의 오라비 이자의가 요즘 무사들을 모아 날마다 활쏘기·말달리기 연습을 한다는 소문을 들었소. 아마 이자가 무슨 일을 꾸미고 있는 것 같소이다."

"대감, 큰일이구려. 대감께서 선수를 치는 것이 어떠할지요?"

"부인, 그 말이 진정이오?"

"병법에 있는 줄 아나이다."

"허허, 자식들을 잘 기르는 줄만 알았더니 어느 참에 병법까지 읽었더란 말이오?"

"대감, 여자에게도 큰 뜻은 있는 법이외다."

계림공은 입을 다물었다. 아내의 말을 충분히 이해하고 있었다. 그는 결심을 굳혔다.

'먼저 선수를 치자!'

그는 수하들을 결집시키고, 자기 집과 가까운 상장군 왕국모를 찾아갔다.

"장군, 국가의 장래가 어떨 것 같소이까?"

"그 무슨 말씀이오?"

"외척 이자의가 도당을 모아 임금을 내쫓고 왕제 한산후를 옹립한다는 소문이 파다하오. 장군은 정녕 이런 소문을 듣지 못했다고 하지는 않겠지요?"

"금시초문이외다. 아무리한들 일개 문신이 그런 무모한 짓을 저지르겠소? 병권은 우리 손에 있거늘 무엇을 염려한단 말씀이오."

"장군, 이번 기회에 간사한 무리를 소탕할 생각이 없으신 게요?"

"그 말씀이라면 재상 소대보와 의논하는 것이 옳은 듯하오. 우리는 왕명이 내려진다면 상감 주변의 요사스러운 무리를 언제든지 칠 생각이외다."

"장군의 뜻을 알겠소이다."

계림공은 소대보를 찾아가 압력을 넣었다.

"지금 상감 곁에 간사한 무리가 진을 치고 앉아 상감의 눈을 흐리게 하고 있소이다. 이들을 없애지 않고는 나라가 온전치 못할 것이외다. 재상께오서 이 일에 앞장서주소서."

소대보는 계림공의 위압에 눌려 순순히 따르기로 약속했다.

헌종 원년 7월, 계림공은 소대보와 함께 어전에 나아갔다.

"신, 왕희 아뢰오. 이자의가 도적의 마음을 먹고 무사들을 모아 음모를 꾸미고 있다 하옵나이다. 원신궁주의 아들 한산후를 옹립하기로 이미 결정을 내렸다 하오니 신에게 영을 내리시어 역적의 무리를 소탕토록 하시오소서."

"대숙! 장차 어찌하시겠다는 말씀이오이까?"

"상감께오서는 신을 믿으시면 되나이다."

"짐은 모를 일이외다. 대숙 마음대로 하시구려."

발을 내려뜨린 저쪽에서 태후가 날카로운 목소리로 계림공을 공격했다.

"이보시오, 대숙! 대숙이야말로 보위를 넘보는 것이 아니오?"

"신이 어찌 그런 마음을 품었다고 보시나이까? 태후마마께오서는 억측을 거두시오소서."

"두고 볼 일이오. 역대에 이신벌군한 일은 없었소이다. 대숙께서는 천하의 손가락질을 받을 일은 하지 마시오."

계림공은 찔끔했다. 태후가 자기 마음을 읽고 있어서였다. 이제는 어쩔 수 없었다. 만약 이자의가 먼저 일어난다면 계림공은 꼼짝없이 역적 누명을 쓰고 목이 달아날 판이었다.

"신은 다만 왕명을 따를 뿐이나이다."

계림공과 소대보는 황급히 어전을 물러나왔다. 계림공은 소대보를 자기 집으로 데려가 구워삶았다.

"소 재상, 나를 도와주오. 역적 이자의의 손에 정권이 넘어가면 소 재상도 무사하지는 못할 것이외다. 이제는 선택의 길이 없을 뿐더러 망설여서도 아니 되오."

"내가 도울 일이 무엇이오?"

"소 재상께오서는 상장군 왕국모에게 이자의 일당을 치라고 명령을 내리면 되나이다. 뒷일은 내가 알아서 할 것이오."

"알았소이다."

소대보는 왕명을 빙자하여 상장군에게 역적의 무리 이자의를 치라고 명령을 내렸다. 왕국모는 우직했다. 소대보의 명령을 임금의 영으로 철석같이 믿고 부하 장수 고의화에게 이자의 일당을 치라고 명령을 내렸다.

고의화는 신속하게 움직였다. 이자의의 동태를 면밀히 살핀 후에 불의의 습격을 가했다. 이자의는 싸움 한번 제대로 해보지 못하고 패하고 말았다.

다음날 계림공은 수태사 겸 상서령 겸 중서령이 되어 자기 집에서 백관들의 진하陳賀를 받았다. 소대보는 특진수사도 판리부사가 되었고, 왕국모는 수사도 참지정사로 승차했다.

계림공이 조정을 장악했다. 소대보·왕국모 등이 그를 떠받들었다. 이자의의 일파인 인천 이씨들은 조정에서 축출당했다.

2개월 후에는 헌종까지 내몰았다. 헌종이 물러나며 조칙을 내렸다.

"짐이 전고의 유업을 계승하여 보위에 올랐으나, 나이 어리고 병약하여 나라의 대권을 선천하지 못하고 백성의 바라는 바를 잊어버리게 되어 음모가 권문에서 일어나고 역적과 간신이 짐의 정치에 간섭하고 있다니, 모든 일이 짐의 박덕의 소치이노라. 대숙 계림공은 역수曆數가 있으니 백성들은 잘 받들어 대위를 계승케 하라. 짐은 후궁에서 잔명을 보전코자 하노라."

계림공이 보위에 올랐다.

이자의의 누이 원신궁주는 자기의 소생을 데리고 인천으로 귀양을 떠났다. 이 소식을 들은 사숙태후는 남의 일 같지 않아 좌불안석이었다.

헌종이 14세의 나이로 세상을 떠나고 사숙태후는 궁을 나와 사가에서 울분이 치솟아 세상을 원망하며 평생을 후회 속에서 살았다. 원신궁주의 말을 듣고 일찌감치 선수를 치지 못한 것이 천추의 한이었다. 때를 잃으면 자신을 잃는 것은 만고의 진리인 것 같다.

⊙ 명장의 어머니

큰 인물 뒤에는 늘 훌륭한 어머니가 있다. 김숙흥金叔興 장군도 예외는 아니다. 명장 김숙흥은 거란과의 싸움에서 혁혁한 공을 세운 인물이다. 서희 · 강감찬 · 양규 등과 더불어 고려의 명장으로 꼽힌다. 그의 뒤에는 어머니 이씨 부인이 있었다. 김숙흥의 가풍은 검소하다기보다는 차라리 인고忍苦하고 단련하는 쪽이었다. 어머니가 만들어놓은 방침이어서 세상의 존경을 받았다.

김숙흥의 아버지는 호반 출신으로 아들은 아버지의 영향을 받아 애국심이 강했다. 아버지는 철이 들면서부터 가슴에 웅지를 품었다.

"용감한 무장이 되어 만주 오랑캐를 무찌르고 조국을 반석처럼 만들어보자."

그러나 그의 수명이 짧아 30세 전에 세상을 떠났다. 아내 이씨와 뱃속의 숙흥만을 남겨두고 웅지를 펴지 못했다. 그가 임종시에 아내 이씨 부인에게 당부했다.

"나는 명이 짧아 저 세상으로 가오. 이승에서 못다한 정은 저승에서 다시 만나 풀기로 하고… 나는 풀지 못한 통한이 하나 있소이다. 나라를 위해 미력이나마 보태고자 했으나 이렇게 허망하게 가오. 내 조상의 세업世業이 무반武班이거늘 나만이 무사로서 공적도 없이 사라지니 그것이 원통하오. 지하에 가서 조상을 볼 면목이 없소."

"여보, 마음 편히 가지시고 이 세상 인연 끊으소서. 뒷일은 살아남은 사람의 몫이나이다."

"다행히도 부인의 뱃속 아기가 일점 혈육이어서 한근심 놓지만, 아들이 아니라면…."

"꼭 아들일 것이외다. 당신의 큰뜻을 하늘이 외면하겠나이까? 꼭 아들일 터이니 근심걱정을 더소서."

"아들이라면 내 평생 이루지 못하고 가는 뜻과 사업을 아들이 이루도록 당신이 잘 가르쳐주오."

"염려 놓으소서. 비록 아녀자지만 그만한 눈치는 있나이다."

"자식을 기르되 그 자식의 덕으로 내 집 문전에 옥답玉畓이 넓어지기를 바란다거나 부모 사후에 젯상 위에 제물이 산더미처럼 쌓이기를 바란다거나, 그런 목적으로 자식을 기르면 아니 되오. 참된 교육은 제 아비의 뜻을 이어가고 제 조상의 세업을 지켜서 나라를 수호하는 무사의 길을 가도록 해야 하오. 부디 아들이 태어나거든 그렇게 가르쳐주오."

"명심하겠나이다."

남편은 이씨 부인에게 자식 교육을 당부하고 세상을 떠났다. 이씨 부인의 뱃속에서 열 달을 채우고 나온 숙흥은 뱃속에서 아버지의 유언을 들었다.

이씨 부인은 숙흥을 지나치리만큼 혹독하게 단련시켰다. 겨울에도 홑옷에 맨발로 나다니게 하고, 여름에는 겹옷에다가 버선을 신고 다니도록 단련시켰다.

"무사의 길은 먼저 체력단련이 필수이니라. 체력이 약한 무사는 남이 호랑이를 잡을 때 고양이도 잡지 못한다."

이씨 부인의 자식 교육철학이었다. 또한 내핍생활을 길들여주었다. 무사는 전쟁터에 나가면 숱한 사선死線을 넘나들게 마련이었다. 이럴 때 필요한 것은 평소에 습관화된 내핍생활이었다. 그리하여 숙흥의 입에서는 어릴 때부터 춥다거나 아프다거나 배고프다는 소리가 나오지 않았다. 약한 소리를 하면 어머니 이씨의 불호령이 떨어졌다.

"너는 무반집 후예이니라. 약한 소리를 하는 것은 약한 마음이기에 그렇느니라. 무반의 후예는 약한 마음이 적보다 무서우니라. 명심하여라."

숙흥은 눈물을 흘릴 수도 없었다. 어머니의 매서운 눈이 감시하고 있어서였다.

어느 추운 겨울날이었다. 맨발로 밖에 나갔다가 들어오며 숙흥이 무심결에 내뱉었다.

"어 춥다. 바람이 칼이야."

"너 지금 뭐라고 했느냐?"

숙흥이 아차 하고 후회할 때는 이미 늦어 있었다.

"나오너라!"

어머니는 숙흥을 우물가로 데리고 가서 찬물을 뒤집어씌웠다.

"아직도 추우냐?"

"아니옵니다."

한번은 이런 일이 있었다. 숙흥이 다리를 불에 데고 징징 울고 있었다.

"뚝 그치지 못할까!"

"어머니, 화끈거려 죽겠나이다."

"그래도 이놈이, 뚝!"

숙흥이 울음을 그치지 않자 어머니는 부젓가락을 불에 달구어 숙흥이 데인 다리에 마구 지져댔다.

"이래도 아프냐?"

"아니옵니다."

숙홍이 겁에 질려 눈물을 뚝 그쳤다. 어머니는 한참 동안 말이 없다가 조용히 입을 열었다.

"너는 아버지의 유언을 가슴에 지니고 살아야 하느니라. 장수가 되어야 하고, 장수가 되려면 이만한 고통쯤은 참아야 하느니라. 알아 듣겠느냐?"

"알겠나이다."

무서워서 하는 대답이었으나 차차 어머니가 왜 이토록 자기를 단련시키는지 스스로 깨달아갔다.

어느 날 이씨 부인은 커다란 두꺼비 한 마리를 잡아 산 채로 아들 앞에 놓으며 말했다.

"숙홍아 이 두꺼비를 산 채로 다리 하나 남기지 말고 먹어치우거라."

"예에?"

"날고기로 먹으라는 말이니라."

"이걸 어찌 먹나이까?"

"네 이놈! 이 어미가 이 두꺼비를 산 채로 먹으라는 뜻을 모르겠느냐!"

"모르겠나이다."

"이 다음에 네가 장수가 되어 전쟁에 나가 보급이 떨어졌을 때 그냥 앉아서 굶어죽어야 하겠느냐? 그때를 대비해서 대체 식량을 미리 먹어보는 것이다. 어서 먹어라!"

숙홍은 어머니 앞에서 두꺼비를 산 채로 뜯어먹었다. 이토록 엄한 어머니였으나 숙홍이 밤에 잠을 잘 때는 머리맡에 앉아 이마를 쓰다듬어주며 뜨거운 눈물을 흘리는 연약한 여인이었다. 어쩌다가 숙홍이 병을 앓으면 좋다는 약수를 찾아 몇십 리 길을 왕복하며 약수를 떠다가 그 물로 약을 달이고 미음을 쑤고 음식을 만들어 정성껏 간호했다.

이렇게 공들여 키운 숙홍이 어머니의 기대에 어긋날 리가 없었다. 무과에 당당히 급제하여 어엿한 무사가 되었다. 얼마 후 숙흥은 북변의 요지인 귀주의 별장으로 임명되었다.

숙흥은 귀주에 있으면서도 마음은 늘 송도의 어머니에게 가 있었다. 홀로 계신 어머니가 눈에 밟혀 남몰래 울기도 많이 했다. 그러면서 자신에게 묻곤 했다.

'어머니에게 효도도 못하면서 과연 내가 나라에 충성할 수 있다는 말인가!'

이런 회의가 들 때가 한두 번이 아니었다.

숙흥은 아버지 제삿날과 어머니 생신이 가까워오자 휴가를 얻어 송도로 돌아왔다. 반갑게 맞이할 줄로 알았던 어머니가 냉랭하게 대했다.

"네가 철이 있는 사내더냐? 국경의 경비를 맡은 장수가 어미를 보고 싶어서 달려오다니, 나는 너를 그리 가르치지 않았느니라! 썩 물러가거라!"

"어머니, 아버지의 제사가 며칠 남지 않았나이다. 부디 제사에 참석하게 해주시오소서."

"네 이놈! 그러는 사이에 네 부하가 무슨 일을 저지른다든가 오랑캐가 쳐들어오면 어찌하겠느냐!"

"그 사이 그런 일은 없을 것이나이다."

"듣기 싫다! 너는 그런 자세로 장수 노릇을 하다가는 나랏일을 그르치고 말 게야. 만약 나랏일을 그르친다면 무슨 염치로 네 아버지와 조상들의 영혼을 대할 테냐?"

"어머니, 기왕 온 김에 아버지 제사만은…."

"썩 떠나지 못할까!"

"어머니!"

"아들아! 제발 훌륭한 장수가 되어다오. 훌륭한 장수가 된다면 네 머리 위에 이 어미의 영혼은 늘 떠 있을 게야. 그러니 어서 임지로 떠나거라!"

어머니는 목이 메었다. 어머니인들 아들이 어렵게 맡아 나온 휴가를 함께 보내고 싶지 않았겠는가. 허나 어머니는 오로지 아들이 훌륭한 장수가 되기만을 바랄 뿐이었다. 모자간의 정이 끼어들 틈이 없었다.

"어머니, 즉시 떠나겠나이다. 심려를 끼쳐드려 송구하나이다."

"어여 가거라!"

어머니는 말을 마치고 등을 돌렸다. 어머니의 등에서는 찬바람 대신 훈훈한 미풍이 이는 듯했다. 귀주로 돌아온 숙흥은 새로운 결심을 다졌다.

'내가 어머니를 위하고 아버지의 뜻을 받드는 길은 오로지 나라를 지키는 일과 위대한 장수가 되는 것뿐이다. 차후로는 어머니가 뵙고 싶더라도 이를 악물고 참으리라.'

그뒤 김숙흥은 거란의 제2차 침입 때 양규 장군과 더불어 혁혁한 공을 세웠다. 전쟁터에서 숙흥은 가끔 어머니의 목소리를 들었다.

"내 아들아, 너는 호반의 후예이니라. 네가 갈 곳은 전쟁터, 너는 그 자리에 우뚝 서 있거늘, 무엇이 두려우냐. 내 아들아! 너는 훌륭한 장수이니라!"

이 싸움에서 김숙흥은 거란군 2만여 명을 죽이고, 포로로 잡혀간 고려인 3만여 명을 데려오는 큰 전과를 올렸다. 거란군은 재기할 용기를 잃을 만큼 치명상을 입고 물러갔다. 그러나 애석하게도 이 전투에서 김숙흥은 장렬히 전사하고 말았다.

헌종대에 김숙흥은 장군으로 추증되었다. 어머니 이씨 부인이 그렇게도 소원하던 훌륭한 장수의 칭호를 받은 것이다. 또한 삼한후벽상공신三韓後壁上功臣의 호를 받기도 했다.

숙종시대(1095~1105)

◉ 말굽과 말꼬리

어린 조카를 몰아내고 보위에 오른 고려 제15대 임금 숙종肅宗은 문종과 인예왕후 사이의 셋째 아들로 태어났다. 순종·선종은 그의 동복형이었다. 그의 초명은 희熙였으나, 거란의 9대왕 천조제와 이름의 발음이 같다 하여 옹顒으로 개명했으며, 자는 천상天常이다.

어릴 때부터 총명하여 아버지 문종의 사랑을 받았다.

"뒷날 왕실을 부흥시킬 왕자는 아마 네가 될 것 같구나."

이토록 촉망받던 왕자가 뒷날 병약한 조카 헌종을 보위에서 밀어내고 불혹을 넘긴 42세에 왕위에 올라, 10여 년 동안 고려를 안정과 불안의 연속선에서 왕권을 강화시키고 평화를 정착시키려고 노력하다가 52세를 일기로 세상을 떠났다.

숙종 초기에는 안정된 정치가 이뤄지다가, 후반기로 가면서 여진족이 성장하고 거란의 힘이 약해지면서 변방이 불안해졌다. 고려 조정은 전쟁이 염려되어 새로운 외교관계를 모색해야 했다.

이러한 때에 거란의 중서사인中書舍人 맹초孟初가 숙종의 생일을 축하하기 위해 고려에 들어왔다. 맹초는 글을 썩 잘 짓는 학자였다.

이 무렵, 거란은 말기로서 한족의 문화를 흡수하여 동화되어갔고, 한족에서 거란을 관리하는 사람이 많았다. 맹초는 거란에서 알아주는 학자요 문인이었다. 그리하여 고려를 보는 맹초의 눈은 거만하기 짝이 없었다.

'변방국 문인들이 글을 알면 얼마나 알겠는가? 이참에 고려 문인들의 글재주를 시험해보리라.'

맹초는 고려 문인들이 자기 앞에서 당황해하는 모습을 상상하면서 흡족한 마음이었다.

고려에서는 병부원외랑 김인존金仁存이 맹초의 접반사로 임명되었다. 김인존은 장래가 촉망되는 젊은 관리이자 문인이었다.

맹초는 자기의 접반사가 젖비린내 나는 관리여서 속으로 불쾌했다. 김인존을 멸시하는 태도가 분명했다. 김인존은 도리어 맹초를 탐탁지 않게 여기고 있었다.

때마침 눈이 내려 송도는 온통 은세계였다. 거란에서는 보기 드문 설경이었다.

"대인, 설경이 마음을 설레게 하옵니다. 구경 가지 않으시겠나이까?"

김인존의 제안에 맹초는 시답잖다는 듯이 창문 밖을 내다보았다. 젊은 관리를 상대로 지루하게 앉아 있는 것보다는 바깥 바람이나 쐬는 것이 나을 것 같았다.

"어디로 가려오?"

"송악의 설경이 으뜸이나이다."

"어디 나가볼까요?"

두 사람은 말머리를 나란히 하고 송악산 밑으로 나아갔다. 맹초의 마음이 설경에 취해 저절로 감탄사를 내뱉었다.

"설경이 선경이로소이다. 거란에는 이만한 구경거리가 없소이다."

"대인께서 기뻐하시니 다행이나이다."

"오호, 천하 절경이로고. 이대로 한쪽을 떼어다가 우리 나라에 옮겨놓고 보고 싶구려."

김인존은 속으로 '네놈의 안목이 이 정도더냐' 하고 비웃었다. 거란에도 눈이 많이 오고 오랫동안 녹지 않는다는 것을 김인존은 알고 있다. 그런데 맹초는 송악의 설경이 마치 천하 제일인 양 호들갑을 떨었다. 가히 인품을 알 만했다. 김인존은 맹초의 들뜬 마음을 부추겼다.

"대인, 소나무 사이에 소복히 쌓인 눈이 마치 소복을 입은 여인 같지 않사옵나이까?"

"그렇다마다요. 대단한 설경이외다."

"여기보다 더 좋은 곳이 있나이다."

"거기가 어디요?"

"서강이온데 송도 8경의 하나로 치나이다."

"당장 가보십시다."

"거리가 좀 멀어 오늘은 늦었나이다. 내일 가면 어떻겠나이까?"

맹초는 시무룩했다. 흥이 깨진 모양이었다.

'저놈의 변덕이라니, 밴댕이 소갈머리 같구나.'

김인존이 이런 생각을 하고 있는데 맹초가 말에 채찍을 가했다. 말은 눈 속에 발목이 빠져가며 힘겹게 달렸다. 김인존이 그뒤를 밟았다.

맹초가 말을 멈추고 느닷없이 시 한 소절을 읊었다.

마제답설건뢰동(馬蹄踏雪乾雷動)
말굽이 눈을 밟을 때마다 마른 하늘에 우렛소리 요란하구나

맹초가 김인존을 쳐다보았다. 어디 한번 대구를 받아보라는 표정이었다. 김인존은 피식 웃고 나서 간단하게 대구를 채웠다.

기미번풍열화비(旗尾飜風烈火飛)

말꼬리 바람에 펄럭거리니 때 아닌 불이 날리는도다

맹초는 김인존이 대구를 하지 못하고 쩔쩔맬 줄 알았는데 뜻밖에도 귀가 번쩍 틔는 대구에 깜짝 놀라 김인존의 얼굴을 멍하니 바라보았다.

"대인, 제 얼굴에 검댕이라도 묻었나이까?"

"아 아니오. 원외랑, 기가 막히게 좋은 대구외다."

"과찬의 말씀이외다."

"아니오. 대단한 재주외다."

두 사람은 금세 의기투합이 되어 설경을 시로 읊으며 더욱 정이 들었다.

맹초의 태도가 일변했다. 고려에 자기만한 문인이 있을까 하고 얕보았다가 젊은 김인존의 글재주를 보고 느끼는 점이 많았다.

'젊은이의 글재주가 이 정도라면 원숙한 문인들의 글은 감히 내가 따를 수 없겠구나.'

맹초는 자신을 낮추었다. 고려인들의 글재주를 높이 샀던 것이다.

맹초는 고려를 떠날 때 김인존과의 정이 안타까워 금띠를 선물로 주면서 진심으로 칭찬했다.

"원외랑은 천재외다. 우리 나라에는 원외랑만한 문사가 없소이다."

"대인, 과찬이시나이다. 고려에서 저만한 재주는 하급이나이다. 이 나라에는 문사들이 기라성 같나이다."

"믿어 의심치 않으오. 고려는 가히 문사들의 나라요."

세월이 흘러 고려 숙종이 세상 떠나자 김인존은 거란에 고부사告訃使로 들어갔다. 맹초가 접반사로 마중나왔다.

"오, 천재 시인이 오시었구려. 참으로 기쁘오이다."

"대인, 환대해주시니 고맙나이다."

두 사람은 백년지기인 듯 손을 마주잡고 놓을 줄을 몰랐다. 곧 김인존을 환영하는 풍악이 울려퍼졌다. 김인존이 놀라 이를 말렸다.

"대인, 예의를 몰라서 이러시는 것이오이까?"

"옛 친구를 만나 기뻐서 이러거늘 예의가 무엇이란 말이오."

"시생은 지금 고려 임금의 부고를 가지고 온 사신이외다. 그런데 환영의 풍악을 울리다니, 예의에 맞지 않는 것이외다."

"아이고 내 정신 보게. 깜빡했구려. 천재 시인이여, 나의 무례를 용서하오."

"풍악을 그치면 그만인 것을, 사과는 무슨…."

"황제를 뵈올 때는 길복을 입으시구려. 나는 황제께 천재 시인의 뜻을 상주하여 풍악과 무도를 중지토록 하리다."

"고맙사옵나이다, 대인."

그 이튿날 김인존이 황제를 배알할 때 풍악과 무도가 생략되었다.

김인존은 선종 · 헌종 · 숙종의 3조에 내정 · 외정에서 큰 공을 세웠고, 예종 때는 최선 · 이재 · 이덕우 · 박승중 등과 음양지리에 관한 여러 책을 선정하여 《해동비록海東秘錄》으로 합편하기도 했다.

⊙ 용머리 바위

황해도 벽성군 사동리에 곽씨 노인이 살고 있었다. 곽 노인은 벽성군 일대에서 소문난 부자였다. 기와집이 여남은 채 되고 하인이 수십 명이었다. 곽 노인은 남부러울 것 없이 호의호식하며 주색잡기에 깊이 빠져 살았다. 그에게는 일점 혈육이 없었다. 처음에는 하느님도 원망해보고 부처님도 원망해보고, 자신이 병신이 아닌가 하여 자책에 허덕이다가 다 뿌리치고 날마다 기생을 불러 마시고 노는 것이 일과였다.

곽 노인 집에서는 풍악 소리가 끊일 날이 없었다. 인근 거지들이 풍악 소리가 울리는 곽 노인 집으로 푸짐한 음식상을 기대하고 왔다가 물벼락을 맞고 쫓겨나기 일쑤였다. 어인 일인지 걸인들과 일꾼들에게는 인색하기 짝이 없는 구두쇠 영감이었다. 부리던 일꾼이 병이 들어 일을 하지 못하면 품삯이나 새경을 여지없이 깎아버렸다.

곽 노인은 유난히도 거지들을 싫어했다. 한 푼 주어 보낼 만도 한데 심술을 부렸다. 곽 노인은 기생들의 가무에 취해 신바람나게 놀다가도 걸인 소리만 들으면 금세 흥이 깨져 노발대발이었다.

"하인 놈들은 뭣들을 하는 게냐! 찬물을 끼얹어 내쫓지 않고!"

하인들은 걸인들이 불쌍하여 박정하게 대할 수가 없었다. 걸인들은 하인들의 약한 심성을 이용하여 끈질기게 매달렸다.

"주인 어른, 한 푼이 아까우시거든 잡숫다 남은 음식이나 한 상 차려 주시오소서."

"뭐야? 저놈들이 눈알이 뒤집혔나? 오냐, 한 상 차려주마."

곽 노인은 직접 나서서 하인을 부른 다음 명령을 내렸다.

"여봐라! 저놈들이 술상을 받고 싶어 하느니라. 돼지막에 가서 구정 물을 퍼다가 얼굴에 한 바가지씩 끼얹어주어라!"

하인들은 주인의 명령에 따르지 않을 수 없었다. 구정물을 뒤집어쓴 걸인들이 욕을 바가지로 퍼부었다.

"저놈의 영감태기, 죽을 때 구정물에 코 박고 뒈지거라!"

"동냥은 못 줄망정 쪽박은 깨지 말아야지. 저놈의 영감, 제 명에 죽지 못할 게야. 걸인들 입에 오르면 말로가 좋지 않은 법이다!"

곽 노인은 욕을 먹으면 성이 나서 하인들에게 화풀이를 해댔다.

"이놈들아! 다음부터는 거지들에게 똥물을 안겨주어라!"

곽 노인의 인색함이 인근에 소문이 나서 걸인들의 발길이 뜸해졌다. 곽 노인은 기생들 품에 안겨 세월 가는 줄을 모르고 지냈다.

어느 날, 탁발승이 찾아와 대문 앞에서 목탁을 두드리며 염불을 외웠다.

"이건 또 뭐냐? 걸인이 떠나더니 이제는 중놈이냐?"

곽 노인은 은근히 중을 골탕먹이고 싶어졌다. 하인을 불러 나직이 말했다.

"저 중놈의 바랑에 되직한 똥을 퍼다가 담아주어라!"

"예에? 주인 마님, 그러시다가 벌을 받으면 어쩌시려구요."

"네 이놈! 쫓겨나고 싶더냐? 시키는 대로 따르라!"

하인은 어쩔 수 없이 똥을 퍼다가 탁발승의 바랑에 넣어주었다. 스님은 눈을 감고 염불을 하다가 바랑에 똥이 떨어지자 고마움을 표했다.

"주인장 고맙나이다. 소승이 주인장의 은혜에 보답하는 뜻으로 괜찮은 비법 한 가지 알려드릴까 하나이다. 괜찮겠나이까?"

"무슨 비법이오?"

곽 노인은 금세 탁발승의 말에 귀가 솔깃했다.

"걸인들이 찾아와 귀찮으시지요?"

"말도 마오. 그자들에게 시달리고 나면 입맛이 뚝 떨어진다오."

"소승이 시키는 대로 하시겠나이까?"

"시키는 대로 하면 걸인들이 찾아오지 않겠소이까?"

"그렇나이다."

"비법을 알려주소서."

"이 동네 뒷산에 용머리처럼 생긴 바위가 있질 않나이까?"

"있다마다요."

"그 바위 머리 부분을 잘라내시오. 그러면 다시는 걸인이 얼씬도 하지 않을 것이외다."

"정말이외까?"

"중이 거짓말하는 것 봤나이까?"

"알겠나이다. 그런데 스님…."

곽 노인은 미안한 생각이 들어 바랑의 똥을 버리고 곡식을 담아 가라고 말하려는데 탁발승은 어느새 시야에서 사라지고 없었다.

곽 노인은 스님이 알려준 비법을 당장 실행에 옮기려고 석수들을 부르고 일꾼들을 모아 뒷산으로 가서 용머리 바위의 머리 부분을 잘라내

라고 일렀다. 작업이 시작되었다. 그러나 바위가 크고 단단하여 작업이
수월찮았다.

곽 노인은 무엇이 그리 급한지 작업을 서둘라고 성화였다.

"다 때가 있는 법이니라. 때를 놓치면 효험이 없을지도 모르니 작업
을 서둘러 끝내라!"

주야로 쉬지 않고 작업이 계속되었다. 사동리 뒷산에서 때 아닌 돌
쪼는 소리와 바위 가는 소리가 끊이지 않았다. 용머리 부분에 금을 그
어놓고 금을 따라 바위를 쪼아 쪼개버릴 작정이었다. 3개월 동안 주야
로 바위를 쫀 결과 바위가 절반쯤 갈라졌다.

곽 노인은 신이 나서 석수와 일꾼들에게 돈을 더 주어가며 작업을 독
려했다.

어느 날 인부 한 사람이 달려와 소리쳤다.

"큰일났소이다!"

"웬 수선이냐?"

"큰일이 나버렸나이다."

"어서 말하라!"

"갈라진 바위 틈에서 피가 흐르고 있나이다."

"피가 흐른다고?"

곽 노인은 인부를 앞세워 산으로 올라갔다. 석수와 일꾼들은 일손을
놓고 떨고 있었다. 곽 노인이 보니 과연 갈라진 목줄기에서 시뻘건 피
가 흐르고 있었다.

"저 피는 길조이니라. 스님이 피가 흐르면 길조라고 말했느니라."

인부들의 동요를 막기 위해 곽 노인은 스님을 팔아 거짓말을 했다.

"영감님, 그 말이 사실이나이까?"

"그렇대도. 스님께서 피를 많이 흘릴수록 길조라 했느니라."

곽 노인 역시 두려운 마음이 없지는 않았으나 그렇다고 작업을 그만
둘 수는 없었다. 나이 든 석수가 나섰다.

"영감님, 이는 예삿일이 아닌 듯하오. 산신제를 지내고 작업을 그만두는 것이 옳을 듯하오."

"걱정 말래도 그러네. 스님께서 피를 많이 흘려야 좋다고 분명히 말했소이다. 어서 작업을 서두르시오!"

"나는 일에서 손을 떼겠소이다."

나이 든 석수가 강하게 거부 의사를 밝혔다. 다른 인부들도 왠지 꺼림칙하여 일을 그만두고 싶어 서로 눈치를 살폈다.

"저 바위 머리를 싹뚝 자르면 수고비를 두 곱으로 내놓겠소이다!"

"아니, 세 곱으로 올리시오."

나이 든 석수가 흥정을 하고 나섰다. 기왕에 불길한 일을 할 바에야 수고비나 더 받자는 심사였다.

"좋소! 세 곱을 주지."

작업이 재개되었다. 바위가 피를 흘리기 시작한 지 사흘이 되는 날, 남은 부분에 금이 가면서 피가 철철 흘렀다. 인부들이 용머리에 동아줄을 걸어 잡아당겼다. 용머리 부분이 힘없이 두 쪽으로 갈라졌다.

그러더니 순식간에 하늘이 먹구름으로 덮이고 번개와 벼락이 떨어져 곽 노인 집이 불바다가 되어버렸다.

곽 노인은 하인을 부르다가 벼락에 맞아 즉사하고 고래등 같은 기와집은 눈깜짝할 사이에 죄다 불타버렸다. 그야말로 천지개벽이 일어난 것이다.

"곽 노인에게 무엇이 씌인 게야. 그러지 않고서야 똥을 담아간 스님의 말을 믿고 그런 일을 저지르겠수?"

"맞아요. 그 스님은 곽 노인을 응징하러 부처님께서 보낸 사자가 아닐까?"

"그럴지도 모르지요. 하여간에 우리는 곽 노인의 비참한 최후를 교훈 삼아 이웃끼리 서로 돕고 아끼고 인심을 베풀면서 살기 좋은 마을을 만드십시다."

"그러십시다. 그리고 이참에 마을 이름도 바꾸어버립시다."

"무슨 이름이 좋겠소이까?"

"용머리 바위 즉 용두리가 어떻겠나이까?"

"그것 좋소이다. 용두리로 바꾸면 대대손손 오늘의 일을 잊지 못할 것이외다."

마을 사람들은 용두리로 이름을 바꾸어 정직하고 근면하게 살았다.

예종시대 (1105~1122)

⊙ 사치 풍조와 외척

예종睿宗은 숙종과 명의왕후 유씨 사이의 맏아들이다. 이름은 우俁, 자는 세민世民이다. 어려서부터 유학에 밝아 학문이 깊었으며, 낭만적인 성격으로 시를 좋아했다. 숙종이 세상을 떠나자 27세의 한창 나이로 왕위에 올랐다.

여진이 급속도로 성장하여 중국 대륙은 심상치 않은 기류가 형성되었다. 이러한 여파로 고려의 변방은 늘 불안했다. 남하하는 여진 세력을 막아야 했고, 거란에게 빼앗긴 압록강변을 되찾는 데 예종은 총력을 기울였다.

한편 여진의 동태가 심상치 않다는 보고를 받은 조정은 17만 대군으로 여진을 선제공격했다. 상원수 윤관, 부원수 모총관이 이끄는 정벌군을 격려하기 위해 예종이 친히 서경에 행차하기도 했다.

윤관의 여진 정벌군은 동북지역에 9성을 쌓고 백성을 이주시켰다. 그러나 9성을 유지하는 것이 조정으로서는 벅찬 일이었다. 여진이 9성을 회복하기 위해 날마다 싸움을 걸어왔다. 이러한 전황 속에서 고려는 더 이상 버틸 수 없었다. 여진은 눈치를 채고 대대적인 공세로 고려군의 사기를 꺾은 다음 화친을 제의해왔다. 9성을 돌려주면 고려에 공물을 바치고 다시는 변방을 넘보지 않겠다는 것이었다.

고려 조정은 이 문제로 2년 여 동안 전쟁에 휩쓸려 백성들이 불안에 떨었다. 결국 9성을 내어주고 윤관의 정벌군은 빈손으로 철수했다.

이런 와중에도 문화의 발달로 송나라의 문물을 흡수하여 예종대에는 사치가 성행했다. 예종은 동생을 대방후帶方侯로 봉하고, 나라의 경사라 하여 곡연曲宴을 하사했다. 중신들은 밤부터 아침까지 술을 마셔댔고, 어사대부는 일어나 춤까지 추었다.

연등회 날에는 대신들이 하룻밤 내내 연회를 계속하며 질탕하게 노는 등 연회가 사치로 흘렀다. 그뿐만이 아니었다. 궁중에는 화원을 두고, 또 곳곳에 집을 지어 송나라에서 기화요초나 귀중품을 들여와 내탕금을 과다지출했다.

임금은 송나라의 사치스러운 풍속을 따르고, 귀화인 호종단胡宗旦을 신임하여 나라는 점점 문약해져갔다. 따라서 사회의 기풍은 사치로 쏠리기 시작했다. 이러한 세태일수록 미신이 성행하고 음사淫祀가 지나쳐 사회는 타락의 길로 떨어지게 마련이다.

조정에서 이런 것들을 엄금하면 무당들이 권력자에게 뇌물을 바치고 금법을 풀어달라고 운동하여 할 수 없이 금법을 푸는 일이 다반사였다.

예종시대에는 외척이 발호하던 때라고는 하지만, 임금이 우유부단한 데다가 미신에 빠져 허례허식과 문약文弱을 낳고야 말았다. 이로 하여 귀족사회는 분파작용을 하고 더욱 사치에 물들어, 인종대에는 간신과 아부꾼들이 득세하기에 이른다.

세상 이치가 평화가 지속되고 사치가 늘어가면 정권에 대한 욕심만이 늘어가게 마련이다. 이 무렵에는 송나라 상인들이 고려에 많이 들어와 비단과 사치품을 팔아 귀족들에게 사치심만 조장했고, 따라서 무기력한 풍조가 팽배했다.

이자겸 사건은 외척의 권력이 극도로 확대되자, 이것을 억제하고자 일어난 것이다. 권력욕에 눈이 멀었던 이자겸은 임금이 될 생각까지 가졌으며, 자칫 방심하였다면 왕씨 나라가 이씨 나라로 될 뻔했다. 그러나 인천 이씨 집안에서도 이자겸에게 반대하는 세력이 생겨난 것은 일종의 파벌 조성 때문으로 보여진다.

예종 때부터 임금의 막료인 한안인·이영·이여림 등의 세력과 외척의 거두 이자겸 일당과의 충돌이 일었다. 한안인은 예종의 신임이 두터워 그 배경으로 이자겸의 세력을 몰아내려고 했다. 이에 맞서 이자겸은 임금의 측근세력을 일망타진하여 자기 세력을 다지려고 했다.

이자겸은 인종 즉위년에 한안인·이중약을 죽이고, 문공미·정주영·이영·한안중·한충·한주·임존·문공유·최거린 등을 귀양보냈다.

예종의 신임이 두터웠던 한안인과 이영은 동서지간이므로 파벌로 봐야겠지만, 문공미는 오히려 이자겸과 가까운 사이였으나 한안인 편에 선 것을 보면 이자겸과 감정문제가 개입된 것 같다. 그뿐만이 아니라 같은 이천 이씨 중에 이수도 이자겸 편이 아니었다.

얼마 후 이자겸 일파가 세력을 잃고 문공유 일파가 권력을 잡았다. 당시의 사회는 사치가 극에 달했고, 염치가 땅에 떨어져 세속이 야박해지고 재물에 눈이 어두운 자가 많았다.

이수는 처남 김인규가 이자겸의 당이라 하여 귀양가게 되자 좋은 기회로 여겨 처남의 집을 빼앗고 가산은 물론 노비까지 차지해버렸다. 2년 뒤 김인규가 유배에서 풀려 집에 돌아왔다. 김인규는 이수에게 자기 집을 돌려달라고 말했다. 이수는 내놓지 않고 자기 아들과 공모하여 김인규를 역적으로 몰아 고발했다.

어사대에서 조사해본 결과, 김인규의 결백이 증명되고 이수의 탐욕이 드러나 이수는 귀양을 떠났다. 이수는 인종의 왕비 임任씨의 큰외조부여서 면관만은 겨우 면했다.

인종 11년, 임금이 조칙을 내린 것을 보면 그때의 인심을 알 수 있다.

"근래 부모의 유골을 절에 맡기고 장사지내지 않는 자는 죄로 다스리라. 다만 형편이 어려워 장사지내지 못하는 자에게는 관에서 장례비를 마련해주어라. 지금 세도世道가 강박하고 풍속이 박하여 불효자와 우의를 지키지 않는 자가 많고, 혹은 어린 자식이나 외로운 자를 돌보지 않는 자가 많다. 엄중 단속하라. 그리고 부모상을 당했는데도 유흥하러 다니는 자가 많다. 이런 자 또한 엄히 단속하라."

예종 때부터 내려오던 유흥과 사치, 무기력한 풍습이 인종대로 이어져 드디어 인종이 이런 조칙까지 내린 것이다.

이자겸의 패망 이후 그동안의 귀족은 거의 세상을 떠나고 나라의 거물급 원로들도 사라져갔다. 이러한 세상 뒤에는 오로지 사치와 유흥의 세상이 도사리고 있을 뿐이다.

⊙ 깊은 밤의 주연

청연각清燕閣 난간 밖에는 돌을 쌓아 석가산石假山을 만들고, 뜰 한가운데에 연못을 파고, 연못 주위에는 기암괴석을 올려놓고 멀리서 물을 끌어다가 작은 폭포를 여러 곳에 만들어놓았다. 흐르는 물은 소리를 내며 연못으로 쏟아져 항상 물이 출렁거렸다.

예종시대에는 송나라와 교역이 잦아 고려에서는 송나라 문화재를 많이 들여왔다. 예종은 송나라 문화재를 궁궐 영연전 뒤 청연각에 진열해놓고 신하들에게 보여주며 즐거워했다.

예종 12년 4월, 임금은 대방후·태원공·제안후·통의후 등 형제 왕자들과, 김경용·이위·이자겸·김인존·조중장·김준·김지화·이궤·왕자기·한안인 등 중신들을 청연각에 불렀다.

"짐은 덕이 없으나 부처님의 가피로 사직을 지키게 되었소이다. 다행히도 요 근래에 싸움이 없고, 나라의 문물이 송나라와 거의 맞먹게 되었소이다. 송나라의 치세를 본받아 보문각을 두고 경서를 강구하여 선비들을 널리 구하고 있소이다. 뿐만 아니라 조용한 방에서 보필하는 대신을 맞아 정치를 연구하고 있소이다. 모두 어진 인물을 우대하라는 뜻에서 벌인 일이외다."

여러 대신들은 예종의 말에 귀를 세웠다. 참으로 좋은 말이었다.

"며칠 전 진공사로 송나라에 갔던 이자량이 송나라 황실에서 쓰던 계향어주桂香御酒 · 용봉다龍鳳茶 · 진과珍果 · 보명寶皿 등을 가져왔소이다. 짐은 이 진귀한 물건들을 경들과 함께 나누고자 하오."

중신들이 일제히 머리를 조아렸다. 감사의 표시였다.

"신들이 어찌 이러한 곳에 참석할 수 있나이까? 귀한 물건은 폐하 홀로 보시고 감상하심이 가한 줄로 아뢰옵나이다."

한안인이 중신들을 대표하여 겸양을 보였다. 임금이 권한다 하여 아무 말 없이 응하는 것은 신하 된 도리가 아니었다.

"경들은 사양하지 마오."

예종은 흐뭇한 미소로 중신들을 대했다.

"성은이 하해와 같사옵나이다."

중신들의 머리가 일제히 숙여졌다.

예종은 송나라에서 가져온 귀한 물건들을 청연각에 진열해놓고 신하들을 불러 맛도 보고 구경하도록 했다. 기명이라든지, 과일이라든지 처음 보는 진귀한 것들이 많았다. 파리 · 마뇌 · 비취 · 서시 등 보물들도 함께 진열되어 있었다.

중신들이 진귀한 물건을 탐닉하고 있을 때, 당 아래에서는 대성악大晟樂이 연주되었다. 이 연주는 근래 송나라에서 가져온 훈塤 · 호篪 · 공갈控褐 · 금슬琴瑟 · 종鐘 · 경磬 등 새로운 악기의 소리였다.

예종은 송나라에서 가져온 계향어주를 중신들에게 손수 따라주며 말했다.

"군신의 교제는 지성이 깃든 것이니, 경들은 사양 말고 각기 주량대로 마시도록 하오."

중신들은 얼굴이 벌겋게 상기되어 하사주를 마시기도 전에 감격에 취해 있었다. 술의 양이 꽤 많아 나중에는 중신들끼리 잔을 주거니 받거니 하며 화기애애한 분위기였다. 향긋한 술맛이 조갈증이 나듯 입에 당겼고, 뒷맛 또한 개운했다. 송나라 황제가 마시는 술을 처음 맛보는 터여서 중신들은 신선이 된 기분이었다.

중신들은 하나 둘 술에 취해갔다. 이런 모습을 보고 예종이 영을 내렸다.

"경들은 너무 급히 마시는도다. 좀 쉬어가며 마시면 어떠할꼬?"

중신들이 찔끔 놀라 제자리에 앉아 권하는 술잔을 멈추었다.

예종은 시녀들에게 송나라에서 가져온 관복을 내오도록 했다.

"짐이 경들에게 송나라 관복을 내리니, 우리 것과 비교해보면서 입어보도록 하오."

예종은 관복 한 벌씩을 하사했다. 중신들은 너나 없이 입이 헤벌어졌다. 예종은 기뻐하는 신하들에게 한마디하고 자리를 피해주었다.

"술과 음식은 넉넉하게 준비되어 있으니 맘껏 즐기되 몸이 상하도록 즐기지는 마오. 오늘은 잠시 국사를 잊고 거리낌 없이 즐기도록 하오."

임금이 자리를 뜨자 중신들은 이번에 송나라에 가서 귀한 물건을 많이 가지고 온 이자량을 칭찬하며 음식을 즐겼다. 용안육과 여의주, 청매靑梅 등 남방의 진기한 과실을 처음 맛보는 중신들이 많았다.

술은 넘치고 한 상 가득 차려진 음식으로 상다리가 휘어질 지경이었다. 송나라의 진기한 먹을거리뿐만 아니라 특별한 고려 음식도 산해진미였다.

주연은 밤이 깊어가는데도 끝날 줄을 몰랐다. 촛불로 밝힌 연회장은 대낮처럼 밝았다. 연회는 밤이 깊을수록 무르익어갔다. 중신들의 호탕하고 넉넉한 웃음소리는 청연각 밖에까지 쟁쟁히 울려퍼져 송도의 적막을 깨뜨렸다.

중신들 사이에 예종을 칭송하는 소리가 높아갔다.

"폐하께서는 검소함을 몸소 실천하시어 방탕한 생활과는 담을 쌓으시고 글하는 신하들을 위해서는 아끼지 않으시니 나라가 태평성대를 맞이하지 않았소이까?"

"그러다마다요. 태평성대올시다."

"입새도 검소하시어 수놓은 옷을 마다하시니 우리 신하들보다 더 검소하신 폐하이시오이다."

"부끄러울 때가 많소이다. 우리도 사치를 버리고 폐하의 검소함을 따라야 할 것이외다."

"우리에게 연회를 베풀어주실 때는 진귀한 음식을 아끼지 않고 내놓으시고, 오늘은 송나라 음식까지 맛보여주시니, 그저 황감할 뿐이외다."

그럴 만도 했다. 중신들의 사치가 극에 달하고 염치를 잃고 있었으니 예종이 신하들의 귀감이 되려고 검소를 실천에 옮기고 있음을 신하들도 눈치채고 있었다. 그러나 한번 길들여진 습관은 쉽게 고쳐지지 않고 사치하기 위해 탐욕만이 늘어갔다.

중신들은 코가 비뚤어지게 술을 마시고 혀가 꼬부라져 말을 제대로 하지 못했다. 그제서야 이자겸이 혀꼬부라진 소리로 외쳤다.

"곧 날이 새겠소이다. 그만 집으로 돌아가도록 하십시다!"

중신들은 서로 부축하며 일어서려고 엉기고 버둥거렸다. 이들의 사치 풍조와 염치없는 행동이 백성들은 걱정되었다.

⊙ 후궁을 권한 경화왕후

경화왕후 이씨는 선종과 정신현비 사이의 연화공주이다. 외할아버지는 인천 이씨 평장사 이예李預이다. 고려 중기 들어 인천 이씨의 세력은 날로 강해졌다. 이예는 같은 인천 이씨 이자연과는 집안 사이였으나 가까운 일가는 아니었다. 그리하여 이자겸의 아버지 이호가 권력을 잡고 있을 때에는 세력권에서 멀리 있었다.

선종 집권시에 이예는 외척으로서 권력을 쥐었지만, 선종의 동생 숙종에게 대권이 넘어가자 손에 쥐었던 권력이 하루아침에 빠져나가고 말았다.

이예의 딸 정신현비는 선종이 세상을 떠나자 홀로 쓸쓸한 생활을 영위해갔다. 자기의 소생 연화공주만을 위해 살기로 작정한 그녀는 명산대천에 기도드리기를 게을리하지 않고, 흥왕사에 나가 불공드리는 것을 낙으로 삼았다.

숙종 초년, 흥왕사 넓은 대웅전에서 임금이 신하들과 독경에 심취해 있을 때, 정신현비는 딸 연화공주와 더불어 흥왕사 옆 대시원에서 선종의 명복을 빌고 있었다.

고려에서는 나라에 무슨 일이 있으면 나라의 원찰인 흥왕사에서 법회를 열고 밤새도록 독경하는 일이 상례화되어 있었다. 한 차례 독경이 끝나면 스님들은 궁에서 나온 임금을 비롯하여 여러 수행원들을 대접하느라고 수선스러웠다.

원래 절간에서는 육류를 쓰지 않아, 임금의 거둥시에는 산중의 진미를 대접하느라고 애를 먹었다. 고려 궁중에서만 쓰던 유밀과만은 언제나 따라다니며 수라상 한 귀퉁이를 꼭 차지했다.

정신현비가 기도드리는 대시원에서도 스님들이 신경을 많이 써주었다. 왕비와 공주만이 오붓하게 공양하라고 상을 차려놓고 스님들의 출입을 금했다. 정신현비는 주위가 텅 비어 가벼운 한숨을 내쉬었다. 공주가 안색을 살피고 공양을 권했다.

"어마마마, 어서 드시오소서."

"이 어미는 시장하지 않도다. 공주나 많이 들도록 하라."

"어마마마께오서 드시지 않사온데 소녀가 어찌 공양을 하겠나이까.

마마, 심기가 편치 않으시오이까?"

"아니니라."

"소녀는 어마마마의 심기 불편해 보여 걱정이나이다."

정신현비는 끝내 공양을 하지 않았다. 꽃다운 나이의 공주는 어머니의 마음을 읽고 우울해졌다. 대통이 자기의 아들대에 와서 끝났으니 정신현비로서는 할 말이 없었다. 현비는 이런 생각을 하면 외동딸 공주의 장래가 걱정되어 어디서나 좌불안석이었다. 공주는 이러한 어머니의 심정을 알고 있었다.

"어마마마, 심려 마시오소서. 소녀, 어떻게든 대통을 이어보겠나이다."

"네가 무슨 수로 대통을 잇는단 말이더냐? 나는 그 일만 생각하면 만사가 괴로워지는구나."

"마마, 오늘 태자의 기상을 뵈니 매우 영특해 보였나이다. 아마 태조대왕의 기상을 빼닮은 듯하나이다."

"그렇게 보이더냐? 계림공의 장자이시고 연치 20세는 넘겼을 게야. 계림공께서는 조카를 내쫓고 보위에 오르신 분 아니냐. 몹쓸 분이시지. 그런 분의 아들이 잘될 것 같지 않구나."

"쉿! 마마, 낮말은 새가 듣고 밤말은 쥐가 듣는다 하였나이다. 상감이 우리 모녀의 말을 안다면 어찌되겠나이까? 자중자애하시오소서."

"나로서는 분한 노릇이야."

"마마, 기회는 기다리는 자에게만 온다 하였나이다. 실망할 때가 아니옵나이다."

"네 말을 들으니 위안이 되는구나."

"이제 공양을 좀 드시오소서."

정신현비는 공주의 간절한 애원에 공양상에 마주앉았다.

얼마 후 숙종이 환궁한다는 전갈이 왔다. 정신현비도 숙종 일행의 뒤를 따라 송도로 돌아왔다.

연화공주는 어떻게든 궁궐로 들어갈 기회를 노렸다. 그래야만 아버지의 뒤를 이을 아들을 낳을 수 있을 것 같았다. 하지만 궁에 들어갈 기회가 좀체 찾아오지 않았다. 게다가 정신현비가 까닭없이 시름시름 앓기 시작하더니 병이 깊어갔다. 정신현비는 스스로 자리에서 일어나지 못할 것 같은 예감이 들어 공주에게 말했다.

"공주야, 내게 무슨 일이 생기더라도 너는 절대로 눈물을 보여서는 아니 되느니라. 너는 오로지 부왕과 오라버니 헌종만을 생각하며 우리의 혈통을 이을 일만을 생각토록 하라. 내 말 알아듣겠느냐?"

"어마마마가 아니 계시오면 소녀 혼자의 몸으로는 어렵사옵니다. 얼른 자리를 털고 일어나시옵소서."

"내가 내 병을 아느니라. 나는 오래가지 못할 것이야."

"약한 마음을 떨쳐버리시오소서."

공주의 극진한 간호에도 정신현비는 몸을 추스르지 못하고 그만 세상을 뜨고 말았다. 공주는 한 마디 절규로 어머니를 외치고 혼절하고 말았다. 남은 이는 공주 한 사람뿐, 이제부터 마음을 굳게 도사려 먹어야 했다.

세월이 흘렀다. 숙종 10년, 임금이 세상을 떠나고 그의 맏아들 예종이 대를 이었다. 예종은 보위에 오른 직후 왕비를 맞을 준비를 서둘렀다.

예부상서 이위가 어전에 엎드렸다.

"폐하, 속히 왕후를 맞아들여 만백성을 안심시키시오소서. 고려는 일찍부터 왕후의 자리에 용종龍種을 골랐사오니 왕실에서 찾으면 될 것이나이다."

"경의 뜻은 알겠으나 아직 부왕의 상사가 끝나지 않았으니 기다려야 할 것이오."

"지당하오신 분부이오나 이 나라는 만백성의 어버이를 원하옵나이다. 이 점을 통촉하시오소서. 어명을 내리시면 신등이 주선하겠나이다."

"적당한 인물을 물색해놓은 게요? 허나 서두를 것 없소."

이위는 더 이상 청하지 않았다. 상중이어서 예종을 조르는 것은 예의가 아니었다.

2년이 흘렀다. 예종은 연화공주를 정실 왕비로 맞았다. 오랜만에 정신현비의 처소에 봄이 돌아왔다. 자연히 사람들의 왕래가 잦았다. 특히 외척인 인천 이씨 이예의 아들들이 눈에 띄게 바빠졌다. 숙종 재위기간 이들은 숨을 죽이고 몸을 낮추고 살았다. 권력이란 콧김과 같아서 셀 때는 강하지만 약할 때는 훈김조차 쐬지 못하는 법이다. 연화공주를 믿고 이예의 아들들이 센 콧김을 쐬려고 왕후전을 수시로 드나들었다.

공주에서 왕후가 된 경화왕후는 예종의 총애를 받으며 은근히 자기의 세력을 구축할 길을 모색했다.

왕후가 예종을 은근히 떠보았다.

"폐하, 신첩이 듣건대 조정에서는 본래부터 외척의 공이 많다 들었나이다. 하온데 신첩의 외척이 조정에서 공을 세웠다는 말을 듣지 못했나이다. 공을 세우도록 배려하심이 어떠하실는지요?"

"왕후, 그런 일이 있었소. 허나 외척이 발호하면 조정이 시끄러운 법이오. 선대 문종 임금 시절부터 인천 이씨가 외척으로 득세하였는바 이제는 거의 사라졌소. 조정에서 인천 이씨들이 두각을 나타내고 있으나 대수롭지 않아 그냥 두는 거외다."

"폐하, 외척들의 발호는 필연으로 아나이다. 중용하심이 가한 줄로 아나이다."

"왕후는 깊이 관여하지 마오. 외척의 권세가 드세어지면 왕후에게도 좋지 않으오."

"신첩은 왕실의 울타리로 외척세력이 필요하다고 여기나이다."

"알았으니 그만 하오."

"폐하, 선왕 선종의 대가 끊겼나이다. 대를 이어야 하지 않겠나이까?"

어머니 정신현비의 원을 풀어주려고 운을 떼었다. 예종은 불쾌했다. 아버지 숙종이 조카의 자리를 빼앗았다고는 하나 따지고 보면 왕실의 정통성에는 하자가 없었다.

"그런 일은 왕후가 알 바 아니오. 조정에서 알아서 할 일이오."

"하오나 폐하. 선종 임금의 대가 끊어진다면 종묘와 사직에 죄가 되지 않겠나이까."

"왕후는 쓸데없는 소리를 하는구려. 선종 임금의 대통을 부왕께서 잇지 않으셨소이까."

"하오면 헌종의 대통은 누가 이었나이까?"

"역시 부왕이 이은 것이외다. 태묘太廟에 제사지낼 때 언제나 선종·헌종 임금의 영전에 분향을 잊지 않으니 염려 놓으시오."

"감사하나이다."

왕후는 눈물을 흘렸다. 아버지 선종의 대를 그런대로 이었다고 하나 오라버니 헌종의 대는 이어지지 않은 것이다. 예종은 왕후의 마음을 알고 위로의 말을 아끼지 않았다.

"왕후, 왕후가 있기에 헌종의 대를 이은 것이 아니겠소?"

왕후는 고마우면서도 무엇인가 미진한 마음이었다.

왕후가 예종을 맞은 지도 1년이 지났으나 수태가 되지 않았다. 왕후의 마음도 불안해졌다. 예종의 사랑을 넘치게 받는데도 좋은 소식을 알릴 수 없었다.

예종이 중궁전에 들어와 쉬고 있을 때였다. 왕후가 안타까운 마음을 털어놓았다.

"폐하, 신첩이 아직껏 혈통을 잇지 못했사와 뒤로는 조종에 죄를 짓고 폐하께 죄송한 마음 그지없나이다."

"어찌 인력으로만 되는 일이겠소. 때가 되면 후사가 생길 것인즉 왕후는 너무 염려 마오."

"폐하의 춘추 성하시온 때에 후사를 이어야 하옵나이다."

"그야 왕후의 몸에서 후사를 얻으면 그야말로 용손龍孫이 아니겠소?"

"황공하오나 신첩의 몸에 아무 이상이 없사와 큰일이나이다."

"아직 염려할 때가 아니래도 그러시오."

예종은 왕후를 어루만져주었다. 예종의 손길이 닿는 곳마다 사랑을 느끼면서도 가책 또한 적지 않았다.

"폐하, 늦기 전에 후사를 위해 다른 몸을 취하심이 어떠하실는지요?"

"너무 이른 말이구려."

"후사는 빠를수록 좋은 것이나이다. 신첩의 생각으로는 역대 임금과 결혼한 명문가의 규수를 골라 후궁을 두시는 것이 현명할 듯하옵나이다."

예종은 왕후가 안쓰러운 생각이 들기는 했으나, 거듭 권하는 통에 은근히 호기심이 동했다.

"왕후가 마음에 둔 규수라도 있소이까?"

"신첩의 소견으로는 태사太師 이자연의 후손 중에서 취하심이 어떠하실지?…."

"태사의 후손이라…."

예종은 이자연의 후손 중에서 어느 집 규수가 있나 잠시 생각해보았다. 인천 이씨의 규수들은 선대 왕 때부터 대부분 궁에 들어왔다. 그러나 예종의 할머니 순덕태후 이외에는 평판이 좋은 분이 없었다. 예종은 이자연의 후손 중에서 고르고 싶지 않았다.

소문은 꼬리를 물고 대궐 밖으로 퍼졌다. 인천 이씨들은 기회를 잡으려고 바삐 움직였다. 딸이나 누이를 왕에게 바치고 한세상 권세를 누리며 살고 싶은 것이다.

전에 인천 이씨들 중 이자의는 애매하게 역적 누명을 쓰고 피살되었고, 이자연의 장손 이자겸은 한때 득세했으나, 순종비가 된 자기의 누이가 궁노와의 사이에 말썽을 일으킨 후에는 왕비마저 쫓겨난 후 이자겸은 조정에 나오지 않고 집 안에 묻혀 있었다. 이제 다시 인천 이씨의 외손이 왕후가 되자 옛 영화를 누리던 시절이 그리워 어떻게든 다시 왕과 인연을 맺으려고 욕심을 부렸다.

이자겸이 동지추밀원사 이위를 찾아갔다.

"그동안 잘 지내셨소이까?"

"그럭저럭 세월을 땜질했소이다."

"근자에 듣자하니 금상께서 후사 결정을 하신다는데, 대감의 생각은 어떻소이까?"

"그야 조정 안팎이 걱정하는 바이나이다. 좋은 계책이 있는 게요?"

"뾰족한 수가 있겠소이까? 그저 상감의 눈치만을 살필 뿐이외다."

이자겸은 이위의 마음을 살폈다. 이위는 이자겸의 마음을 꿰뚫고 있었다.

"대감께 영애가 있지를 않소이까?"

이자겸은 깜짝 반기는 듯했다.

"있기는 있소만 영특하지 못하여 후궁을 감당할지 모르겠소이다."

짐짓 사양하는 듯한 말투였으나 제발 후궁으로 밀어달라는 눈치였다. 조부 이자연 때 권력에 맛을 들인 이자겸은 이참에 딸을 예종에게 바치고 권력을 다시 한번 쥐고 싶었다. 그러기 위해서는 이위의 협조가 필요했다. 이위는 이자겸과 손을 잡는 것도 괜찮다 싶어 적극 도왔다. 드디어 일이 성사되어, 이자겸의 딸이 예종의 후궁으로 들어가 연덕궁주延德宮主가 되고 후에 순덕왕후가 되었다.

이자겸의 출세길이 환히 열렸다. 합문지후閤門之侯의 벼슬을 받아 조정에 출사했다. 이자겸은 조정에 출사한 직후 왕후를 찾아가 감사한 마음을 표했다.

"신 이자겸 아뢰옵나이다. 왕후마마의 외가가 신의 일가이나이다. 신의 불민한 딸을 후궁으로 맞으신 것은 오로지 마마의 은덕으로 여기나이다. 신의 여식이 불민하오나 폐하를 극진히 모실 것이오니 더욱 은총을 베풀어주시오소서."

"합문지후의 말씀을 들으니 외가 이씨들이 다시 소생하는 듯하오이다. 차후 상감마마를 받들어 속히 후사를 이어야 할 것이오."

"지당하신 분부이옵나이다. 황은에 감읍하옵나이다."

"고려 왕조를 빛나게 할 인물들은 인천 이씨의 소생임을 명심하시오."

"분부 명심하겠나이다."

이자겸은 왕후의 말을 집안 사람들에게 주지시켰다. 인천 이씨들의 결속을 바랐던 것이다.

예종 4년, 경화왕후는 며칠 동안 병석에 누워 신고하다가 그만 세상을 뜨고 말았다. 31세의 아까운 나이였다. 예종의 총애를 한몸에 받았으나 불행히도 후사를 잇지 못하고 이 세상을 홀로 왔다가 홀로 떠났다. 경화왕후의 고운 용모와 바른 태도는 중궁의 어른다워 따르는 자가 많았다. 예종은 식음을 폐하고 슬픔에 잠겼다. 누구보다 사랑하고 아끼던 왕후였다.

바로 그해 가을, 이자겸의 딸 연덕궁주가 친정에서 왕자를 낳았다. 궁궐 안팎이 기쁨에 들떴다. 차차 경화왕후를 잊어갔다.

이자겸의 시대가 온 것이다. 벼슬이 승차되어 예빈경 추밀원부사가 되고 이위는 참지정사가 되었다.

예종 10년, 이자겸은 다시 승차되어 중서시랑평장사에 오른데다 공신호를 받아 익성공신 수대위가 되고, 그의 어머니 김씨에게 통의국대부인의 직함이 하사되었다. 이자겸의 부인에게는 조선국대부인의 직함이 주어졌다.

세 칙서가 한꺼번에 내려지자 이자겸의 집에는 하례객들이 인산인해를 이루었다. 이들을 위해 이자겸은 성대한 잔치를 베풀었다. 손님들은 대취하여 돌아갔다. 인천 이씨 집안은 이때부터 꽃시절이었다.

⊙ 청평산과 이자현

인천 이씨라고 하여 죄다 권력을 탐한 것은 아니다. 권력을 멀리하고 수신하여 후대에 고고한 이름을 떨친 인천 이씨도 있다.

중서경 이자연의 손자요 지추밀원사 이공의의 아들 이자현李資玄 (1061~1125)은 권력을 우습게 안 현사賢士였다. 그의 자는 진정眞靖이며, 호는 희이자希夷子였다. 인물이 잘생기고 성품이 맑은 사람이었다. 23세에 과거에 급제하고 29세에 대악서승이 되었다.

벼슬이 승차된 해에 아내가 세상을 떠나자 이자현은 깊이 깨달은 바가 있어 세속을 훌훌 털어버리고 자연 속에 들어가 생을 마감하기로 결심했다. 그가 송도를 떠나 임진강을 건너며 맹세했다.

"이 강을 건너면 다시는 송도에 돌아오지 않으리라."

그는 임진강 이남의 명산을 두루 답사했다. 옛 성현의 유적을 찾아 성현과 마음속으로 대화를 나누었다. 그는 마음에 드는 곳이 있어 그곳에서 몸과 마음을 닦으며 생을 마치려고 했다. 그곳은 춘주春州(춘천) 경운산慶雲山에 있는 보현원普賢院이었다. 조그마한 암자였으나 그의 마음에 쏙 들었다.

경운산 보현원은 원래 영현선사永玄禪師가 당나라에서 신라 말 경주로 와서 고려 건국 이후 이 산으로 들어와 백암선원白岩禪院이란 암자를 짓고 지낸 곳이다. 그뒤 자현의 아버지 이공의가 춘주도감 창사春州道監倉使가 되어 부임해와서 경운산의 경치를 보고 반하여 백암서원 터에 암자를 짓고 보현원이라 이름지었다.

이자현은 자기 아버지의 유적을 찾아온 셈이었다. 자현이 보현원에 들어와 경운산을 청평산淸平山이라 고쳐 부르고, 암자 이름도 문수원文殊院으로 바꾸었다. 그리고 암자 뒤에 방 한 칸을 따로 지었는데, 마치 따오기알처럼 동그란 모양이었다. 이 건물을 식암息菴이라 이름지었다. 이 식암은 두 무릎을 세우고 겨우 앉을 만한 작은 방이었다. 자현은 밤이나 낮이나 이 작은 방에 틀어박혀 선경에 들어 며칠씩 바깥에 나오지 않았다.

그는 불교에 심취해 있었고, 특히 참선을 즐겼다. 누비옷을 걸치고 푸성귀 음식으로 자족했다.

예종 12년 임금이 남경에 행행한 일이 있었다. 그때 예종은 청평산으로 사람을 보내 이자현을 불러올렸다. 이자현은 왕명을 거역할 수 없어 누비옷을 입은 채로 예종을 배알했다.

"마마, 신 자현 부름을 받고 문안드리옵나이다."

"어서 오오. 그대를 대궐로 불렀으나 오지 않아 짐이 남경에 와서 부른 것이오."

"신이 일찍이 임진강을 건너면서 다시는 송도에 돌아오지 않으리라 맹세한 바 있어 그것을 실천하고 있는 중이옵나이다. 무례를 용서하시오소서."

"그러기에 짐이 그대의 뜻을 빼앗지 못하고 임진강을 건너와 그대를 부른 것이 아니오."

"성은이 망극하여이다."

"송도에 돌아와 그동안 그대가 갈고 닦은 학식을 펴보지 않겠소?"

"폐하, 신은 학식을 닦은 것이 아니오라 달마대사처럼 면벽으로 세월을 보냈나이다. 신의 머릿속은 텅 비어 세속 이치는 하나도 남아 있지 않은 멍텅구리이나이다."

"허허, 괜히 해본 소리요."

예종은 자현과 차를 마셨다. 한참 동안 침묵이 흐른 후 예종이 불쑥 물었다.

"대체 수신양성修身養性의 도가 무엇이라고 보오?"

"예에, 간단치는 않으나 수신양성은 욕심을 적게 가지는 것 외에 더 좋은 것은 없나이다. 폐하께오서도 과욕에 유의하소서."

"과욕이라… 인간에게 가장 큰 적 중의 하나이지. 이것만 물리치면 성현에 가깝지 않소?"

"그러하나이다."

"그대는 물리쳤소?"

"물리쳤다고 스스로 믿고 있사오나 아직은 멀다는 자책이 드오이다."

"겸양이 아니오?"

"결코 그렇지 않나이다. 평생 안고 가며 풀어야 할 숙제이나이다."

"알 만하오."

이자현은 예종에게 〈심요心要〉라는 한 편의 글을 지어 올리고 청평산으로 돌아갔다.

예종은 이자현이 올린 〈심요〉, 즉 욕심을 적게 가지라는 글을 생각하면서 이따금 그를 그리워했으나 부르지는 않았다. 그의 수행을 방해하고 싶지 않아서였다.

인종 임금도 이자현을 존경하여 차·약·향을 청평산에 보내주었다. 이자현은 인종 3년, 65세를 일기로 청평산에서 생을 마쳤다. 인종은 그에게 진락공眞樂公이라는 시호를 내렸다.

◉ 9성九城과 척준경의 활약

여진족의 뿌리는 원래 말갈족이다. 말갈족은 고려 초기부터 변방을 집적거렸다. 그들은 일정한 근거지가 없어 산악지대나 늪가에 살면서 노략질을 일삼았다. 고려 초기에 이들은 혼란한 국내 사정을 이용하여 동해안 지방을 습격, 경주·영일·동래 부근까지 쳐들어온 일도 있었다. 또 어떤 때는 우산국于山國(울릉도)을 전멸시키는 등 그 세력이 막강했다.

고려 현종 때 영흥 부근에 요덕진耀德鎭을 쌓아 이들을 막고, 이들과 대항할 준비를 갖추었다. 덕종 이후부터 말갈족은 고려에 귀순하는 체하고 자기네들이 필요한 물건을 훔쳐 달아났다. 이때 유소柳昭가 장성을 쌓은 것은 거란 때문이 아니라 실은 말갈족인 여진족을 막는 데 그 목적이 있었다.

고려에서는 한때 회유책으로 여진에 장군이라는 직책을 주기도 했다. 그후 그들은 말을 가져와 고려에서 자기네들이 필요한 의류와 일용품을 가져갔다. 고려는 여진족과의 접경 부근 개척에 바빴다. 날로 그들의 세력이 강성해져 당해내기 힘들었기 때문이다.

숙종 7년 여진이 정주定州 관문 밖에까지 와서 머문 일이 있었다. 고려 조정에서는 그들이 침략 야욕을 품고 있을 것으로 여겨 추장 허정許貞과 나불羅弗을 잡아다가 문초했다. 그들은 침략이 목적이라고 실토했다.

때마침 국경 수비군관 이일숙李日肅의 장계가 올라왔다.

"여진을 지금 정복하면 쉬우나 그냥 놓아두면 후회할 날이 있을 것이나이다."

그런데 여진 추장 오아속烏雅束이 다른 부족과 분쟁이 생겨 고려 국경에 와서 머물렀다. 고려에서는 임간林幹을 보내 방비토록 했다. 임간은 공적에 눈이 어두워 작전계획을 수립하지도 않고 무작정 여진 깊숙이 쳐들어갔다가 무참히 패하고 말았다. 여진은 승리의 기세를 몰아 정주성에 침입하여 약탈과 살상을 자행했다.

조정에서는 윤관尹瓘을 동북면東北面 행영도통行營都統으로 임명하고 임금이 부월을 하사했다. 윤관은 여진과 싸워 적병 30여 명의 목을 베었으나, 고려도 절반 이상이 사상당하는 수모를 겪었다. 윤관은 고려군의 사기가 땅에 떨어져 이대로는 싸울 수 없다고 판단하여 여진과 화약을 맺고 돌아왔다.

임금은 분노하여 천지신명께 고했다.

"천지신명이시여! 적을 소탕토록 도와주시면 그곳에 절을 세우겠나이다."

윤관이 말했다.

"신이 보기에 저들의 세력이 막강하여 장차 무슨 변을 일으킬지 예측하기 어렵사옵나이다. 마땅히 병졸과 군관을 쉬게 하여 후일에 대비해야 할 줄 아나이다. 신이 패한 까닭은 적들은 말을 탔고, 우리는 걸으면서 싸워 대적할 수가 없었나이다."

이 말을 들은 숙종은 군대를 재편성했다. 별무반別武班을 만들어 문무의 관리 서리로부터 상인에 이르기까지 모든 사람들과 주·부·군·현에서 말을 기르는 사람 전부를 신기군神騎軍에 편입시키고 말이 없는 자는 신보군神步軍에 배속시켰다. 그리고 돌격대(跳盪), 활쏘는 병사(梗弓), 화공부대(發火軍), 쇠뇌를 쏘는 병사(精弩) 등을 편성했다. 또 승도僧徒를 선발하여 항마군降魔軍을 편성했다. 그리고 군사훈련을 시키고 군량을 축적하여 대대적인 여진공략의 계획을 세웠다.

그후 숙종이 세상을 떠나 출병할 겨를이 없었다. 그동안 국경경비 군관의 보고는 자못 심각했다.

"여진이 강성해서 국경지방을 자주 침범하고 추장이 여러 부락으로 전문을 보내 대사를 의논하고 있는 것으로 보아 심상치 않은 조짐이 보이나이다."

숙종의 뒤를 이은 예종은 쉽게 결단을 내리지 못했다. 중신들은 선왕의 뜻을 받들어 여진토벌에 나서자고 아우성이었다. 예종은 출병을 결심하고 윤관을 원수로, 오연총吳延寵을 부원수로 임명했다. 윤관이 말했다.

"신이 일찍이 선왕의 밀지를 받았사옵고, 이제 전하의 임명을 받았사옵나이다. 감히 3군을 통솔하고 적의 보루를 격파하여 우리 강토를 개척하고 지난날의 국치를 씻겠나이다."

"당연히 그래야 하오."

예종은 기뻐했으나 부원수 오연총은 마뜩지 않아 윤관의 귀에 대고 속삭였다.

"도대체 뭘 믿고 그리도 자신하는 게요?"

"장군이나 내가 아니면 그 누가 죽음의 땅으로 가서 나라의 치욕을 씻을 수 있겠소. 장군은 무엇을 의심하는 게요!"

오연총은 입을 다물었다.

예종은 서경에 나가 위봉루에 올라 윤관에게 부월을 하사하고 병사들을 전송했다. 윤관과 오연총은 17만 대군을 이끌고 장춘역長春驛으로 갔다. 그리고 최홍정崔弘正과 황군상黃君常을 정주와 장주 두 고을에 보내 여진의 추장을 유혹하도록 했다.

"우리 조정에서 허정과 나불을 석방하려고 한다. 너희는 나와서 명령을 받으라!"

고려군은 매복병을 잠복시켜놓고 여진 추장들을 기다렸다. 추장들은 꾐에 빠져 400여 명이 고려 진영으로 들어왔다. 그들에게 고려 진영은 술과 안주를 넉넉히 내어 마음껏 마시도록 했다. 그런 후 퇴로를 차단하고 매복병에게 신호를 보냈다.

여진의 추장과 그 병사들은 술에 취해 비틀거리면서 죽어갔다. 고려군의 사기가 드높았다.

윤관은 5만 3,000여 명의 병사를 이끌고 정주 대화문으로 다가갔다. 중군병마사 김한충金漢忠은 3만 7,000명을 거느리고 안륙수로, 좌군병마사 문관文冠은 3만 4,000명을 거느리고 정주 총화문으로, 우군병마사 김덕진金德珍은 4만 4,000명을 거느리고 선덕진의 안해安海·거방拒防의 두 초소 중간쯤으로 나아갔다.

고려 군대가 강성한 것을 본 여진족들은 모두 도망치고 가축들만 산과 들에 널려 있었다. 윤관이 여진족 마을 문내리촌에 가보니 적들은 보동음성保冬音城으로 들어가 저항하고 있었다.

윤관은 임언林彦과 최홍정에게 정예부대를 몰고 가서 적을 공격하도록 했다. 두 장군이 석성 아래에 다다라 항복을 권했다.

"너희는 독 안의 쥐 꼴이다! 목숨이 아깝거든 성을 열고 항복하라! 목숨만은 살려주마."

"웃기지 마라! 한판 승부를 가려보자!"

두 장군은 성을 공격했으나, 화살과 돌이 빗발치듯 날아와 아군의 사상자만이 늘어갔다.

윤관이 전황보고를 받고 척준경拓俊京에게 말했다.

"날이 저물면 사태가 위급하게 될 것이오. 이광진 장군과 함께 가서 협공하도록 하시오."

"제가 일찍이 장주에서 종군하다가 죄를 범한 일이 있사옵니다. 그때 원수께서 소장을 조정에 특청하여 구해준 적이 있나이다. 오늘에야 이 한몸을 던져 원수와 나라에 보답할까 하나이다."

"고맙소, 장군!"

척준경은 석성에 닿아 적진으로 용감하게 뛰어들어 추장 몇 명의 목을 베었다. 그러자 고려군의 사기가 드높아져 죽음을 무릅쓰고 격전을 벌였다. 윤관의 휘하 좌우군이 합세하여 여진족을 섬멸해버렸다.

한편, 최홍정·김부필·이준양 등은 이위동의 여진족을 공격하여 처음에는 고전하다가 곧 역전시켜 적병 1,200여 명의 목을 베었다. 중군은 고사한 등 35개 부락을 함락, 적병 380명을 목베고, 230여 명을 생포했다. 우군은 관탄 등 32개 부락을 점령, 적병 290명의 목을 베고, 300여 명을 생포했다. 좌군은 심곤 등 31개 부락을 소탕하고 250명의 목을 베었다.

윤관의 부대는 대내파지大內巴只촌을 비롯하여 37개 부락을 소탕하고, 3,120여 명의 목을 베고 500여 명을 생포했다. 윤관은 큰 공을 세운 척준경에게 비단 30필을 상으로 주었다. 그리고 예종에게 승전보고를 올렸다.

예종은 논공행상을 공평하게 하고 병사들의 노고를 위로했다.

윤관은 여러 장군들을 각 방면으로 보내 국경의 여진족을 소탕했다. 동으로 화곶령, 북으로 궁한이령, 서로 몽라골령 등지를 완전히 소탕해버렸다. 그리고 일관 최자호崔資顯를 몽라골경으로 보내 터를 잡아 950

칸의 성곽을 쌓고 영주성이라 불렀다. 이어 화곶령 아래에 992칸의 성을 쌓고 웅주성, 오림군촌에 774칸의 성을 쌓고 복주성, 군한이촌에 670칸의 성을 쌓고 길주성이라 이름 짓고, 호국인왕護國仁王 · 진동보제鎭東普濟 두 절을 영주성 안에 지었다.

이듬해 윤관과 오연총은 정병 8,000여 명을 거느리고 가한촌加漢村의 병모가지(甁項) 소로에 다다랐다. 여진군들이 소로 부근 숲속에 매복해 있다가 윤관의 부대가 그곳을 지나갈 무렵 급습했다. 윤관 부대는 전멸했고, 겨우 살아남은 10여 명은 적에게 포위되었다. 윤관은 포위되었고, 오연총은 화살에 맞아 중태였다. 이때 척준경이 날랜 병사 10여 명을 거느리고 적진으로 뛰어들려고 했다. 아우 척준신이 말렸다.

"무모하오. 여기에서 개죽음 당하면 무슨 소용이겠나이까?"

"너는 목숨을 구해 늙은 아버지를 봉양하거라. 나는 이미 이 한몸을 나라에 바치기로 했느니라."

척준경은 적진으로 뛰어들어 크게 호통치면서 10여 명의 목을 베었다. 이때 최홍정 · 이광진 등이 군대를 몰고 산골짜기에서 적진으로 뛰어들었다. 포위하고 있던 적군은 몹시 당황하여 포위망을 풀고 도망쳤다. 아군이 그들을 추격하여 36명의 목을 베었다.

윤관은 해가 저물어 정주성으로 돌아왔다. 그는 척준경의 손을 잡고 감사의 눈물을 글썽였다.

"이제부터 나는 너를 자식으로 여길 터이니라. 너도 나를 아비로 생각하거라."

"그리하겠나이다."

두 사람은 와락 껴안고 볼을 부볐다.

전세는 역전되어 적의 추장 가로환呵老喚 등 403명이 윤관의 진영에 와서 항복했다. 또 거란족 1,460명이 좌군에 투항했다. 한편, 거란의 보병과 기병 2만여 명이 영주성 남쪽에 나타나 싸움을 걸었다.

윤관은 임언을 불러 대책을 논의했다.

"함부로 나가지 말고 방어에 힘쓰는 것이 좋을 듯하나이다."

임언의 말에 척준경이 반대의견을 내놓았다.

"방어만이 능사가 아닌 줄로 아옵니다. 출전하지 않고 방어만 하고 있다가 적병이 증가되고 성 안의 군량이 떨어지고 게다가 구원병도 오지 않는다면 어떻게 할 것이나이까? 나는 죽음을 각오하고 나가 싸울 테니, 성루에서 구경이나 하시구려."

척준경은 결사대를 뽑았다. 그들을 인솔하고 성 밖으로 나아가 적군 19명을 눈 깜짝할 사이에 베어버렸다. 이를 보고 놀란 적군들이 줄행랑을 놓았다.

윤관과 오연총이 중성中城 대도독부에서 여러 장군들을 소집했다. 그때 왕자지王字之가 부대를 인솔하고 공험성에서 대도독부로 오던 도중, 여진의 추장 사현史現의 군대를 만나 싸우다가 패하고 타고 있던 말까지 빼앗겼다. 이 소식을 들은 척준경이 군대를 이끌고 가 적을 격파하고 빼앗긴 말을 되찾았다. 윤관은 척준경의 용기를 칭찬하고 조정에 그의 벼슬을 올려달라고 건의했다.

한편 여진 병사 수천 명이 웅주를 포위했다. 최홍정이 병사들을 격려하여 사기를 드높인 후 적과 결사적으로 싸웠다. 사대문을 활짝 열고 뛰쳐나가 적을 종횡무진 무찔렀다. 적병 80명을 목베고 병거兵車 50여 대와 중차 200대, 말 40필을 노획했다. 그때 척준경이 성 안에 있다가 웅주 성주에게 말했다.

"오랫동안 성이 고립되어 있어 군량미가 바닥이 날 지경이외다. 이제 성주께서 성 밖으로 나가 군사와 군량을 가져오지 않으면 성 안의 군사들은 살아남지 못할 것이외다."

성주는 그 일을 척준경에게 부탁했다. 척준경은 밤중에 변장을 하고 성을 나가 정주로 달려가 구원병을 모집했다. 그리고 통태진·자야등 포를 거쳐 길주에 이르러 적과 마주쳤다. 이 싸움에서 척준경은 적을 크게 무찔렀고, 길주 백성들은 감격해서 눈물을 흘렸다.

윤관은 길주·영주·복주·함주와 공험진에 다시 성을 쌓고 공험령에 비를 세워 국경으로 정했다. 그후 윤관은 임금에게 포로 340명과 말 96필, 소 300여 두를 바쳤다. 그리고 숭령진·통태진·진양진에 성을 쌓았다. 이로써 함주·영주·웅주·길주·복주·공험진과 더불어 북쪽 경계 9성이 생겼다. 이곳에 모두 군사를 주둔시켜 방어하는 한편 남부지방에서 백성들을 많이 옮겨 살도록 했다.

윤관은 예종 3년 4월, 병사들을 거느리고 서울로 개선했다. 임금은 예를 갖추어 윤관을 맞이하게 하고 종실 사람을 동부東部까지 보내 잔치를 베풀도록 했다.

윤관은 고려 태조 왕건을 도와 후삼국 통일을 이룩한 삼한공신 윤신달尹莘達의 5대손이다. 그는 문종 때에 과거에 급제하여 조정에 나아가 여러 벼슬을 거쳐 수태보 문하시중 판병부사 상주국 감수국사守太保 門下侍中 判兵部事 上株國 監修國史에 올랐다.

이번 여진 토벌에 누구보다도 큰 공을 세운 척준경은 어려서 집이 가난하여 글공부를 하지 못하고 무뢰배들과 어울려 다녔다. 그러다가 숙종이 계림공 시절 그 밑의 종자로 들어가 추밀원 별가로 임명되었다. 이번 정벌에 임간을 따라왔다가 윤관의 눈에 띄어 발탁되고, 많은 공을 세워 공부원외랑에 승차되었다. 뒷날 그는 문하시중에까지 올라 재상이 된다.

윤관이 조정으로 돌아온 후 여진은 다시 웅진성을 포위했다. 조정에서는 오연총을 보내 토벌하게 했다. 그래도 안심이 안 되어 여진족의 재침을 막기 위해 윤관을 또다시 북변 경계 지역으로 보냈다. 윤관이 북변에 도착하자 여진족이 복수전을 펼쳤다. 윤관은 이들을 물리치고 평정했다.

예종 4년에 여진이 또 길주를 포위하고 싸움을 걸어왔다. 오연총이 그들과 싸웠으나 공험진에서 참패하고 말았다. 윤관은 이 소식을 듣고 직접 출전하여 오연총을 지원했다. 윤관이 오연총과 함께 군사를 거느리고 길주로 가는 도중 유원서가 달려와 보고했다.

"여진의 요불·사현 등이 와서 성문을 두드리며 말했나이다. 자기네들은 어제 아지고촌에 도착했는데 태사太師 우야소가 강화를 청하려고 하여 우리들이 병마사(윤관)께 전해주도록 했나이다. 하오나 전투중이므로 감히 정주에 들어가지 못하니, 청컨대 사람을 여진 진지에 보내면 우야소가 말한 사실을 상세하게 전하겠다고 하나이다."

윤관은 신중하게 생각해보기로 하고 정평으로 돌아왔다. 다음날 이관중을 여진 진중으로 보내 여진 장군 오사吳舍에게 전했다.

"강화는 병마사께서 마음대로 할 수 없는 일이외다. 우리 조정에 직접 사신을 보내 청하는 것이 마땅하오."

"옳은 말씀이오."

오사는 기뻐하며 요불·사현 등을 함주로 보내 요구조건을 말했다.

"우리가 서울로 가기를 원하오나, 현재 전쟁중이므로 의심을 떨쳐버릴 수 없나이다. 원컨대 서로 볼모를 교환하여 후환을 없애는 것이 좋을 듯하오."

윤관은 이들의 요구대로 공옥·이관중·이현異賢 등을 볼모로 보냈다. 요북 등은 안심하고 고려 조정에 나아가 강화를 청하고 9성의 땅을 돌려달라고 했다.

이 문제로 조정은 양분되어 논란이 일었다. 고려 조정의 여론은 여진에게 유리한 반향으로 흘렀다. 고려가 9성을 쌓고 굳게 지켜 여진에게 함락당하지는 않았으나 이를 방비하는 데 많은 손해를 보았다. 게다가 장병문제로 백성들의 원성이 만만찮았다. 또한 새로 개척한 땅이 국도에서 너무 멀고 지역이 넓어서 군수보급이 어려운 점도 있었다.

일부 문신들은 윤관이 개척한 수백 리의 넓은 땅을 여진족에게 돌려주면 자연히 윤관의 공은 수포로 돌아가고 나아가 자기들의 지위를 무사히 보존할 수 있을 것으로 보고 9성을 돌려주라고 역설했다. 이러한 때에 여진은 현지에서 맹렬한 공격을 가했다.

예종은 조정의 3품 이상의 문무백관을 모아놓고 9성 반납의 가부를 물었다. 몇몇 신진 벼슬아치들만이 분개하여 반대할 뿐, 나머지 벼슬아치들은 반납을 찬성했다. 예종도 찬성 쪽에 무게를 두었다.

윤관은 조정의 결정에 따를 수밖에 없었다. 예종 4년 7월 8일, 최홍정과 문관을 여진 추장 거위이에게 보내 약속을 받아냈다.

"그대들이 9성의 반납을 원한다면 저번 약속대로 하늘에 맹세하라!"

여진 추장들은 함주성 문 밖에 단을 쌓고 그 위에 꿇어앉아 맹세했다.

"지금부터 자손대대로 나쁜 마음을 갖지 않을 것이며, 해마다 고려에 조공을 바칠 것이외다. 만약 이 맹세를 저버린다면 우리는 멸망할 것이외다."

고려는 곧 9성에서 전구戰具와 군량을 내지로 운반하고 백성들을 철수시켰다. 여진족은 기뻐하며 소·말 등을 내어 고려 백성들을 실어보냈다. 고려는 몇 년 동안 수많은 인명과 막대한 재정을 뿌리고 점유한 9성을 허무하게 내주고 말았다.

윤관에게는 9성 반납을 주장한 신료들의 모함이 기다리고 있었다. 출정파들의 세력을 꺾으려고 최홍사·김경용·임의·이위 등이 들고일어나 윤관·오연총 등의 책임을 물었다. 그러나 예종은 일소에 부쳤다. 겨우 윤관에게서 부월을 회수하는 선에서 마무리를 지으려고 했다. 그러나 여기에서 끝나지 않았다. 신료들이 일제히 들고일어나 윤관과 오연총의 처벌을 강력히 주장했다. 예종은 그들의 요구를 거절했다. 그러자 신료들이 업무를 보지 않고 집에 틀어박혀 나오지 않았다.

예종은 할 수 없이 윤관과 오연총 등의 관직을 삭탈하고 공신의 칭호를 삭제하는 벌을 내렸다. 어처구니없는 벌이었다. 그러나 처벌은 오래 가지 않았고, 7개월 만에 모두 복직시켰다.

윤관은 예종 6년 5월 8일, 파란 많은 일생을 마감했다. 9성의 반환은 고려 조정의 자존심을 무너뜨린 오산이었다.

⊙ 시 한 편의 명성

예종 때는 고려의 문운이 꽃피던 시절이었다. 따라서 평화로운 시절이 이어지면서 벌족閥族들이 더욱 성해졌다. 그 한 예로 인주仁州(인천) 이씨들을 들 수 있다.

이허겸이 소성백邵城伯으로 봉해진 후, 그의 아들 한翰의 벼슬이 상서 우복야에 이르렀다. 한은 아들 자연子淵과 자상子祥을 두었다. 이때부터 인주 이씨의 문벌은 번성하기 시작했다. 자연의 아들 4형제 중 둘째 아들 호灝에게서 자겸資謙과 자량資諒 형제가 태어났다.

자겸은 예종에게 둘째 딸을 시집보내고 외손자인 태자 인종을 옹립, 셋째·넷째딸을 인종에게 바쳤다. 권력을 잡은 그는 왕위를 찬탈하려다가 척준경 등의 반격으로 실패한 후, 영광으로 귀양을 떠나 그곳에서 죽었다.

그의 동생 이자량은 시 한편으로 송나라 조정을 사로잡은 문인이었다. 이자량이 송나라에 사신으로 들어갔을 때의 일이다. 당시 송나라 황제는 휘종이었고 그는 풍류를 즐기는 황제였다.

이자량이 휘종에게 국서를 올리고 귀국하려 할 때 휘종이 송별연을 베풀어주었다. 송별연에 황제가 직접 나와 신료들과 어울렸다. 내로라 하는 송나라의 중신들이 자리를 같이했다. 특히 눈에 띄는 신료는 한림학사 소식蘇軾(동파)이었다. 소식은 당대의 문장가로 세상에 널리 알려진 인물이었다.

이자량은 고려 사절단인 권적·조석·김단 등을 대동하고 연회석에 참석했다. 휘종이 한마디했다.

"오늘 고려의 사신을 맞아 뜻있는 송별연을 베푸는 것은 그들의 노고를 치하하고 아울러 우리 신료들은 이때를 맞아 고려 사신들과 서로 친할 수 있는 기회로 삼아 두 나라의 평화로운 국교를 도탑게 하는 데 의미를 두노라."

"황은이 망극하나이다."

"두 나라 신료들은 글로써 서로 화합하는 모습을 짐에게 보여주었으면 하노라."

황제의 영에 따라 연회석에 모인 고려·송나라 신료들은 잠시 술잔을 놓고 머리를 쥐어짰다. 황제에게 좋은 글을 보이기 위해서였다.

고려 사신들은 속으로 걱정이 되었다. 송나라 문객들은 고려에는 풍류도 없고 글을 할 줄 아는 문객이 없는 줄로 알고 있었다. 한마디로 고려를 야만국으로 보고 있었다.

이자량은 이번 기회에 송나라 신료들의 높은 콧대를 꺾고 고려의 풍류가 송나라에 뒤지지 않는다는 것을 보여주고 싶었다.

휘종은 내관에게 문방사우를 가져오라 일러 물 흐르듯 시 한 수를 지어 신료들에게 보여주었다. 송나라 신료들은 입에 침이 마르도록 찬사를 늘어놓으며 아첨을 떨었다.

이자량이 보기에는 썩 좋은 시가 아니었다. 양쪽 나라 신료들이 화합을 다짐하는 모습을 읊은 시였다. 별것 아닌 시를 두고 이토록 아첨을 떠는 것을 보고 이자량은 다소 긴장이 풀렸다.

"자, 이제 고려 사절 중에 누가 시를 지어 짐을 기쁘게 하겠느뇨?"

이자량은 권적·조석 등과 눈을 맞추었다. 두 사람은 이자량에게 사양 말고 한 수 지어 올리라고 눈으로 성원을 보냈다.

"폐하, 고려 사절의 정사 이자량이 폐하께 시를 지어 바치겠나이다."

"오오, 이 정사가 시를 잘 짓는가 보오. 짐이 궁금하니 시각을 오래 끌지 마오."

"예에, 폐하."

이자량은 눈을 지그시 감고 시상을 정리한 후 거침없이 붓을 들었다.

사슴 울음 같은 즐거운 곳에 어진 이의 연회
풍악 소리 넘쳐 흐르는 큰 방이여

어사화 머리 위에 사랑의 노래 빛나고

소반에 담긴 귤 향기 그윽하구나

황하수에 천년의 서기 어리었고

푸른 숲은 술잔에 넘치어

오늘 소신도 참여의 영광 입어

보배로운 향연 영원히 잊지 못하리

휘종의 눈이 휘둥그레졌다. 송나라 신료들도 입을 벌리고 다물 줄을 몰랐다. 특히 소식의 표정은 상기되어 이자량을 시기하는 듯했다.

"고려에 그대와 같은 시인이 있었더란 말인가?"

"폐하, 신은 고려에서 시인 축에 끼지도 못하나이다."

"뭬야? 고려에 그토록 훌륭한 시인이 부지기수란 말인가?"

"예 폐하, 그러하나이다."

"고려를 다시 봐야겠구나."

송나라 신료들도 칭찬을 아끼지 않았다.

"짧은 시각에 절창을 뽑아내다니, 시선詩仙이나 다름없소이다."

"이태백이 이 시를 보았다면 술을 권했을 것이외다."

"어디 이태백뿐이겠소이까. 당나라 시객들이 모두 놀랐을 것이외다."

이자량은 누구보다도 소식의 반응이 궁금했다. 소식은 고려를 깔보는 경향이 있었다. 시인 특유의 성격 탓이기도 했으나 그만큼 실력을 갖춘 터여서 자타가 인정하는 당대의 일류 시인·학자였다.

소식이 어렵게 입을 열었다.

"사신의 시는 매우 훌륭하외다. 송나라 시인도 그렇게 짓기는 힘들 것이외다."

"과찬의 말씀이외다. 당시를 조금 알아 글자를 맞춰본 것뿐이외다."

"겸사의 말씀을… 정사, 아까 말씀한 것처럼 귀국에는 정사보다 시를 잘 짓는 문객들이 넘쳐나오?"

"그러하외다."

"그렇다면 귀국은 문화가 많이 발달한 나라외다. 앞으로 귀국의 문객들과 사귀고 싶소이다."

"반가운 말씀이외다."

소식의 칭찬을 들은 이자량은 어깨가 으쓱해졌다. 고려의 시인 · 문객들에게 좋은 일을 한 것 같았다. 교만하고 거만한 송나라 신료들이 이자량의 시를 본 후에 서로 친해보려고 가까이 와서 술을 권했다. 앞으로 고려의 시인 · 문객들에게 오늘처럼 대하리라는 생각을 하자 이자량은 하늘에 오를 듯한 기분이었다. 권적이 이자량의 귀에 대고 속삭였다.

"정사 어른, 오늘의 일은 역사에 길이 빛날 것이외다. 참으로 장한 일을 하셨소이다."

두 사람은 마주보고 빙긋 웃었다. 풍악 소리가 커지고 무희들의 춤사위에 흥이 붙었다. 연회는 두 나라 신료들이 한마음이 되어 밤늦도록 이어졌다.

인종시대 (1122~1146)

◉ 전성기의 상류생활

인종仁宗은 예종의 맏아들로 예종과 순덕왕후 이씨 소생이다. 초명은 구, 이름은 해楷, 자는 인표仁表이다. 7세의 나이에 태자로 책봉되고 14세의 어린 나이로 고려 제17대 왕위에 올랐다. 인종 때에는 묘청妙淸·이자겸 등의 큰 난이 있었으나, 상류계급들의 생활은 우아하고 문화는 전성기를 구가했다.

현종 이래 100여 년 동안 평화를 유지하여 학자들이 많이 배출되었고, 고려의 문운이 인종대에 절정기에 이르렀다. 밤에 편전에서 밤늦도록 임금과 신하가 국사를 의논하다가 늦어지면 임금이 주안상을 마련하여 친히 술을 따랐다. 이러한 풍조가 문풍文風이 일어나는 동기가 되었다. 이 무렵 김부식金富軾·최유청崔惟淸·정지상鄭知常·이지저李之氐 등 명신과 현신들이 배출되어 상류사회는 다채로워졌다.

정지상과 교분이 두터운 윤언이尹彦頤는 아버지가 윤관이었다.

윤관이 재상으로 있을 때 대각국사 의천의 비문을 썼다. 그러나 비문이 시원찮아, 신하들이 인종에게 청을 하여 인종은 김부식에게 그 일을 맡겼다. 윤관은 젊은 김부식에게 자존심이 상해 감정이 좋지 않았다. 그의 아들 윤언이는 아버지와의 그런 관계로 김부식보다는 정지상을 좋아했다.

어느 날이었다. 인종이 국자감에 나가 김부식에게 《주역》을 강의하도록 하고 윤언이에게는 질문을 하게 하여 토론을 유도했다. 윤언이는 아버지의 자존심을 이때 찾아주려고 날카로운 질문을 퍼부었다. 윤언이는 《주역》의 대가였다. 김부식의 허점을 짚어 낱낱이 들추는 바람에 김부식은 쩔쩔매었다. 김부식은 땀으로 멱을 감으며 겨우 위기를 넘겼다.

뒷날 김부식은 묘청의 난이 일어났을 때 윤언이가 정지상의 친구라는 이유로 얽어넣어 양주방어사로 좌천시켰다. 말년에 윤언이는 고향 파평(파주)에서 한가로운 세월을 보내며 불교에 침잠했다. 그에게 세상 사람들은 금강거사라는 칭호를 붙여주었다. 관승이라는 스님과 친형제처럼 지내며 세상을 우습게 여기고 정치를 비판했다.

인종시대에는 학자 사이에 갈등이 심해 속세를 떠나려는 기풍이 성했다. 윤언이와 관승은 이러한 세태에 편승하여 소를 타고 다니며 괴이한 행동을 일삼았다.

관승은 초암草庵을 짓고 겨우 한 사람이 들어갈 만한 공간을 만들었다. 윤언이가 찾아가 시비를 걸듯 말했다.

"이보시오 관승! 초암이 너무 작지를 않소이까?"

"대궐도 아니거늘 집은 커서 무얼 하겠소이까?"

"이제 보니 관승께서는 큰꿈을 품고 있었구려. 대궐을 입에 담는 것을 보니."

"허허… 세상이 모두 내것 아니겠소이까?"

"어쨌거나 이 초암은 너무 작소이다."

"우리 두 사람 중에 누가 먼저 죽으면 하나만 남을 게 아니오? 그러니 한 사람이 들어앉아 있을 자리면 그만인 게요."

"듣고보니 그럴듯하오. 죽을 때가 되면 여기에 와서 죽도록 하십시다."

얼마 후 윤언이는 소를 타고 초암에 나타나 얼마 살지 못하겠다며 작별을 고했다.

"금강거사께서 먼저 가시겠다?"

관승은 말을 마치고 사라져버렸다. 윤언이는 초암으로 기어들어가 벽에 시 한 수를 적었다.

봄이 가고 가을이 오니
꽃이 피었다 떨어지는구나
동으로 서로
나의 심정을 닦고 있을 뿐이네
오늘 걸어오는 도중에
이내 몸 돌아보니
창공 만리에
한 조각 한가로운 구름이어라

윤언이는 시를 마치고 조용히 눈을 감았다. 거사다운 일생을 마친 것이다.

세상이 평화로울수록 학자들의 생활이 너그러워졌다. 고려의 학자들은 불교를 잘 알고 고승과 친하게 지내며 여유로운 생활을 즐겼다.

김황원金黃元도 예외는 아니었다. 그는 성질이 강직하여 세력에 아부하지 않았다. 당대의 학자 이궤李軌와 친하여 세상에서는 김이金李라고 불렀다.

어느 해 요遼나라에서 사신이 왔다. 사신을 위한 연회의 접반사로서 김황원은 시 한 수를 멋지게 선사했다.

봉황은 황제의 칙서를 만들어 하늘에서 내려오고
자라는 신선을 모시고 바다를 건너왔도다

요나라 사신은 감탄하며 칭찬을 아끼지 않았다. 그뒤부터 그가 시를 짓는 족족 요나라 사신은 죄다 베껴갔다. 이때부터 그의 명성이 조야에 알려졌다. 이자위라는 사람이 김황원을 시기하여 쓴소리를 했다.

"경박스러운 학자가 묘당에 있으면 제자를 망치기 알맞겠도다."

예부상서 김상우가 이 말을 듣고 다음과 같은 시를 읊었다.

  학문은 부박하여 쓰지 못하니 고문古文을 배워야 하고
  도는 사邪로 돌아가 못 쓰니 어찌 금문을 배우겠느뇨

이로 미루어보아 김황원의 고문은 당대 제일로서 당할 자가 없었던 것 같다. 그후 김황원은 조정에서 쫓겨나 경산부京山府(성산부)의 부사로 내려갔다. 어느 날 아전이 살인을 저지른 도둑을 잡아왔다. 김황원이 죄인을 한참 들여다보고 나서 말했다.

"이자는 살인 강도가 아니니라. 내보내거라!"

"아니오이다. 살인강도가 틀림없나이다. 놈이 자백했나이다."

아전이 끝까지 말을 듣지 않았다. 김황원은 더 이상 묻지 않고 참고 기다렸다. 그뒤 진범이 붙잡혀 김황원의 형안炯眼에 사람들이 혀를 내둘렀다.

김황원은 다시 조정으로 돌아와 학사로서 서적을 맡아보았다. 임금은 의심나는 것이 있으면 그를 불러 물었다. 그럴 때마다 막힘없이 대답하여 주위를 놀라게 했다.

한번은 요나라에 사신으로 가다가 북쪽 지방에 흉년이 든 것을 보고 상소문을 급히 보내 조정에서 구휼에 나서도록 조처했다. 그의 백성 사랑은 남달랐다.

그는 무엇보다도 글을 사랑하고 또 잘 지었다. 일찍이 대동강에 유람 갔다가 빼어난 경치에 취하여 며칠 동안 묵었다. 부벽루에 올라 주위 경관을 보니 천하 제일이었다. 부벽루 기둥에 다녀간 문객들의 글귀가 적혀 있었다. 김황원의 마음에 드는 글귀가 하나도 눈에 띄지 않았다. 그가 데리고 간 종자에게 말했다.

"여기에 걸려 있는 주련柱聯을 모조리 떼어버리거라! 내가 한 수 읊어 붙여놓겠노라."

종자는 기둥에 붙어 있는 글귀를 모조리 떼어버렸다. 김황원은 시상을 떠올리려고 부벽루를 빙빙 돌며 주위 경관을 살폈다. 첫소절이 떠올랐다. 이어 다음 소절을 떠올렸다.

장성일면용용수(長城一面溶溶水)
긴 성벽 한쪽으로는 늠실늠실 강이 흐르고
대야동두점점산(大野東頭點點山)
넓은 들녘 동쪽 머리로는 산들이 점점이 있네

여기서 시상이 꽉 막혀버렸다. 그는 하루 종일 부벽루 난간에 의지하여 머리를 짜보았으나 앞의 두 시구 외에는 떠오르지 않아 결국 포기하고 부벽루를 내려왔다. 다음날 다시 올라 시상을 떠올리려 했으나 헛수고였다. 결국 두 시구만이 부벽루에 남아 오늘날까지 전해진다.

뒷날 충선왕 때의 문신 권한공權漢功이 부벽루에 올라 김황원의 시를 보고 자기도 한 수 지어보았다.

백구 뜬 물에 가랑비 내리고
송아지 풀 뜯는 언덕에 산은 점점이네
수놓은 언덕에 해지자 박쥐 날고
은여울에 백로만 한가롭네

그러나 김황원의 시에 미치지 못했다.

김황원과 친한 이궤도 문명文名이 높았다. 어느 해 송나라에 보내는 국서를 지었는데, 요나라의 연호 '대안大安'을 써서 송나라에서 그 글을 돌려보냈다. 이후 그는 출세길이 막혔다. 이자위란 사람도 송나라에 보내는 글에 요나라 연호를 써서 조정에서 쫓겨난 적이 있다. 요나라의 연호에 익숙해 있었기 때문이다.

참지정사 곽상의 아들 곽여郭輿는 소년 시절부터 또래의 아이들과 어울려 놀지 않고 공부를 열심히 하여 과거에 급제했다. 그는 잠시 조정에서 벼슬을 살다가 홍주洪州 지방관으로 내려갔다. 본래 홀로 지내기를 좋아하는 그는 홍주군의 경치 좋은 곳을 골라 작은 암자를 짓고 장계초당長溪草堂이라 이름지었다. 처음 며칠 그는 장계초당에서 한가로이 불교 서적을 읽으며 홀로 지냈다.

그는 여러 날이 지나자 홍주 관아에 있는 예쁜 관기 생각이 간절했다. 그는 수도한다며 장가도 들지 않은 터였다. 그는 관기 하나를 몰래 장계초당으로 불렀다. 사람들은 사또가 청결하여 관기를 가까이하지 않는다고 보았으나 실은 그렇지 않았다. 이따금 장계초당에 관기를 불러 재미를 보았다.

임기가 끝나 곽여는 조정으로 돌아가게 되었다. 그동안 소문이 퍼져 사또가 관기 하나와 정을 통한다는 사실을 사람들은 다 알고 있었다. 곽여는 이 관기를 몰래 서울로 데려가려고 거짓 소문을 퍼뜨렸다.

"관기가 약을 잘못 먹고 죽어버렸다."

곽여는 홍주 사람들을 감쪽같이 속였다. 그 관기는 멀쩡하게 곽여를 따라 서울로 올라왔다. 그는 조정에 돌아와 도사의 복색을 하고 순복전純福殿에 머물렀다. 언제나 검은 건을 쓰고 신선이 입는다는 학창의를 입고, 손에는 염주를 쥐고 남과 말을 할 때는 조용조용히 하여 누가 보든지 신선 같았다. 임금은 그러한 그를 존경하여 스승으로 모셨다.

인종의 스승이 되어 사람들은 그를 금문우객金門羽客으로 불렀다.

어느 날 인종이 물었다.

"오랫동안 궁궐에 머물러 답답하지 않으오? 혹여 밖에 나가 살고 싶지는 않으오?"

"황은이 망극하여이다. 밖에 나가 살지라도 항상 폐하의 은총을 잊지 않겠나이다."

"스승이야 이 나라의 신선인데 어디를 간들 궁궐을 잊겠소이까?"

"황공하나이다."

곽여는 궁궐 밖으로 나왔다. 그동안 홍주에서 데려온 관기가 보고 싶어 애를 먹었다.

임금은 서화문西華門 밖에 별장을 지어 하사했다. 이곳은 궁궐 밖이었으나 임금이나 궁인들이 수시로 드나들어 홍주 관기를 두기가 불편했다. 그리하여 깊은 밤이면 몰래 불러들여 재미를 보고 돌려보냈다.

한번은 송나라에 사신으로 떠나는 왕자지와 문공유가 인사차 찾아온다는 전갈이 왔다. 그날 궁궐에서 푸짐한 음식을 차려내와 전별연을 벌였다. 어명으로 전별연을 열어 음식도 산해진미였고, 교방의 기생까지 하사하여 그야말로 화려한 연회였다.

그러나 이 일이 문제가 되어 어사대에서 들고일어났다.

"일개 거사를 어명으로 분에 넘치게 대우하는 일은 있을 수 없는 일이오. 자고로 처사나 거사는 한가한 곳에서 마음을 닦고 세상을 선도해야 하는 것이오. 지금 금문우객의 별장에서 번잡하게 전별연을 열게 한 것은 큰 잘못이오."

인종은 곽여를 서화문 밖에서 성 동쪽 약두산若頭山에 작은 집을 짓고 옮겨 살도록 했다. 이때부터 곽여는 동산처사東山處士로 호칭을 고치고 그 집을 허정재虛靜齋라 불렀다. 그 옆에 작은 방이 있었는데, 임금이 '양지養志'라는 현판까지 써서 하사했다. 한번 인종의 총애를 받은 곽여는 끝까지 후대받았다.

임금은 가끔 허정재에 나와 곽여를 위로했다. 그가 허정재를 비우고 없으면 임금은 글을 남기고 환궁했다.

곽여는 기골이 장대하고 수염이 나지 않았으며 눈이 동글동글했다.

시·서·사史를 잘했으며, 그밖에 불교·도교·의약·음양·지리까지 통달하여 임금이 물으면 막히는 법이 없었다.

곽여는 홍주에서 데리고 온 관기 생각이 나서 불러다가 허정재 옆방인 양지에 두었다. 그러나 홍주 관기는 이미 늙어 금세 흥미를 잃고 궁중에서 사귄 첩을 불러다가 함께 살았다.

이따금 인종이 나와 활을 쏘고 말을 타고 바둑·장기도 두며 곽여와 놀았다. 곽여는 잡기에도 능해 임금의 비위를 잘 맞추었다. 허정재는 명소가 되어 명사들의 출입이 잦았다.

인종은 당대의 문장가 정지상을 불러 〈허정재기〉를 짓게 하고 비문까지 세워 기념했다. 당시 임금의 사대부에 대한 예우가 어느 정도였는지 알 수 있는 기록이다.

곽여는 겉으로는 거사·처사 흉내를 냈으나 여자들을 여러 명 거느리고 마음대로 즐기며 살았다. 어쨌든 허정재는 명물 중의 하나가 되었고, 뒷날 곽여의 증손뻘 되는 곽예郭預는 허정재가 있는 개성 동교東郊를 한 수의 시로 읊었다.

> 신마信馬(늘 타던 말)를 타고 봄 구경 나가니
> 소는 밭갈이 하기에 바쁘구나
> 새 우는 소리 하늘 닿도록 즐겁고
> 연못의 물고기는 한가롭도다
> 나비는 떼지어 희롱하고
> 갈매기 떼지어 날아가네
> 제비가 참새와 놀고 있는데
> 백로를 보니 더욱 깨끗하구나

당시 송나라의 서울 변경汴京은 고려 사람이 많이 가보았다. 일반 서민생활이 번성하여 찻집·극장·대중음식점이 길거리에 즐비했다. 고려와는 전혀 다른 모습이었다. 선진국의 풍물을 본 고려 사신들은 그대로 본떠 번화한 도시를 만들려고 돈까지 만들어 사용을 장려했으나, 민도가 낮아 실패하고 말았다.

다만 예성강 벽란도 근처에 송나라 상고선商賈船이 들어와 고려와 무역한 사실만이 기록되어 있을 뿐이다. 정보鄭誧의 시에서 상고선의 자취를 엿볼 수 있다.

바람 한산한 강 푸른물은 기름 같고

떠날 배는 하나하나 모여들도다

뱃사람이 일어나 북을 둥둥 울리누나

이 배들은 동방으로 가는 상고선일레라

이 무렵 송나라 상인들의 왕래가 아주 빈번했다. 고려의 대외 무역의 대부분이 벽란도에서 이뤄졌다. 고려 상인들은 일정한 점포가 없이 낮에 빈터에 모여 남녀노소가 자기들이 필요한 물건을 바꾸어가는 진풍경이 벌어졌다. 상류생활과는 거리가 먼 고려 백성들의 삶이었다.

◉ 고려의 차茶

인종 때가 고려에서는 명실공히 평화시대였다. 송나라 사신이 오면 으레 그들에게 특별한 대접을 했다. 그들에게 음식을 대접할 때는 먼저 차를 끓여 내왔다. 더운물에 차를 그냥 넣으면 끓는 물이 식기 쉬워 좋은 차맛을 낼 수 없었다. 펄펄 끓는 물에 차를 넣고 2, 3분 두었다가 청자병에 담아 따라 마셨다.

송나라 사신에게 차를 대접할 때는 그들이 묵고 있는 순천관 마당에 백탄으로 불을 피우고 차박사라고 불리는 사람이 차를 끓였다. 이렇게

끓인 차를 청자잔에 따르고 그 위에 뚜껑을 덮어 천천히 걸어가 잔을 올렸다.

"더운 김에 끽다하시오소서."

차를 권하면 한 사람씩 받아 탁자에 놓았다.

"식기 전에 끽다하시오소서."

다시 권하면 그제야 차를 마셨다.

송나라 사람들은 차가 여러 사람에게 돌아간 후에야 마셨다. 그것도 그대로 한꺼번에 마시는 것이 아니라, 처음엔 입술을 적시고 세 번에 나누어 마셨다. 차마시기가 끝나면 다기를 닦아 붉은 상자 안에 넣고 그 곁에 홍색보를 덮어두었다. 이렇게 하루 세 번을 했다. 이것이 끝나면 탕, 즉 국이 나온다.

"탕을 드시오소서."

차를 마신 후에 입가심하라는 뜻이었다. 이때 올리는 국을 약이라고 했다.

일반 사인士人들도 고려 중기 이후로는 차를 마셨다.

박천개는 11세 때 글을 지은 신동이었다. 스승이 그를 시험해보았다.

"이 시를 네가 지었다고?"

"그러하나이다."

"그리하면 내가 차를 한 잔 마실 동안 시를 지어보겠느뇨?"

"그리하겠나이다."

스승은 천천히 차를 마셨다. 제자는 스승의 찻잔이 비워지는 순간 시를 지었다. 스승이 시를 보고 혀를 내둘렀다.

"과연 듣던 대로 천재로고."

스승은 거듭 칭찬을 아끼지 않았다.

황순익黃純益은 재주 있는 선비였다. 그는 책을 읽을 때 입술이 타면 으레 송나라에서 가져온 차를 마셨다. 목이 마를 때 차를 마시면 갈증이 가신다 하여 차를 활용한 것이다.

서백사西伯寺의 승통僧統 시의時義는 다도에 밝고 차맛을 제대로 아는 스님이었다. 일찍이 귀정사歸正寺에 있을 때였다. 안융安戎 태수가 귀정사에 있는 차 끓이는 와존홍瓦尊缸을 빌려가려고 했다. 시의는 파렴치한 태수라 생각하고 시를 써서 보였다.

> 산승의 표주박 그릇은 소용없다만
> 쓸 곳이 없다고 빌려줄소냐
> 지금 금주하여 목이 마른데
> 그대의 창자를 채울 것이 없구나
> 다탕茶湯을 만들어 그대에게 주고자 하나
> 풍류를 모르는 그대의 목에는 차가 성에 차지 않으리
> 그대야말로 천지간 구복口腹뿐이로구나

안융 태수는 망신을 톡톡히 당했다. 다기는 함부로 빌릴 수도 빌려줄 수도 없는 것이다.

고려 시인들의 차에 대한 예찬은 헤아릴 수 없이 많다. 그 가운데 짧은 시 몇 수만을 소개해보겠다.

이규보가 천화사天和寺에 놀러갔다가 차를 마시며 감회를 읊은 시이다.

> 푸른 이끼 낀 바위를 지팡이 짚고 올라갈 때
> 시냇가의 졸던 오리 놀라는구나
> 차를 끓이는 그 솜씨 좋은 손은
> 반병 차의 진국에 번거로움 씻어보리

산속에서 차를 달인 그 진액에 세상사를 잊고자 한 시인의 한가로운 모습을 엿볼 수 있다.

목은 이색은 송광화상松廣和尙이 부채와 차를 보내준 고마움을 시로

화답했다.

> 부채로 나의 피부를 서늘케 하고
> 차로 나의 간을 맑게 하는도다

또 개천사의 행재선사行齋禪師가 차를 보내 그에 대한 화답의 시를 지었다.

> 청풍이 양쪽 겨드랑이에서 나오듯
> 곧바로 날아가 인사하고 싶네

포은 정몽주도 차를 잘 달여 마셨다. 특히 돌솥에 차를 달여 마시는 맛을 천하일품으로 여겼다. 그는 〈석정전다石鼎煎茶〉의 시를 남겼다.

> 나라에 보답하지 못한 노서생이
> 끽다의 벽으로 세정도 모르네
> 풍설이 심한 밤에 서재에 누우니
> 돌솥의 차 끓는 소리 더욱 좋구나

정몽주는 차를 많이 마시어 음다벽까지 생겼다. 고려의 차는 스님·학자·시인들의 전용물로서 아낌과 사랑을 받으며 차문화를 후세에 전해주었다. 이 끽다 문화도 상류생활에서만 유행했다.

◉ 이자겸의 야욕

이자겸은 인종의 외할아버지 겸 장인이다. 인종의 즉위에 그가 직접 개입하면서 최고의 권력자로 떠오르게 된다. 그는 권력을 잡자 대대적인 숙청을 단행했다. 가장 강적인 인종의 숙부 대방공帶方公을 멀리 경산부로 쫓아냈다. 이것을 본 평장사 한안인韓安仁은 불안하여 이자겸과 동서인 추밀원부사 문공미文公美와 함께 이자겸의 세력을 꺾고자 했다.

이 무렵 고려에서는 호족들끼리 혼인하여 신출내기 학자들은 감히 조정에 나오지 못했다. 문종 때의 대학자 최충의 손자 최사추崔思諏는 대를 이은 학자집안 출신으로 학문을 닦으며 세월을 보냈다. 이러한 문벌집을 골라 이자겸의 아버지 이호는 아들을 최씨의 사위로 만들었다.

당시 최씨 집안과 혼인한 집안은 명문 거족으로서 문공미·유인저柳仁著 등도 최씨의 사위였다. 문공미는 동서 이자겸의 세력이 커지자 겉으로는 싫은 체하지 않았으나 속으로는 미워하며 반대세력과 서로 통하며 지냈다.

어느 날 한안인이 어전에 엎드려 이자겸을 헐뜯었다.

"폐하, 재상 이자겸이 폐하의 인척으로서 국정에 참여하는 것은 마뜩찮은 일이나이다. 예로부터 국가의 원로를 대우하는 법이 있사오니 재상이 조정의 일에 간여하지 않도록 하시옵소서. 앞으로 상공上公으로 올리고 한가로이 세월을 보내도록 하는 것이 도리인 줄 아옵나이다."

이자겸이 이 말을 듣고 인종 앞에 엎드렸다.

"폐하, 한안인은 일개 술사術士로서 예종의 은총을 입어 분에 넘치는 지위에 있나이다. 한안인은 자기의 당을 만들어 조정을 흔들려 하오니 폐하께옵서는 이 점을 통촉하시어 한안인 일당을 축출하는 것이 나라의 장래를 위해 합당하다고 여겨지나이다."

인종은 이자겸의 손을 들어주었다.

"태사는 나라를 걱정하시어 그러니 한을 물리치는 것이 당연지사요."

한안인은 목이 떨어지고 그의 일당은 조정에서 쫓겨나 하루아침에 유배자 신세로 전락해버렸다. 이제 이자겸을 대적할 만한 세력이 없었다. 그야말로 이자겸 일족이 전성기를 맞았다.

인종 2년 7월, 이자겸을 조선국공朝鮮國公으로 봉하고 그의 집을 숭덕부崇德府라 하여 좌우에 관속을 두고 의친궁懿親宮으로 칭했다. 그의 부인 최씨를 진한국대부인辰韓國大夫人으로 봉하고, 그의 여러 아들에게도 벼슬을 주었다. 맏아들 이지미는 추밀원부사, 둘째 공회는 형부시랑, 셋째 지언은 공부낭중, 넷째 지보는 호부낭중, 다섯째 지윤은 전중대급사, 여섯째 지원은 합문지후에 올라 아들 6형제가 조정에서 제 목소리를 내게 되었다.

고려 조정은 두 곳이 되었다. 임금이 있는 조정과 이자겸의 숭덕부가 또 하나의 조정이었다. 사실상 숭덕부에서 나랏일이 다루어졌다.

인종 4년 2월, 임금의 측근인 김찬·안보린·최탁·오탁·권수·고석 등은 이자겸이 장차 임금의 자리를 엿보는 것을 알고 이자겸 일당을 소탕하려고 힘을 모았다. 인종도 이자겸의 야욕을 눈치채고 이들과 긴밀한 관계를 유지했다.

인종은 평장사 이수와 김인존을 불러 물었다.

"요사이 이자겸의 당이 조정을 어지럽히고 있소이다. 경들의 의견을 듣고 싶소."

"폐하, 그들의 전횡을 알고 있사오나 아직 내칠 시기가 아닌 듯하나이다. 더욱이 폐하께오서는 외가에서 생장하시어 외조부의 은덕을 입었나이다. 그 은혜를 끊기란 쉽지 않나이다. 그보다도 지금 조정에 이자겸의 당이 가득하여 섣불리 내쳤다가는 사직에 중대한 일이 생길지도 모르옵나이다. 폐하, 청년 장군들의 말을 액면 그대로 받아들이지 마시오소서."

이수·김인존은 김찬 등의 거사를 만류했다. 그러나 김찬 등은 그날 밤 이자겸의 가장 가까운 부하 장군 척준경의 아우 척준신과 척준경의 아들 척순을 죽여버렸다. 사건이 터지자 살육전이 벌어졌다. 결과는 김찬 일파의 완패로 10여 명이 피살되고 말았다.

이자겸은 이 사건을 계기로 인종을 자기 곁에 묶어두려고 셋째·넷째 딸을 궁으로 들여보내 강제로 왕후를 만들었다.

김찬 등이 일으킨 사건은 한 번으로 그치지 않고 계속해서 터졌다. 이자겸은 부하 척준경을 시켜 궁궐에 불을 지르게 하고 인종의 측근들을 죄다 소탕해버렸다. 남은 사람은 인종과 왕후뿐이었다. 이자겸은 인종을 자기 집인 숭덕부에 불러다놓고 국사를 마음대로 주물렀다. 실질적인 임금이 된 것이다.

인종은 견디다 못해 선위 교서를 내렸다.

"짐은 나이 어리고 나약하여 국정을 바로 볼 수 없노라. 조선국공은 시세를 바로잡아 조종祖宗의 영을 위로하도록 하라. 짐은 열성조의 명을 받들어 선위코자 하노라."

이자겸은 자기 계획대로 되어 기뻤지만 함부로 반포할 수는 없었다. 정통성에 문제가 있어서였다. 이런 낌새를 알아챈 이수가 중신들을 모아 이 일을 터뜨렸다.

"아무리 폐하의 교서가 내리어 조선국공에게 선위한다 하지만 이 공이 감히 옥좌를 찬탈할 수 있단 말이오!"

이자겸은 이 소식을 듣고 생각 끝에 교서를 인종에게 돌려주었다.

"폐하, 신이 감히 두 마음을 먹겠나이까? 폐하께오서는 교서를 거두시오소서."

인종은 못 이기는 체하고 교서를 되돌려 받았다. 그러나 이자겸이 야욕을 버린 것은 아니었다. 때가 아니라고 보류했을 따름이다.

이자겸은 숭덕부의 작은 서원西院을 인종의 처소로 정해주었다. 궁으로 돌려보내기 싫었던 것이다. 임금은 완전히 갇힌 몸이었다. 측근이라고는 내관 두세 명뿐이었다.

이자겸은 인종을 극진히 섬기는 체했다. 안심시키기 위해서였다.

"폐하, 전에 왕후께오서 신의 처소에 계실 때에는 하루빨리 태자 생산을 바랐나이다. 폐하께오서 찬성하신 후에는 오로지 만수무강만을 기원하였나이다. 오늘날 폐하를 시기하는 무리들이 신의 골육의 정을 무너뜨리려고 난을 일으킨 것이옵나이다. 폐하께옵서는 이곳에서 잠시 휴양하시옵고 궁궐을 중수한 후에 환궁하시옵소서."

누가 듣던 간에 극진한 충성심이었다. 인종은 아무 말이 없었다. 이자겸의 속셈을 훤히 꿰뚫고 있었던 것이다.

이자겸은 임금을 가둬놓고 기회를 노리고 있었다. 모사 박승중朴昇中이 이자겸의 마음을 떠보았다.

"국공, 이제는 임금이 그물 안의 고기이오니 어찌하시겠나이까? 기회를 보아 용상에 앉는 것이 순서 아니겠나이까?"

"말이 지나치구먼. 아무런들 내 외손자를 죽일 수야 없지."

"국공, 작은 인정에 얽매이면 큰일을 그르치나이다. 하옵고 때를 놓치면 다시는 오지 않는 법이외다. 용단을 내리시옵소서."

"이만하면 족하지 아니한가? 무엇을 더 바라리오!"

"아니 되옵니다. 이대로 계시오면 훗날 사가들이 국공을 역적으로 만들 것이나이다. 청사靑史에 길이 남을 기회를 놓치지 마시오소서."

"그래도 그 일이 어디….'"

"자고로 창업주는 용단이 중요하나이다. 《도선비기》에 용손 12+二에 진盡하고 18+八자 득국得國이라 했나이다. 때는 바로 지금이나이다. 지금의 용손은 14대이옵고 18자는 바로 국공의 이李씨이나이다."

"허나 천륜을 거스르면 어찌되누?"

"끊어야 하나이다. 왕후마마의 손을 빌리시오소서."

"괴로운지고….'"

"명령만 내리시오소서. 우리가 단행하겠나이다."

이자겸은 용단을 내리지 못하고 망설였다. 박승중이 이자겸을 채근했다.

"국공! 속히 용상에 오르소서!"

이자겸은 묵묵부답이었다. 아무래도 정통성이 마음에 걸렸다. 역성혁명을 하자니 왕후로 있는 딸들이며 외손자 인종이 마음에 걸렸다. 그러나 임금이 되고자 하는 야심은 버릴 수 없었다. 이자겸의 무리는 기회를 보아 인종을 내칠 낌새였다.

어느 날 왕후 이씨는 친정 아버지의 부탁으로 수라상을 인종의 처소로 가지고 갔다. 아무래도 요즈음 숭덕부 돌아가는 낌새가 수상쩍어 왕후는 생각이 많았다.

왕후는 문득 음식에 독이 들어있지 않을까 하는 의심이 부쩍 들었지만, 왕후는 임금의 처소에 수라상을 들이고 인종의 용안을 살폈다. 수심이 가득하여 왕후를 보고도 반기지 않았다.

"폐하, 어디 불편한 곳이라도 있으신지요?"

"아무렇지도 않으오. 다만 궁궐이 그립소이다."

"다과상을 들이오리까?"

"아무것도 생각이 없소이다. 혼자 있고 싶으니 나가주시겠소?"

왕후는 물러날 수밖에 없었다.

다음날도 왕후는 아버지 이자겸의 명에 따라 몸소 수라상을 들고 인종을 찾았다. 그러나 노심초사한 나머지 발을 헛딛어 댓돌 위에서 수라상을 놓치고 말았다.

"와장창창!"

시녀들이 쫓아나와 왕후를 좌우에서 부축했다. 수라상을 놓치면서 국물이 튀어 시녀의 하얀 저고리에 묻었다. 국물 자국이 금세 파란색으로 번졌다. 왕후는 엎질러진 음식을 닭에 주었다. 닭이 음식을 쪼아 먹고는 날개를 퍼덕거리며 쓰러졌다.

왕후는 가슴이 섬뜩했다. 음식에 온통 독이 들어 있었다. 왕후가 인종의 처소에 뛰어들며 울음을 터뜨렸다.

"폐하, 이 노릇을 어찌 하오리까? 누군가 폐하의 수라에 독을 넣었나이다."

"짐이 음식을 들지 않으면 되겠구면."

인종이 한마디하고는 입을 다물어버렸다. 미루어 짐작할 수 있는 일이었다.

"폐하, 이 위험한 곳에서 하루속히 빠져나가셔야 하나이다. 서두르소서."

"알겠소. 왕후는 나가 계시오."

인종은 왕후를 물린 후 최사전崔思全을 불렀다.

"군기소감軍器少監, 장차 어찌해야 살 길이 생기겠느뇨?"

"폐하, 지금 이자겸이 마음대로 세력을 휘두르는 것은 척준경의 군사들을 믿고 하는 짓거리이나이다. 신의 생각으로는 척준경만 떼어놓으면 이자겸은 일개 필부에 지나지 않나이다."

"척준경과 이자겸은 서로 혼인하여 의기투합이 되었거늘 무슨 수로 둘 사이를 갈라놓겠느뇨?"

"폐하, 어렵지 않사옵니다. 폐하께오서 누워 계시면 신이 약을 구한다고 이 집을 나가 척준경의 마음을 떠보고 오겠나이다."

"그리 해보게나."

인종은 다음날부터 자리보전하고 누워버렸다. 외부와 단절된 이 집에서 나가려면 이자겸의 허락이 있어야 했다. 최사전이 이자겸을 만났다.

"이 태사, 어젯밤부터 폐하께오서 옥체 미령하시어 병중에 계시나이다. 소인이 집 밖으로 나가 약을 구해오겠소이다."

"그러한가? 어서 나가 약을 구해오게나."

최사전은 이자겸의 집을 나와 척준경의 집으로 갔다. 척준경의 집도 이자겸의 집 못지않게 대궐 같았다.

"요사이 폐하께오서는 무탈하시오?"

"옥체 미령하시어 약을 구하러 나왔나이다."

"어의로서 걱정이 많겠소이다."

"장군, 소인이 하는 일은 지당하오. 하오나 장군, 태조 이래 임금이 개인의 집에서 거처하시는데 어찌 생각하시나이까?"

"나도 언짢게 생각하고 있기는 하나 태사께서 하시는 일인데 잘못이 있겠소이까?"

"아니 될 말씀이나이다. 장군, 장군께오서 나라를 위해 충성할 때가 왔소이다. 이자겸은 일개 문관으로 궁중의 세력을 믿고 폐하를 마음대로 농락하고 있소이다. 충성심이 지극한 장군께오서 보고만 있다면 후세 사가들이 장군을 무엇으로 평하겠나이까?"

"태사와 나는…."

"장군은 이자겸이 어떤 인물인지 모르시나이다. 지난 난리통에 장군께서는 아우님과 아드님을 잃으셨나이다. 누가 죽인 줄 아시오이까?"

"난리통에 죽었소이다."

"아니오. 이자겸의 부하 장수가 죽인 것이외다. 이자겸이 장군의 힘을 시기하여 수하 장수를 시켜 죽인 것이외다."

"그 말이 진정이오?"

"틀림없소이다. 그 일을 모르는 사람은 장군뿐이외다. 이참에 장군께서 폐하를 돕고 천추에 아름다운 이름을 남기시오소서."

"쉬운 일이 아니오. 태사의 세력이 워낙 강해서…."

"장군은 모르고 계셨나이까? 이자겸은 장군이 아니면 허수아비나 다름없나이다. 장군의 결심 여하에 따라 나라의 운명이 좌우되나이다. 장군, 충성할 기회를 놓치지 마시오소서."

"허나, 차마 내 손으로 태사를…."

척준경은 결단을 내리지 못하고 망설였다. 최사전은 이쯤 해두고 인종의 처소로 돌아왔다. 그리고 인종에게 즉시 척준경의 마음을 알렸다.

"폐하, 척준경이 우유부단하여 망설이고 있나이다. 폐하께오서 은밀히 준경에게 칙서를 내리시면 그가 폐하를 위해 목숨을 바칠 것 같나이다."

"확실한가?"

"틀림없나이다."

인종은 칙서를 써서 최사전에게 주었다. 최사전은 이자겸에게 또다시 약을 구하러 간다며 외출 허락을 받아 인종의 칙서를 품에 숨기고 척준경의 집으로 달려갔다.

"장군! 폐하께오서 장군께 칙서를 내리시었소."

최사전이 품속에서 칙서를 꺼내 척준경에게 주었다. 척준경이 꿇어 앉아 칙서를 읽었다.

"짐이 불민하여 이러한 변을 당하고 있노라. 짐은 이제부터 왕도를 닦아 조정을 일신코자 하니 경은 짐을 도와 후환이 없게 하라!"

척준경은 그제서야 인종에게 충성을 다할 것을 맹세했다.

다음날 인종은 척준경에게 백마를 하사했다. 척준경은 이자겸을 없앨 결심을 굳혔다.

인종 4년, 이자겸은 세상의 이목이 번다하여 인종을 연경궁延慶宮으로 환궁시키고, 자기는 연경궁 남쪽에 은거하며 북쪽 담을 뚫고 궁궐을 드나들며 인종을 감시했다.

이해에는 가뭄이 들어 민심이 흉흉해졌다. 비는 오지 않고 날마다 땡볕이 천지를 말렸다. 도처에서 유언비어가 난무했다.

"이자겸이 왕위에 오른단다!"

"왕씨의 맥이 끊기고 이씨의 왕국이 된단다."

"이자겸의 집 사당에 꽃이 활짝 피었다더라."

이자겸의 측근들은 하루빨리 용상의 주인이 되라고 아우성이었다. 이자겸의 마음이 초조해졌다.

인종 4년 5월 20일, 이자겸은 드디어 부하 수백 명을 거느리고 연경궁으로 향했다. 이 소식을 들은 인종은 척준경에게 서찰을 보냈다.

"짐이 당하는 것은 박덕한 탓이겠으나 통탄할 일은 태조 이래 열성조의 창업이 무너지는 것이니라. 이성異姓이 임금이 된다면 짐의 죄뿐만이 아니라 보필하는 신료들에게도 책임이 있도다. 경은 나라를 위해 부디 칼을 빼어들도록 하라!"

서찰을 받은 척준경은 급히 서둘렀다. 부하 2,000명을 거느리고 광화문광화문廣化門을 열고 들어갔다. 이수는 즉시 순검도령 정유황에게 궁문을 지키라고 일렀다. 척준경은 이자겸의 군대를 물리치고 이자겸에게 어명이라며 입시하라고 일렀다. 이자겸은 거사가 실패한 것을 알고 소복으로 변장하고 천복전天福殿 안으로 들어갔다.

척준경과 이수가 기다리고 있다가 이자겸을 잡아 옥에 가두었다. 그의 잔당들은 모조리 소탕되었다. 이로써 10여 년간 왕보다 더 큰 세력을 부린 이자겸 시대가 막을 내렸다.

조정 신료들은 이자겸의 목을 베라고 아우성이었으나 인종은 듣지 않았다.

"이자겸을 영광靈光으로 귀양보내라. 외조부를 내 손으로 죽일 수야 없지를 않느냐."

간관들이 이자겸의 딸들인 왕후 문제를 들고 나왔다.

"폐하, 왕후 이씨는 이자겸의 딸이오니 폐비시켜 멀리 귀양보내야 하나이다."

인종은 간관들에게 단호히 말했다.

"아니 될 일이오. 짐이 위험에 처했을 때 왕후는 짐을 위해 여러 가지로 공이 크오. 왕후 문제는 거론치 마오!"

그래도 간관들은 물러서지 않았다.

"폐하, 사은私恩으로 공원公怨을 막으면 나라의 기강이 무너지나이다. 폐비 처분을 내리시오소서."

왕후 이씨는 자기 때문에 인종이 고민하는 것을 보고 스스로 물러나기를 청했다.

"폐하, 신첩이 물러나겠나이다. 아비가 대역죄인이거늘 그 딸이 어찌 모른 체하오리까. 폐하께오서는 심기를 바로 하시고 이 나라를 반석 위에 올려놓으소서."

"왕후, 짐은 왕후를 보내지 않을 것이오. 간관들이 제아무리 떠든다 해도 짐은 왕후를 보낼 수 없소이다."

간관뿐이 아니라 조정 신료들이 들고일어나 폐비문제를 거론했다. 인종은 궁지에 몰려 해결책이 없어 전전긍긍이었다. 최사전이 해결책을 내놓았다.

"폐하, 폐비 칙서만 내리시고 그전과 같이 왕후로 대접하시면 이 난관을 헤쳐나갈 수 있나이다."

"오오, 그런 편법이 있는 줄 몰랐도다. 썩 좋은 생각이도다."

인종은 왕후 이씨에게 폐비 칙서를 내리고 연덕궁에 그냥 머물도록 조처했다. 그러나 폐비는 폐비였다. 고려 역대 왕후 가운데 임금을 가장 잘 모신 왕후 이씨는 폐비라는 굴레를 끝내 벗지 못하고 오래 살다가 눈을 감았다.

◉ 왕후가 될 여인

고려시대의 혼인 풍속은 송나라 풍속을 따라 낮에 혼례식을 치르는 것이 아니라, 저녁에 신랑이 납폐를 드리고 친영례親迎禮를 했다. 신랑이 신부가 탄 수레를 직접 끌고 신랑 집으로 가는 법이었다. 하지만 이것은 형식에 지나지 않았고 신랑이 신부를 자기 집으로 데리고 가면 되었다.

3월 삼짇날 전중내급사殿中內給事 임원후任元厚의 집에서 딸 혼사를 치르느라고 일가친척이 모여 큰 집 안팎이 북적거렸다.

아침부터 임원후의 집에서는 신부를 매만지느라고 침모가 바삐 움직이고, 밖에서는 초례청을 꾸미느라고 하인들이 분주하게 움직였다. 점심때가 지나 신랑이 친영할 수레와 납폐 드릴 물건을 가지고 수십 명의 사람을 대동하고 품위 있게 신부 집으로 들어섰다. 신부 집에서는 신랑 일행을 동구 밖까지 마중나가 풍악을 울리며 영접해왔다.

그런데 신부 집에서 느닷없이 희괴한 일이 벌어졌다. 아침나절까지 말짱하던 신부가 점심때부터 배가 아프다고 신음을 토했다. 얼굴에 화장을 하고 활옷을 입고 큰머리를 얹어 족두리를 쓰고 머리에 옥비녀를 꽂은 뒤부터 아프다고 신음소리를 냈다. 시간이 흐를수록 신부의 고통이 자심해져 옆에서 보기에 안타까웠다. 배를 움켜쥐고 방바닥을 뒹굴며 사람 살려달라며 애원했다.

신랑은 임원후에 뒤지지 않은 문벌 자제로 평장사 김인규金仁揆의 독자 지효之孝였다. 그는 소년 등과하여 현재 종사랑從士郎에 올라 있었다.

신부는 고통을 이기지 못하고 그만 까무러쳐버렸다. 신부 집에서는 혼례를 며칠 연기하자고 신랑측에 제의했다. 임원후는 직접 사돈 될 사람과 만나 며칠 연기해달라고 통사정을 했다. 신랑측에서는 오늘 안으로 혼례를 치르자고 고집을 부렸다.

신랑은 신부가 갑작스런 배앓이로 혼수상태란 말을 듣고 믿어지지가 않아 직접 신부를 보고 싶다고 말했다. 임원후는 신랑을 데리고 신부 방으로 안내했다. 신부는 곱게 단장한 채 눈을 감고 누워 있었다. 얼핏 보면 시체처럼 느껴졌다. 신랑은 신부를 외면하고 나와버렸다.

신랑이 곰곰이 생각해보니 허무맹랑한 일이었다. 그러나 상황이 심각했다. 신랑은 파혼을 결심했다. 그러나 신부 집에서는 파혼이 문제가 아니었다. 신부가 오늘안으로 죽을지도 모른다는 생각에 신부측은 초상집 같았다. 밤늦게까지 기다렸다. 신부의 배앓이는 여전하여 신랑측은 파혼을 결정하고 돌아갈 수밖에 없었다.

신부의 외조부 이위李瑋는 80세로 외손녀의 혼인을 보러 왔다. 임원후는 혼례가 꼬인 것을 장인에게 말했다. 이위가 다 듣고 나서 그제야 생각난 듯이 이상한 말을 했다.

"내가 지금 생각해보니 오늘 혼례를 치를 외손녀가 태어날 때 신기한 꿈을 꾼 적이 있다네."

"예에? 무슨 꿈이었나이까?"

"내가 비몽사몽하던 차에 외손녀가 태어나고 나는 꿈을 꾸었다네. 한

덥수룩한 사내가 나타나 그애를 데려가려고 덤비는 게야. 그러자 애가 자지러지게 울었지. 내가 깜짝 놀라 나서려는데, 난데없이 오색구름이 공중에 떠돌며 큰 용이 내려와 어린애를 휩싸안는 게야. 그제야 어린애 가 울음을 그치고 웃는 게야. 나는 이 꿈을 꾸고 나서 남문 밖 한 도사에게 물었다네. 도사의 말이 아주 상서로운 꿈이라며 먼 훗날 갓난애에게 변이 생기거든 찾아오라고 했다네. 지금도 그 도사가 살아 있으니 자네가 직접 찾아가 보게나."

임원후는 곧 그 도사를 찾아가려 했으나 새벽 무렵이어서 날이 새면 찾아가기로 했다. 그런데 괴이쩍게도 신랑이 신부 집을 떠나자 신부는 멀쩡하게 나아버렸다. 백지장 같은 얼굴에 화색이 돌고 기운을 차려갔다.

이튿날 임원후는 그 도사를 찾아갔다. 한 백발노인이 동안인 채 산통을 가지고 생각에 잠겨 있었다.

"도사님, 시생은 전문하시중 이위의 사위이나이다. 어제 시생의 딸을 출가시키려고 했는데 딸아이가 급병이 나서 파혼당했나이다. 답답하여 도사님을 찾았나이다."

"오, 전문하시중의 외손녀구려. 17년 전의 일이오만 문하시중께서 친히 누추한 곳에 오시어 꿈 이야기를 하시었소. 따님의 병색은 어떠시오?"

"지금은 깨어났나이다."

"염려 놓으시오. 헌데 누구와 혼인하려고 했소이까?"

"김 평장사 댁이나이다."

"어림없는 일이외다. 귀댁 따님은 국모가 될 인물이외다. 허나 함부로 발설하지 마오. 지금은 이자겸의 천하이니 만약 이 사실을 알면 큰일이 나오. 조금만 기다리시오. 자, 그럼 어서 돌아가 국모나 잘 돌보시오."

도사는 조그마한 상자를 열어 약 한 알을 주었다.

"이것을 먹이면 2, 3일 내로 쾌차할 것이외다."

"고맙소이다."

임원후는 집으로 돌아와 장인에게 이야기하고 딸에게 약을 먹였다. 딸은 약을 먹은 후 툴툴 털고 일어났다.

이 무렵은 이자겸이 인종에게 두 딸을 주고 권력을 쥐고 흔들고 있을 때였다. 이자겸은 이 소문을 듣고 임원후의 벼슬을 깎아내리고 조정에서 내쫓아 개성부사로 임명했다.

이자겸이 권좌에서 물러난 후 임원후는 다시 평장사 자리에 앉게 되었다. 그의 딸도 그후 아무 일 없이 건강하게 지냈다.

이자겸의 전성시대에 김인규는 이자겸의 비호 아래 득세하고, 그의 아들 김지효는 임원후의 딸을 은근히 좋아했으나, 뜻대로 되지 않아 다른 문벌 집안의 규수와 혼인했다.

임원후의 집에서 김지효를 사위로 맞았으면 하고 미련을 버리지 못하다가 그가 혼인했다는 소문을 듣고 적이 실망했다. 그러나 규수의 외조부 이위는 오히려 잘되었다고 여겼다. 이위는 도사의 예언을 굳게 믿고 있었다.

"걱정할 것 없느니라. 다 때가 되면 임자가 나타날 것이야. 내 나이 수월찮으나 외손녀가 호강하는 것을 보고 죽을 수 있을 것이니라."

세상이 바뀌어 이자겸 일파가 몰락했다. 김인규도 무사할 수 없었다. 궁궐에서는 폐비 이씨가 쫓겨나고 왕비를 다시 간택하게 되었다.

어느 날 인종은 최사전에게 간밤에 꾼 꿈 이야기를 하고 해몽을 부탁했다.

"어젯밤 꿈에 하늘에서 내려온 천사가 짐에게 깨(荏子) 닷 되, 아욱(黃葵) 넉 되를 주고 갔느니라. 무슨 꿈인지 해몽해보라."

"폐하, 신이 해몽을 못하겠나이다. 잠시 기다리시오소서."

최사전은 어전을 떠나 척준경에게 달려가 인종이 꾼 꿈 이야기를 했다. 척준경은 여러 가지로 해몽해주었다. 최사전은 다시 어전으로 달려가 꿈을 해몽해 올렸다.

"폐하, 깨는 임자荏子로서 임씨 성을 말하는 것이옵고, 닷 되는 즉 오승五升을 말하옵나이다. 또한 아욱, 즉 황규黃葵는 황규皇揆와 통하므로 황왕도규皇王道揆의 뜻으로서 세상을 다스리는 것을 의미하나이다. 폐하, 그 꿈은 임씨 성을 가진 규수를 왕후로 모시면 아들 5형제를 낳으시고 그중 3형제가 임금이 된다는 뜻이나이다."

"오, 그런가?"

인종은 임원후에게 과년한 규수가 있다는 말을 듣고 그 규수를 왕후로 맞기로 했다. 임원후의 딸은 처음에는 연덕궁주延德宮主로 봉해졌다가 나중에 공예태후恭睿太后가 되었다.

공예태후는 인종 4년 원자를 낳고 계속하여 대녕후大寧侯 경暻·충의沖議·호晧·탁晫 왕자 등 5형제를 낳았다. 이 가운데 원자는 나중에 의종毅宗, 호는 명종明宗, 탁은 신종神宗이 되었다. 참으로 신기한 꿈이 아닐 수 없다.

◉ 공예태후

인종 4년 초가을, 선경전宣慶殿 넓은 전각에서 임원후의 딸과 인종의 혼인식이 거행되었다. 임 규수는 나이 과년하여 20세가 넘었다. 임 규수는 김인규 집안과의 나쁜 소문으로 마음 고생이 심했다. 그동안 세상 사람들의 입에 오르내리던 소문을 하루아침에 잠재우고 왕후가 되어 새로이 화촉을 밝혔다.

황촛불이 휘황찬란하게 밝았다. 인종은 면류관에 곤룡포를 입고 혼례식장으로 나섰다. 좌우에서 시신侍臣이 부축하고 뜰 아래는 만조백관이 줄지어 서 있었다.

왕실에서는 대방공 보가 종실의 어른으로서 신부측 상객을 대하고, 신부측에서는 이위가 나와 모든 절차를 순서대로 진행해나갔다.

이제 임씨 일문은 영광의 절정에 이르렀다. 그중에서도 이위의 기쁨은 말할 나위 없었다. 신랑 신부는 첫날밤을 아무 탈 없이 잘 넘겼다. 그뒤부터는 기쁨의 연속이었다.

혼인 다음 해에 왕후가 왕자를 낳자, 왕실의 기쁨은 물론 백성들의 기쁨은 이루 말할 수 없었다. 이 은혜와 기쁨을 백성들과 함께 나누고자 인종은 대사령을 내렸다.

인종은 중사中使를 임원후의 집에 보내, 치하의 쌀과 함께 은기銀器와 채단綵緞을 내렸다. 임원후는 입궐하여 성은에 감사의 말을 아뢰었다.

"폐하, 성은에 보답할 길이 없나이다. 폐하의 만수무강을 비옵고, 왕후마마께오서는 속히 옥체 회복하시어 백성의 뜻에 보답하시도록 하시오소서."

인종은 별전에서 사찬을 내렸다. 이때부터 임원후의 집안은 물론, 외척 되는 이위의 집안도 여러 사람이 벼슬길에 나가 권세를 휘둘렀다.

이자겸 일파가 몰락한 지 여러 해 되었다. 나라에 경사가 이어져 대부분 유배를 풀어주었다. 임원후 집안과 인연이 깊던 김인규도 이자겸의 당이어서 멀리 귀양이 있었다.

인종 5년부터 우선 이자겸의 부인 최씨를 어명으로 불러들이고 다음부터는 관련자 중에 가벼운 자부터 소환했다.

김인규가 유배되자 그 집을 차지하려는 자가 있었다. 왕후 임씨의 외조부 이위의 아우 이수였다. 이수는 처음부터 김인규의 큰 집을 차지할 생각은 없었다. 자기의 외손 임 규수가 왕후가 된 뒤부터 갑자기 욕심이 생겨 김인규의 큰 저택을 차지하고, 그의 집에 있던 노비, 재산까지도 죄다 차지해버렸다. 그러나 2년도 채 되지 않아 김인규가 귀양에서 풀려 돌아오게 되었다. 이수는 집을 다시 내주지 않으면 안 되게 되었다.

그러나 이수는 세력을 믿고 김인규의 집을 이참에 아주 빼앗을 작정이었다. 김인규는 아무것도 모르고 자기 집에 돌아왔다가 그만 울화가 치밀어 어찌할 바를 몰랐다.

이수는 왕후를 통해 김인규의 집을 빼앗으려고 중궁전에 들었다. 왕후는 작은외할아버지가 김인규의 저택을 욕심내고 있다는 것을 알고 있었다.

이수가 왕후에게 청했다.

"마마, 지금 신이 살고 있는 집은 그전에 김인규가 이자겸의 당으로 있으면서 온갖 악행을 저질러 모은 재산이나이다. 다행히도 폐하께오서 모든 죄인을 사면하시고 계시오나 김인규는 그 죄상이 무거우므로 다시 귀양보내도록 하시오소서."

왕후는 불쾌했다. 얼굴에 노기마저 어렸다.

"작은외할아버지께오서는 어찌하여 불의의 재산을 탐내시나이까? 평장사 김인규는 이자겸의 당으로 죄를 졌으나 폐하의 하해와 같은 은혜로 귀양을 풀어주셨나이다. 작은외할아버지께오서 김인규의 집에 계시지만, 속히 집을 비우고 집 주인에게 돌려주도록 하오소서. 국법이 지엄하오니 잘못을 두 번 다시 저지르지 마시오소서."

이수는 모골이 송연해져 중궁전을 나왔다. 왕후가 자기의 청을 받아들여줄 줄 알았다가 혼쭐이 나서 돌아갔다.

그러나 이수는 김인규의 저택이 너무나 좋아 내주고 싶지 않았다. 형 이위를 찾아가 통사정을 했다.

"형님, 우리가 누구이옵니까? 왕후의 막강한 배후 세력이나이다. 하온데 그 따위 김인규의 저택 하나 해결하지 못한다면 세력가의 집안이 아니질 않나이까? 형님께서 폐하를 만나 청을 들여보시오소서."

"이보게 아우, 잘못 되어도 한참 잘못 되었네. 권력은 그런 곳에 쓰라는 것이 아닐세. 당장 그 집을 돌려주고 나오게나!"

이수는 결코 포기할 수 없었다.

김인규는 저간의 돌아가는 소식을 다 듣고 이수에게 집을 내놓으라고 독촉이 성화 같았다. 이수는 차일피일 미루기만 했다. 내어줄 마음이 전혀 없었다. 그는 자기 아들과 머리를 맞대고 허위문서를 작성하여 밤에 어사대에 던졌다.

"김인규가 이자겸의 당이라는 것은 천하가 다 아는 일이오. 그자가 귀양이 풀려 돌아왔으나 조금도 개심한 바 없이 조정을 욕하고 있소이다. 더욱이 지금의 왕후가 일찍이 자기의 며느리가 될 뻔했다가 못된 것을 불평삼아 황공하옵게도 왕후마마까지 욕하고 있소이다. 이자를 이대로 놓아둘 수 없어 고발하는 바요."

어사대에서는 글의 출처와 그 진위파악에 나섰다. 우선 김인규를 잡아다가 금부에 가두고 조사했다. 사건이 왕후와 관계가 있어 왕후의 의사를 타진했다. 왕후는 의사대에 서신을 보내 엄중히 조사하라고 일렀다.

"김인규는 죄가 없어 보이오. 아마도 김인규의 저택 때문에 생긴 일 같으오. 집을 빼앗고자 하는 자를 조사하도록 하시오."

김인규는 왕후의 후의에 고마움을 느꼈다.

어사대에서는 김인규를 풀어주고 이수를 잡아들였다. 이수는 일이 틀어진 것을 알고 순순히 자백했다. 그동안 이수의 수하들이 김인규의 집을 비워놓았다. 김인규가 집으로 돌아가 보니 이수의 짐은 하나도 없고 자기의 짐만 남아 있었다.

이수의 처벌문제가 어사대의 골칫거리가 되었다. 왕후의 작은외할아버지인데다가 실력자 이위의 아우여서 함부로 다룰 수가 없었다. 젊은 간관들은 사정 두지 않고 처벌 수위를 높였다.

"이수는 나라의 인척으로서 큰 죄를 졌으니 그대로 둘 수 없소이다. 멀리 섬으로 유배보내야 하오."

인종은 왕후의 정정당당한 처신이 무척 기뻤다. 그리하여 왕후를 위로하기 위해 이수의 벌을 감해주었다.

"이수의 죄는 먼 섬으로 유배가야 할 만큼 무거우나, 왕후의 외종조外從祖이니 왕후의 체면을 보아 유배는 그만두고 관작만을 삭탈하라!"

간관들은 양보하지 않고 중죄로 다스리라고 아우성이었다. 인종은 간관들을 좋은 말로 달래고 이수사건을 일단락지었다.

왕후 임씨는 5남 4녀의 다복한 어머니가 되었다.

의종이 등극한 후 왕후 임씨는 공예태후로 봉해지고, 거처하는 곳을 선경부宣慶府, 전각을 후덕전厚德殿이라 불렀다. 전각의 이름처럼 공예태후는 후덕한 여생을 보내다가 명종 12년, 75세를 일기로 세상을 떠났다. 고려의 역대 왕후 가운데 공예태후는 가장 덕이 있고 인자한 인물로 평가받고 있다.

◉ 36국이 조공할 땅

묘청妙淸은 서경의 승려로서 뒤에 그의 이름을 정심淨心이라 했다.

인종 10년, 이자겸의 난으로 불타버린 개성의 정궁正宮(만월대)을 재건하기 위해 기초공사를 할 때 묘청은 태일옥장보법太一玉帳步法이란 병가압승兵家壓勝의 술책을 부리면서 이런 말을 했다.

"이 법은 선사 도선이 강정화康靖和에게 전하고, 정화는 이를 내게 전하고, 나는 늙을 즈음에 백수한白壽翰을 얻어 이를 전한 것이니 보통 사람은 알지 못할 것이니라."

백수한은 일관日官이었다. 묘청을 사사하여 음양비술로써 세인을 현혹시켰다. 그러나 강정화는 어느 시대의 인물인지 알 수 없다. 음양 대가로 알려진 묘청을 왕실에 접근시킨 사람은 서경 출신의 문신 정지상鄭知常이었다. 정지상은 〈송인送人〉〈장원정長源亭〉 등의 명시를 남긴 고려의 가장 탁월한 시인으로 알려져 있다.

정지상은 어려서 아버지를 잃고 어머니의 지시에 따라 개경에 와서 10여 년 동안 학문에 정진했다. 그는 어려서부터 시에 뛰어난 재주를 보였다. 관서지방에서 민간에 구전되어오는 설로는 그가 5세 때 강 위에 떠 있는 해오라기를 보고 한 수의 시를 읊었다고 한다.

하인장백필(何人將白筆)

어느 누가 흰 붓으로

을자사강파(乙字寫江波)

강물에 을乙자를 썼는고

그의 명작 〈송인〉 두 편도 소년 시절의 작품이다. 그는 타고난 천재 시인이었다.

정지상은 예종 때에 장원급제하여 벼슬길에 나섰다. 인종 때에는 벼슬이 지제고知制誥에 오르고, 왕의 서경 행차 때에는 기린각에서 《서경書經》 '무일편無逸篇'을 진강하기도 했다. 그리하여 임금은 서경 유신 25명에게 음식을 하사하고 정지상의 어머니에게는 물품을 내려주었다. 이때가 정지상의 전성기였다.

묘청은 정지상·백수한 등 서경 출신 관료들을 사귄 후, 이들과 함께 서경 천도의 꿈을 실현시키려고 했다. 묘청은 백수한을 통해 인종에게 상소를 올렸다. 그는 도선의 풍수설에 살을 붙여, 개경은 지기地氣가 쇠하고 서경은 지세가 뻗는 시기이므로 서경으로 서울을 옮기는 것이 좋다고 역설했다.

"폐하, 한번 서경에 행차하시기 바라나이다."

간곡히 청을 넣었다. 인종은 처음에는 주저하다가, 묘청을 비롯하여 정지상·백수한 등 많은 신료들이 청하자 마음이 동요되었다.

인종 5년 2월, 임금은 드디어 서경 나들이길에 올랐다. 그리고 묘청과 백수한의 설에 따라 관정도량(灌頂道場)을 베풀고, 또 15조항의 유신정교維新政教를 선포했다.

유신정교의 내용은 산택山澤을 제사하고, 절약·저축을 하고 백성들을 고역에서 해제시키고, 교화敎化를 보급하고, 세상을 이롭게 하고, 음양의 질서를 고르게 하고, 천재지변을 미리 예방하여 국가의 안녕과 태평을 도모하는 데 있다고 했다. 이것은 묘청 등의 주청에 의한 것으로 서경천도운동의 서막이었다.

인종은 서경에 5개월이나 머물러 있다가 7월에 개경으로 돌아왔다. 묘청 등은 조정에서 영향력 있는 중신들을 포섭하여 패거리를 만들었다. 김안金安·이중부李中孚·문공인文公仁·임경청林景淸 등이 묘청 밑에 모여들었다.

이듬해인 인종 6년, 묘청이 임금 앞에 나아가 아뢰었다.

"폐하, 서경의 임원역林原驛(대동부) 땅이 음양가에서 말하는 이른바 대화세大花勢이옵나이다. 만약 이곳에 궁궐을 세워 폐하께옵서 계시게 되면 가히 천하를 아우를 수 있사옵고, 금나라가 조공을 바쳐 스스로 항복하고 36국이 모두 복종하게 될 것이옵나이다."

임원역 부근에 신궁新宮을 창건하자고 제의했다. 서경천도운동의 본격 가동이었다.

묘청이 말한 대화세란 음양가에서 산수의 시작되는 맥脈과 끝(結局) 등을 수목의 간幹·지枝·화花·실實에 비유해 말하는 것으로 산수가 취합하여 길격吉格을 이룬다는 소위 명당의 터를 화세 혹은 화혈花穴이라 했다.

인종은 묘청의 말에 현혹되어 그해 8월 서경으로 행차했다. 그리고 중신들의 의견을 들어 묘청·백수한 등과 더불어 11월에 궁궐의 기공식을 가졌다. 궁궐 창건작업은 일사천리로 진척되어, 이듬해 2월에 준공식을 갖고 대화궁大和宮이라 이름지었다.

인종은 묘청 등의 주청으로 여러 차례 대화궁으로 어가를 옮겼다. 인종 9년에는 대화궁에 성을 쌓고 궁내에 팔성당八聖堂을 지었다. 팔성당에는 문수사리보살·석가불·대변천신大辯天神·연등불燃燈佛·비파니불毗婆尼佛·금강색보살·늑애천왕勒乂天王·부동우파니不動優婆尼 등을 모셨다. 팔성당은 일종의 만신전萬神殿으로, 팔성의 묘덕妙德을 예찬하는 제전을 벌이고 그 제문을 묘청의 지시에 따라 정지상이 지었다. 여기까지는 묘청의 계획대로 순조롭게 진행되었다.

묘청은 한 단계 더 나아가 인종에게 칭제건원稱帝建元과 금국정벌金國征伐 문제를 주청했다. 그야말로 자주선언이었다. 그러나 이 엄청나고 파격적인 주청을 나약한 문신들이 받아들이기에는 생존의 위험이 너무 컸다. 이 주청은 고려 조정에 정치적 대립을 야기시켰다. 더구나 금국정벌은 그 당시 고려의 국력으로 비추어보아 불가능한 일이었다. 금나라는 일취월장, 성장의 고삐를 늦추지 않는 시기였다.

묘청의 반대파들은 실현성 없는 황당무계한 주청에 등을 돌렸다. 묘청의 칭제건원, 금국정벌 주장은 고려 조정에서 퇴조의 기미를 보였다. 이에 묘청 일파는 서경천도를 서둘렀다.

그러나 인종은 결단을 내리지 못했다. 묘청 일파는 온갖 수단방법을 가리지 않았다.

인종 10년, 임금의 서경 행차를 기회삼아 묘청은 술책을 부렸다. 인종이 대동강에서 뱃놀이를 즐기고 있을 때였다. 그런데 뱃전 가까이에 가지각색의 기름이 가득 떠올랐다.

"수면에 떠 있는 저것이 무엇인고?"

인종이 물었다.

"폐하, 이것은 신룡神龍이 토한 오색구름이옵나이다. 왕도가 될 상서로운 징조가 바로 나타난 것이옵나이다."

"이상하도다!"

묘청의 반대파 중신이 이상하게 여겨 헤엄을 잘 치는 하인을 시켜 물밑을 조사해보도록 했다. 배 밑바닥에서 기름이 흐르고 있었다. 그 기름은 오색으로 물들인 떡시루 밑에서 흘렀다. 묘청은 몰래 오색떡을 만들고 거기에 기름을 부어 강으로 흘러가게 했던 것이다. 이러한 묘청의 잔재주가 오히려 그를 궁지에 모는 계기가 되었다.

인종 10년, 개경의 궁궐 재건 기공식에 참석한 묘청은 백수한·정지상 등과 함께 인종에게 간절히 아뢰었다.

"폐하, 개경의 땅은 이미 쇠했사옵니다. 그리하와 천재지변이 끊임없이 이어지오니 서경으로 옮기시옵소서. 천도하시면 액운이 가시고 복록이 무궁할 것이나이다."

인종은 말이 없었다. 이미 김부식 등 묘청 반대파들의 입김이 거세지고 있었다. 묘청은 인종의 서경 행차를 누누이 강조했다. 서경에 행차하지 않으면 어의御衣라도 보내 대화궁에 모셔놓아야만 한다고 주장했다. 그리하여 인종은 문공유·이중부 등에게 어의를 보내 대화궁에 두도록 했다. 그러나 대화궁 창건 이후 묘청의 신비스러운 말은 빈번한 재해로 빛을 잃어갔다.

인종 10년, 인종이 서경으로 행차 도중 금암역金岩驛(황해도 평산군 금암면)에 이르렀다. 그때 갑자기 폭풍우가 일어 큰 혼란이 일어났다. 인마의 사상이 많아 묘청의 면목이 크게 손상되었다.

인종 12년 2월, 임금이 서경으로 행차하여 일행이 마천정馬川亭에 다다랐을 때였다. 곁에 모시고 있던 장군 김용金勇의 말이 까닭없이 날뛰는 바람에 김용이 그만 말에서 떨어져 큰 부상을 당했다. 그리고 나서 임금이 대동강을 건너려 할 때였다. 강 한가운데서 폭풍이 일어나 임금이 탄 배가 뒤집힐 지경이었다. 천신만고 끝에 강을 건너기는 했으나, 이번에는 모래와 먼지를 가득 실은 바람이 불어 인마가 한 걸음도 나아갈 수 없었다. 바람이 어찌나 센지 일산을 든 사람조차 바람에 날아갈 지경이었다.

얼마 후 바람이 누그러지자 이번에는 벼락이 한꺼번에 30곳에 떨어졌다. 그 가운데 벼락 하나가 바로 대화궁 건룡전乾龍殿에 떨어져 공포에 떨게 했다. 이밖에 임금이 서경에 잠시 머물고 있는 동안에도 온갖 재난이 잇따랐다. 그러나 인종의 묘청에 대한 신뢰와 총애는 변하지 않았다. 인종의 왕후 아버지요 동지추밀원사 임원후 등이 묘청을 탄핵하는 상소를 올렸다.

"묘청·백수한 등은 간사한 꾀를 부려 괴이하고 엉뚱한 말로써 백성들의 마음을 어지럽히고 있사옵나이다. 한두 사람의 대신뿐만이 아니오라 근시近侍하는 신하들마저 그들의 말을 믿어 위로는 폐하의 생각을 흐리게 하고 있사오니, 장차 불측한 환난이 있을까 두렵사옵나이다. 청컨대 묘청 등을 잡아 저잣거리에서 목베어 화근의 싹을 자르시옵소서."

그러나 인종 12년에는 묘청을 삼중대통지루각원사三重大統知漏刻院事(기상 고문)로 삼고 새옷을 하사했다.

드디어 묘청 배척파의 거두 김부식이 상소를 올리고 직접 간했다.

"폐하, 서경 행차 때마다 재변이 일어나고 있사옵나이다. 이후로 행차를 중지하시옵소서."

"경의 말이 옳도다!"

인종은 서경 행차를 자제했다. 묘청 일파와 그 반대파들의 알력이 심화되어갔다.

인종은 서경 행차를 삼가고 문종 때에 창건한 서강변의 장원정長源亭으로 나아갔다. 이것으로 묘청 일파의 서경천도가 희망을 잃게 되었다. 그러나 묘청의 국민 지지도는 대단했다. 칭제 북벌론에 찬성하는 백성이 절반을 넘었고, 인종도 묘청을 신뢰했다.

그러나 조정의 분위기는 묘청에게 불리하게 작용했다. 서경천도의 꿈이 무산되어가는 기미를 눈치챈 묘청은 신변의 위험을 느꼈다. 그리하여 새로운 진로를 모색했다. 마침내 묘청은 서경에서 중앙정부를 상대로 반란을 일으켰다.

인종 13년 정월, 묘청 일파는 서경의 분사시랑 조광趙匡, 병부상서 유참柳旵, 사재소경 조창언趙昌言 등을 포섭했다. 그리고 관제를 개편하여 중앙에서 파견된 부류현副留縣 수령 이하 관리를 모조리 잡아가두고, 서북면병마사 이중병李仲幷 이하 모든 관리와 각 성의 수비군을 잡아 서경의 소금창고에 가두었다. 또한 개경 사람으로 서경에 와 있는 민간인도 모두 가두었다.

묘청군은 군대를 파견하여 절령(지금의 자비령)을 막고 서북지방의 병마를 징발하여 서경으로 모았다. 그리고 나라를 대위大爲, 연호를 천개

天開라 하고, 군대를 천견충의군天遣忠義軍으로 이름붙였다. 또 모든 주군수州郡守를 서경인으로 바꾸었다.

묘청은 조광과 함께 성 안의 문무 관원을 이끌고 관풍전에 나아가 개경을 습격하려고 작전회의를 열었다.

인종은 이 소식을 듣고 내시 유경심柳景深을 묘청에게 보내 선유했다. 묘청은 유경심을 맞아 분명하게 말했다.

"폐하께서 서경으로 천도하면 아무 일도 없을 것이외다."

묘청은 최경崔京을 인종에게 보내 서경천도를 또다시 주장했다. 이것으로 보아 묘청의 목적은 어디까지나 서경천도에 있었다. 묘청의 거사는 분명 반란이지만 그 반란은 오랫동안 음모로 꾸며진 사건이 아니라 돌연한 사태였다. 그의 동지들과 백수한·정지상·김안 등이 반란에 가담하지 않은 것은 기회를 놓친 데도 원인이 있겠지만, 사전에 전혀 계획이 없었다는 것을 입증한다.

인종은 중신회의를 열어 김부식을 출정군 원수로 삼아 반란군을 토벌하도록 했다.

"폐하, 이번 반란에 백수한·정지상·김안 등이 관련되어 있사옵나이다. 출진에 앞서 이들을 먼저 제거하지 않고는 반군을 진압할 수 없사옵나이다."

김부식의 강력한 주장을 인종은 받아들이지 않을 수 없었다. 백수한 등 세 사람은 묘청과 친하다는 이유로 반란에 가담하지 않았는데도 대궐문 밖에서 참수형을 당했다. 정지상의 경우 김부식이 그의 문명을 시기하여 죽였다는 설이 근거가 있다.

"김부식이 평소에 정지상보다 문재文才가 떨어져 불평불만이 쌓여 있었다. 묘청의 반란 때 내응 혐의로 그를 죽였다."

역사에 기록되어 있는 한 대목이다.

김부식은 군대를 이끌고 황해도 보산에 이르렀다. 여기서부터 일부러 길을 돌아 평주·관산·사암을 지나 지금의 성천에 닿았다. 휘하 장군들은 이상하게 여겨 김부식에게 항의했다.

"길을 돌아가는 까닭이 무엇이오이까? 반란군에게 준비를 갖출 시간을 주자는 것이오이까?"

"신중을 기하자는 게요. 진격만이 능사는 아니외다. 기회를 보아 반란군의 배후를 공격하는 것이 상책이외다."

김부식은 근처 성주들에게 토벌작전을 도우라는 명령을 내렸다. 그러는 한편, 관민들을 설득하고 조광에게 사람을 보내 항복을 권유했다.

"항복하라! 이 싸움은 승산이 없다!"

조광에게 7, 8차례 항복을 권유했으나 반응이 없었다. 김부식은 개천·안주로 나아가 반란군의 퇴로를 차단했다. 그리고 다시 한번 항복을 권했다.

"너희의 목을 죄고 있느니라! 살려거든 항복하라!"

반란군 사이에 동요가 일었다. 조광은 관군과 싸워 이길 자신이 없었다. 그는 살아남을 방책을 생각했다. 그런 기미를 알아챈 김부식은 인종에게 아뢰고, 평주판관 김순부金淳夫를 소유사로 삼아 서경으로 들여보냈다. 김순부는 임금의 관대한 처분을 알려주었다.

조광은 항복을 결심하고, 묘청·유참, 그의 아들 유호 등 세 사람의 목을 베어 조정에 보냈다. 묘청은 제대로 싸워보지도 못하고 조광의 배반으로 싱겁게 끝나고 말았다.

한편, 조정에서는 김부식을 시기하는 중신들의 불평이 많았다. 김부식이 까닭없이 시일을 끌며 전투하지 않은 것을 못마땅하게 여겼다.

"조광이 항복할 뜻을 품은 것은 김 원수의 공이 아니다. 소유사 김순부의 공이다."

중신들은 조광이 묘청 등의 머리를 베어 보낸 윤청을 후히 대접하기는커녕 옥에 가두어버렸다. 조광은 조정의 처사에 분개했다. 그리하여 싸움을 각오했다. 김부식은 조광의 저항에 부딪혀 무력진압에 나섰다.

조정에서는 사태가 악화되자 조광에게 소유사를 보냈다. 조광은 조정을 믿지 못해 소유사의 목을 베어버렸다.

김부식은 군사를 다섯으로 나누어 서경을 에워쌌다. 조정에서는 수군을 편성하여 100척의 병선에 1,600명의 궁수弓手를 태워 대동강을 지키게 했다. 그리고 따로 이녹청 장군에게 병선 40척을 주어 수군을 돕도록 했다.

조광은 원래 있던 성 외에 대동강을 따라 1,700칸의 새 성을 쌓아 수륙 양면의 방비를 견고히 했다. 관군을 한 사람도 성 안에 들여놓지 않겠다는 각오였다.

이녹천은 공을 세우려고 강을 거슬러올라가 서경을 공격하려 했다. 적군은 10여 척의 작은 배에 나무를 싣고 불을 질러 병선이 있는 쪽으로 흘려보냈다. 불붙은 작은 배가 병선에 다가가자 관군은 대혼란을 일으켰다. 이 전투에서 이녹천은 겨우 목숨을 건졌으나 관군은 많은 목숨을 잃었다. 조광은 한 차례 승리로 자만에 빠져 관군을 깔보기 시작했다.

김부식은 서경을 에워싸고 지구전으로 늘어갔다. 원래 서경성의 전면공격에는 무리가 따랐다. 지세가 험한데다가 적군의 세력이 강했다. 김부식은 성 안의 식량이 떨어지고 적군의 사기가 꺾이기를 기다렸다. 조정의 중신들은 김부식의 작전을 매우 못마땅하게 여겼다.

"폐하, 김 원수를 소환하고 다른 장수를 보내야 하옵나이다."

인종은 조정이 너무나 시끄러워 김부식을 소환하려는 마음까지 먹었다. 그러나 김부식을 끝까지 믿어보기로 했다.

서경 공략에는 거의 1년이 걸렸다. 적의 사기가 꺾인 틈을 노려 총공격령을 내렸다. 성은 쉽게 무너졌다. 조광은 관군에게 목이 떨어졌다. 서경은 묘청의 꿈이 사라지는 순간 버림받은 지역이 되어버렸다.

이후 임금의 행차도 없었고, 서경의 제도는 기구가 대폭 축소되었다. 묘청의 서경천도는 보수적인 신하들의 반대에 부딪혀 대동강의 물거품이 되고 말았다. 이것을 예견하기라도 한 것인지 당대의 시인이자 묘청을 옹호한 정지상은 친구와의 작별을 이렇게 읊었다.

비 개인 긴 둑에 풀빛 푸른데

남포로 임 보내는 구슬픈 노래

대동강 물은 언제야 마르랴

해마다 이별의 눈물 보태는 것을

한국 역사상 1,000년 이래 가장 큰 사건으로 보는 묘청의 난은 오로지 서경천도에만 그 목적이 있었을까? 한낱 모반 또는 단순한 권력 투쟁의 형태로 파악하여야 하느냐 하는 논란이 많은 사건이지만 정작 묘청의 난은 싱겁게 끝난 반란이었다.

⊙ 어느 파계승의 망명

동주(황해도 서흥) 성수사星宿寺의 중 금준今俊은 이리저리 떠돌다가 30세가 넘어 성수사로 찾아들었다. 성수사의 노승 후본厚本은 절이 거의 폐사되어가는 것을 보고 개탄했지만, 어떻게 해볼 방도가 없었다. 이 무렵 금준이 찾아왔다. 금준에게는 한 가지 뛰어난 재주가 있었는데 남의 병을 잘 고쳤다. 그러나 소년 시절부터 품행이 방정치 못했다.

후본과 금준의 첫 대면은 어설프기 짝이 없었다. 후본은 폐사와 다름없는 절을 지키고 있는 무능한 중이었고, 금준은 정처 없이 떠돌아다니는 걸승이었다.

후본은 다 늦은 저녁 무렵 찾아든 떠돌이 중에게 보리밥 한 그릇으로 시장기를 달래주었다. 한밤중 두 스님이 마주하고 앉았다. 금준이 궁금하여 물었다.

"이 절에는 스님 한 분뿐이오이까?"

"동자승이 하나 있소마는 먹을 것이 없어 탁발을 나갔다오."

"전에는 이 절이 큰 절이었다 들었소이다. 어쩌다가 이 꼴이 되었소이까?"

"동주 성수사라 하면 한때 신도들이 구름같이 모였소이다. 허나 김치양이 역적으로 몰린 후로는 차차 쇠퇴해가더니 이 모양 이 꼴이 되었다오."

"스님, 이 절의 옛 영화를 되찾을 생각은 없으시나이까?"

"그야 마음은 굴뚝 같지만 어디 생각대로 되는 세상이오?"

금준은 아무 말이 없었다. 두 스님은 침묵을 지키고 앉아 있기가 거북하여 잠자리에 들었다.

다음날 금준은 떠나야 할 처지였으나, 갈 곳이 마땅찮아 구실을 붙여 며칠 동안 더 묵고 싶었다.

노승은 아침에 보리밥 한 그릇을 또 주었다. 금준은 그것을 받아먹기가 쑥스러웠다.

해가 중천으로 솟아올랐는데도 절에는 사람의 그림자 하나 비치지 않았다. 금준은 노스님에게 자기의 결심을 말했다.

"스님, 소승이 이 절에 있으면서 옛날의 영화를 되찾아드리겠나이다."

"무슨 수로 그렇게 한다는 말이오?"

"스님, 사람 사는 세상은 먹을 것이 많아야 사람들이 모이는 법이외다."

"아 글쎄 먹을 것이 어디 있다는 말이오?"

"먹을 것을 소승이 만들어보겠다 이 말씀이나이다. 스님, 이 아래에 큰 마을이 있습죠?"

"마을이야 크지만 불공드리러 오는 사람이 있어야 먹을 것이 생기지."

"염려 마소서. 이제부터 소승이 이 절을 키워보겠나이다."

다음날부터 금준은 바랑을 메고 어디론가 열심히 탁발을 다녔다. 그는 원래 불경 공부가 시원찮아 염불 하나를 제대로 외지 못했다. 그러나 그는 부지런히 여러 마을을 누비고 다니며 양식을 많이 비축해놓았다. 그런 후 그는 뒷산에 올라가 여러 가지 약초를 채집했다.

"그런 것을 무엇에 쓰려고 그러누?"

노승이 물어보면 금준은 자신 있게 대답했다.

"이 약초들은 사람의 병을 고치는 영약이나이다."

뒷산의 약초를 씨가 마를 정도로 채집했다. 약초 봉지 수가 날이 갈수록 늘어났다.

금준은 탁발해온 쌀로 술을 빚어 항아리에 담았다. 그리고 다시 바랑을 메고 마을로 내려갔다. 그는 마을에 내려가 의원보다 병을 잘 고칠 수 있다고 자화자찬을 늘어놓았다. 마을 사람들이 그에게 환자를 보아달라고 청했다. 그는 약을 지어줄 터이니 성수사로 오라고 일렀다.

며칠 후 인근 마을에 소문이 나돌았다.

"성수사에 용한 의원이 와 있단다. 못 고치는 병이 없다더라."

환자들이 모여들었다. 금준은 진맥을 하고 약을 지어주었다. 환자들이 약값을 주면 거절하고 이런 말을 했다.

"환자님 마음에도 좋고 절에도 도움이 되게 재나 올리시지요."

재를 올리는 신도들이 늘어갔다. 노승은 눈코 뜰 새 없이 바빴다. 재를 지내고 나서 금준은 빚어놓은 술을 내놓아 손님들의 환심을 샀다. 1년 사이에 절은 몰라보게 흥성해졌다. 이제는 상좌 중도 몇 명 늘었다.

술맛을 보고 간 사람들이 다시 모여들어 저녁이면 절이 온통 주막집 같았다. 어느 날 동주 관원들이 절에 와서 술을 마시며 놀고 간 후에 여자 손님들이 모여들었다.

금준은 아름다운 여인이나 처녀들의 병은 더욱 정성껏 보아주었다. 이러면서 마음에 드는 여자가 있으면 멀쩡한데도 병이 있다고 꾀여 절에 며칠씩 묵게 한 후 덮쳐버렸다.

어느 날 동주 관원의 부인이 금준을 찾아왔다.

"스님, 제 속병을 좀 고쳐주시와요."

"어디가 어떻게 아프시나이까?"

"먹으면 체하나이다. 그리하여 먹지도 못하고 몸이 말라가나이다."

금준은 부인의 손목을 잡고 맥을 짚어보았다. 몸이 마르기는커녕 토실토실 살이 쪄 있었다.

"몸조리를 잘하면 쉬 나을 병이외다. 허나 절에서 며칠 묵어야겠나이다. 약을 드시면서 차도를 봐야 하니까요."

"그래도 여러 날 절에 묵기가 좀⋯."

"소승이 쓰는 약재는 영산에서 캐온 것이어서 산문 밖에 나가면 효험이 떨어지나이다. 산문 안에서만 복용해야 되나이다."

부인은 금준의 옆방에서 며칠 치료받기로 했다. 약 효과가 있어서 그런지 부인은 상태가 호전되었다. 어느 날 밤, 부인이 말했다.

"스님, 차도가 있나이다."

"그러실 것이외다."

"더 빨리 낫는 약은 없나이까?"

"있긴 있소이다만, 환자들이 꺼리는 방법이라서⋯."

"무엇이오이까? 가르쳐주시오소서."

부인이 간청하자 금준은 술을 가지고 나와 권했다.

"우선 이 술을 조금 마시소서."

부인은 빨리 낫는다는 바람에 술을 마셨다. 부인은 금세 귀밑이 빨개지고 얼굴이 달아올랐다.

"부인, 자고로 병이라는 것은 음양이 고르지 못해서 일어나는 것이외다. 지금 부인의 병은 음기운만이 쌓여 생긴 것이외다. 양이 조화되어야만 쉽게 낫는다오."

"스님, 음양의 조화는 어떻게 하는 것이나이까?"

"그 방법은 어렵지 않나이다. 음에 양을 합하면 만병이 통하는 법이외다."

금준이 음흉한 웃음을 흘렸다. 부인은 호기심이 동했다. 드디어 금준과 부인은 음양의 조화를 실천해보았다. 새로운 조화에 부인은 만족해했다. 금준은 부인을 절에 더 잡아둘 필요가 없었다.

그후 금준은 부인의 처소에 자주 드나들며 정을 통했다. 그러나 꼬리가 길면 잡히는 법, 정사현장을 들켜 금준은 줄행랑을 치고 단숨에 국경을 넘어 여진족이 사는 동북지방으로 흘러들었다. 금준은 거기에서도 의원 행세를 하며 여진족 부락을 떠돌았다.

그는 이상한 말을 하며 멀리 아지고촌阿之古村으로 들어갔다.

"이 세상에 장차 큰 난리가 일어날 것이니라. 그때가 되면 너희는 나라를 위해 싸워야 하느니라."

이러한 수작을 부리며 금준은 때로는 바랑을 짊어지고 다니며 중 행세를 했다.

아지고촌은 여진 부락 중에 큰 편에 속했다. 평화스러운 이 마을 촌장집에 승복 차림의 금준이 나타났다.

"소승은 고려국 평주에서 왔소이다. 이 산골에는 부처님의 후광이 없어 백성들이 쓸쓸한 생활을 하고 있소이다. 부처님의 후광을 입으면 이 마을에는 서광이 비칠 것이외다. 소승이 그 일을 해낼 것이오."

금준은 마치 고승 같았다. 마을 사람들은 금준의 이상한 행동을 구경거리로 삼았다. 금준은 마을 사람 가운데 특히 여자들을 관심 있게 보았다. 음흉한 금준은 촌장의 집에서 처음에는 부처님의 말씀을 전했으나 나중에는 병을 고친다며 오랫동안 묵었다. 순박한 여진족은 금준이 병을 고쳐주자 그를 신처럼 떠받들었다.

여름이 찾아오고 이곳 여자들은 냇가에 나가 목욕을 즐겼다. 금준은 대지팡이를 짚고 마을을 돌아다녔다. 그는 냇가에 나갔다가 마을 여자들이 목욕하는 것을 보고 나무 뒤에 숨어 그 광경을 구경했다.

여자들은 실오라기 하나 걸치지 않고 시냇물에 몸을 담그고 시시덕거리고 있었다. 금준은 가까운 곳으로 자리를 옮겼다. 여자는 모두 3명이었다. 금준은 서서히 다가가 알몸의 여자들 앞에 섰다. 여자들은 부끄러운 기색 없이 여전히 물장난을 치고 있었다.

"나는 하늘에서 정해준 배필을 얻고자 이곳에 온 노승이니라. 누구든 나를 따라올지어다."

금준은 벗어놓은 여자들의 옷을 갖고 뒷동산으로 올라갔다. 여자들이 의논한 후에 금준을 뒤쫓아갔다.

"자, 옷을 찾아 입을지어다!"

세 여자는 각기 제 옷을 찾아 입었다.

"너희 가운데 누가 제일 나이가 많으냐? 아직 혼인하지 않았거든 나를 따라오너라! 하느님의 뜻이니라."

금준은 더 높이 산을 올랐다. 세 여자는 그를 따라갔다. 금준이 널찍한 바위에 앉으며 말했다.

"이 바위는 천신이 내려오는 곳이니라. 너희에게 소원이 있거든 하늘을 향해 기도드리거라!"

세 여자는 공손히 절을 올렸다. 셋 가운데 나이 많은 여자가 나서며 말했다.

"도사님, 저희는 도사님께서 묵고 계시는 곳의 촌장의 딸이랍니다. 셋 다 아직 출가하지 못했나이다. 장래를 약속한 남자가 작년에 싸움터에 나가 죽었나이다. 우리네 풍속으로 약혼자가 죽으면 시집을 가지 못하나이다. 도사님, 저부터 시집보내주소서."

"너는 오늘 밤부터 너희 집 뒷산에 있는 큰 나무로 가서 열심히 기도하여라. 그리하면 하늘에서 내려온 천사가 너를 데려갈 것이니라."

"알겠나이다."

밤에 나이 많은 촌장의 딸이 뒷산 나무 밑에서 열심히 기도했다.

"하느님! 신의 뜻에 따르겠나이다. 소녀는 아직 홀몸이오니 신의 뜻대로 하시오소서."

금준이 나무 위에 올라가 있다가 하느님 흉내를 냈다.

"네 정성이 갸륵하도다. 내가 도사를 내려보내겠느니라. 네 배필이 될 남자이니라. 오늘 밤에 네 뒤를 따르는 남자가 있거든 네 집으로 데리고 갈지어다."

"알겠나이다."

나이 든 처녀가 정성으로 절을 올리고 산을 내려갔다. 금준이 나무에서 내려와 뒤를 따랐다. 처녀는 모른 체하고 집으로 돌아가 자기가 거처하는 방 앞까지 왔다. 금준도 처녀의 방 앞에까지 왔다. 처녀는 말없이 방으로 들어갔다. 금준이 따라 들어가 처녀와 운우지락을 즐겼다. 처녀는 금준을 하느님이 주신 도사로 여기고 극진히 떠받들었다.

촌장이 후사 없이 세상을 떠났다. 자연히 맏사위인 금준이 촌장을 이어받았다. 촌장이 된 금준은 나머지 두 딸마저 아내로 삼아버렸다.

두 자매의 품에서 각기 아들이 태어났다. 큰마누라 소생을 고을태사古乙太師라 하고, 작은마누라 소생은 활라태사라 이름지었다. 금준은 아들들이 성장하자 만주땅으로 그들을 데리고 갔다.

"내 말을 새겨듣거라! 너희의 조상은 하느님이시니라. 나는 비록 고려에서 태어났으나 나의 아버지는 하느님의 아들이시니라. 하느님의 소생은 범인들과는 다르니라. 너희는 무술을 익혀 여진족을 통합한 후 중원으로 진출해야 하느니라."

금준은 이 말을 유언으로 남기고 세상을 떠났다. 두 아들은 여러 명의 아들을 낳았다. 그중 활라태사의 맏아들을 핵리발劾里鉢이라 하고 막내를 영가盈歌라 했다. 영가 때부터 그들은 완안부를 평정하고, 차차 고려의 동북쪽을 넓게 점령해갔다. 영가가 죽은 후 핵리발의 맏아들 오아속이 잠시 성했다가 죽고, 그의 아우 아골타阿骨打(금태조)가 처음으로 나라를 세웠다.

고려는 신흥국 금나라로 하여 골치를 앓았다. 요나라에서는 금나라가 쳐들어오자 고려에 원군을 청했다. 고려는 예종 10년 8월, 임금이 중신들과 이 문제를 의논했다.

"요나라에서 우리와 협공하여 금나라를 치자고 하오. 경들의 의견을 듣고 싶소이다."

"폐하, 우리 고려는 요나라와 형제처럼 지냈나이다. 지금 요나라가 곤궁하여 우리에게 원조를 청하오니 도와주는 것이 옳은 줄 아나이다."

중신들이 뜻을 모아 아뢰었다. 그러나 무관들은 생각이 달랐다. 그중에서 직접 금나라와 싸워본 척준경은 중신들의 의견에 반대했다.

"폐하, 수년 전에 신은 그들과 싸워보았나이다. 그들의 군사력은 막강하옵나이다. 섣불리 나서지 않는 것이 좋을 듯하나이다."

"그렇사옵나이다. 우리 나라 군사는 몇 해 동안 쉬고 있나이다. 남의 나라 싸움에 끼어들어 싸움을 할 필요가 없다고 보옵나이다. 장차 요·금 두 나라가 어떻게 변할지 모르오니 당분간 관망하심이 상책인 줄 아나이다."

예부낭중 김부일金富佾(김부식의 형)이 척준경을 도왔다. 기실 문약해진 고려는 남의 싸움에 개입할 힘이 없었다.

임금은 금을 칠 마음이 있었으나, 함부로 덤빌 일이 아니어서 결정을 내리지 못했다. 요에서는 사태가 급해지자 출병을 독촉하는 사신을 보내왔다. 고려에서는 사태가 불리하게 돌아가자 출병을 미루었다.

요나라는 이미 붕괴의 조짐을 보이고 있었다. 요양 근처에 있던 발해 사람들이 일어나 동경유수를 죽여버렸다. 이에 고영창高永昌이 스스로 황제라 칭하고, 국호를 대원大元, 연호를 융기隆基라 했다.

고려의 정양직鄭良稷은 스스로 고려 사신이라며 대원국에 칭신稱臣하며 동경유수에게 보낼 물건을 고영창에게 주고 왔다.

요나라가 불리하자 고려에서는 요의 연호를 쓰지 않고 자주적인 태도를 보였다. 이때 고려가 차지하려던 압록강변의 내원來遠·포주抱州 두 성이 금나라 군대에게 포위당했다. 성주는 고려에 구원을 요청해왔으나 고려는 이 성을 차지할 욕심으로 성이 떨어지기를 기다렸다.

두 성의 성주는 버틸 힘이 없자 도망칠 준비를 하고 있었다. 이때 고려에서 금나라에 사신을 보냈다.

"포주와 대원 두 성은 원래 고려의 영토요. 우리에게 돌려주오."

아골타는 냉정하게 잘라 말했다.

"그대의 힘으로 찾아가라!"

고려에서는 군사를 보내 두 성을 접수하도록 했다. 요나라 성주들은 도망칠 준비를 하고 영덕진까지 나와 두 성을 고려에 돌려준다는 말을 남기고 도망쳤다. 고려 군사들은 힘들이지 않고 두 성을 차지하여 의주 義州로 개칭했다.

이런 일이 있은 지 얼마 후 금나라 아골타가 고려에 사신을 보내 글을 전했다.

"대여진 금국 황제는 고려국 왕에게 보내노라. 우리 나라의 선조들은 한쪽에 치우쳐 있어 요를 대국, 고려를 부모의 나라라고 생각하며 섬겨 왔다. 헌데 거란이 무모하게 우리의 영토를 침략해왔다. 우리는 결연히 일어나 거란을 섬멸했다. 고려왕은 우리와 화친하여 형제국으로서 서로 영구히 연을 맺도록 하라."

고려 조정에서는 이 문제를 놓고 갑론을박이었다. 완고한 중신들은 금나라와의 화친은 불가하다고 고집을 피웠다. 오직 한 사람, 김부철金 富轍(김부식의 동생)만이 화친을 주장했다.

"요나라는 거의 멸망해가고 있나이다. 금나라가 우리와 형제의 조약을 맺고자 하는데 반대할 이유가 없나이다. 나라를 보존하기 위해서는 때로는 우리만 못한 나라와도 화친을 맺어야 하옵나이다. 뒷날 후회하는 일이 없도록 화친하시옵소서."

임금은 김부철의 말을 듣지 않았다. 중신들의 반발이 심해서였다.

평주의 파계승 금준의 후손들이 이제는 고려에 큰소리치고 있었다.

인종 3년에는 정세가 크게 변하여 금나라를 황제국으로 인정하지 않을 수 없었다. 외교는 고집으로 하는 것이 아니라, 주변 정세에 민감하게 대처해야만 실리를 얻을 수 있는 것이다. 이러한 예는 옛날이나 지금이나 다를 바 없다.

◉ 화가 이녕李寧

인종 때의 화가 이녕은 멀리 송나라에까지 이름이 나 있었다. 그는 어렸을 때부터 그림을 잘 그려 일찌감치 그 재능을 인정받았다. 그는 대가가 되어 국내에서는 그의 그림 솜씨를 따를 자가 없었다.

인종은 이녕의 그림 솜씨가 어느 정도인지 몹시 궁금했다. 어느 날 이녕의 그림 스승인 이준이李俊異를 불렀다.

"자, 이 그림을 보고 평을 해보거라!"

인종은 이녕의 그림 한 점을 이준이에게 보여주었다. 이준이는 눈을 크게 뜨고 그림을 극찬했다.

"폐하, 만약 이 그림이 송나라에 있었다면 신은 천금을 주고서라도 이 그림을 사왔을 것이나이다."

"이 그림이 그리도 좋은 명화이더냐?"

"천하의 명작이옵나이다."

인종은 그제서야 이녕의 그림 솜씨를 믿었다.

어느 해 추밀사樞密使 이자덕李資德이 송나라에 사신으로 들어가면서 수행원으로 이녕이 따라갔다. 송나라 서울 변경에 들어간 이녕은 개경과 다른 모습에 눈이 밝아졌다. 고려에서는 보지 못한 발달된 문화가 변경을 장식하고 있었다.

그 무렵 송나라 황제는 휘종이었다. 휘종은 이자덕 등을 반가이 맞이했다.

"이녕이란 화가가 누구인고?"

"신이 이녕이옵나이다."

"그대의 그림 솜씨를 들은 바 있느니라. 이번 사신 일행에 그대가 끼어 있기에 짐은 내심 기뻐했노라. 이곳에서 그림 솜씨를 맘껏 펼쳐보도록 하라!"

이러면서 황제는 왕가훈 · 진덕지 · 전종인 · 조수종 등 송나라 화가

들에게 이녕의 그림을 배우라고 영을 내렸다.

"그대들은 고려 화가에게 배워 고려의 좋은 화풍을 송나라에 전하도록 하라. 문화는 물처럼 서로 섞여 흘러야만 훌륭한 결실을 맺는 법이니라."

휘종은 예술을 사랑하는 황제였다.

이녕은 뜻밖에도 송나라 화가들의 스승이 되어 열성을 다해 고려의 화풍을 알렸다. 왕가훈 등은 이녕을 무시하지 않고 열심히 배웠다. 이녕에게 배울 만한 점이 많았던 것이다.

어느 날 휘종이 이녕을 황궁으로 불렀다.

"고려의 예성강禮成江이 무역항으로 번다하다고 들었느니라. 그대가 예성강 그림을 그려 짐에게 선물해주면 어떻겠느뇨?"

"정성껏 그려보겠나이다."

이녕은 황실 도화서에서 예성강 그림을 정성을 다해 그린 후 휘종에게 올렸다.

"과연, 소문대로구나. 귀국의 화가들이 사신을 따라와 짐이 고려의 많은 그림을 봐왔으나 그대같이 훌륭한 솜씨는 보지 못했노라. 짐의 마음에 쏙 드는도다."

"폐하, 과찬이시나이다."

"아니야, 그대의 그림에는 신기神氣가 있도다."

휘종은 술과 음식을 하사하고 비단을 상으로 내렸다. 이녕은 송나라에서 또 한 차례 이름을 드높이고 귀국했다.

세월이 한참 흘렀다. 송나라 장사꾼이 상품을 싣고 고려 예성강에 들어왔다. 그 장사꾼은 인종에게 저희 나라 명화 한 장을 바쳤다. 인종은 그림이 빼어나 기쁨을 감추지 못했다. 즉시 이녕을 불러 그림을 보여주었다.

"이 그림은 송나라에서도 보기 드문 진품이라 하오. 그대가 보기에 어떠한고?"

이녕은 그림을 한참 들여다보다가 빙그레 웃었다.

"진품이 아니란 말인가?"

"폐하, 황공하오나 이 그림은 신이 그린 예성강 그림이나이다."

"무어라고? 그대의 그림이라고?"

"예에, 틀림없사옵나이다."

"무엇으로 증명할 수 있는가?"

"그림 뒷장을 보시면 신의 이름과 낙관이 있을 것이나이다."

인종은 그림의 뒷장에서 이녕의 이름과 낙관을 확인하고 찬사를 아끼지 않았다.

이녕이 휘종에게 바친 예성강 그림을 휘종이 신하에게 하사하고, 그 신하가 장사꾼에게 팔아 결국 인종의 손에 들어오게 된 것이다.

인종은 이녕을 나라의 보배로 여겼다. 예종대에도 이녕은 조정에서 주문하는 그림을 다 그려내는, 명실공히 나라의 화가로 활약했다.

이녕의 아들 이광필李光弼도 아버지를 닮아 그림을 잘 그렸다. 광필은 명종대의 화가로 임금의 총애를 받았다. 부자가 그림 솜씨 하나로 임금의 총애를 받아 좋은 그림을 마음껏 그릴 수 있었다.

⊙ 촛불에 수염이 타버린 정중부

인종 11년 겨울, 제석 전날 궁중에서는 연례에 따라 나례儺禮가 열렸다. 순서에 따라 잡기雜技를 하게 되었을 때, 견룡대정牽龍隊正 정중부鄭仲夫가 종이로 만든 용을 꿈틀거리게 하며 궁정으로 들어섰다.

임금과 태자, 그리고 문무백관들은 꿈틀거리는 종이용을 보고 박장대소를 터뜨렸다. 용머리에서 종이용을 다루는 정중부는 30세가 넘은 청년 무신으로 기골이 장대하고 용모가 빼어났다. 그는 흰 얼굴에 난 검은 수염을 점잖게 쓰다듬으면서 사위를 제압하듯 천천히 궁정을 한

바퀴 돌았다. 정중부는 중앙으로 나와 임금께 재배를 오리고 서서히 물러났다. 정중부가 물러서며 뒤돌아설 때 난데없이 일진광풍이 불어와 켜놓은 촛불이 일제히 꺼졌다. 한참 흥겹게 놀다가 촛불이 꺼지자 사람들은 촛불을 가져오려고 몰려나갔다.

수많은 관중 가운데 김부식의 아들 김돈중金敦仲은 정중부의 행동을 유심히 살폈다. 그가 청년 무관으로서 관중들에게 인기가 있는 것이 눈에 거슬렸다. 김돈중은 궁녀들이 촛불을 가져오는 것을 한 자루 얻어 정중부가 서 있는 곳을 지나며 일부러 정중부의 위엄을 상징하는 수염에 촛불을 대었다. '뿌지직' 소리를 내며 정중부의 수염이 타서 오그라들고 노린내를 풍겼다.

"어이 뜨거워!"

정중부는 소리를 지르며 수염에 붙은 불을 손바닥으로 문질러 껐다.

"어느 놈이냐! 수염에 고의로 불을 지른 놈이 어느 놈이냔 말이다!"

옆에 서 있던 김돈중이 받아쳤다.

"네놈의 수염에 불을 댄 것은 나다. 무관 따위가 아니꼽게 수염을 기르다니 건방지구나!"

"뭐 어째? 이 고얀 놈아!"

정중부는 김돈중에게 따귀를 한 대 올려붙였다. 김돈중은 맥없이 쓰러졌다.

"무관 놈이 감히 어전에서 시위하는 문관의 따귀를 때리다니, 네가 이러고도 무사할 것 같으냐!"

"이놈아, 네놈이 가만히 있는데 내가 따귀를 갈겼느냐. 건방진 놈 같으니라구."

싸움이 커질 것 같아 여러 사람이 뜯어말렸다. 이 광경을 보고 화가 머리 끝까지 뻗친 사람은 김돈중의 아버지 김부식이었다. 김부식은 나례 행사가 끝나는 대로 어전에 나가 정중부의 처벌을 청했다.

"폐하, 신의 아들 돈중은 대과에 급제하여 폐하의 좌우에서 조석으로 모시고 있는 내시원內侍院 관원이옵나이다. 오늘 일개 무관인 견룡대정 정중부에게 심한 모욕을 당했나이다. 폐하, 정중부를 엄한 벌로 다스리 시오소서."

인종은 다소 의외라는 듯이 물었다.

"무슨 벌을 내리라는 것이오? 나례 때 일어난 사소한 일을 어찌 추궁 하란 말이오?"

"폐하, 정중부의 행패는 무신이 문신을 낮춰보고 한 짓이나이다. 정 중부에게 벌을 내리지 않으시오면 나라의 기강이 무너지리라 생각되옵 니다. 통촉하여 주시오소서."

인종은 옆에 있는 태자에게 눈짓하여 정중부를 밖으로 데리고 나가 라고 했다. 태자는 눈치를 채고 정중부를 데리고 밖으로 나가 동궁으로 갔다.

김부식은 임금과 태자가 정중부를 감싸고 도는 것을 보고 슬그머니 물러났다.

정중부는 동궁에서 태자에게 위로를 받았다.

"견룡대정 그대의 오늘 잡희雜戱는 일품이었소이다."

"태자 저하, 부끄럽사옵나이다. 일찍이 고향 해주에 있을 때 최홍재崔 弘宰 재상댁의 하인배와 친하여 서울로 올라온 후 최 재상 댁에 있다가 공학금군控鶴禁軍으로 처음 궁궐에 들어온 천한 무관이나이다. 칭찬해주 시니 황공하나이다."

"그 훌륭한 재주는 어디서 배웠소?"

"고향에서 배웠나이다."

"여러 해 궁중 나례를 보고 또 잡희를 보아왔지만 이번만한 잡희는 없었소이다. 견룡이 꿈틀거리며 궁정을 돌아다니는 광경은 그야말로 살아 있는 용이 내려와 노니는 것 같았소이다. 폐하께서도 매우 만족하 시어 용안에 웃음이 떠나지 않았소이다. 태자로서 부왕의 웃음을 뵈니 진심으로 기뻤소이다."

"태자마마, 너무나 큰 과찬이시옵나이다."

"오늘 김 시중이 그대에게 벌을 주라고 상주하는 것을 폐하께오서 그대의 재주와 인물됨을 아끼시어 벌주지 않도록 하시고 나에게 그대를 위로하라고까지 배려하셨소이다."

"황은이 망극하여이다."

그날 밤, 정중부는 동궁에서 여러 가지 장기를 벌여 태자의 마음을 흡족하게 해주고 그 이튿날 자기의 처소로 돌아왔다.

이 무렵, 고려는 금나라를 상국上國으로 섬긴 후 태평시대를 구가하고 있었다. 나라가 외침을 받을 때에는 무관들의 세월이 좋아 전쟁터에서 공을 세우고 우대받지만, 평화시에는 찬밥 신세가 되는 것이 그들이었다.

정중부는 당장 달려가 김부식 부자를 요절내고 싶었으나 세력 없는 일개 무관의 비애를 뼈저리게 곱씹어야 했다. 정중부는 속으로 이를 갈았다.

"문관놈들 어디 두고 보자. 너희가 임금 주위에서 알랑거리며 권세를 누리고 있다만, 김돈중 네가 내 수염을 태운 일을 결코 잊지 않겠다. 내게도 좋은 세월이 올 것이다. 그때 꼭 원수를 갚으리라. 기다려라. 나약한 문관들아 이 정부가 너희의 허약한 콧대를 눌러버릴 것이니라. 지금은 어쩔 수 없구나. 무식하고 힘만 센 무관들이 권력이 없으니 어찌할꼬. 허나 세월은 기다리는 자의 것이니라. 어디 두고 보자!"

정중부는 오늘의 모욕을 문관들에게 철저하게 되돌려주리라 마음속으로 다짐했다. 이날의 다짐이 뒷날 무신의 난을 일으키는 뿌리가 되었다.

의종시대 (1146~1170)

⊙ 경박하고 방종한 임금

인종이 재위 24년, 38세로 타계하자 20세의 태자가 뒤를 이었다. 고려 제18대 의종毅宗이다. 의종은 인종의 맏아들로 공예왕후 임씨의 소생이다. 초명은 철徹, 이름은 현睍, 자는 일승日升이다.

아버지 인종은 자신이 세상 물정을 너무 몰라 받은 손해를 아들에게 물려주지 않아야겠다는 각오로 원로 대신급에서 태자의 사부師傅를 정했다. 태자의 사부로 정습명鄭襲明이 발탁되었다. 태자는 총명하여 글도 잘하고 시문에도 남다른 재주가 있었으나, 놀이와 연회를 자주 즐기는 것이 큰 흠이었다.

의종 재위 24년간은 평화로운 시대였다. 금나라는 동방의 요순堯舜이라고 불리는 세종이 다스렸고, 송나라는 효종이 다스렸다. 고려는 두 나라와 교역하면서 윤택한 나라가 되어갔다.

의종이 즉위한 이듬해인 1147년 4월부터 외제석원外帝釋院에 거둥했는데, 이때부터 사원에 나가 노는 일이 해를 거듭할수록 잦아졌다.

의종이 유혹에 약한 것을 가장 많이 걱정한 이는 어머니 임태후任太后

와 태자의 스승이었던 추밀원지주사 정습명이었다. 임태후는 의종이 태자 시절 그의 사람됨을 염려하여 둘째 왕자 대녕후 경을 임금으로 은근히 마음에 두기까지 했다. 그러나 태자 시독관으로 있던 정습명이 인종에게 태자를 강력히 추천했다.

"폐하, 비록 경박한 인물일지라도 잘 지도·교화하면 선군善君이 될 수 있나이다."

인종은 태자의 인물됨을 탐탁지 않게 여기고 있었으나 정습명의 청을 거절하지 않았다.

"경이 잘 지도해주시오."

태자는 한번 놀이에 빠지면 아무리 말려도 듣지 않았다. 정습명은 후회하고 있었으나 이미 때는 늦어버렸다. 허송세월을 보내다가 인종이 세상을 떠나자 태자가 자연스레 대를 이었다.

의종은 외제석원을 비롯하여 궁궐 안의 명인전에서 불교행사를 하고, 영통사·법왕사·봉은사·보현원 등지로 날마다 간신·잡배들과 함께 나아가 불교 행사에 심취했다. 보다 못한 정습명이 간했다.

"폐하, 불교 행사를 삼가소서. 폐하의 일거수일투족을 만백성이 주시하고 있나이다. 더구나 대행왕께서 승하하신 지 몇 해 되지 않았사온데 벌써 칙서를 잊으셨단 말씀이옵나이까? 태후마마께오서 걱정이 많으셔서 잠을 제대로 이루지 못하시나이다."

"경은 무슨 말을 하는 게요! 태후마마께오서는 짐을 폐태자하려고 했소이다. 헌데 무슨 염려가 있으시다는 게요! 그렇게 정 못마땅하시다면 다른 왕자에게 나랏일을 맡기라 하시오!"

정습명은 기가 막혀 말문을 닫아버렸다.

태후는 이 말을 전해듣고 맨발로 전각 아래로 뛰어내려오면서 하늘을 향해 재배하고, 어서 자기를 하늘나라로 데려가라며 통곡을 터뜨렸다.

정습명이 의종에게 태후를 부축하라고 청했다. 의종은 마지못해 섬돌 아래로 내려서 태후를 부축했다. 그때 천둥번개 소리가 귀청을 뚫고 번갯불이 번쩍거리며 장대비가 쏟아졌다.

의종은 얼떨결에 옥좌로 향했다. 그러자 이번에는 안으로 벼락치는 소리가 요란했다. 의종은 혼비백산하여 태후의 치마폭으로 기어들었다.

정습명은 별감에게 태후와 임금을 다른 전각으로 모시도록 일렀다. 이 소동이 있은 후 의종은 태후에 대한 의심을 다소 풀었다.

의종은 격구를 불교 행사 못지않게 즐겼다. 어느 날 왕이 서루西樓에서 격구를 관람하고 있는데 뇌성벽력과 함께 우박이 쏟아졌다. 이에 태사太史가 말했다.

"양이 약하고 음기가 역逆하기 때문에 우렛소리가 발하는 것이오니 반드시 숨은 음모가 있나이다. 포악한 자를 물리치고 노약老弱을 붙들어 현량賢良한 사람을 쓰면 구할 수 있나이다."

의종은 묵묵부답이었다. 그러나 태사의 말을 믿고 친히 노인과 효자 · 순손 · 절부 · 의부義夫 등을 격구장으로 초대하여 음식을 대접하고, 환과고독鰥寡孤獨(홀아비 · 과부 · 고아 · 늙어서 자식 없는 사람)과 폐질자廢疾者에게도 물품을 하사하고 위로했다.

의종은 남의 말을 잘 믿고 따르는 성격이었다. 임금이 경박하다는 평은 그 주변의 간신 · 잡배들을 물리치지 않고 그들에게 귀를 기울인 탓이었다.

의종 2년 8월, 임금은 최단崔端의 딸을 왕후로 맞았다. 이후 날로 의종의 순유와 행차가 빈번해지자, 어사대 관원들이 합문에 엎드려 간하기를 무려 사흘간 계속했다. 이런 일이 있은 후 의종은 얼마 동안 새로운 마음가짐으로 나랏일을 돌보았다. 그러나 작심삼일이었다. 의종은 서루에 나가 격구 · 말타기 · 잡희 · 희마戲馬를 즐기고, 지문하성사 최유청, 어사대부 문공원 등을 불러 술을 하사했다. 정습명도 왕식 · 고조기 등과 어울려 가끔 격구를 관람했다.

의종 5년 2월, 문하시중 김부식이 세상을 떠나고 3월에는 정습명마저 눈을 감았다. 정습명은 영일현 사람으로 재주가 뛰어나고 학문에 힘써 문장이 능하고 성격이 쾌활했다. 그는 인종의 고명을 받아 의종을 바른 길로 인도하려고 애썼다. 임금이 꺼리는 김돈중·정함 등은 정습명을 늘 헐뜯었다.

정습명이 병으로 병가를 청하자 김돈중이 정습명의 일을 맡았다. 정습명은 의종의 의중을 헤아리고 약을 먹지 않고 세상을 떠났다.

의종이 어느 날 정신을 차리고 언관들에게 말했다.

"이제부터 날마다 조회를 하고자 하노라. 그러니 서로 무릎을 맞대고 간쟁하는 일은 삼갈지어다."

이후부터 언관들은 의종에게 간하지 않았다.

정습명이 세상을 떠나자 환관 정함이 내시원 서두西頭 공봉관供奉官으로 있다가, 갑자기 하루아침에 권지합문지후權知閤門祗候가 되었다. 뿐만 아니라 고급 호화주택인 갑제일구甲第一句를 주어 간신奸臣이 부귀영화를 누리게 되었다. 일개 환관이 임금의 총애를 입어 정권을 틀어쥐게 된 것이다.

의종 5년 4월, 임금은 왕비 왕씨를 봉하여 흥덕궁주興德宮主로 삼고 잔치를 벌이려고 시신侍臣들을 한자리에 불러모았다. 간의諫議 왕식은 정함이 먼저 와서 서대犀帶를 띠고 앉아 있는 것을 보고 불쾌하게 여긴 나머지 대원臺員에게 불호령을 내렸다.

"대관臺官들은 도대체 눈이 있는가 없는가! 일개 환관이 서각띠를 띠었어도 보고만 있단 말인가!"

어사잡단御史雜端 이작승이 안색이 변하여 대거리했다.

"그대는 내가 어찌할지 안다는 말이오?"

이작승은 이빈을 시켜 서각대를 가져오게 했다. 정함은 임금에게 하사받은 것이라며 끌러주지 않자 이빈이 강제로 빼앗았다.

정함은 이 일을 즉시 의종에게 알렸다. 의종은 크게 화가 나서 이윤성에게 명하여 이빈을 잡아오도록 했다. 이빈은 대臺의 문안으로 달아났다. 이윤성은 다른 대리臺吏 민효정을 잡아다가 궁성소宮城所에 가두었다.

의종은 심히 불쾌하여 잔치마저 파하고, 즉시 띠고 있던 서대를 정함에게 하사하고 민효정을 형부의 옥에 감금했다.

대관은 의종의 노기가 가시지 않은 것을 알고 이빈이 갖고 있던 띠를 내시원으로 돌려보냈다. 내시집사 한유공이 물리쳤다.

"이미 빼앗아갔거늘 이제 와서 왜 돌려주느냐!"

서대는 여러 차례 왔다갔다한 뒤에야 접수되었다.

대간이 합문에 엎드려 이윤성 등을 탄핵했다. 의종은 두문불출하고 들은 체도 하지 않았다. 대간들이 물러서지 않고 계속하여 탄핵하자 의종은 그제서야 이윤성 · 한유공 등 5명을 축출했다.

이런 일이 있은 후 어사대에서는 화가 나서 환관을 탄핵했으나 의종은 듣지 않았다. 분개한 대간들이 조정에 나오지 않았다. 의종은 그들을 불러 말했다.

"정함의 권서합문지후의 직함을 도로 거두었노라."

대관들은 그제서야 화를 풀었다.

정함은 대관들을 일망타진할 계략을 생각했다. 그래야만 직성이 풀릴 것 같았다. 그는 부하 정수개鄭壽開를 시켜 대성臺省과 이빈이 임금을 원망하고 임금의 동생 대녕후 경과 단짝이 되어 장차 반란을 일으키려고 암암리에 획책한다고 무고했지만 허위로 드러났다.

정함을 비롯해 환관들은 권력의 맛을 본 후 권력을 쥐기 위해 수단방법을 가리지 않았다. 이들 환관들의 발호로 고려 조정은 부패하고 무능해졌다. 이 무능한 조정을 나중에 무사들이 들고일어나 휩쓸어버리는, 무신의 난이 일어나게 된다.

⊙ 다래의 기원

의종은 개성 산성 남문 밖에 있는 현화사玄化寺 근처 청녕재淸寧齋 남쪽 모퉁이에 새로 정자각丁字閣을 세우고 중미정衆美亭이라 이름붙였다. 정자 앞으로 흐르는 물을 흙과 돌로 막아 물이 고이게 한 다음 언덕 위에 짚으로 지은 정자를 하나 더 세워 운치의 조화를 이루었다. 그리고 정자 앞뒤 갈대밭에 오리와 기러기가 섞여 놀게 했다.

의종은 고인 물에 조각배를 띄우고 동자에게 고기잡이 노래를 부르게 하고 흥겹게 놀았다. 임금은 재미있게 놀 수 있었지만, 이 정자를 세우면서 백성들은 눈물겨운 일을 당해야만 했다.

중미정을 세울 때 성 안의 백성들을 불러 사역을 시켰다. 백성들은 자기들의 식량으로 밥을 지어먹고 고된 일을 하느라고 등골이 빠졌다. 수십 명의 사역꾼이 괴로움을 참아내며 나라의 명령을 수행하고 있었다.

사역꾼 가운데 유난히 마르고 얼굴에 늘 근심이 떠나지 않는 사람이 하나 있었다. 끼니때가 되어 다른 사역꾼들은 밥을 짓고 있었지만 이 사람은 밥을 지을 양식이 없어 언덕 뒤 사람이 보이지 않는 곳으로 가서 고픈 배를 움켜쥐고 고통을 참아냈다. 그러나 이런 짓도 한두 번이었다. 다른 사역꾼들이 그의 딱한 사정을 알고 끼니때가 되면 십시일반으로 밥을 모아 그 사람에게 주었다.

그리하여 그 사람은 굶지 않고 일할 수 있었지만 마음이 편치 않았다. 집에는 늙은 어머니와 아내, 그리고 어린 자식이 자기만을 기다리며 배를 곯고 있었다. 그 생각을 하면 동냥밥이 목구멍으로 넘어가지 않았다. 그는 눈물이 나서 남이 볼까 봐 얼굴을 숙여버렸다.

다른 사역꾼들은 기왕에 끌려온 이상 즐겁게 일하자며 콧노래를 부르기도 하고 농담을 주고받으며 웃을 때도 있었다. 그 사역꾼만이 아픈 마음을 달랠 길 없어 한숨으로 노래를 대신했다.

하루종일 일을 하고 사역꾼들은 깊은 잠에 빠져들었으나 그는 집안 걱정에 잠을 이루지 못했다.

어느 날 점심때가 되어 사역꾼들이 점심 준비를 서두르고 있었다. 그때 한 아낙이 일터에 와서 그 사내를 찾았다. 사내는 아내를 보고 달려가 부둥켜안았다.

"여보, 여기까지 웬일이우? 집에 무슨 일이 생긴 것이오?"

"아닙니다. 집에는 아무 일도 없사옵니다."

"그동안 어머님 모시고 얼마나 고생이 많으오? 어린 자식은 밥 달라 울 테고… 이 역사가 빨리 끝나야 몇 푼이라도 벌어 입에 풀칠이라도 할 터인데 걱정이오."

사내는 아내가 가지고 온 음식 목판에 눈이 갔다.

"저것이 무엇이오?"

아내가 싱긋 웃고 말했다.

"오늘은 제가 손수 밥을 지어 왔사옵니다. 고기 반찬도 마련해왔으니 한 끼 식사나마 든든하게 잡수시지요."

사내는 말문이 막혔다. 무슨 수로 고기 반찬에 밥을 지어왔는지 도무지 알 길이 없었다.

"소문에 날마다 다른 사역꾼들의 신세를 진다 하기에 부족하나마 도와주신 분들과 한 술씩 나누어 드시라고 소찬을 마련해왔사옵니다."

"부인, 알 수 없는 일이오. 내가 벌이를 해도 입에 풀칠하기가 어렵거늘 당신이 무슨 수로 고기 반찬에 밥이란 말이오?"

"서방님, 밥을 보고 화를 내면 복이 달아난다 하였습니다. 정성껏 마련해온 것이니 기쁜 마음으로 드시오소서."

"바른대로 말하시오! 나는 굶어죽으면 죽었지 부정한 음식을 먹을 수는 없소이다. 바른대로 말하시오!"

"당신을 사역꾼으로 보내고 낮이나 밤이나 한 끼 밥도 해드리지 못해 눈물과 탄식으로 보냈습니다. 부정한 음식이 아니니 저의 성의를 봐서 달게 잡수소서."

"내가 없는 사이에 어느 놈과 붙었느냐 말이야! 어서 이실직고하지 못할까!"

사내는 독이 올라 아내를 쏘아보았다. 아내는 그제야 남편이 왜 이러는지 눈치를 채고 정색을 하고 말했다.

"서방님, 제가 절세미인으로 보이십니까? 이토록 추한 얼굴을 어느 사내가 탐하겠습니까. 또한 용렬한 내가 어디 가서 도둑질을 했겠습니까? 의심하지 마소서."

"그러니 하는 말이 아닌가! 도대체 이것을 어떻게 마련해왔느냐 그 말이오."

"서방님의 화를 풀어드리리다. 자, 보소서."

아내는 머리에 쓰고 있던 수건을 벗었다. 삼단 같던 머리가 싹둑 잘려 있었다. 그제야 사내는 알아차리고 목이 메었다.

"서방님에게 이 모습만은 보이고 싶지 않았는데 서방님이 의심하시니 어쩔 수가 없구려. 용서해주소서."

사내는 아내 앞에 쓰러지며 통곡을 터뜨렸다. 아내가 눈물을 닦고 말했다.

"어서 식사나 하세요. 시장하시겠어요. 이까짓 머리야 자라면 그만 아니겠어요?"

사내의 통곡에 사역꾼들도 눈물을 감추지 못했다. 아내가 남편에게 나무 수저를 쥐어주며 속삭였다.

"다래 값으로 겨우 이것밖에 준비하지 못했어요. 어서 드세요."

이때부터 다래가 생겨났다. 가난한 아내가 머리를 자른 다래를 팔아 남편과 부모를 봉양하는 사례가 이날 이후부터 전국으로 퍼졌다.

⊙ 정중부, 칼을 뽑다

의종의 놀이 행차는 해를 거듭할수록 심해졌다. 임금의 경박하고 호기심 많은 성격에도 원인이 있었으나, 아첨배들의 부추김도 크게 작용했다. 금나라 사신 도선희정이 양羊 3,000마리를 선물로 가져왔다. 그

가운데 양 한 마리가 뿔이 4개 달려 있었다. 추밀사 이공승은 매우 상서롭고 진귀한 짐승이라 하여 표를 올려 하례했다. 그 당시 정신이 제대로 박힌 사람들은 아첨 잘하는 이들을 '사각승선四角承宣'이라고 조롱했다.

조정은 아첨배와 간신배로 채워졌다. 보현원普賢院 근처에서는 이런 동요가 떠돌았다.

어디가 보현원인고
임금을 따라가면 죄다 도살되리

의종은 곧잘 보현원 놀이를 즐겼다. 의종 24년 정월 초, 임금은 영통사에서 화엄회를 베풀고 친히 불소佛疏를 지어 문신들에게 보였다. 이에 백관들이 표를 올려 하례했다.

며칠 후 환궁한 의종은 왕씨들에게 명하여 광화문廣化門 좌우 낭사郎舍에 채색 비단으로 막을 치고, 관현방管絃房과 대악서大樂署에서 채붕을 매고 여러 가지 흥미로운 놀이를 베풀며 거가車駕를 맞도록 했다. 그 기묘하고 화려함이 단전에 비할 바가 아니었다.

그해 2월, 의종은 연복정延福亭에 행차하여 평장사 허홍재許洪材, 어사대부 이복기李復基, 기거주 한뇌韓賴 등을 불러 배를 띄우고 해가 기울도록 맘껏 마시고 놀다가 화평재和平齋에 머물렀다.

3월, 어느 날 밤에 의종은 꿈을 꾸었다. 서강에 놀러 가려는데 한 부인이 문에 서서 말했다.

"폐하께서 서강에 행차하시려거든 5월을 택하셔야 하나이다."

남의 말을 잘 듣는 의종은 꿈속 여자의 말을 믿고 서경 나들이를 취소해버렸다.

그뒤 서강에 나가 허홍재·이복기·한뇌·김돈중 등과 더불어 배를 띄우고 소연을 베풀고, 밤에는 경치 좋은 현화사로 옮기는데 가는 길에 큰 비를 만나 말에 채찍질을 가했다.

의종은 좌천되어 지방으로 내려간 충신 문극겸文克謙을 조정으로 불러들여 전중내급사殿中內給事를 제수했다. 문극겸은 바른말을 서슴지 않고 내뱉는 성격이어서, 한때 황주판관으로 밀려났다가 얼마 후 경미한 사건에 연루되어 그 직마저 물러났다. 의종은 문극겸의 충언을 고맙게 생각하고 진주판관을 시켰다. 그러자 조정에서 문극겸에 대한 좋은 공론이 돌았다.

"문극겸은 올곧은 신하다. 그를 강등시켜 지방으로 보내 언로를 막는 일은 온당한 처사가 아니다."

그리하여 의종은 공론에 따라 문극겸을 다시 조정으로 불러들인 것이었다. 그러나 의종은 바른말 하는 신하를 좋아하지 않았다. 아첨배들의 말이 귀에 익어 그들의 말은 팥으로 메주를 쑨다 해도 곧이듣고 총애했다.

의종은 화평재에 자주 나갔다. 임금은 아무 때나 나가 조용하고 경치좋은 곳에서 행차를 멈추고, 총애하는 문신들과 술을 마시고 시를 읊으며 환궁할 줄을 몰랐다. 임금을 호종하는 장수들은 지루하고 피곤했다. 그리하여 이따금 불평 소리가 들렸다.

장수들은 마음속으로 문신들을 숭배하고 무신들을 억누르는 의종에게 좋지 않은 감정을 품고 있었다. 그들은 암암리에 임금과 문신들을 혼내줄 기회를 노리고 있었다. 특히 정중부 · 이의방李義方 · 이고李高 등의 불평이 컸다.

의종을 수행하던 정중부가 소변을 보러간 사이에 견룡행수牽龍行首 산원散員 이의방과 이고가 따라나와 조심스럽게 말했다.

"정 대장군, 오늘날 문신들은 자기네 세상이라고 저 모양들이오. 꼴보기 싫어 살 수 있겠소이까?"

이의방과 이고는 대장군 정중부의 마음을 떠보려는 수작이었다.

"그대들도 그리 생각하는가?"

"문신들은 취하도록 마시고 신나게 노는데 우리 무신들은 찬밥 신세이니 성인군자라도 참지 못할 일이외다."

정중부는 동지들을 만나 내심 기뻤다. 그는 김돈중이 자신의 수염을 태운 일을 똑똑히 기억하고 있었다. 그때 망신당한 걸 생각하면 아직도 분이 풀리지 않았다.

"나도 그리 생각하네."

"무슨 수를 써야 되지 않겠소이까? 언제까지 이 따위 수모를 당해야 하나이까?"

"이대로 갈 수는 없지. 조만간 요절을 내야겠지."

이들은 자연스럽게 의기투합하여 반란을 획책하게 되었다.

의종 24년 5월, 임금은 화평재에서 문신들에게 연회를 베풀어 밤늦게까지 노래를 부르고 내관 황문장黃文莊에게 붓을 잡도록 명했다.

"군신이 성덕을 찬양하여 이르기를 태평성대에 글을 애호하는 임금(태평호문지왕太平好文之王)이라 했다."

의종은 글을 좋아하고 경박하여 그의 유흥은 운치보다는 광기에 가까웠다. 임금은 밤에 연복정으로 나가 배를 띄우고 아첨배들과 유흥에 빠져 정신이 없었다.

의종은 염현사念賢寺로 처소를 옮겼다. 임금의 행차가 출발하기 직전 이복기·허홍재·한뇌 등과 배에 술상을 차려놓고 군신이 동락하는 모범을 보이기까지 했다. 김돈중이 어전에 나가 눈치를 살피며 말했다.

"폐하, 호종하는 군졸들은 아침부터 밤늦게까지 모두 배를 곯고 극심한 피로에 지쳐 있사온데, 폐하께오서는 어찌하여 시간 가는 줄 모르고 놀이에만 골몰하고 계시나이까? 하옵고 밤도 깊어가는데 무엇을 보시겠다고 여기에 오래 머물고 계시나이까?"

의종은 내심 불쾌했으나 거가의 출발을 명했다. 이미 먼동이 트기 시작할 무렵이었다.

그러나 임금은 내시 전중감殿中監 김천金闡에게 명하여 연복정에 크게 잔치를 베풀고 문신들과 더불어 배를 타고 연회를 마음껏 즐겼다. 밤새도록 마셔대어 문신들은 눈도 제대로 뜨지 못하고 혀 꼬부라진 소리를 냈다.

다음날도 연복정에 행차했다. 아첨배들이 물건 한 가지씩을 가지고 나와 상서로운 것이라고 자랑을 늘어놓았다. 어떤 이는 다북쑥 세 줄기가 정자에 난 것을 보고 '틀림없는 서초瑞草'라고 아첨을 떨었다. 내시 황문장은 물가의 새를 가리키며 '현학玄鶴이니 길조'라며 시를 지어 찬미하기도 했다. 아첨배들은 유흥장에서 임금의 총애를 받으려고 온갖 재주를 다 부렸다.

의종은 황문장의 시에 화답하고 그를 정언正言으로 임명하려다가, 나이가 너무 젊어 국사박사직 한림원으로 임명했다. 아첨만 잘 떨면 신분에 상관없이 출세길이 열린 이상한 시절이었다.

의종은 허재홍·이복기·한뇌 들과 어울려 보현원 남쪽 시내에 배를 띄우고 술자리를 베풀어 시를 읊고 박장대소를 터뜨리며 괴상한 놀이를 즐겼다.

이복기가 의복 등 완호품玩好品을 바치자 의종은 매우 기뻐하며 말했다.

"경이 짐을 사랑하고 위하는 충정을 누가 감히 따르리오."

"황은이 망극하여이다."

이복기는 몸 둘 바를 모르는 표정을 지었다.

그해 8월, 연복정 남천南川의 제방이 무너져 이를 보수하기 위해 또다시 많은 군졸이 동원되었다. 임금을 원망하는 소리가 드높아갔다. 그래도 임금은 8월 말경 경치 좋은 산사로 나갔다.

의종은 연복정을 거쳐 흥왕사興王寺로 갔다. 아첨배들이 임금이 정사를 돌보지 못하게끔 유흥을 부추겼다. 아첨배들은 오만불손하기까지 했다. 술만 취하면 무신들을 업신여기고 함부로 대했다.

이날 정중부가 이의방·이고에게 말했다.

"더 이상 못 참겠소이다. 이제 거사할 단계에 온 것이오."

"그렇소이다."

"임금이 만약 곧바로 환궁한다면 아직은 참고 대세를 관망해야 하오. 그렇지 않고 보현원으로 옮겨간다면 때를 놓쳐서는 아니 되오."

"좋습니다. 이대로 당할 수만은 없소이다."

그들은 임금이 보현원으로 옮겨가면 그때 거사하기로 계획을 짰다.

다음날, 의종은 보현원에 행차하려고 오문五門 앞에 이르러 내관을 불러 술을 따르도록 했다. 잔을 서로 돌리며 거나하게 취해갔다. 아첨배들은 술이 취하자 의종에게 즐거운 놀이를 하라고 졸라댔다. 의종은 좌우를 둘러보며 호기롭게 명했다.

"넓찍하고 좋은 곳이로다! 오늘 우리 무사들의 군사 조련이나 구경할까 하노라!"

무신들은 적의에 차 있었다. 무신들이 광대놀이처럼 병사들을 조련하면 문신들은 시시덕거리며 술잔을 기울일 것이었다.

"오병수박희五兵手博戲를 시키도록 하라!"

의종은 무신들에게 크게 인심이나 쓰듯 영을 내렸다. 의종도 무신들의 불만을 어느 정도 알고 있었다. 그리하여 무신들을 위로하고 상을 후하게 내릴 작정이었다. 임금의 마음을 읽은 한뇌는 무신들이 총애를 받을까 봐 시기심이 일었다.

무신들은 불평이 가득한데도 오늘이야말로 한바탕 잘 놀고 마음껏 마셔보자는 생각이었다. 오병수박희는 서로 붙들고 잡아당기며 상대를 넘어뜨리는 경기로 18기법의 하나였다.

대장군 이소응은 50세가 넘었으나 아직도 젊은이들을 당해낼 패기와 기운이 있었다. 그는 여진을 물리친 전쟁 영웅이었다. 이소응과 젊은 장수가 맞붙었다. 이소응은 젊은이를 단숨에 무너뜨릴 기세였으나 마음대로 되지 않았다. 그는 보기 좋게 패하고 말았다. 그는 낯을 들 수가 없어 슬그머니 자리를 피하려고 했다. 이를 본 한뇌가 이소응을 붙잡고 시비를 걸었다.

"이 늙다리 장수야! 아무리 늙었기로소니 애숭이한테 진다는 말이더냐! 너희는 국고를 축내는 버러지들이다!"

한뇌가 이소응의 뺨을 철썩 갈겼다. 이소응은 여러 사람 앞에서 뺨을 맞고 그 자리에 쓰러져버렸다. 이를 본 의종과 문신들이 배꼽을 잡고 웃었다.

"저런 것이 장군이라고?"

"전쟁 영웅이라더니 헛소문이었구먼."

문신들이 야유를 퍼부었다. 무신들은 속으로 이를 갈았다.

이복기·임종식도 목소리를 높여 한마디씩 했다.

"이소응아, 일어나라! 옛날의 그 기백은 어디에 두고 왔느냐!"

"저런 자가 대장군이라니, 한심하구나."

장내에 긴장감이 돌았다. 화를 참느라고 이를 뿌드득 가는 장수도 있었다.

정중부의 안색이 푸르락붉으락했고, 함께 있던 김광미·양숙·진준 등도 어찌할 바를 모르고 주먹을 불끈 쥐었다.

"더는 참을 수 없다. 이참에 문신놈들을 싹 쓸어버리자."

무신들은 속으로 굳게 다짐했다.

정중부는 인내의 한계를 느끼고 한뇌에게 가까이 다가가 큰소리로 꾸짖었다.

"네 이노옴! 이소응이 비록 무관이지만 정3품이거늘 네가 어찌 이리도 무례하단 말이냐! 이 천하에 몹쓸 놈아!"

사태가 심상치 않게 돌아가자 의종이 자리를 털고 일어나 정중부에게 다가가 손을 잡았다.

"장군, 진정하오. 무신들을 위해 베푼 자리인데 왜 이다지도 화를 내는 것이오."

의종은 한뇌를 불러 정중부의 손을 잡게 했다.

"두 사람은 화해하시오!"

이때 이고가 칼집에 손을 대고 정중부에게 눈짓을 했다. 당장 거사를 하자는 신호였다. 정중부는 지금은 아니라고 고개를 가볍게 저었다. 장내의 긴장이 다소 풀렸다. 그러나 무신들 가슴 속의 앙금은 풀어지지 않았다.

의종은 흥이 깨져 환궁하지 않고 보현원으로 행차했다. 오문에서 보현원까지의 거리는 꽤 멀었다. 앞에 선발대가 서고 가운데는 임금의 연(輦)이 따라가고 뒤를 문신들이 수레를 타고 따르고 그뒤를 정중부 등이 따랐다.

정중부는 이고와 이의방에게 속삭였다.

"우리의 계획대로 되어가오. 조정을 더 이상 썩어빠진 문신들에게 맡겨둘 수 없소이다. 그대들은 임금의 행차가 보현원에 닿거든 지름길로 먼저 가서 오늘 수행하는 문신놈들의 목을 모조리 자르라!"

"장군, 명령 받들겠나이다."

이의방과 이고는 지름길로 말을 달려 보현원에서 임금의 행차를 기다렸다.

가을 해가 서산으로 기울 무렵, 의종의 행차가 보현원에 닿았다.

먼저 도착한 이의방과 이고는 임금의 명을 사칭하고 순검군을 모았다. 의종이 막 보현원 문으로 들어갔다. 뒤따르던 문신이 문으로 들어가려고 했다. 이복기와 임종식의 얼굴이 먼저 눈에 띄었다. 이의방과 이고가 단칼에 그들의 목을 베어버렸다. 드디어 무신의 난이 일어난 것이다.

좌승선 김돈중은 난리가 난 것을 알아차리고 중도에서 거짓으로 취한 체하다가 부러 말에서 떨어져 줄행랑을 놓았다. 한뇌는 친한 내관의 도움으로 보현원 안으로 들어가 급한 김에 임금의 침상 밑으로 기어들었다.

의종이 대경실색하여 환관 왕광휘에게 무신들의 폭거를 중지하라고 명했다. 그러나 어명을 듣기에는 그들이 품은 원한의 골이 너무 깊었다.

오히려 정중부가 임금에게 압력을 넣었다.

"폐하, 화의 근원이 된 한뇌가 폐하의 곁에 있사오니 내보내주시오소서."

"장군! 이 어찌 무엄한 짓이오? 폭거를 멈추시오!"

"한뇌를 내보내시오! 그렇지 않으면 무신들이 무슨 일을 저지를지 모르오이다."

사태가 급박하게 돌아갔다. 의종은 한뇌를 보호해줄 상황이 아님을 깨달았다. 자기 자신의 권한도 위태로워지고 있었다. 한뇌는 살기 위해 임금의 곤룡포를 입고 의종에게 살려달라고 매달렸다.

이고가 들어와 한뇌에게 칼을 들이댔다.

"순순히 밖으로 나가자!"

"제발 살려주소서!"

"살리든 죽이든 밖으로 나가잔 말이다!"

한뇌는 의종에게 애원의 시선을 보냈다. 의종은 그 시선을 외면했다.

한뇌가 방 밖으로 나왔다. 이고는 짬을 주지 않고 단칼에 목을 쳐버렸다.

김석재가 이 광경을 보고 이의방에게 항의했다.

"이고가 저래도 되는 겝니까?"

이의방이 눈을 부릅뜨며 쏘아붙였다.

"어쨌다는 게야! 살고 싶으면 입 다물고 있으라!"

무신들이 칼을 빼자 문신들은 고양이 앞의 쥐였다. 임금을 호종하던 많은 측근들의 목이 떨어졌다. 이세통·이당주·김기신·유익겸·김자기·허자단 등이 현장에서 목숨을 잃었다.

거사 전에 정중부·이의방·이고는 암호를 정했다.

"우리는 오른쪽 어깨를 벗고 머리에 쓴 복두를 벗는 것으로 표시 삼아 그러지 않은 자는 모조리 닥치는 대로 죽이자!"

그리하여 무신일라도 미처 이 암호를 알지 못해 억울한 죽음을 당한 자들도 상당수였다. 문신들의 죽음은 이루 말할 수 없었다.

의종은 이들의 눈치를 볼 수밖에 없었다. 무신들에게 칼을 하사하는 등 회유책에 나섰으나, 이미 그들의 마음은 의종에게서 떠나 있었다.

정중부는 김돈중이 반란을 미리 알아차리고 중도에 도망친 사실을 뒤늦게 알고 분통이 터져 숨을 몰아쉬었다. 그러면서 한편으로는 은근히 걱정이 되기도 했다.

김돈중이 성 안에 들어가 태자의 영을 받들어 성문을 굳게 닫아걸고 강력하게 저항하면서 반란군들을 진압한다면 정중부 등이 개죽음을 당할 수도 있었다.

"장차 이 일을 어찌하면 좋은가?"

정중부가 한숨을 쉬며 물었다. 이의방이 자신 있게 말했다.

"만에 하나 우리에게 불리한 일이 생긴다면 남해로 피신하거나 북쪽 오랑캐에게 투항하여 위기를 극복한 후에 다시 도모하면 되오이다."

"최악의 경우에는 그리 되겠지."

정중부는 발빠른 세작(첩자)을 보내 성 안의 정세를 탐색해오도록 했다. 세작이 밤중에 몰래 성 안에 들어가 김돈중의 집에 잠입하여 엿보았다. 인기척 하나 없이 고요했다. 세작이 김돈중의 대문을 두드렸다. 종자가 나와 대문을 열고 물었다.

"뉘시오?"

"대궐에서 나온 환관이오."

"무슨 일이오이까?"

"태자마마의 명을 받고 왔소이다. 좌승선에게 드릴 말씀이 있소이다."

"승선께서 거가를 호종해가신 뒤 아직까지 귀가하지 않으셨나이다."

"오, 그렇사옵니까?"

"소인에게 말씀하시면 전해드리겠나이다."

"그럴 것 없소이다."

세작은 말을 달려 보현원으로 가서 정중부에게 이 사실을 알렸다.

"음, 그 쥐새끼 같은 놈이 집에도 대궐에도 가지 않고 어디에 숨어 있는 모양이군."

정중부는 그제서야 안심하고 반란을 마무리할 수 있었다.

"이제 성공한 것이오."

"대궐은 어찌하고요?"

"글쎄, 이 정중부가 성공했다 하면 된 것이외다."

"대장군! 이러고 있을 때가 아니외다."

"염려할 것 없소이다."

정중부는 이고 등에게 의종을 잘 감시하라 이르고 정예군사를 선발하여 대궐로 달려갔다. 대궐은 평화로웠다. 정중부 일당은 궐내에 숙직하고 있던 문신들을 죄다 목베어 버렸다. 김수장·양순정·음중인·박보륜·최동식·김광 등이 대궐를 지키다가 무참히 목이 달아났다. 이로써 정중부의 난은 성공을 거두고 드디어 무인시대가 열렸다. 이는 의종의 잘못도 크지만 무능하고, 부패한 문신들이 자초한 사건이기도 하다.

◉ 아름다운 부부

아무리 세상이 혼탁하고 천박할지라도 청렴하고 고결한 관리들이 있어서 세상은 살 맛이 나는 것이다. 이러한 정직한 관리는 예나 지금이나 다르지 않고, 역사는 이런 부류에 의해 한 발자국씩 발전해가는 것이다.

고려 인종 5년부터 명종 5년에 걸쳐 벼슬을 지낸 유응규庾應圭는 청렴하고 강직하기로 정평이 나 있었다. 그는 남경(한양) 태수로 있으면서 남경을 잘 다스려 백성의 추앙을 받았다.

이 무렵, 유응규는 정중부 등 무신들의 동태가 심상치 않음을 감지했다. 의종은 대궐을 비우고 놀기에 바쁘고 문신들은 하나같이 썩어빠져 아첨배가 아니면 조정에 설 자리가 없었다. 게다가 문신의 무신들 배척이 심해 무신들은 속으로 복수의 칼을 갈았다. 이러한 때에 유응규 같은 관리가 있었다는 것은 신선한 일이다.

그는 백성의 물건을 티끌 하나 건드리지 않고 자기의 직무에 충실했다. 오로지 백성의 살 길을 보살피고, 부정을 없애는 데 정열을 쏟아부었다.

그가 남경 태수가 되어 내려가자 관속들은 신임태수의 비위를 맞추려고 온갖 짓거리를 다했다. 그 가운데 돈을 바치는 관속이 대부분이었다. 그러나 신임태수는 전임과는 달랐다.

"네가 가져온 것이 무엇이더냐?"

"얼마 되지 않사옵니다. 하오나…."

"알았느니라."

"하오나 사또, 제일 먼저 바치는 진상이옵나이다."

"진상에도 먼저 들어온 것과 나중 들어온 것이 다르다는 말이더냐?"

"다르다뿐이오이까?"

"네 이놈! 네가 백성의 생활을 모른다 하지는 않을 터, 네놈들이 백성의 고혈을 짜서 바치는 돈을 나더러 받으라고? 저런 고얀 놈이 있나!"

추상 같은 호통이 떨어졌다. 전임 같으면 얼굴에 웃음을 가득 담고 덕담 한마디쯤 해주었을 것이다.

진상을 바치러 온 관속의 등에서는 식은땀이 흘렀다.

'옥에 갇히게 되는 것이 아닐까?'

관속은 긴장되어 몸이 굳어버렸다.

"이번만은 용서해주마. 차후에 이런 일이 있으면 네 목을 치리라. 아무쪼록 백성을 괴롭히는 일은 절대로 하지 말라. 내가 남경에 있는 한 너처럼 진상을 예사로 아는 관속은 가차없이 처벌하리라!"

이 소문이 관내에 좍 퍼졌다. 백성들 사이에 태수를 흠모하는 목소리가 높았다.

"우리 고을의 복이야. 어진 태수께서 오시다니."

"조정에 계실 때도 청렴하기로 이름난 분이었다는구면."

"오래오래 계셔야 할 터인데…."

유응규가 청렴할 수 있었던 데는 부인의 현명한 내조가 있었다.

어느 해 부인이 유종乳腫을 앓은 적이 있었다. 오랫동안 병상에 누워 있던 부인은 입맛을 잃어 밥을 먹지 못해 날로 쇠약해갔다. 밥맛을 돌리면 회복이 빠를 텐데, 집 안이 워낙 청빈하여 고기 한칼, 생선 한 마리 살 여유가 없었다.

유응규는 부인이 안쓰러워 무슨 방도가 없을까 궁리해보았으나 뾰족한 수가 없었다. 부인의 병시중을 드는 하녀만이 마음을 졸이며, 바깥 어른을 원망할 뿐이었다.

하인들은 안방 마님이 너무나 안되어 보여 바깥 어른을 야속하다고 느꼈다. 이러던 차에 관속이 찾아왔다. 뇌물을 물리친 후로 유응규의 집에는 사람의 발길이 뜸했다. 하인은 고개를 갸웃거리며 관속을 맞았다.

"웬일이냐이까?"

"마님께서 좀 차도가 있으신가?"

하인은 왈칵 설움이 북받쳤다. 이를 악물고 건성으로 대답했다.

"그저 그렇나이다."

"차도가 없으신 모양이구면."

"그렇지는 않나이다. 병은 물러갔으나 마님께서 잡수시는 것이 워낙 부실해서…."

하인이 말끝을 흐렸다. 관속은 꿩 한 마리를 내밀었다.

"이보게, 이 꿩을 사또 어른 모르게 자네 수단껏 끓여서 마님께 드리게나."

하인은 깜짝 반겼다. 아무리 주인 어른이 청렴하다고는 하나 마님의 몸 추스르는 일이 더 급해 앞뒤 따져볼 겨를이 없었다.

"고맙소이다. 사또 모르게 마님께 끓여 올리겠나이다."

"이번 일은 자네하고 나하고만 아는 일이네."

"이르다뿐이겠나이까."

하인은 꿩을 잡아 금세 요리해 올리고 싶었으나, 부인에게는 알려야 할 것 같아 안방 앞에서 말했다.

"마님, 소인이 목멱산(남산) 뒤에 사는 친척을 만나 꿩 한 마리를 얻어 왔습니다요."

거짓말을 했다. 부인은 기운이 없어 가느다란 목소리로 대답했다.

"응, 그랬느냐."

"마님, 소인 물러가나이다."

부인은 순간 이상한 생각이 들었다. 난데없이 하인이 꿩을 얻어오다 니, 부쩍 의심이 들었다.

"이보게, 친척에게 꿩을 얻어왔다는 말이 정말이더냐?"

하인은 속으로 찔끔했으나 한번 내달은 걸음을 멈출 수는 없었다.

"예에 마님, 그 친척이 예전부터 꿩을 준다고 했나이다. 하와 소인이 친척집에 가서 가져왔나이다."

이때 안방 문이 열렸다. 부인은 누운 자리에서 하인을 쏘아보았다. 하인의 얼굴이 붉게 물들었다.

"이보게 그 꿩을 도로 갖다주게나."

부인은 말을 딱 자르고 방문을 닫아버렸다. 하인은 기가 꺾여 고개를 숙이고 용서를 빌었다.

"마님, 소인이 잘못했나이다. 이 꿩은 실은 친척이 준 것이 아니오라 관속 하나가 마님의 병이 걱정되어 주고 갔나이다. 마님께 이실직고하 면 당장 물리실 것 같아 소인이 거짓말을 했나이다."

부인은 방문을 열고 빙그레 웃어 보였다.

"네 마음을 내가 모르는 바 아니니라. 나를 염려해주는 네 마음씨를 잘 아느니라. 그리고 꿩을 보낸 관속의 정성은 고맙지만 그 꿩을 먹는다고 해서 당장 살이 오를 것도 아니니라. 내가 그 꿩을 먹고 잠시 호강하면 지금까지 지켜온 사또의 청렴한 덕을 더럽히지 않겠느냐? 그러니 그 꿩을 돌려보내거라."

하인은 한번 더 애원해 보았다.

"마님, 이것은 진상품이 아니옵고 이웃끼리 음식을 나누어 먹는 식으로 준 것이나이다. 사또께 큰 흠이 되지는 않을 것이나이다."

"안 될 일이니라. 우리가 태수의 집이 아니라면 이웃에서 나를 딱하게 여겨 갖다주는 것을 고맙게 먹어도 흠 될 것이 없느니라. 허나 우리는 태수의 집이 아니더냐. 이제까지 지켜온 사또의 청렴한 덕에 내가 오점을 찍고 싶지는 않느니라."

하인은 어쩔 수 없이 관속에게 꿩을 되돌려주었다. 관속이 대뜸 핀잔을 주었다.

"에끼, 이 주변머리 없는 사람아! 두 분 내외를 몰라서 그런 짓을 했는가? 아무 말 말고 그냥 끓여드리지 않고 무슨 짓을 한 게야!"

"소인도 그러고 싶었나이다. 하오나 꿩탕을 보시고 어디서 난 것이냐고 꼬치꼬치 캐물으시면 어찌하겠나이까?"

"허긴 그렇겠구먼."

관속은 꿩을 돌려받고 탄식을 내뿜었다.

"조정은 썩어문드러져 난세인데, 어찌하여 우리 태수 같은 분이 있었더란 말인가."

관속은 이번 일을 다른 관속들에게 이야기하고 덧붙여 한마디했다.

"이 나라에 우리 태수 같은 분이 열 분만 계셔도 나라가 바로 설 것이 아닌가."

세상에는 남편이 어질어도 그 아내가 어질지 못해 남편의 앞길을 막는 일이 허다하다.

유응규의 인간됨이 아무리 청렴하다 해도 부인의 이해와 뒷받침이 없었다면 그는 역사에 빛나는 청백리로 남지 못했을 것이다. 청빈한 생활을 견디는 일은 남자보다 여자에게 더 어려운 일이기에 유응규의 부인은 더욱 아름다운 여인이 아니겠는가.

◉ 뱃놀이에서 만난 무비無比

의종의 방탕한 놀이는 개성에서만 그치는 것이 아니었다. 때로는 서경(평양)에 나가 대동강에서 뱃놀이를 하기도 하고, 남경의 한강에 배를 띄우기도 했다.

어느 해 한강에서 의종이 뱃놀이를 즐기고 있었다. 커다란 용선에 오색으로 단장한 휘장이 바람에 날리고, 좌우에 아름다운 시녀들이 의종의 영을 기다리며 엎드려 있었다. 선상 연회가 열리면 시녀들은 갑판에 나와 노래와 춤으로 흥을 돋우었다.

남경도 개성 못지않게 산수가 수려했다. 고려 숙종이 남경을 정해놓은 후 역대 임금들이 틈나는 대로 행행하여 한바탕 질탕하게 놀고 돌아갔다. 그리하여 남경유수는 특별한 인물이 임명되어 늘 임금의 행차에 대비해야만 했다.

의종은 선상 연회를 베풀고 시녀들의 춤과 노래를 감상했다. 시녀들 가운데 아리따운 여인이 눈에 들어왔다. 긴 소매를 휘날리며 춤추는 여인의 자태가 단연 군계일학이었다. 허리를 질끈 동여맨 맵시는 몸을 더욱 미끈하게 보이게 하고, 고운 얼굴에 미소 띤 모습은 매우 고혹적이었다. 의종은 첫눈에 반해버렸다.

의종은 주안상을 앞에 놓고 신료들이 아첨하며 주는 술을 마셨다. 의종은 얼큰해지자 춤추는 시녀의 고운 자태가 더욱 고와 그냥 있을 수 없었다. 그 시녀를 가까이 불렀다. 시녀는 생긋 웃고 날아갈 듯이 절을 올렸다.

"폐하, 만수무강하시오소서."

"가까이 오너라!"

시녀가 긴장한 채 의종 가까이 다가왔다.

"너를 무엇이라 부르느냐?"

"폐하, 천한 계집이 성명이 다 무엇이오이까."

의종은 시녀의 말솜씨가 예뻐 활짝 웃었다.

"네 대답이 곱기만 하구나."

옆에 있던 판관 백선연白善淵이 끼어들었다.

"폐하, 남경 관비로 알고 있나이다. 천한 계집이 이름이 있겠사오리 까마는 얼굴이 곱고 춤을 잘 춘다 하여 그의 재주 비할 바 없다는 뜻으로 무비無比라고 부른다 하옵나이다."

"무비라, 과연 무비로다. 남경의 여색이 송도에 비길 만하노라."

의종이 남경유수에게 말했다.

"경은 이토록 아름다운 여인을 옆에 두고도 짐에게 천거하지 않았단 말이오?"

유수는 금세 사색이 되어 머리를 조아렸다.

"폐하, 아무리 미색이라고는 하오나 신분이 천하여 감히 마마께 천거하지 못했나이다."

"짐이 박복하여 여태껏 절색을 얻지 못했소이다. 그 절색을 오늘에야 보게 된 것은 오로지 유수의 공이요."

"황공하여이다."

무비는 이때부터 의종의 시중을 들었다. 군신은 밤새 뱃놀이를 즐기며 질탕하게 놀았다. 새벽녘에 남궁으로 돌아온 의종은 무비를 데리고 송도로 돌아갈 차비를 갖추었다.

송도로 돌아온 의종은 무비를 총애하여 그녀의 몸에서 왕자 셋이 태어났다. 무비는 의종의 총애를 이용해 차츰 야심을 불태워갔다. 남경에 있던 관속들이 무비의 힘으로 조정에 출사하는 일이 많아졌다.

대궐 동쪽에 이궁을 지어놓고 무비는 거기에 똬리를 틀고 앉아 자신의 세력을 넓혀갔다. 의종은 전처럼 무비를 총애하지 않았으나 이따금 잊지 않고 찾아주었다.

남경의 서리 진득문이 무비를 통해 출세해보려고 이궁을 찾았으나 좀체 들어갈 수가 없었다. 그는 결코 단념할 수 없었다. 며칠을 두고 이궁 주위를 맴돌며 무비를 만날 궁리를 했다. 그런데 어느 날 의종의 행차가 들어섰다. 살펴보니 의종의 행차 뒤에 남경에서 관료로 있던 백선연이 따르고 있었다. 진득문은 호위병 때문에 백선연 가까이 갈 수 없어 꾀를 냈다. 옆에서 구경하는 사람에게 큰소리로 물었다.

"이보시오. 저기 상감님 뒤에 따르는 저 사람은 누구외까?"

"여보, 그까짓 것을 알아서 무엇하시겠소?"

"어느 대신인지 풍채가 썩 좋아 물어보는 것이외다."

"당신 눈에 뭐가 씌었소? 내 눈에는 하잘것없는 환관으로 보이오. 풍채는 무슨 얼어죽을 풍채란 말이외까?"

"내가 보기에는 훌륭해 보이오."

"당신도 환관 한 자리 하고 싶으오?"

"어이구, 언감생심 꿈이나 꾸어보겠소이까?"

"뭐 어려울 것도 없다오. 저 사람이 누구냐 하면 남경에 있던 자인데, 임금이 데려다가 양자를 삼았다오. 당신도 맘이 있으면 저 환관네 집에 가서 사정해보시오. 저 사람 집은 이궁 뒤 대궐 같은 집이라우. 성은 백가고 이름은 선연이라는 자요."

진득문에게는 큰 소득이었다. 백선연의 집을 구경꾼을 통해 알아냈다. 이튿날 진득문은 백선연의 집에 가서 남경에서 온 친척이라고 속여 집 안으로 들어갈 수 있었다. 때마침 백선연은 입궐하려고 차비를 갖추고 있었다.

"소인 진득문 문안이오. 남경에서 찾아왔나이다."

진득문은 백선연 앞에 허리를 꺾었다. 백선연이 그를 내려다보았다.

"소인 다시 한번 문안 올리옵나이다."

"무슨 일로 나를 찾았는고?"

"그저 문안인사나 여쭙고 싶어서 찾아뵈었나이다."

"사랑으로 들게나."

진득문은 서둘러 사랑으로 들었다. 그리고 다시 엎드려 큰절을 올렸다.

"절은 그만하게나."

"소인 높으신 분을 뵈오니 몸 둘 바를 모르겠나이다."

"나도 그전에는 남경 관노였다네. 그래, 남경에서 서리 노릇을 했다고?"

"배운 재주는 없고 붓대는 좀 놀릴 줄 알아 서리 노릇을 했나이다."

"그동안 돈푼깨나 착실히 모았겠구먼."

"그저 호구지책 삼아 한 노릇이나이다."

"여긴 왜 왔나?"

"대감도 만나 뵙고, 옛 친구도 찾아볼 겸 올라왔나이다."

"자네 혹여 무비가 보고 싶어 온 게 아니던가?"

"무비도 보고 싶기는 합니다만… 어디 쉽겠나이까?"

"우리 집에 잠시 있게나. 내가 대궐에 다녀오고 나면 함께 무비를 만나러 가세나."

진득문은 속으로 쾌재를 불렀다. 바라던 일이 쉽게 풀렸다.

며칠 후 진득문은 백선연의 안내로 이궁에 들어가 무비를 만났다. 무비도 남경 시절 친하게 지낸 진득문을 반가이 맞아주었다. 사실은 진득문과 무비는 남경 시절 사모하던 사이였다. 그렇다고 이제 와서 옛 정을 되살릴 수는 없었다. 무비는 이제 왕자를 셋이나 생산한 의종의 후궁이었다.

"그동안 호강이 넘치겠구려."

"아무런들 옛정 같기야 하겠소. 이따금 남경 시절이 그립기도 하다오."

무비가 한숨을 내쉬었다. 진득문이 기회를 놓치지 않았다.

"대궐에 살면서 한숨이 웬말이오? 나는 이제라도 그대의 말이라면 무엇이든 따를 것이오. 그러니 내게 우선 벼슬 하나 마련해주오."

"어떤 자리에 앉고 싶소? 마음대로 해드릴 터이니 백 환관에게 말하시오."

백선연이 펄쩍 뛰었다.

"나보다는 궁주마마의 말씀이 잘 먹히니 궁주마마께오서 직접 폐하께 청하여주시지요."

"하지만 내가 천거하기는 좀 그렇소. 백 환관이 폐하께 직접 청해보시오."

"알았나이다."

백선연은 무비의 심기를 건드리고 싶지 않았다. 자기도 무비의 힘으로 그 자리에 앉게 된 것이다. 두 사람은 이궁을 물러나왔다.

얼마 후 진득문은 전라도 보성판관寶城判官을 제수받아 현지로 내려갔다. 진득문은 보성에서 진상품을 마련하여 의종·무비·백선연에게 상납했다. 의종에게는 대나무로 만든 궤상을 정교하게 만들어바쳤다. 이후부터는 모든 일용품을 만들어 진상했다.

의종은 매우 기뻐했다. 그 무렵에는 고려자기가 발달하여 궁중의 물건은 대부분 자기였다. 하지만 자기는 사용하는 데 좀 불편한 점이 많았다. 거기에 비해 죽세품은 가볍고 깔끔했다. 진득문은 의종의 신임을 얻었다. 백선연이 의종 곁에서 진득문을 치켜세웠다.

"폐하, 보성판관은 매사에 막힘이 없사옵고 더욱이 마마의 어심을 헤아리고 진기한 물건을 보내옵고 후궁마마에게도 꼭 필요한 물건을 보내나이다. 보성판관을 궁으로 끌어올려 옆에 두시고 수족같이 쓰시오소서."

"짐이 그렇지 않아도 보성판관을 부르려던 참이었다. 내직으로 즉시 부르도록 하라!"

진득문은 궁내 내시부로 승차되었다. 이렇게 되기까지 무비의 베개

밑 송사가 큰 힘이 되었다.

이때부터 무비를 중심으로 백선연·진득문 등이 세력을 뻗어나갔다. 풍전세류들은 세력을 찾아 꼬여들었다. 거기에는 뇌물이 한몫 차지했다. 일개 서리였던 진득문은 이제 무비와 견줄 만한 생활을 하게 되었다. 진득문 주위에는 옛날 남경 서리들이 모여들었다. 내시부는 해가 거듭될수록 남경 관노들의 소굴이 되어갔다.

의종의 옆에는 늘 무비·백선연·진득문 세 사람이 있었다. 누구든 무슨 일을 하려면 이들에게 뇌물을 주고 청탁하지 않으면 안 되었다.

백선연이 어느 날 의종에게 예성강 뱃놀이를 권했다. 예성강은 급류가 많아 뱃놀이하기는 위험한 곳이었다. 예성강 부근의 관리들이 백선연을 통해 의종의 뱃놀이를 청한 것이다. 임금이 한번 다녀가면 예성강에 새로운 현을 설치하려는 계획이었다. 현이 하나 생기면 그만큼 일자리가 생기고 여러 가지로 유익하기 때문이었다.

의종이 행차한다는 소식을 듣고 예성강 주변의 백성들은 백금白金 300근을 모아 행사 준비를 했다. 50여 척의 배를 비단으로 장식하고 기생과 악기를 준비하고 음식을 산해진미로 장만했다.

의종은 벽란도에서 놀잇배를 출발시켰다. 풍악소리를 싣고 배는 강을 따라 흘렀다. 배가 급류를 만나면 강언덕에서 백성들이 줄을 잡아당겨 배를 움직였다. 배는 물을 거슬러올랐다. 배 안에서는 흥겨운 잔치가 벌어지고 관기들의 노래와 춤이 예성강에 넘쳐흘렀다.

어부들은 고깃배를 타고 임금이 탄 용선을 따랐다. 물고기를 잡아 그 자리에서 진상하기 위해서였다. 한 어부는 고기가 잡히지 않자 꾀를 부렸다. 용선 가까이 노 저어가서 아뢰었다.

"폐하, 신의 힘으로는 고기를 잡지 못하겠나이다. 그 대신 재주를 보여드리겠나이다."

"어떤 재주를 부리겠느냐?"

"귀신놀이를 하겠나이다."

"귀신놀이? 어디 한번 해보아라."

어부는 귀신탈을 쓰고 누더기 옷을 입고 용선의 갑판 위에서 미친 여자 널뛰듯이 뛰며 돌아다녔다. 한참 뛰고 나서는 입에서 불을 토하며 이리저리 돌아다녔다. 퍼런 불이 사방으로 퍼졌다. 사람들이 손뼉을 치며 좋아했다. 어부는 신이 나서 불을 수없이 내뿜다가 그만 용선 옆의 종선에 불을 냈다. 이 종선은 음식을 장만하는 배로서 기름이 가득 차있었다. 기름에 불이 붙어 종선이 삽시간에 타버렸다.

의종은 종선이 타는 데도 마냥 좋아서 웃어대며 떠들었다. 종선에서 기름통이 튀어 용선에 불이 옮겨 붙었다. 의종은 그때까지도 아무것도 모르고 귀신놀이에 취해 있었다. 무비가 의종에게 고했다.

"폐하, 화재가 났사오니 다른 배로 옮기시옵소서."

무비가 의종을 일으켰다. 의종은 그 와중에도 불구경을 하면서 좋다고 웃어댔다.

의종이 다른 배로 옮겨 탔다. 불길은 종선을 완전히 집어삼키고, 용선 일부를 태우고 잡혔다. 옮겨탄 배에서 다시 잔치가 벌어졌다. 무비는 애가 타서 의종에게 거듭 말했다.

"마마, 환궁하시오소서!"

소용 없었다. 의종은 들은 척도 하지 않고 밤이 깊어가는데도 선유를 그칠 줄을 몰랐다. 선유하다가 불이 나면 불길하다는 속설은, 후에 의종이 정중부의 무신난으로 옥좌에서 쫓겨남으로써 맞아떨어졌다. 무슨 일이든 지나치게 탐닉하면 화를 부르는 것은 만고의 진리이다.

◉ 석가모니를 사칭한 중

의종은 전라도 전주에 있는 중 일암日嵓을 송도로 올라오게 하고 내시를 내려보냈다. 이 소식을 들은 김시표는 인상을 잔뜩 찡그리고 집으로 돌아왔다. 아무리 따져봐도 이번 일은 의종이 잘못한 것 같았다.

왕명으로 일암을 데려온다는 소식을 듣고 누구보다도 기뻐한 사람은 임민비林民庇였다.

"폐하께오서 옳으신 영을 내리시었나이다. 세존께서 이 땅에 강림하시었으니 이런 복이 또 어디 있겠나이까."

임민비의 말에 문극겸文克謙이 맞장구를 쳤다.

"그렇고 말고요."

이들은 조정의 중추들이었다. 임민비는 추밀원어사대부였고, 문극겸은 중서시랑이었다. 김시표는 기뻐하는 이들의 모습을 보니 입맛이 썼다.

임민비의 중 일암에 대한 칭찬은 정도가 지나쳤다. 일암은 귀머거리·장님을 멀쩡하게 고치고 덕이 바닷물처럼 넘친다는 것이었다. 문극겸도 일암 칭찬에 입에 침이 마를 지경이었다.

"어디 그뿐이랍니까? 꼽추가 허리를 펴고 앉은뱅이가 걸어다녔다지 뭡니까?"

임민비는 염주알을 헤아리며 고개를 끄덕였다

일암의 소문은 백성들의 입에 자주 오르내렸다. 전주에 살면서 스스로 세존이라 자칭하고 다니며 무슨 병이든 못 고치는 병이 없다는 것이었다.

김시표는 독실한 불교신자였다. 그러나 일암의 소문을 듣고 의심하지 않을 수 없었다. 세존께서 강림하셨다면 스스로 세존이라고 떠들지 않았을 것이었다.

"나무관세음보살."

김시표는 가만히 합장을 했다. 평소부터 경박하게 보이던 임민비가 입에 거품을 물고 일암을 칭찬하는 걸 보니 저절로 눈살이 찌푸려졌다.

김시표는 집으로 돌아오는 길에 마음이 심란하여 흥도사興度寺에 들렀다. 주지가 반가이 맞아주었다.

"스님, 혹여 남쪽 소식 들으셨는지요?"

"남쪽이라면?"

"전주의 소식 말이외다."

"아, 예에."

주지는 빙그레 웃었다.

"일암의 일을 어찌 생각하시나이까?"

"부처님의 공덕은 끝이 없고 한이 없나이다."

"어명으로 사람이 전주로 내려갔나이다. 이 일을 어찌 보시는지요?"

"선한 일에는 선한 결과가, 악한 일에는 악한 결과가 따르는 법이외다."

"스스로 세존이라고 큰소리친다니 처벌을 두려워하지 않는 파렴치한 같은 무리이나이다."

주지는 대꾸하지 않았다. 김시표는 혼자서 일암을 매도하다가 집으로 돌아왔다. 아내 일선 부인과 처제 월선이 기다리고 있다가 다급한 목소리로 물었다.

"어찌되었나이까?"

"무엇이 말이오?"

김시표는 아내에게 시침을 뗐다.

"일암 세존께오서 송도에 오신다는 말씀이 참말이옵나이까?"

"지금 일암 세존이라고 했소이까?"

"그래요. 일암 세존께서 송도에 오시나이까?"

"전주로 사람이 내려갔소이다."

김시표가 퉁명스럽게 대답했다. 불쾌하기 짝이 없었다. 아내마저 일암을 세존으로 알고 있어 김시표는 가슴이 답답했다. 아내와 처제는 기뻐서 어쩔 줄을 몰라했다.

"그것 봐, 내 말이 맞지?"

"폐하께오서는 어질기도 하셔라."

"세존께서 송도로 오신다니 꿈만 같아요."

"세존께서 우리를 구원해주실 게야."

김시표는 자매의 말을 듣고 부아가 치밀어 마음을 가다듬었다.

"나무아미타불…."

"이제 송도에는 불구자가 한 사람도 없게 될 게야."

"그렇고 말고."

"닥치시오!"

김시표는 악을 썼다. 아내가 눈이 휘둥그레져 쳐다보았다. 처제도 몸을 웅크렸다.

"불구자가 죄다 없어질 것이라고? 꿈을 깨란 말이외다."

"아니, 송도 중생을 구제하시려고 일암 세존께서 송도로 오신다는 것 아니외까?"

"듣기 싫소!"

"평소에 신심이 두텁던 당신이 어인 일이오이까? 세존을 업신여기시다니."

"닥치지 못할까!"

김시표는 화가 치밀어 어깨로 숨을 쉬었다. 부인의 얼굴은 싸늘한 냉기를 띠고 있었다.

"폐하께오서도 어명으로 일암 세존을 모시러 가시었거늘, 당신이 화를 내시면 폐하께 불충이옵고, 부처님을 업수이여기는 일이오니 삼가시오소서."

"닥치래도!"

자매는 김시표를 실성한 사람 대하듯 했다. 자매는 눈짓을 주고받고서 안방으로 들어가버렸다.

김시표도 사랑으로 들어가버렸다.

의종의 사신들은 쉬지 않고 말을 달려 전주에 닿았다.

"일암 스님은 어명을 받으시오!"

일암은 꿇어 엎드려 어명을 받았다.

"일암은 송도에 올라와 중생을 구제하고 병자들을 치료하라!"

일암은 사신을 따라 송도로 떠났다. 이 소문이 꼬리에 꼬리를 물고 퍼져나갔다. 일암이 송도에 닿기 전날, 백성들은 멀리 성 밖에까지 마중을 나갔다. 조정 신료들도 들떠서 일암 맞이에 분주히 움직였다. 다만 김시표만은 희대의 사기극에 동요하지 않고 냉정했다. 그도 일암이 송도에 도착하는 날에는 가만히 있을 수가 없어 밖으로 나가보았다.

송도 성 안은 백성들이 일암을 마중나가 텅 비어버리다시피 했다. 남은 백성들은 큰 길 양옆에 서서 목을 빼고 일암을 기다렸다.

"오셨다!"

앞쪽에서 함성이 터졌다. 백성들은 그 자리에 무릎을 꿇고 앉아 두 손을 모아 합장했다. 백성들은 일암이 앞을 지나갈 때에는 고개를 들지도 못했다.

김시표는 엉거주춤 서서 일암을 날카로운 눈초리로 쏘아보았다. 오색찬란한 비단으로 치장한 말등에 일암은 거만하게 앉아서 합장한 백성들을 내려다보았다. 내리쬐는 햇볕을 가리려고 비단 부채로 얼굴을 살짝 가렸다. 몸에 걸친 법의도 비단이었다. 백성들은 일암이 지나간 뒤에도 고개를 들지 못하고 엎드려 있었다.

김시표는 일암이 한심하게 느껴졌다.

"중이란 자가 어찌 사치를 즐기는가. 그러기에 세존이라 사칭하고 혹세무민하는 게 아닌가."

김시표는 일암을 직접 보고 더욱 요승妖僧으로 여겼다.

일암은 조정 신료들의 정중한 안내를 받으며 천수원天壽院에 여장을 풀었다. 의종은 사람을 보내 일암의 노고를 치하했다. 임민비와 문극겸이 달려가 합장재배한 것은 말할 것도 없거니와, 문무백관들이 다투어 찾아가 일암 앞에 무릎을 꿇었다.

성 안은 아수라장이 되었다. 장님·귀머거리·벙어리·절름발이·

앉은뱅이·꼽추 등 신체불구자들이 모여들어 조금 더 일암 앞으로 다가가려고 아우성이었다. 그리고 일암 앞에서 머리를 깎고 중이 되는 사람이 늘어갔다. 게다가 유언비어마저 나돌아 백성들을 흥분시켰다.

"장님이 눈을 떴다더라!"

"벙어리가 말을 했다더라!"

"앉은뱅이가 일어나 뜀박질을 했단다!"

불구자가 합장하고 있으면 일암이 그 앞에 나타나 알아듣지 못할 염불을 외고 부채로 서너 차례 아픈 데를 부치면 이러한 기적이 일어난다는 것이었다.

사대부집 여인들도 꿇어 엎드려 머리를 풀어 땅에 길게 깔았다. 일암이 땅에 깔린 머리를 밟으면서 지나갔다. 일암이 머리를 밟음으로써 구제를 받는 것이다. 이런 일은 하루에 한 번 정도였고, 머리를 땅에 깐 여인들은 수없이 많아 일암이 성큼성큼 걸으면 발에 머리가 밟히기란 여간 어려운 일이 아니었다. 며칠씩 밤을 새우며 기회를 기다리는 여인이 많았다.

김시표는 말없이 아내와 처제를 번갈아 보았다. 아마 머리를 땅에 풀어놓고 기회를 기다리다가 온 눈치였다. 김시표는 아내와 처제를 나무랄 기운도 없었다.

어느 날이었다. 아침 밥상 머리에서 아내가 싱글벙글 웃으며 두 손으로 큼직한 대접을 받쳐들고 있다가 김시표 앞에 내려놓았다.

"고해에서 구제되오소서."

"…?"

"어서 드시오소서."

김시표는 아내가 내려놓은 대접을 들여다보았다. 텅 빈 대접이었다. 자세히 보니 바닥에 몇 방울 물방울이 보였다.

"이 물방울을 핥으라는 것이오?"

"예에."

아내가 합장하고 고개를 숙였다.

"이것이 대체 무엇이오? 그리고 이것을 먹으면 무엇이 어떻게 된다고 그러시오?"

"황공하옵게도 이 물방울은 일암 세존께오서 목욕하신 물이옵나이다. 이것을 얻느라고 어찌나 힘이 들었는지 모른다오."

"뭣이 어쩌고 어째!"

김시표는 악 소리를 질렀다. 도무지 역겨워 참을 수가 없었다. 일암이 목욕한 물, 양치질한 물, 세수한 물을 마시면 부처님의 가호를 입을 수 있고 병이 낫는다는 소문이 파다했다. 또 그런 물은 비싼 값으로 팔렸다.

김시표는 대접 속을 다시 들여다보았다. 아침 밥맛이 달아나버렸다.

"당신은 이 물을 마셨소?"

아내는 대답이 없었으나 눈치로 보아 마신 것 같았다.

"더럽고 추하도다!"

김시표는 대접을 내동댕이쳐버렸다. 아내는 질급을 하며 대접을 집어들고 물방울이 없어진 것을 안타까워했다.

"얼마나 고생하여 얻은 물방울인지 알기나 하나이까? 아까워라."

"내 양치한 물을 마시구려. 날마다 많이 남길 터이니."

"벌 받을 소리 마소서."

"벌이라니, 무슨 벌이오?"

김시표는 피식 웃고 아침을 거른 채 일어나버렸다.

이런 일이 있은 후 김시표는 아내와 서먹서먹한 사이가 되어버렸다. 아내는 오히려 잘되었다는 듯이 월선과 일암이 있는 곳에서 숫제 오지 않았다.

벼슬아치들도 둘만 모이면 일암의 기적에 대해 신비한 힘을 그럴싸하게 이야기했다. 김시표는 그들의 이야기를 들으며 정신이 멍멍해졌다.

"말세로구나, 말세야."

김시표는 이 말뿐 달리 할 말이 없었다.

일암 주변은 더욱 소란해지고 번다해졌다. 금은보화가 산더미처럼 쌓였다. 천수원 주변은 밤낮없이 사람으로 성을 쌓고 있었다. 특히 밤이면 곳곳에 큰 등잔이 마련되었고, 여기저기에서 횃불이 타올랐다.

일암을 보기란 여간 어려운 게 아니었다. 땅바닥에 엎드려 그대로 잠든 신도들도 많았다. 신도들은 이미 부끄러움을 잊은 지 오래였다. 야릇한 흥분상태에 빠져 있는 사람, 새로운 소문을 좇아 행동으로 옮기는 사람 등 천수원은 별천지가 되어 갔다. 또 어두운 곳에서는 남녀가 서로 엉겨 풍기문란이 도를 넘어서고 있었다.

일암은 더더욱 거만해졌고, 신도들을 볼모 삼아 사리사욕을 챙기고 있었다. 비단 장막이 드리워진 천수원 안에 틀어박혀 얼굴을 보여주지도 않고, 그의 행자들은 신도들을 상대로 온갖 사기극을 벌였다.

일암은 어쩌다가 얼굴을 내보이고, 불구자들이 모인 곳으로 다가가 잔뜩 권위를 세우고 입을 열었다.

"중생들은 들을지어다!"

장내가 물을 끼얹은 듯이 조용해졌다. 일암은 신도들을 내려다보며 씩 웃음을 흘렸다.

"모든 법은 유일심唯一心이니라. 중생들이여! 정성을 다해 염불을 외운 연후에 내 병은 이미 나았다고 믿으면 병은 스스로 치유되느니라. 알아듣겠느냐, 중생들이여!"

"오오, 세존이시여! 말씀을 가슴 깊이 새기겠나이다."

여기저기에서 염불 소리와 함께 사기극이 벌어졌다.

"세존이시여, 귀가 들리나이다!"

"세존이시여, 눈이 보이나이다!"

"세존이시여, 일어나 걸을 수 있나이다!"

외치는 소리가 장내를 흥분의 도가니로 만들었다. 이들은 일암과 짜고 동원된 가짜 불구자들이었다. 바람잡이가 된 이들은 때맞춰 선동을 잘해냈다.

여인들은 머리를 풀어 땅에 길게 늘이고 일암이 밟고 지나가기를 학수고대하고 있었다. 일암은 머리 밟는 행사를 좀체 하지 않았고 여인들은 지쳐갔다.

하루는 일암이 나타났는데도 한 여인이 미처 알아보지 못하고 멍하니 쳐다보고만 있었다. 일암은 그 여인을 한참 동안 바라보다가 손짓했다.

"이리 오너라!"

"예에?"

"이리 오라고 했느니라."

여인은 그제서야 떨리는 가슴을 안고 일암 앞에 나가 합장했다. 잠시 후 그 여인은 일암을 따라 천수원 안으로 들어갔다.

이 여인은 다른 여인들의 선망의 대상이 되었다. 이때부터 여인들은 일암을 멍청히 바라보기만 했다. 일선 부인과 월선도 여인들 틈에 끼어 일암이 불러주기만을 학수고대하고 있었다.

하루는 일암이 월선을 가리키며 말했다.

"들어올지어다!"

월선은 설레는 마음을 안고 천수원 장막 안으로 들어갔다. 피어오르는 향내가 진하게 풍겨 정신이 몽롱해졌다.

"앉을지어다!"

월선은 감히 일암의 얼굴을 마주볼 수 없었다. 심장이 터질 것만 같은 긴장감이 온몸을 떨리게 했다.

"이리 가까이 올지어다!"

일암의 손이 월선의 어깨에 닿았다. 짜릿한 감흥이 온몸을 휘감았다.

"헉!"

순간 일암은 월선을 벌러덩 눕히고 자기의 얼굴을 월선에게 가까이 들이댔다. 일암은 능숙한 솜씨로 월선의 치마를 벗기고 힘차게 침입해 왔다. 월선은 황홀경에 빠져 일암에게 몸을 맡기고 순간순간의 열락을 맘껏 향유했다. 일을 치르고 나서 일암의 민대머리가 땀으로 젖어 번들 거리는 모습이 월선의 눈에 띄었다. 후회도 미련도 없이 하나된 남녀의 교합이었다. 월선이 허탈감을 느끼고 있을 때 일암은 이미 다른 먹이를 찾으러 장막 밖으로 나가고 없었다.

김시표는 일암이 사기를 치고 있다는 것을 뻔히 알면서도 백성들이 떠받드는 그를 어찌할 수 없었다. 혼자서 외롭고 슬펐다. 송도는 축제 기분에 들떠 마치 천국 같았다.

임민비는 일암을 보려고 천수원에서 며칠 밤을 꼬박 새웠다고 자랑을 늘어놓았다. 문극겸 역시 자기도 여러 날 밤을 새웠노라고 맞장구쳤다. 듣다 못해 김시표가 끼어들었다.

"천수원에서 좋지 않은 소문이 나돌고 있소이다."

"좋지 않은 소문이라니, 무슨 말이오?"

임민비의 눈꼬리가 치켜올라갔다. 금세 요절을 낼 듯한 험한 인상이었다.

"풍기문란이 도를 넘어섰다 하오."

"철없는 것들이 세존의 이름을 더럽히려고 헛소문을 퍼뜨리는 게요."

임민비도 일암이 부녀자를 탐한다는 소문을 듣고 있었으나 뜬소문으로 여겼다. 임민비는 그런 말을 입에 담는 김시표가 못마땅했다. 둘 사이에 냉기류가 흘렀다. 김시표는 말할 기회가 있으면 일암을 꼬집었다.

"말세가 오고 만 게야. 일암 같은 요승이 나타나 송도를 어지럽히다니 고려의 앞날이 걱정이구나."

김시표는 처제 월선에게 무슨 일이 일어나고 있음을 감지했다. 월선의 몸에 이상 징후가 나타나고 있었다.

아내를 불러 물었다.

"처제가 혹시 홀몸이 아닌 게요?"

아내가 고개를 숙이고 대답이 없었다.

"어찌된 일인지 말해보오."

"…."

"아니 세존이란 작자가 염불보다 잿밥에 관심이 더 많았구려. 그 자식 씨가 맞소이까?"

"말씀 삼가소서."

"뭐라구? 나더러 말을 삼가라고?"

"그렇사옵니다. 말씀을…."

"이런 황당할 데가 있나. 처녀가 애를 배도 할 말이 있다 이것이야!"

"황공하옵게도 월선의 몸에서는 세존의 후손이 자라고 있나이다. 제발 말씀을 삼가소서!"

"이런 쳐죽일 작자를 봤나! 어느 놈이 세존이란 말이오!"

"말씀이 지나치시오!"

아내 일선이 버럭 화를 냈다. 김시표는 주먹을 불끈 쥐고 비명을 내지르듯 말했다.

"일암이 어째서 세존이란 말이오! 세존께서는 성불하시기 전에 비妃와 모든 영화를 버리고 속세와의 인연을 끊었거늘… 어찌 일암 따위가 세존이라 사칭하며 여인을 겁탈한단 말이오! 그자의 죄 무간지옥에 떨어져도 아쉬울 것 없는 놈이오."

아내는 김시표의 옷자락을 붙잡고 말씀 삼가라고 애원했다. 김시표는 화를 누그러뜨리지 않았다.

"그러고 보니 부인도 일암의 씨가 그리운 게오?"

부인은 말없이 고개를 떨어뜨렸다.

"이놈의 세상 말세로다, 말세야!"

김시표는 마구 외쳐댔다. 아내가 옆에서 뭐라고 했으나 귀에 들리지 않았다.

김시표는 사랑으로 들어가 다시는 안방으로 들지 않았다. 혼자 중얼거리며 세상을 원망하고 미련한 중생들을 불쌍하게 여겼다.

그후 일암의 죄상이 낱낱이 드러나 멀리 귀양 보내졌다. 그 소식을 들고도 김시표는 통쾌하지 않았다.

"말세에 일암이 처벌을 받든 사기를 치든 무슨 대수냐. 말세로다, 말세야."

김시표는 사랑에서 이 말만을 되풀이했다.

명종시대(1170~1197)

⊙ 무신들의 권력 다툼

정중부의 반란으로 명종明宗이 즉위하면서 고려는 무신정권 시대로 접어들었다. 왕은 상징적인 존재에 지나지 않았고, 모든 권력은 무신집단에서 나왔다.

명종은 인종의 셋째 아들이자 공예왕후 임씨 소생으로, 초명은 흔昕, 이름은 호晧, 자는 지단之旦이다. 반란을 일으킨 정중부 등이 의종을 몰아내고 동복아우인 그를 왕으로 세워 고려 제19대 왕이 되었다. 그때 그의 나이 이미 40세였다.

정중부는 상장군으로 참지정사 벼슬에 올라 정치에 참여했다. 이의 방은 대장군으로 승차하고 전중감殿中監을 겸하여 궁내에서 세력을 잡았다. 이고도 대장군으로 승차하고 왕을 호위하는 위위시경(尉衛寺卿)이 되었다.

이들은 의종의 사제를 나누어 가졌다. 관북댁館北宅은 정중부가, 천동댁泉洞宅과 곽정댁藿井宅은 이의방과 이고가 차지했다. 이들은 의종의 별장을 차지하고 각자 자기의 세력을 구축해나갔다.

이고는 권력의 맛을 보자 자나깨나 문신들을 때려잡을 궁리에 여념이 없었다. 이고는 중방重房에 나가 정중부의 의향을 떠보았다.

"상장군, 아무래도 남은 문신들이 걱정되오. 이참에 싹 쓸어버리심이 어떠하실지?"

"그건 아닌 듯싶소. 아무래도 나랏일을 하려면 문신들이 있어야 하오."

이고는 대놓고 불만을 터뜨리지는 않았으나 내심 불평불만이 쌓여 있었다. 그는 마음이 심란하여 법운사法雲寺의 스님 수혜修惠를 찾아갔다. 그전 같으면 스님들이 무신 따위는 상대해주지도 않았다. 지금은 세상이 바뀌어 스님들도 무신을 무시하지 못했다.

법운사 조용한 요사채 방에는 개국사 스님 현소도 와 있었다. 이고는 방에 들어서면서 기세 좋게 말문을 열었다.

"요즘, 내 집에 통 얼씬도 안 하기에 찾아왔네."

"장군댁에 자주 찾아다닌다는 소문이 나면 번거롭기에 삼가고 있소이다."

"무에 그리 따지는가?"

"세상 일이 겁이 나나이다."

세 사람은 술상을 앞에 놓고 이야기를 주고받았다. 아무리 절간에서 술을 먹어도 당대의 권력가에게 시비할 사람이 아무도 없었다. 이고는 술에 취하자 기고만장해졌다.

"이깟놈의 세상, 다시 한번 확 뒤집고 싶구먼."

"왜 그러시나이까?"

수혜가 눈을 크게 뜨고 물었다.

"이의방하고 늙은 정중부가 내 말을 듣지 않아 할 일을 못하고 있다네."

"무슨 말씀이나이까?"

"우선 그 두 놈부터 없애야겠어. 자네들의 힘을 좀 빌려야겠네."

"예에?"

"법운사의 승려 30여 명만 있으면 되는데, 자네 생각은 어떤가?"

"30명이 아니라 300명이라도 동원할 수 있나이다. 소승도 장군의 개혁에 찬성하는 바이나이다."

"고맙네. 일을 서둘러야겠구먼."

"이런 일은 속전속결이어야 하나이다."

수혜가 밖으로 나가 싸움깨나 할 만한 승려 30여 명을 불러모았다. 이고는 기뻐하며 자신의 계획을 털어놓았다.

"내일이 원자元子의 관례식일세. 내가 선화사宣花使로서 원자를 모시게 되어 있다네. 자네들은 내일 궁중에서 나를 따라오다가 이의방부터 없애게나. 일이 성공하는 날에는 자네들은 모두 한 자리씩 하게 될 게야."

이고는 승려들의 허파를 잔뜩 부풀려놓았다. 그들은 벌써 벼슬아치가 된 듯 기뻐했다.

이고는 그날로 백마를 잡아 피를 마시며 생사를 함께 하기로 맹세하고 그들에게 칼을 하나씩 선물로 주었다.

이 승려들 속에 교위校尉 김대용의 아들이 끼어 있었다. 그는 그날밤 아버지에게 달려가 이 사실을 알렸다.

김대용은 이의방에게 달려가 이 사실을 알렸다.

다음날, 이고는 도리어 이의방 일파에게 전멸되고 말았다. 중방은 무신들끼리의 권력 다툼으로 늘 시끄러웠다.

이의방도 야심만만한 무신이었다. 강적 이고를 쉽게 물리치고 이제 목표를 정중부 제거로 삼았다. 이의방은 이고처럼 서둘지 않았다. 우선 힘을 기르기 위해 궁중과 결탁하기로 하고 자기의 딸을 태자에게 강제로 출가시켰다. 전라도 금구金溝 시골 구석에서 자란 이의방의 딸은 하루아침에 태자비로 둔갑하여 동궁의 안방 주인이 되었다. 아비 덕에 큰 호강을 누리게 된 것이다.

이의방은 날이 갈수록 거만해지고 잔인해졌다. 눈에 보이는 것이 없고 세상에 거칠 것이 없었다. 세력이 그만큼 비대해져갔다.

정중부는 이의방을 눈여겨보고 있었다. 아들 정균鄭筠이 아버지와 의논하기 위해 방에 들었다.

"아버님, 이의방의 야심이 그 발톱을 드러냈나이다. 자기 딸을 태자비로 삼고, 그 발판을 이용하여 장기적인 초석을 놓으려는 것 같사옵니다."

"네 말이 맞다. 나는 문신들이 서로 아웅다웅하며 세력을 부리는 것이 눈꼴시어 이의방 등과 그들을 응징하고 조정을 바로 세우려 했으나 또 다른 세력이 뻗어나오는구나. 세상사가 귀찮고 부질없구나."

"아버님, 어찌하시려구요?"

"조정에서 물러나 편히 살다가 가고 싶구나."

"아직은 아니 되옵나이다. 심사숙고하소서."

정중부는 그 다음날 모든 관직을 사퇴해버렸다. 이 소식을 듣고 이의방과 그의 형 이준의가 정중부의 집으로 달려왔다. 이들 형제는 음식까지 준비해갔다.

"상장군, 이 어인 날벼락이오이까? 이제 조정이 안정되어 태평세월을 누릴 터인데 사퇴라니, 아니 되오이다."

이의방은 아직은 정중부가 중방을 떠나서는 안 된다고 생각했다. 그가 중방을 완전히 장악할 때까지 남아주어야 했다. 이준의는 동생이 딸을 태자비로 넣은 것을 정중부가 못마땅하게 여기고 물러나는 줄 알고 백배 사죄했다.

"상장군, 이번에 아우가 딸을 동궁으로 보낸 것은 잘못이외다. 우리들은 오랫동안 시골에서 살다가 왔기 때문에 궁중이 그리워 철없이 한 일이외다. 상장군, 우리의 잘못을 용서하시오소서."

"나는 나이가 많아 아무 짝에도 쓸모가 없소이다. 두 분이 알아서 나랏일을 잘 꾸려가시오."

"상장군, 노여움을 푸소서. 이 못난 놈을 친자식처럼 여겨주신다면 앞으로 친어버이처럼 모시겠나이다."

이의방의 엉뚱한 제안에 정중부는 어리둥절했다. 그러나 깊이 생각해보니 줄기차게 뻗어나가는 이의방과 부자의 연을 맺는다면 손해볼 것이 없다는 이해타산이 앞섰다. 정중부는 못 이기는 체 부자의 연을 맺고 다시 조정에 나가 문하시중이 되었다.

정중부의 생각과는 달리 그의 아들 균과 사위 송유인宋有仁은 기회를 보아 이의방의 세력을 꺾으려 했다. 겉으로는 이의방과 친하게 지내면서 뒤통수칠 기회를 노렸다.

이의방은 정중부를 등에 업고 완전히 자기 세상이었다. 천동댁 넓은 집에 의종의 후궁인 무비를 들어앉히고 주색에 빠졌다. 무비의 나이 한창 무르익은 30세였다. 무비는 의종을 따라 거제도까지 내려갔다가 1년 뒤에 이의방에게 잡혀온 것이다.

무비는 영화를 누리던 궁궐이 그리웠다. 그리하여 이의방에게 간청했다.

"장군, 오랜만에 궁궐 구경 한번 시켜주시오소서."

"그야 어려울 것 없지. 당장 같이 들어가보지."

이의방은 그날로 무비를 데리고 궁궐로 들어가 임금의 침전 곁의 중방에서 버젓이 밀어를 속삭였다. 무비는 지난날 의종이 거느리던 궁녀들 생각이 나서 이의방을 구슬렸다.

"장군, 어째 궁궐이 썰렁한 것 같나이다. 그 많던 궁녀들은 다 어디로 갔나이까?"

무비는 장군에게 궁녀를 데려오라고 은근히 꼬드겼다. 아무리 나는 새도 떨어뜨리는 권력을 쥔 이의방일지라도 임금만이 거느릴 수 있는 궁녀를 데려올 수 없는 일이었다.

"궁녀는 임금이 계시는 곳에 있는 걸 모르고 하는 소리인가?"

"호호호… 장군이 이 나라 임금이 아니시던가요?"

"에끼, 이녀언!"

호통을 치는 것 같았으나 기실 이의방은 무비의 말이 싫지 않았다.

이의방은 무비를 위하여 궁녀를 불러 함께 놀았다.

이때부터 무신들의 최고 회의기관인 중방이 낮에는 무신들의 회의장이었지만 밤에는 이의방의 놀이방이 되었다. 춤추고 노래 부르는 궁녀들은 의종시대의 영화를 되찾아 신들린 듯 놀았다. 풍악소리가 명종의 침전까지 울려퍼졌으나, 허수아비 임금은 말 한 마디 못하고 수모를 겪어야 했다.

궁중이 환락의 장소로 변하자 귀법사·중광사 등지의 스님들이 이의방을 치려고 중방으로 쳐들어왔다. 그러나 이의방의 군대는 막강했다. 스님들의 공격을 쉽게 차단했다. 이의방은 이튿날 궁궐 곁에 있는 사찰을 모조리 불태워버렸다.

이의방의 형 준의가 보다 못해 동생을 나무랐다.

"너는 역적이로구나. 의종을 내쫓아 죽이고, 공예태후의 여동생을 위협하여 간통하고, 이제는 정치를 마음대로 좌지우지하니 큰 역적인 게야."

"말조심하시오, 형님! 한번 더 그따위 말을 지껄이면 형이라도 가만두지 않겠소이다."

이 말을 들은 정중부는 화가 나서 중얼거렸다.

"준의란 놈이 내게 와서 나라에 충성하고 백성을 평안케 한다더니 형제 싸움만 박터지게 하는구나. 내 이놈부터 없애야겠다!"

옆에서 듣고 있던 부인이 참견했다.

"당신이 어찌하여 남의 형제 싸움에 감 놓아라 배 놓아라 하는 것이오이까? 당신과 무슨 상관이 있다고."

아내의 뜻밖의 말에 정중부는 의아했다. 마음속으로 언짢았으나 꾹 참았다.

정균의 야심이 만만찮았다. 이의방을 없앨 기회만을 노리고 있었다. 이의방만 없애면 천하를 잡을 수 있었다.

그 무렵, 서경에서 유수 조위총이 조정에 반기를 들어 서경 평정의 군대를 서교西郊에서 훈련시키고 있었다. 훈련대장 윤인첨은 윤관 장군의 손자였다.

이의방이 군사훈련장을 시찰 나갔을 때 정균은 기회를 놓치지 않고 부리던 종 종감에게 명령하여 이의방을 철퇴로 내리쳐 죽여버리게 했다. 이렇게 해서 이의방 형제의 시대가 막을 내리게 되었다.

정중부 가문이 명실공히 최고 권력자가 되었다. 서경유수 조위총은 토벌군과 싸워 패한 후, 서경 인근 40여 성을 가지고 금나라에 들어가겠다며 세종 황제에게 청을 넣었다. 세종은 딱 잘라 말했다.

"짐은 남의 나라 역적을 받아들일 수 없도다!"

조위총이 궁지에 몰려 있을 때 윤인첨과 두경승杜景升이 서경으로 쳐들어가 일거에 평정해버렸다.

이제 고려는 정중부의 아들 균과 사위 송유인의 시대가 되었다. 정균은 전에 태후의 사저를 거저 빼앗다시피 했다. 그는 거저 얻은 궁을 수리하고 증축하여 전보다 더 큰 궁으로 지었다. 정균은 이제 예쁘고 어진 여자만 얻으면 되었다. 지금까지 데리고 살던 아내는 답답하여 헌신짝처럼 버렸다. 그는 전예부상서 김이영의 딸이 과부라는 말을 듣고 그녀를 꾀어내어 정실로 들여앉혔다. 그러나 암만해도 성이 차지 않았다. 이번에는 공주를 하나 꿰차고 싶어졌다. 권력이 있는 한 못할 것이 없다는 생각이었다.

⊙ 경대승과 허승

경대승은 청주 사람이었다. 아버지 경진慶珍은 중서시랑 평장사를 지냈다. 대승은 15세에 이미 헌헌장부가 되었다. 그는 이 무렵부터 무예를 갈고 닦아 늠름한 장부로 성장했다. 그는 20세가 되자 송도로 올라왔다.

당시는 정중부의 전성시대였다. 경대승은 정중부 일파가 하는 짓이 나라를 망치는 일이어서 걱정이 태산 같았다.

'어떻게 하면 나라를 바로 세울 수 있을까?'

젊은 장수 경대승은 자나 깨나 나라 걱정이었다. 그는 아버지의 후광을 입어 청년 시절부터 이름을 날렸다.

정중부 일파는 궁궐을 제집처럼 드나들며 안하무인이었다. 경대승은 그들의 행악을 보면서 속으로 이를 갈았다. 그 무리 가운데 허승도 끼어 있었다. 허승은 경대승이 데리고 온 무사였다. 지금은 견룡대정으로 정균 밑에 있었다.

허승은 꾀가 많았다. 자기의 앞길을 개척하기 위해 권력자 정균을 가까이 하여 때때로 궁궐에 들어가 아첨을 떨었다. 그리하여 정균의 개인 비서 역할까지 맡기에 이르렀다.

정균은 전예부상서 김이영의 딸을 취하여 단꿈을 꾸었다. 그러나 궁중에서 연회가 잦은 날이면 밤에 처소를 자주 비웠다. 그럴 때마다 김 부인은 허승의 위로를 받았다. 허승은 정균이 처소를 비우는 밤이면 어김없이 김 부인의 말동무가 되어주었다. 허승은 남몰래 김 부인을 사모하게 되었다.

허승은 힘이 세고 인물이 빼어나, 궁궐에서 행사가 있을 때면 으레 뽑혀 임금 앞에서 한몫 단단히 해냈다. 허승은 어느새 자기도 모르게 권력의 야욕에 젖어 있었다.

'나라고 정균의 자리에 오르지 말라는 법은 없다. 내가 만약 정균의 자리에 앉는다면 그의 재산은 물론 어여쁜 김 부인까지 차지할 수 있지 않느냐.'

허승은 주먹을 불끈 쥐었다.

정균은 김 부인뿐 아니라 임금의 딸인 수안공주壽安公主까지 품안에 안으려고 안달이었다. 수안공주를 품에 안으면 부마가 되어 세력기반이 더욱 공고해질 것이었다.

정치 상황도 아버지가 죽고 나면 누구의 손에 권력이 넘어갈지 예측할 수 없었다. 정균은 그때를 대비해야 했다. 옛날처럼 미천한 무부의 자식으로 전락하여 겨우 대정隊正이 되어 그것에 만족해야 할지도 모를 일이었다. 이런 생각을 하면 정균은 모골이 송연해졌다. 어떻게든 수안공주를 품에 안아 영구적인 권력기반을 구축해야만 안전했다.

세상 사람들은 벌써부터 정균이 수안공주를 노린다는 소문에 흥분되어 있었다.

경대승은 어느 날 수하 장수들을 모아놓고 크게 외쳤다.

"정중부의 세력이 나는 새도 떨어뜨릴 기세로다! 달도 차면 기우는 법. 이제 그의 세력은 하향길로 접어들 때이니라. 그 다음을 이을 세력이 누구겠느냐? 아마 그의 아들이나 사위가 이을 것이니라. 두고만 볼수 없다. 정중부를 치고 아들놈과 사위놈의 헛된 야망을 꺾어야 나라에 이익이 될 것이니라."

허승이 맞장구를 쳤다.

"옳은 말씀이오. 근자에 정균은 무엄하게도 수안공주를 넘보고 있소이다. 이런 자를 치지 않으면 장차 나라의 앞날은 어둠뿐이외다."

경대승과 허승이 정의를 앞세워 정중부 일당을 치자고 해도 장수들의 마음은 영 찜찜했다. 이 일이 탄로 나는 날에는 정중부의 손에 어느 결에 죽어날지 눈앞이 캄캄한 노릇이었다.

정균은 승선 벼슬을 꿰차고 때때로 궁궐에서 숙직하며 임금을 호위하고 있었다. 정균을 치기에는 그리 어려운 문제가 아니었다. 정중부의 사위 송유인 또한 큰 어려움이 아니었다. 그러나 경대승 수하의 장수들은 정중부가 무서워 감히 용기를 내지 못했다.

허승은 정균의 신임을 얻는 한편 경대승과도 친밀한 관계를 맺어 두 사람 사이를 줄타기 하고 있었다.

명종 9년, 정균과 송유인은 반대세력인 문극겸과 한문준을 조정에서 축출해버렸다. 이 두 사람은 문신으로서 학식이 풍부해 여러 문신들의 신임을 받았다. 하루아침에 역량 있는 두 문신을 쫓아내자 민심이 정중부에게서 멀어져갔다. 기회를 노린 경대승이 허승을 불렀다.

"이보게 허 견룡, 송도의 민심이 정중부를 떠나고 있네. 좋은 기회가 아닌가? 정중부 일당을 없애고 정권을 임금에게 돌려주어야 할 때가 아닌가 싶으이."

"좋은 말씀이외다. 무슨 계책이라도?"

"있고말고. 자네는 궁궐에서 임금을 가까이 하고 있으니 정균과도 접촉할 기회가 많지 않은가? 자네가 정균을 죽이면 일은 순조롭게 풀릴 것이야."

"그렇기는 합니다만, 무슨 수로 정균을 없애겠나이까?"

"그야 식은 죽 먹기 아닌가. 기회를 노려 자네가 정균의 목을 단칼에 따버리면 되지 않겠나?"

"그러려다가 내 목이 먼저 달아날 수도 있나이다."

"그럴 테지. 정균의 주위에는 늘 무사 수십 명이 따르니 쉽지는 않겠지. 하지만 궁중에서 밤새도록 예식을 하거나 연회를 열 때 그 틈을 노려 친다면 어려운 일은 아닐 것이야."

"마침 잘 되었나이다. 오는 9월 16일, 궁궐에서 장경회가 있나이다. 이날은 밤늦게까지 행사가 있을 것이외다. 그 기회를 노리리다."

"거사일을 그날로 정하세나."

"무사 몇 사람을 붙여주소서."

"당연하지. 장경회가 끝난 후 정균을 따르는 무사들이 피로하여 곯아떨어지면 정균을 없애고 신호를 보내게나. 내가 김광립과 준익 등 무사들을 거느리고 뛰어들어 정균의 잔당들을 치겠네."

"장군, 일이 성사되면 제게 무엇으로 보답하시겠나이까?"

"소원을 말해보게나."

"정균이 데리고 사는 김 부인을 제게 주시오소서."

"그야 어렵지 않은 일일세."

9월 16일 밤, 궁중에서는 장경회가 열려 초저녁부터 중들이 모여 넓은 궁궐 뜰이 촛불로 대낮같이 밝았다. 뜰 한쪽에 괘불掛佛을 걸어놓고 그 앞에 제사상이 차려져 있었다. 수백 명의 중들이 가사장삼을 떨쳐입고 독경을 외었다. 이날은 궁궐에서 시위하는 군사들의 잔칫날이었다. 부처님 덕에 맛있는 음식을 포식할 수 있었다.

자정이 지나자 독경이 끝나고, 모든 사람들에게 음식이 제공되었다. 음복이 끝나면 중들은 그 밤에 절간으로 돌아가고 시위 군사들은 술에 취해 곯아떨어지게 마련이었다.

정균은 자기 처소로 돌아가지 않고 정원政院 앞 장막으로 기어들었다. 궁궐은 일진 광풍이 휩쓸고 간 것처럼 적막강산이었다. 시위 군사들의 코 고는 소리만이 적막을 깨뜨렸다.

허승 · 김광립 · 준익은 궁궐 담을 넘어 정균이 묵는 장막으로 슬며시 잠입했다. 정균은 평화롭게 잠들어 있었다. 세 사람은 칼을 높이 치켜들고 얼굴 · 목 · 가슴을 향해 동시에 내리꽂았다. 정균은 외마디 비명 한번 지르지 못하고 처참하게 숨을 거두었다.

허승은 정균을 처치하고 경대승에게 휘파람으로 신호를 보냈다. 이 신호와 동시에 경대승은 30여 명의 부하를 거느리고 뛰어들어 곯아떨어진 정균의 병사들의 목을 무 자르듯이 잘라버렸다. 궁궐은 순식간에 아비규환의 도가니로 변했다.

명종은 장수들이 반기를 든 줄 알고 궁녀들 사이에 앉아 숨도 제대로 쉬지 못하고 떨고 있었다.

경대승은 정균의 부하들을 죄다 처치하고 나서 명종의 침실 앞에 나가 아뢰었다.

"신 경대승 아뢰나이다. 대역무도한 정중부의 무리들이 사직을 넘보므로 폐하의 상념을 덜어드리고자 신이 칼을 빼었사오니 폐하께오서는 놀라지 마시고 억조창생의 기쁨을 받으시옵소서."

명종은 믿지 않고 침실 문을 열지도 못한 채 몸을 떨고만 있었다.

경대승은 수하 장수 네댓 명에게 궁궐을 지키도록 하고, 송유인의 처소로 달려가 송유인과 그의 아들의 목을 베어버렸다.

정중부는 옆집 헛간에 숨어 있다가 발각되어 목숨을 잃었다. 이로써 정중부의 정권이 하룻밤 사이에 무너지고 조정은 새로운 권력가를 맞이하기에 이르렀다.

명종은 밤새 일어난 사건의 내막을 파악하고 비로소 경대승을 불러 술을 내렸다.

"역적 정중부를 벤 장군의 공은 청사에 길이 빛날 것이오. 이제부터 장군이 좌우에서 짐을 도와 국사에 힘써주오."

"폐하, 신은 다만 역적 정중부를 처단했을 뿐 공이 없나이다. 폐하께오서는 이제부터 무신 대신 문신을 중용하시어 나라를 바로 잡으시오소서."

"그대의 뜻은 잘 알겠소. 허나 우선 급한 일이 정균이 맡았던 승선 임명이오. 짐의 생각에 이부시랑 오광섭이 좋을 듯하오. 장군의 의향을 알고 싶소."

"지당하오신 분부이오나, 승선의 직은 중요한 자리이온데 어찌 무신인 오광섭을 기용하려 하시나이까? 신의 생각은 문신으로 바꾸심이 옳을 듯하나이다."

"장군의 말이 맞소. 허나 궁중이 허전하니 장군이 맡으면 어떻겠소?"

"황공하나이다. 신은 정중부 일당을 없앤 것으로 족하나이다. 어찌 궁중의 벼슬 자리를 탐하겠나이까?"

"장군은 충신이로다!"

"과찬이옵나이다."

"장군은 종묘사직을 지켰으니 문하시중이 되어 짐을 도우시오."

명종은 경대승이 벼슬이 성에 차지 않아 거절하는 줄 알고 정중부가 맡았던 문하시중 자리를 권했다. 경대승은 명종이 자기의 뜻을 헤아리지 못해 가슴이 답답했다.

"폐하, 신은 한낱 무부이나이다. 무엇을 안다고 국정에 참여하겠나이까. 신은 나라에 해악을 끼치는 자들을 없앤 것으로 족하옵나이다."

경대승은 벼슬을 고사했다. 명종은 그럴수록 경대승을 곁에 두고 싶어 했다. 경대승은 벼슬에 뜻이 없었다. 무인들이 정권을 잡으면 나라를 망친다는 신념이 뚜렷했다. 오로지 나라를 위하는 마음뿐이었다.

그러나 허승의 생각은 달랐다. 그는 야심 찬 장수였다. 정중부가 사라진 조정에 세력을 뻗어볼 기회를 잡으려고 머리를 굴렸다. 권력을 잡을 수만 있다면 경대승과도 결별하고 싶었다. 그는 태자부太子府의 호위장수가 되어 앞날을 도모했다. 태자를 모시면서 허승은 야욕의 발톱을 드러냈다.

정중부의 재산을 몰수했으나, 경대승의 허락 없이는 티끌 하나 차지할 수 없었다. 허승은 경대승에게 불만이 쌓여갔다. 어느 날 허승이 경대승에게 당당하게 말했다.

"장군, 약속대로 김 부인을 내게 주시오소서."

경대승은 한마디로 거절했다.

"그 약속은 잘못된 것일세. 김 부인은 자진해서 정균의 첩이 된 것이 아닐세. 그의 권력이 무서워 어쩔 수 없이 몸을 바친 것일세. 정균이 죽었다 해서 김 부인을 자네에게 주면 억울한 일을 되풀이하는 일이 아니겠나. 그 일은 없었던 일로 하세나."

"장군, 아니 되오. 장군께서 김 부인을 아니 주시면 억지로라도 빼앗을 것이나이다."

"염치없는 말이로다! 김 부인의 아버지 김이영은 이 나라의 훌륭한 문신이 아니었던가! 문신의 딸을 우리 무신들이 마음대로 빼앗아 농락한다면 후세 사람들이 우리 무신들을 무엇이라 욕할지 한번쯤 생각해보았는가? 우리는 나라를 위한 공을 헛되이 해서는 안 될 것이야."

경대승은 좋은 말로 허승을 타일러 보냈다. 허승의 마음에는 불만이 쌓일 뿐이었다.

허승은 태자를 움직이고 싶었다.

"태자마마, 역적 정균의 재산을 경대승 장군이 차지하고 그의 첩마저도 차지해버렸나이다. 소장에게는 아무런 혜택도 주지 않아 억울할 데 그지없나이다. 태자마마께오서 소장의 억울한 마음을 널리 헤아리시어 정균의 첩을 소장에게 주도록 주선해주시오소서."

"이보시오 허 장군. 일국의 태자로서 남의 첩을 빼앗아줄 수 있겠소? 장군이 수단껏 차지해보시오."

허승은 태자의 승인을 얻은 것으로 마음대로 해석을 내리고, 밤이면 태자 처소 옆에서 연회를 벌이고 궁녀들을 불러 질탕하게 마시고 떠들었다.

어느 날 밤, 허승은 김광립과 함께 김 부인을 억지로 데려다가 태자의 처소 옆에서 놀았다. 김 부인은 정균이 무참히 죽은 후에 친정으로 돌아가 오랜만에 마음 편히 지내고 있었다. 그러다가 뜻밖에 허승이 데리러오자 그만 체념하고 말았다. 거친 무부의 마음에 아름다운 김 부인은 한없는 위안이 되었다. 허승은 자기가 남몰래 사모하던 여자를 만나 세상만사가 태평성대였다. 밤새도록 마시며 노래부르고 춤을 추었다. 밤이 이슥해지고 다른 장수들이 물러가자 허승은 김 부인의 허벅지를 베고 누워 말을 걸었다.

"김 부인, 그동안 나를 어찌 보시었소? 무지막지한 정균이 놈이 부인을 어찌 대했을지 잘 알고 있소이다. 그러기에 나는 아직까지 장가도 들지 않고 부인을 기다린 게요."

김 부인은 체념한 듯이 허승을 내려다보았다.

"세상사는 모두가 허망하다오. 어제의 영화가 오늘은 한낱 꿈으로 변하고… 정균은 그러한 세상 이치를 몰랐을 뿐이라오."

"우리 무부들은 꿈속에서 산다오. 술마시고 싸우고 미워하면서도 천하를 손에 넣을 수 있다는 꿈 말이오. 무부들에게 그런 꿈이 없다면 시체나 다름없소이다."

허승은 자기가 천하를 손에 넣기라도 한 듯 제법 거만스러웠다. 김 부인은 그러한 그가 한심스러워 한숨을 쉬었다.

"장군! 이제 이런 이야기 그만두시고 잠이나 푹 주무시구려. 밤이 깊었나이다."

"오, 사랑스러운 그대가 옆에 있거늘 잠을 자다니, 무슨 망발이오."

허승은 김 부인의 얼굴을 쓰다듬으며 열을 올렸다. 김 부인은 온몸에 벌레가 기어다니는 듯 소름이 끼치면서도 저항하지 못하고 순응하는 자신이 역겨웠다.

"장군! 천첩은 집으로 가고 싶나이다. 다만 장군이 잠든 후에 가겠나이다."

"이 밤중에 나를 두고 가다니요. 장부의 마음을 부인께서는 정녕 모른다 하시겠소?"

"하오나 장군! 여기는 태자마마의 침전이 가까운 곳이나이다. 다른 날 장군의 처소에서 다시 뵙도록 원하나이다."

"아니 될 말. 태자의 처소 가까이라 할지라도 태자는 내 일에 간섭하지 않으오. 아무 상관없으니 괘념치 마오."

"무엄한 말씀이나이다. 태자마마께서 아시거나 경대승 장군께오서 아시면 우리를 어찌 대하겠나이까."

"어느 누가 감히 나를 업숭이 여긴단 말이오? 오늘의 공신은 당연코 이 허승이란 말이외다."

김 부인은 부득이한 사정으로 허승의 포로가 된 몸이 되었지만 본디 예절 바른 집안에서 자란 탓에 호락호락하지는 않았다. 허승과 김 부인 사이에 승강이가 벌어졌다.

이때 경대승 휘하의 장수 수십 명이 방문을 차고 들어왔다.

"이놈들! 여기가 감히 어디라고 뛰어드느냐!"

"무엄한 놈! 감히 태자궁 안에서 여인을 끼고 돌다니, 너는 죽어 마땅한 놈이다!"

허승은 경대승의 부하가 내리친 칼에 목이 달아났다. 김 부인은 그길로 친정집으로 돌아갔다.

경대승은 무신들이 못된 짓거리를 하면 그냥 두고보지 않았다. 기어이 응징하고, 오로지 고려 사직과 왕실에 충성하는 마음을 일생의 신조로 삼았다. 하지만 그는 명이 너무 짧았다. 나라와 백성을 위해 노심초사하다가 30세로 병사하고 말았다.

⊙ 천하장사 이의민

경주에 기운 센 파락호가 한 사람 있었다. 아버지는 소금과 체를 파는 장사꾼이었고, 어머니는 연일현 옥령사의 종이었다. 천출인데다가 배운 것이 없는 파락호 이의민은 기운 하나는 장사였다. 씨름을 잘하여 경주 일대에 이름이 알려지고, 그 지방에서 그를 누를 장사가 없었다.

이의민은 위로 형이 둘이었다. 이들도 역시 기운이 장사였으나 세상을 잘못 살고 있었다. 어느 날 이들 3형제가 경주의 관리들과 싸움이 붙어 관리들을 초주검이 되도록 흠씬 두들겨 패주었다. 이 사건이 고려 조정에 알려져 안렴사 김자양이 경주 현지로 내려갔다. 안렴사는 포졸들을 풀어 3형제를 즉시 잡아가두고 심문했다.

"이놈들아, 관리를 때리면 어찌되는지 아느냐?"

"모르옵니다. 다만 놈들이 관을 믿고 행패가 심하기에 손을 좀 봐주었을 뿐이외다."

두 형을 제쳐두고 이의민이 꼬박꼬박 말대꾸를 했다. 그는 두려움을 전혀 느끼지 않았다.

"저놈들을 매우 쳐라!"

3형제는 혹독한 매질을 견딜 수 없었다. 두 형은 매질을 견디지 못하고 목숨을 잃고 말았다. 오직 이의민만은 모진 고문에도 고개를 뻣뻣이

들고 말대꾸를 했다.

"네 죄를 정녕 모르겠느냐?"

"무식해서 모르오. 때리는 까닭이나 알려주오."

"저런 쳐죽일 놈을 봤나! 매우 쳐라!"

아무리 매질을 해도 대답은 한결같이 '무식해서 모른다' 였고, 까무라
치거나 소리 한번 지르지 않았다. 안렴사 김자양은 이의민의 용맹에 슬
그머니 호기심이 일었다. 대단한 물건이 될 것 같았다.

"네 이놈! 앞으로도 쌈박질이나 하며 살 것이더냐?"

"배운 것이 쌈박질뿐이외다. 제 버릇 개 주는 것 봤소이까?"

"너 송도에 가서 군인이 되어보면 어떻겠느냐?"

"나 같은 놈도 군인이 될 수 있소이까?"

이의민의 눈이 반짝였다. 아예 그런 것이 있는 줄도 몰랐던 것이다.

"네놈은 기운 하나로도 장수감이니라. 게다가 재주가 있어 보이니 내
너를 군인으로 넣어주겠노라."

"안렴사 나으리, 이놈을 송도로 데려가주오소서."

"이제야 철이 든 말을 하는구나."

김자양은 이의민을 데리고 송도로 돌아왔다. 이의민을 경군京軍으로
편입시켜 군인이 될 수 있게 만들어주었다. 이의민은 정중부의 부하가
되었다. 특히 수박手搏을 잘하여 의종의 사랑을 받았다.

그후 이의민은 정중부가 무신의 난을 일으켜 문관들을 없앨 때 큰 공
을 세우게 된다. 정중부는 난이 성공하자 이의민을 장군으로 만들어주
었다. 그후 이의민은 이의방의 충직한 부하가 되었다.

동북면병마사 김보당金甫當이 거제도에 귀양가 있는 의종을 경주로
모셔온 후에 복원을 노렸다. 이의방이 이의민에게 명령을 내렸다.

"이 장군, 김보당이 의종을 경주로 모셔온다는 소문이 파다하오. 장
군이 책임지고 의종을 없애버리시오!"

이의민은 즉시 경주로 내려갔다. 경주 백성들은 겁을 집어먹고 이의

민에게 간청했다.

"장군! 전왕을 경주에 모신 것은 이곳 백성들의 잘못이 아니외다. 우리를 죄인으로 몰아 해치지 마시오소서."

"염려 마오. 나도 이곳 출신이외다. 아무런들 내가 고향 사람들을 해치겠소이까? 이번에 전왕을 경주로 모셔온 것은 금상의 명령이 아니외다. 그러니 여러분들은 나와 함께 전왕을 잡는 데 협력해야 할 것이오."

이 소문이 퍼지자 이의민의 옛날 파락호 시절의 부하들이 전왕을 객사에 유폐시켰다. 일은 순조롭게 풀려 전왕을 곤천사坤天寺로 옮겼다. 아무것도 모르는 전왕은 전에 금나라 사람한테 보았던 사주 생각이 떠올라 은근히 기뻐했다.

'그 사주쟁이가 그랬지. 경주까지 가기가 어렵지 경주만 가면 송도에 가기는 어렵지 않다.'

전왕 의종 앞에 이의민이 나타났다.

"폐하, 오랜만에 뵙나이다."

"오오, 예전에 씨름 잘하던 장수가 아니오?"

"그러하오이다."

"요사이 송도 사정은 어떠하오?"

"신 송도를 떠난 지 오래인지라 송도 소식을 잘 모르옵나이다."

"짐은 송도가 그립소."

"많이 그리워하소서."

이의민이 콧방귀를 뀌며 부하들에게 눈짓을 보냈다. 힘센 부하 둘이 뛰어들어 의종을 큰 솥에 집어넣고, 그 위에 솥을 포갠 후에 얽어매어 곤천사 뒤 연못에 집어넣었다. 이번에도 큰 공을 세워 이의민은 대장군이 되었다.

서경유수 조위총이 조정을 틀어쥔 정중부·이의방을 치려고 반란을 일으켰다. 조위총은 의종을 폐위시키고 문신을 학살한 후 전횡을 일삼는 정중부와 이의방을 타도하고 서경인의 세력을 펴려고 동북東北 양계

兩界의 여러 성에 "지금 개경 중방重房에서는 북계의 여러 성이 사나워졌으니 마땅히 공토攻討해야 한다고 논의하고 군사를 이미 크게 발하였다고 하니, 어찌 가만히 앉아서 죽겠느냐. 마땅히 병마를 규합하여 속히 서경으로 달려오라"는 격문을 붙였다. 이에 현담륜이 도령都領으로 있는 연주성을 제외하고는 절령 이북 40여 성이 모두 조위총에게 내응하여 드디어 중앙정부에 반기를 들었다. 이의민은 이 난마저 평정하여 명실공히 고려의 제일 가는 장수가 되었다.

무신정권은 엎치락뒤치락하며 피가 피를 불렀다. 정균이 이의방을 죽이고, 청년장군 경대승이 정중부 일가를 도륙했다.

형부상서 이의민은 경대승이 한 말에 겁을 먹었다.

"전왕을 죽인 자를 아직 잡지 못했다. 내 기어코 그자를 잡아 전왕의 억울한 죽음에 보답하겠노라."

이의민은 슬그머니 경주로 잠적해버렸다. 그후 경대승이 젊은 나이에 병사한 후 명종에게 사람을 보내 자기를 조정으로 불러달라고 청을 넣었다. 명종은 달갑지 않았으나 뒷일이 무서워 이의민을 조정으로 불러들였다. 이제 이의민의 세상이 되었다.

이의민의 전횡이 심해지자 명종은 하는 일 없이 궁녀들이나 희롱하는 재미로 살았다. 명종은 그나마 가장 총애하던 명춘明春마저 죽자 과거를 돌아보며 눈물로 세월을 보냈다. 어떤 때는 통곡을 터뜨리는 바람에 어머니 임 태후의 가슴을 찢어놓았다.

"상감, 체통을 잃고 이 무슨 해괴한 짓이오?"

"태후마마, 지난날을 생각하면 슬픔이 복받쳐 가눌 수가 없나이다."

"나약한 소리 마오. 상감 곁에는 장군들의 중방이 있소이다. 장군들이 알면 상감 체통이 무엇이 되겠소이까?"

"체통이고 뭐고 다 소용 없나이다. 작년 겨울에 순주純珠가 죽고 1년도 못 되어 명춘이 또 갔나이다. 누구를 의지하여 살아가겠나이까."

명종은 슬픈 나머지 애첩들에 대한 애도의 글을 짓기까지 했다.

"오호라 슬픈지고. 한 떨기 꽃이 말없이 떨어지니 내 마음 무너지듯 하는구나. 인생은 아침 이슬 같다고 하지만 너희가 그리 쉽게 갈 줄은 몰랐도다. 전날 너희가 살아 있을 때는 나의 좌우에서 떠나지 않았거늘, 이제는 너희의 가녀린 몸을 들에 버렸구나. 풍염한 너희 몸에 이제는 개미떼가 덤벼들었으니, 더는 그 고운 자태 찾지 못하겠구나. 오호통재라, 나의 정 하소연할 곳 없어 더욱 슬프고나."

뒷날 어떤 사람이 명종을 두고 태후의 상을 당해서는 3개월 만에 육식을 하더니, 사랑하는 후궁이 죽은 후에는 6개월 동안 육식을 하지 않았으니 참으로 장하다고 비웃었다. 또 다른 사람은 명종의 애도의 글을 보고 마음껏 빈정댔다.

"임금은 글을 잘 쓰고, 그 밑에 있는 장군들은 글 한 자 모르니 조금씩 나누어 가졌으면 좋을 뻔했구나."

당시의 집권자 이의민을 비롯하여 아첨만을 일삼는 대신들 가운데 글을 모르는 사람이 많았다. 더욱 어처구니없는 것은 추밀원은 국가의 글을 관장하는 곳인데, 지추밀원사나 추밀원부사를 글을 모르는 무신들이 맡았다. 자연히 일처리는 서리들이 도맡아 했다. 그 당시 지추밀원사는 김영존이었고, 추밀원부사는 손석동이었다. 이들은 추밀원에 나오면 글을 몰라 서로 싸우기만 했다.

그뿐만이 아니었다. 중서성은 임금의 정치적인 문제를 총괄하는 곳인데, 아무것도 모르는 무신들이 꿰차고 앉아 서로 싸움박질만 하고 있었다. 그때 중서성에 평장사로 두경승杜景升과 이의민이 있었다. 이들은 모이면 서로 힘 자랑 이야기뿐이었다.

"아무개가 기운 하나는 천하 제일이야."

"아무개가 마음은 최고수일세."

한번은 이의민이 두경승과 이야기하던 도중 중서성 기둥을 주먹으로 후려쳤다.

"내가 보현원에서 문신들을 때려잡을 때 이 주먹으로 여러 놈 명줄을 끊어놓은 게야. 네 따위가 뭐관데 까부는 게야!"

"나도 서경 난리 때 이 주먹으로 여러 놈을 죽였다. 네 따위가 뉘 앞에서 까부느냐!"

두경승이 주먹으로 벽을 쳤다. 벽이 뚫어지고 두경승의 주먹이 밖으로 나갔다. 이의민은 지지 않고 다시 주먹으로 기둥을 쳤다.

"이놈아, 수작 부리지 마라! 네 놈이 그 자리에 앉아 있는 것도 내 덕이 아니더냐?"

이의민은 화가 끓어올라 두경승을 한 방 갈겼다. 두경승이 맞받아쳤다.

"이놈이 누구에게 함부로 손찌검이야!"

중서성은 격투기장 같았다. 주먹 싸움은 급기야 씨름으로 바뀌었다. 이의민은 이름난 씨름꾼이었다. 두경승이 보기 좋게 넘어졌다. 이의민이 호통쳤다.

"이놈아, 네 놈은 내 상대가 아니야. 이래도 덤빌 테냐?"

"그만 하자!"

두경승은 팔씨름으로 덤볐다. 팔씨름은 두경승이 센 편이었다. 한마디로 관청이 난장판이었다. 그때 사람들은 이런 두 사람을 액원掖院에는 이두李杜(이의민 · 두경승)가 있고 밀원密院에는 손김孫金(손석동 · 김영존)이 있다고 빈정댔다.

또 이의민과 두경승을 풍자한 시도 나돌았다.

> 나는 이씨와 두씨가 가장 두렵네
> 우뚝 선 모습은 재상 같지만
> 황각黃閣에 3, 4년 있는 동안
> 주먹 바람만 만고에 빛나리

중앙정부의 조정이 주먹으로 세월을 보내는 동안 지방에는 도둑들이 창궐했다. 그중에도 운문雲門의 김사미, 초전草田의 효심 등이 널리 알려져 있었다. 도둑 문제로 명종도 걱정이 되어 대장군 김존걸, 장군 이지순 등을 내려보내 토벌하게 했다. 이지순은 이의민의 아들이었다. 도둑을 잡으러 가는 아들을 불러 이의민이 말했다.

"우리 집에는 대대로 믿는 두두을ㅌㅛㄷㄱ이라는 영검하신 신이 계시니라. 내가 처음에 경주에서 떠날 때도 이 두두을의 말을 받들어 떠났느니라. 모신 곳에 가서 예를 올리고 떠나거라!"

이지순은 아버지의 명령을 받고 신방으로 들어가 두두을신에게 예를 올렸다. 두두을신은 당대의 이름난 화가 이광필이 그린 초상이었다. 이지순은 예를 올린 다음 두두을신 앞에 놓인 부적을 보았다.

'龍孫十二盡용손십이진 更有十八字갱유십팔자'

즉, 용손은 12대에 망하고 다시 18의 아들이 있을 것이다. 이 부적에 씌어 있는 글은 이자겸 시대부터 돌아다니던 것이었다. 왕씨는 12대에 망하고 이씨(十八)가 일어난다는 뜻이었다.

이의민이 부적을 보고 말했다.

"신라는 고려에 망했다. 우리 경주 이씨의 조상은 박씨와 함께 신라 6촌을 만드신 분이니라. 우리가 지금은 고려에 와서 신하 노릇을 하고 있지만 장차는 두두을신의 명으로 신라를 재건해야 하느니라."

"명심하겠나이다."

"너는 내려가거든 경상도의 도둑을 잘 처리하여 나라를 일으켜 세워야 하느니라."

"어찌하오리까?"

"먼저 인심을 살펴야 하느니라. 경주 사람은 언제까지 남의 신하 노릇을 하게 되어 있지 않느니라. 내려가거든 적과 내통하여 경주에서 거사해보도록 하라! 나는 이미 늙었으니 너희 3형제에게 의지할 뿐이니라."

"명심하겠나이다. 경주에 내려가 그곳 백성을 포섭해보겠나이다."

이의민은 반역의 꿈을 꾸고 있었다. 이지순은 도적을 치러 가는 것이 아니라, 적과 내통하여 반역을 도모하러 가는 것이었다. 적도들은 이 사실을 알고 이지순과 내통하여 소탕작전은 애초부터 힘들었다.

대장군 김존걸은 이 사실을 알고 고민에 빠졌다.

'이지순을 군법으로 다스리면 죽여야 한다. 허나 그 다음에는 내가 이의민에게 죽을 게 뻔하다. 차라리 내가 죽는 게 낫다.'

김존걸은 스스로 목숨을 끊어버렸다. 이의민의 권세가 어느 정도였는지 극명하게 드러난 사건이었다.

◉ 두두을신

이의민의 아버지 이선李善은 아들이 아직 어릴 적에 꿈을 꾸었다. 꿈에 의민이 푸른 옷을 입고 황룡사 9층탑으로 올라가는 것을 보았다.

"보통 꿈이 아니로다. 이놈이 크면 장차 크게 될 놈이로구나."

이선은 혼자 좋아하며 두두을신을 굳게 믿었다. 두두을신은 목매木魅(나무로 만든 큰 상)로 경주 지방에서 신으로 받들었다. 이 신을 믿으면 큰 복을 받는다고 알려져 있었다.

이의민은 20세가 되자 신장이 8척이나 되고 힘이 장사였다. 이의민이 김자양의 추천으로 경군이 된 후 아내를 데리고 개경으로 올라왔다. 개경에 다 와서 해가 저물어 정문이 닫혀버렸다. 그는 할 수 없이 남문 밖 연수사延壽寺에서 하룻밤 묵었다. 그날 밤 그의 꿈에 이상한 일이 일어났다. 긴 사다리가 닫힌 성문에 놓여 있었다. 의민이 사다리를 타고 올라갔다. 올라갈수록 사다리는 길어지고, 끝까지 가보니 궁궐이었다.

이의민은 꿈에서 깨어 깊은 생각에 잠겼다. 그는 출세한 후에 경주의 두두을신을 자기 집에 모셔놓고 날마다 빌었다.

"두두을신이시여! 오늘 소원성취하게 해주시오소서."

두두을신의 영검을 입었던지 이의민은 승승장구했다. 그는 무식했지만 예로부터 내려오는 참언이나 몽참, 즉 꿈에 나타난 참언 따위를 굳게 믿었다.

이의민은 고려 제일의 권세가가 되었으나, 이지순의 행악이 자심하여 권세를 이어가지 못하고 결국 최충헌에게 몰려 일가가 몰락하고 말았다. 이의민 일가가 몰락하기 며칠 전 이의민은 두두을신을 모신 사당 앞에 나가 기도했다. 그런데 사당 안에서 갑자기 곡성이 들렸다.

"오, 이 무슨 일인고?"

이의민이 두두을신에게 물었다.

"그동안 나는 오랫동안 네 집을 지켜주었느니라. 그러나 이제는 하늘에서 화를 내리고 있으니 나는 의지할 곳이 없느니라. 그리하여 울고 있느니라."

그뒤 이의민은 몰락했다. 어명으로 그의 집 벽에 그려놓은 두두을신도 지워졌다. 이의민이 그토록 믿던 두두을신도 때가 되어 달아나고 말았다.

두두을신은 경주가 본고장이었다. 경주부 남쪽 10여 리쯤에 왕가수王家藪가 있어, 여기에 목랑木郞을 제사지냈다. 목랑은 나무로 만든 신이었다. 이 목랑을 속칭 두두리豆豆里라 하여 비형랑鼻荊郞 이후에 많은 사람이 믿었다. 비형랑은 신라 진지왕이 죽은 후 도화랑桃花郞과 신교로서 태어난 남자이다. 이 비형랑을 신으로 믿었다. 경주에서는 처음에 비형랑을 믿고 나중에 두두을신을 믿었다.

고종 18년에 몽고의 살리타이가 고려에 쳐들어왔다. 이때 경주에서 상소가 올라왔다.

"두두을신이 말하기를 '내가 적진에 가보니 원수 모모 등이 왔도다. 우리 5명이 그들과 10월 18일에 싸우고자 하노라. 조사와 안마鞍馬를 보내면 싸워서 승리하겠노라' 하였나이다."

다시 두두을신은 집권자 최우에게 시까지 써보냈다.

장수나 요절이나 재앙이나 좋은 일은 같은 것이 아니다

모든 사람들은 이것을 모르고 있네

재앙을 없애고 복을 받게 하기란 어려운 일

이 일을 할 사람 나 아니면 누구겠느뇨

최우는 이 글을 읽고 그대로 믿은 후, 그림을 그린 마구와 안장·백마 등을 준비하여 내시 김지석을 시켜 보냈다. 그러나 아무 효험도 없이 경주는 몽고군에게 유린되었다.

몽고군이 경주로 쳐들어왔을 때 9층탑이 불타버렸고, 두두을신도 화염에 싸여 사라지고 말았다. 특히 경주에는 신라 때 믿었던 신이 많았다. 그중 일부가 이의민을 통해 송도에 들어왔다. 그러나 영검이 없어 고려 말에 사라지고 말았다.

◉ 진흙 속의 진주 자운선紫雲仙

이의민의 세력이 날로 팽창되었다. 그는 두두을신을 믿고 반역의 꿈을 꾸었다. 남쪽에서 준동하는 김사미·효심 등과 결탁하고, 인사권을 쥐고 벼슬을 사고 팔았다. 또한 백성들의 재산을 무단 착취하여 거대한 저택을 마련하는 등 사회기강을 무너뜨렸다.

이 무렵, 그의 아들 이지영李至榮이 삭방도朔方道 분도장군分道將軍으로 내려가 변방의 군대를 시찰했다. 원래는 본도 병마사의 지휘 아래 변방 시찰을 나서야 했으나, 지영은 아비의 세력을 믿고 병마사를 무시해버렸다. 병마사가 이지영에게 항의했다.

"국경지대의 병권이 이 병마사에게 있거늘, 장군은 내 지시에 따라 변방 순시에 나서기 바라오."

"나는 어명을 받고 왔소이다. 만약 내게 잘못이 있다면 폐하께 상주하시구려."

"장군, 예전 관례대로 따르시오!"

"아 글쎄, 폐하께 상주하란 말이외다."

지영은 임금을 팔아 병마사의 간섭을 막았다.

국경지대는 늘 여진족이 호시탐탐 침략의 기회를 노렸다. 그러나 그즈음에는 금나라가 여진족을 통일하여 국경지대는 평화로웠다.

이지영은 압록강 상류를 따라 깊숙이 들어가보았다. 안전지대여서 마음 놓고 갈 수 있었다. 이지영은 뜻밖에도 산수 좋은 곳을 만나 기쁨이 충만했다. 경치가 아름다울 뿐만 아니라, 먹을거리가 풍부하여 흥취는 배가되었다. 그는 구경에 싫증이 나면 강가 부락에 들러 마음 놓고 쉬었다. 나중에는 시찰이 아니라 유람이 되어버렸다.

그가 압록강가의 어느 작은 마을에 찾아들었을 때였다. 그 마을은 고리버들이 우거져 있고, 마을 사람들은 고리짝을 만들려고 버들개지를 자르고 있었다. 남자보다 여자들이 눈에 더 띄었다. 이지영은 평화로운 마을을 거닐었다. 마을 사람들은 남녀 모두 티없이 맑고 깨끗한 얼굴이었다. 여자들은 미인이 많이 눈에 띄었다.

어느 작은 집에서 한 여인이 집을 나서는 것을 보고 이지영은 그만 벙어리가 되어버렸다. 하늘에서 금방 하강한 선녀 같았다. 어찌나 황홀한지 이지영은 눈을 질끈 감았다.

여자는 고리버들을 한아름 안고 혼자서 생글거리며 집 안으로 들어가버렸다. 이지영은 부하에게 여인의 집 내력을 알아오도록 시켰다. 부하가 마을 촌장을 만나 여인의 집 내력을 알아왔다.

"장군, 고리짝을 만드는 백성의 집이라 하옵니다."

"그렇다면 직접 여인의 집으로 가자!"

이지영은 그 여인의 집으로 가서 인기척을 알렸다. 집 주인이 나와 군복 차림의 지영을 보고 굽실거렸다.

"어디에서 오신 뉘신지요?"

"나는 국경을 순시하는 장군이외다."

"누추하오나 안으로 드시지요."

방 안은 겉보기와는 달리 깨끗하고 정결해 보였다. 이지영은 널찍한 마루에 걸터앉았다. 잠시 후 조금 전에 본 그 여인이 삼단 같은 긴 머리를 곱게 빗어 댕기를 길게 늘이고 방에서 나왔다. 여인이 이지영에게 공손히 절을 올렸다. 얼굴에는 함박꽃 같은 미소를 띠고 있었다. 그는 어리벙벙해 있다가 엉겁결에 물었다.

"여기가 어디인고?"

"예, 장군님. 여기는 압록강 상류 삭방도이나이다."

여인의 말소리는 청량한 물소리처럼 맑았다.

"언제부터 여기에 정착했는고?"

"여러 대째인 줄 아나이다. 저희 조상은 멀리 백제땅에서 살았다고 하옵니다."

"무엇으로 생계를 꾸려나가는고?"

"이곳은 버들이 좋아 고리짝을 만들어 먹고 사나이다."

이지영은 여인에게 넋을 빼앗기고 앞뒤 사정 볼 것 없이 불쑥 물었다.

"더 번화한 곳으로 나가 살고 싶지 않으냐?"

"이곳에서는 여자들이 어려서부터 춤과 노래를 배워, 몸집이 커지면 압록강 하류로 내려가 일자리를 구하나이다."

이지영은 이곳 규수들이 기생을 목표로 춤과 노래를 익히는 것으로 알았다.

"그대 이름이 무엇인고?"

"자운선紫雲仙이라 하옵나이다."

"오오, 예쁜 이름이로다."

이지영은 자운선에게 이미 마음을 빼앗겨버렸다. 저녁이 되자 이지영은 자운선을 앞세우고 배로 돌아왔다. 배 갑판은 널찍했다. 배는 금세 휘황한 불빛으로 장식되었다.

이지영은 자운선의 노래와 춤을 감상했다. 노래도 춤도 송도에서는 듣지도 보지도 못한 것들이었다. 여진족과 섞여 살며 그들의 춤과 노래를 익힌 것 같았다.

하룻밤을 배에서 지낸 이지영은 자운선을 데리고 삭주로 왔다. 그날부터 이지영의 군영에서 자운선의 노랫소리가 그치지 않았다. 자운선은 뜻밖에도 세력 있는 이지영을 만나 정성껏 모셨다. 이지영은 소문난 호색한이었다. 이지영은 자운선을 얻은 후 애지중지했다.

이지영은 자운선을 데리고 송도로 돌아왔다. 자운선은 처음 보는 궁궐이 실감이 나지 않아 허벅지를 꼬집어보았다. 어디를 보나 자운선의 눈에 송도의 모습은 꿈속이었다.

이지영의 집도 궁궐 못지않았다. 자운선은 곱게 단장하고 송나라 비단으로 몸을 감싸고 궁궐 같은 집을 천천히 거닐며 자신이 왕비가 된 듯한 몽상에 젖었다. 자운선의 교태는 날이 갈수록 요염해졌다. 이지영을 품안에 넣고 옴짝달싹 못하도록 사로잡았다.

"장군, 이 가녀린 아녀자에게 무엇을 주시겠나이까?"

"무엇이 먹고 싶은고?"

"당장 먹을 것이 아니오라 우리 부모님의 먹을 것이 걱정되나이다."

"어찌했으면 좋겠는고?"

"의견을 내놓으면 들어주시겠나이까?"

"무엇이든 들어줄 것이야."

"저어… 고리 백정들은 세금을 내지 않나이다. 이제부터 고리 백정들에게 세금을 거두어 우리 부모님에게 주시면 원이 없겠나이다."

이지영은 제 돈 들이지 않고 도와주는 일이어서 어렵지 않게 여겼다. 곧 삭주분도 병마사에게 고리 백정들에게 일정액의 세금을 거둬들이라고 통고했다. 자운선은 제 고장 사람들의 고혈을 짜서 제 부모의 배를 채워주는 꾀를 냈던 것이다. 고리 백정들의 생활은 세금을 내면서부터 밑바닥 인생으로 전락해버렸다.

이지영은 자운선을 위해 예성강 벽란도에 절을 지었다. 우선 법당을 먼저 세우고, 법당에서 조금 떨어진 곳에 날아갈 듯한 정자를 지었다. 법당과 정자가 완공되자 성대한 잔치를 열었다. 이 기회에 자신의 호사를 마음껏 보여주고 싶었다. 송도에서 내로라하는 장수들을 죄다 초청했다.

법당은 보달원普達院이라 하고, 정자는 보달정으로 이름붙였다. 그뿐만이 아니라, 벽란도에서 육지로 통하는 나무다리를 놓았다. 사람들의 통행이 쉬워 보달원에 신도들이 늘어났다.

잔칫날 송도에서 장수들이 다투어 모였다. 고려 제일의 실세 이의민의 아들 이지영이 초대한 연회였다. 아무리 급한 일이 있어도 열 일을 제쳐놓고 장수들이 다 모였다. 장수들은 산해진미를 맛보며 이지영 칭찬에 열을 올렸다.

"장군, 고려에서 경치 좋기로는 이곳 보달원이 제일인가 하오. 청산과 강, 그리고 무지개 다리는 천하 일품이로소이다."

"어디 그뿐이나이까? 여기서 조금 내려가면 벽란정이 있고, 그곳에서는 송나라 사람들과 교역하여 값진 물건들이 풍성하외다."

아첨하는 장수들이 한마디씩 다투어 하려고 가관이었다. 이지영은 어깨가 으쓱해졌다.

풍악 소리가 울리고 기녀 수십 명이 들어와 장수들에게 큰절을 올렸다. 그러고는 나비처럼 춤을 추었다. 기녀 중에는 노래를 부르는 이도 있었다. 연회가 무르익어갔다.

연회에 참석한 장수 중에는 최충헌崔忠獻도 끼어 있었다. 노래와 춤이 한마당 끝나자 이지영이 자리에서 일어났다.

"여러 장수들이여! 이번에는 내가 숨겨둔 비장의 애기愛妓 자운선의 춤과 노래를 감상하시겠소이다."

장수들이 일제히 환호성으로 답했다.

"멋진 생각이외다."

흰 비단으로 몸을 감싼 자운선의 모습은 분빛 얼굴과 어울려 선녀를 떠오르게 했다. 좌중에서 탄성이 터졌다.

"오, 저 여인이 진정 사람이란 말인가!"

자운선이 노래를 부르며 춤을 추었다. 좌중은 숨이 막힌 듯 고요했다. 장수들의 눈동자는 자운선의 춤동작을 따라 움직이다가 화등잔만하게 커졌다. 무엇인가 애원하는 듯한 자운선의 춤은 무부들의 넋을 빼앗기에 모자람이 없었다.

"아무리 봐도 사람일 수 없소이다. 필시 예성강의 신 같소이다."

최충헌은 자운선을 보자마자 홀딱 반해 속으로 음심을 품었다.

'대장부로 태어나서 저런 여인을 꿰차지 못하면 천하를 얻은들 무슨 보람이랴. 내 기필코 자운선을 차지하리라.'

최충헌은 40세가 넘은 나이로 겨우 장군 반열에 올라 있었다. 그는 이의민의 전횡에 이를 갈았다. 언젠가는 이의민을 없애고 정권을 잡아보려는 야심으로 늘 가슴이 끓어올랐다.

이날 연회는 해질 무렵에 끝이 났다. 하루종일 먹고 마시며 질탕하게 놀았다.

이의민의 행악은 날이 갈수록 심해졌다. 그의 아들 3형제는 아비의 세력을 믿고 하늘 무서운 줄 모르고 설쳐댔다.

최충헌과 그의 아우 충수忠粹는 이의민을 꺾을 기회만을 노렸다. 그러던 중 이지영의 집에 난데없이 비둘기 한 쌍이 날아들었다. 자운선은 비둘기를 한 손에 한 마리씩 앉혀놓고 귀여워했다.

"어디서 날아온 복덩어리더냐? 아이구, 귀여워라."

이지영은 날아들어온 날짐승이니 잘 기르라고 일렀다.

잠시 후 대문 밖이 떠들썩했다. 최충수가 비둘기를 내놓으라고 으름장을 놓았다. 이지영이 대문 밖으로 나가보았다.

"웬 소란이더냐?"

"장군댁 하인이 우리 집 비둘기를 훔쳐갔소이다."

"그 무슨 해괴한 말이더냐? 훔치기는 누가 훔쳐! 저절로 날아들었느니라."

"아니외다. 저기 저 하인놈이 훔쳐간 것이외다. 아무리 세도가의 집이라고 남의 물건을 마음대로 훔칠 수 있소이까?"

성질이 불꽃 같은 최충수가 이지영에게 따졌다. 이지영이 화가 나서 소리쳤다.

"최가 놈을 묶어라! 버릇을 고쳐주어야겠다!"

최충수는 이지영의 하인들에게 잡혀 두 손이 오랏줄에 묶이는 신세가 되었다. 충수가 고함쳤다.

"장군! 소인도 나라의 녹을 먹는 관리외다. 나라의 관리를 천한 종놈들이 얽어매다니 말도 안 되오! 장군이 친히 얽어맨다면 얼마든지 응하겠소이다!"

이지영은 충수의 우렁우렁한 목소리에 압도되었다.

"네 말이 옳다. 여봐라! 묶는 것을 그만둬라. 그리고 비둘기를 내주어라!"

이지영이 웬일인지 관대하게 대했다. 최충수는 이지영의 관대함에 바로 태도를 바꾸고 사과했다.

"장군! 소인이 너무했소이다. 비둘기는 제 집에 또 있사오니 그대로 두시오. 제가 드리겠소이다."

최충수는 형 충헌에게 이지영이 자기 집 비둘기를 빼앗고 자기를 포박해 며칠 동안 감금했다가 풀어주었다고 거짓말을 했다.

"형님, 이의민의 4부자를 없애야만 나랏일이 바로 되나이다. 결심하소서."

"네 말이 백번 옳다만 우리의 힘으로는 역부족이야."

"암살하면 될 게 아니겠나이까?"

"때를 기다려라. 아무 말 말고 기다려보자."

최충헌의 머리에 자운선의 얼굴이 떠올랐다. 자운선을 차지하려면 이의민 4부자를 꼭 처단해야만 했다.

초파일날, 명종이 보제사普濟寺로 행차했다. 이의민은 몸이 불편하다는 핑계를 대고 명종을 수행하지 않고 미타산 별장으로 가서 쉬었다. 이 사실을 알게 된 최충수는 급히 형을 만나 때가 되었다며 거사를 단행하자고 독촉했다. 충헌도 좋은 기회로 여겨 수하 몇 명을 거느리고 가슴에 비수를 숨겼다.

부처님 오신 날을 맞아 송도는 텅 비어 있었다. 모두 절에 가서 부처님 오신 날을 봉축했다.

충헌 일당은 미타산으로 말을 달렸다. 이의민은 별장에서 송도 집으로 돌아오려고 막 별장 문을 나서고 있었다. 말구종 한 명이 그의 수레를 끌 뿐 수행원 하나 없었다.

그의 수레가 별장을 돌아 앞으로 나설 때였다. 숨어 있던 충수가 이의민을 향해 달려들어 비수를 던졌다. 비수는 말에 맞고 땅에 떨어졌다. 말이 놀라 뛰어오르는 바람에 이의민이 수레 밖으로 튕겨져 땅에 떨어졌다. 충헌이 큰 칼을 빼어들었다.

"네 이노옴! 네놈이 나를 도모하겠다고 칼을 빼들었느냐!"

이의민이 외쳤다. 동시에 충헌의 칼이 의민의 어깨를 쳤다. 의민이 슬쩍 비키며 사납게 대들었다. 뒤에서 충헌의 생질 박진재가 의민을 칼로 찔렀다. 의민은 태연히 저항했다. 그때 충수의 비수가 날아 의민의 가슴에 꽂혔다. 뒤이어 충헌의 큰 칼이 의민의 허리를 찔렀다. 의민이 땅에 쓰러졌다.

충헌 일당은 그의 목을 베어 송도로 돌아와 성문에 효수하라고 방을 써붙였다.

"나라를 어지럽히고 왕실을 능멸한 역적 이의민을 정의의 칼로 목을 베었도다!"

이 소식을 전해들은 명종은 보제사에서 궁으로 환궁했다.

의민의 아들 이지순과 지랑은 급보를 받고 달려와 길에서 충헌 일당과 조우했다. 시가전이 벌어졌다. 충헌의 무리가 불어나는 바람에 그들은 꽁지가 빠지게 도망쳤다.

충헌 형제는 어전에 나아가 아뢰었다.

"폐하, 역적 이의민은 전에 전왕을 죽인 죄를 저질렀나이다. 뿐만 아니오라 민생을 도탄에 빠뜨리고 왕실을 엿보던 자이옵나이다. 신 등이 나라를 위하고 왕실을 지키고자 처단했나이다."

"참으로 장한 일을 했다! 그대들이 왕실을 지켜다오!"

"성은이 망극하여이다."

충헌 일당은 인은관仁恩館에 모여 이의민에게 아첨하던 조신들을 죽일 계획을 세웠다. 그때 권절평·길인이 병사를 거느리고 쳐들어온다는 소식이 날아들었다. 충헌 일당은 그 소문에 흥분되어 조신들을 닥치는 대로 목베어버렸다.

길인은 사건이 화급한 것을 알고 무기고에서 무기를 꺼내 궁노들을 동원, 충헌과 싸우도록 했다. 싸움이 크게 벌어졌다. 시내 곳곳에서 시가전이 벌어져 어느 쪽이 승리를 거둘지 한 치 앞을 예측할 수 없었다.

길인은 싸움에 밀려 궁 안으로 들어갔다. 충헌은 그를 쫓아 궁 안으로 들어가 길인을 베고 조신 36명을 처단했다.

달아났던 이지순·이지랑도 다시 돌아와 싸우다가 잡혀 목이 떨어졌다. 이의민 일파 중 남은 사람은 이지영 하나뿐이었다. 그는 안서도 도호부에 있었다. 충헌은 사람을 보내 이지영을 죽이고 자운선을 송도로 데려왔다. 충헌은 자운선을 자기 집 깊숙한 후원에 감춰두었다.

최충헌은 30여 년간 무신들의 정권싸움을 종식시키려고 애썼다. 명종에게 여러 가지 시무책을 올려 새로운 정치를 하라고 권고했다. 명종은 무능했다. 썩어가는 조정을 보고만 있을 수 없어 충헌은 명종을 폐위시키고, 인종의 다섯째 아들이자 공예왕후 소생의 50세가 넘은 신종神宗을 모셨다.

조정이 제자리를 잡아가자 충헌은 자운선을 찾았다. 자운선이 아침을 떨며 맞았다.

다음날 충헌은 자운선을 처음 만난 보달원으로 데리고 갔다. 주인이 바뀐 보달원은 전날 같지 않고 쓸쓸했다.

"자운선아! 너를 마음대로 품에 안을 수 있게 되었으나 내 몸이 너무 늙어버렸구나."

"장군, 그런 말씀 마시오소서. 몸은 늙으셨어도 마음이 청춘이면 아니 될 일이 없사옵나이다."

"몸이 전같지 않아 슬프구나."

"인삼 · 녹용을 많이 잡수시고 기운을 돋우어보시와요."

"허허… 억지로는 만사가 되는 일이 없거늘, 오늘 나는 너를 안고 쓸쓸하구나."

충헌은 자운선을 와락 껴안고 용을 썼으나 기운이 없었다. 하지만 나이 들어 인생의 깊은 맛은 더했다.

밤이 깊도록 두 사람은 정답게 소근거리며 타오르는 정염을 삭였다.

◉ 기녀 화원옥花園玉

이의민의 둘째 아들 이지영은 아들 셋 가운데 가장 말썽이 많은 파락호였다. 아비가 젊은 시절 경주의 파락호로 아들이 그 피를 받아 아비 못지않았다.

이지영이 기녀 화원옥花園玉을 놓고 박공습과 궁궐에서 싸움을 벌였다. 화원옥은 이지영을 달갑지 않게 여겼다. 세도가의 아들이었으나 하는 짓이 망나니여서, 호감이 가지 않았다.

화원옥은 박공습을 좋아했다. 이 사실을 안 이지영이 어느 날 궁궐에서 공습을 만나자 막무가내로 시비를 걸었다.

"네 이노옴! 죽일 놈 같으니라구. 네 놈이 그러고도 성할 성싶더냐!"

박공습으로서는 아닌 밤중에 홍두깨였다.

"이보시오, 이 장군! 죽일 놈이라니 너무 지나치지 않으오?"

"뭐라? 까닭없이 죽일 놈이라 했겠느냐!"

"대체 왜 이러는 게요!"

"화원옥을 네가 건드렸다고?"

박공습은 그제야 알아차리고 긴장했다. 이지영이 화원옥에게 눈독을 들이고 박공습 자신을 시기하고 있다는 생각이 들었다.

이지영은 화원옥이 자기를 멀리하는 것이 박공습 때문으로 알았다.

"누구 말이라고 시치미를 뗄 셈이더냐!"

"이보시오, 이 장군! 화원옥은 기녀외다. 아무라도 가까이 할 수 있소이다. 화원옥이 장군을 마다하면 그것은 그녀의 마음이외다!"

"뭣이 어쩌고 어째?"

이지영은 칼을 빼어들고 박공습을 치려고 했다. 공습은 얼굴이 새파랗게 질려 뒷걸음질쳤다. 대궐 안에서 칼을 뽑아든 이지영의 무모함은 탄핵감이었다.

"이보시오, 이 장군! 대궐 안에서 살생을 할 참이오?"

박공습은 말이 끝나기가 무섭게 냅다 뛰기 시작했다. 이지영이 칼을 뽑아들고 뒤를 쫓았다.

"게 섰거라! 네놈을 두 동강 내주마!"

쫓고 쫓기는 소동이 벌어졌다. 그러나 아무도 말리는 사람이 없었다. 잘못 끼어들었다가는 이지영의 칼에 박공습보다 먼저 죽을 수 있었다.

"사람 살려!"

"이노옴, 게 섰거라!"

두 사람은 대궐 문쪽으로 쫓고 쫓기었다. 문을 지키던 수문장이 엉겁결에 이지영의 손을 잡았다.

"대궐 안에서 칼을 빼어들다니 무엄하오!"

"이놈! 너부터 죽여주마!"

이지영이 용을 쓰며 수문장의 손에서 빠져나오려고 몸부림쳤다. 수문장은 그제서야 이지영의 얼굴을 알아보고 잡은 팔을 놓고 뒤로 물러섰다. 그 사이 박공습은 멀리 달아나 보이지 않았다. 이지영은 화가 머리끝까지 치밀어 고래고래 고함을 쳤다.

"버러지만도 못한 놈들! 감히 뉘 앞에서 함부로 구느냐!"

군졸들은 땅에 엎드려 어찌할 바를 몰라 쩔쩔맸다. 이지영은 애꿎은 군졸들에게 발길질을 해대며 화를 풀었다.

조정에서 이 문제를 거론하고 나섰다. 이지영을 법으로 다스려야 한다고 아우성이었다. 이의민은 조정 여론이 심상치 않자 명종 앞에 나아가 엎드렸다.

"폐하, 아뢰옵기 황공하오나, 전일 신의 자식 이지영이 대궐 안에서 칼을 빼어들고 난동을 부렸나이다. 죄를 주시오소서."

명종은 가타부타 말이 없었다. 고려의 권력이 이의민에게서 나오거늘 명종은 허수아비였다. 궁궐에서 칼을 빼어들고 살생을 저지르려 했다면 마땅히 참수형감이었다.

"폐하, 죄주심이 옳은 줄 아나이다."

이의민은 거듭 말하고 머리를 조아렸다. 뻔한 수작이었다. 명종에게 면죄부를 받아 조정의 여론을 무마시키고자 하는 고도의 술수였다.

명종은 이의민 앞에서 자신의 의견을 말해본 적이 없었다. 설혹 영을 내린다 해도 제대로 영이 서는 법이 없었다. 이제는 이의민에게 환심을 사서 안위를 보장받는 길밖에 다른 도리가 없었다.

"살생을 감행하지는 아니하지 않았소?"

"하오나, 폐하…."

"가만! 살생을 하고자 하였으나 감행하지 않음은 대궐의 위엄을 알았음이오. 장군의 자식의 작은 허물까지를 용서하지 않는 강직함과 충성심을 짐이 모르는 바 아니나, 따로 분부 있을 때까지 물러가 있으시오!"

"예에, 그리 하겠나이다."

이의민은 입가에 웃음을 띠며 자리에서 물러났다.

그뒤로 조정에서는 이지영을 두고 갑론을박 하지 않았다. 생각해보면 통탄할 노릇이었다. 이의민의 칼이 나라를 농단하다니 슬프고 개탄스러운 일이었다.

명종은 마음이 울적하여 내시 이덕우를 불렀다.

"이번 일을 어찌 생각하느냐?"

"죽어 마땅할 죄인이오나 지금의 세로는 지당하신 분부인 줄 아나이다."

"너도 그리 생각하느냐?"

"예에, 하오나 이의민이 폐하께 엎드린 것은 아마도 박공습에게 죄를 주고 싶어 그러는 것 같사옵니다."

"진정 그런 뜻이었을까?"

"신의 판단으로는 그리 생각되옵나이다."

"대체 이의민의 자식들이 어떤 자들이더냐?"

"폐하, 이지영은 이지랑과 함께 흉악하기 이를 데 없어 세상에서는 그들을 쌍도자雙刀子라 부르나이다. 그들은 백성들을 무자비하게 죽이나이다."

"으음… 그런 자들이라고?"

이덕우는 이지영이 앞으로 또다시 난동을 부리지 않는다는 보장이 없다고 생각했다. 반드시 박공습에게 해를 가할 것이라 생각했고, 그런 일을 나무라지 않고 오히려 두둔하는 이의민의 처사가 더욱 미웠다.

이덕우는 이의민의 말을 듣는 척하고 이지영에게 죄를 주자고 건의하고 싶었으나 후환이 두려워 그냥 덮어두었다. 약하고 무능한 명종이 애처롭고 딱할 뿐이었다.

이덕우가 예상한 대로 며칠 후 이의민이 임금 앞에 나타나 머리를 조아렸다.

"폐하, 신이 헤아려보건대 이지영의 이번 일은 기녀 화원옥에서 비롯되었나이다."

"그래서요?"

"일개 기녀로 하여 일어난 일이므로 화원옥을 옥에 가두심이 가한 줄로 아뢰옵니다."

명종은 기가 막혔다. 화원옥에게 무슨 죄가 있다고 옥에 가두라는 것인가. 그러나 박공습을 가두라는 것보다 낫다는 생각이 들었다.

"그리하리다."

명종은 한숨을 내쉬었다. 이의민은 의기양양하여 물러갔다. 명종은 이덕우를 불러 영을 내렸다.

"화원옥을 하옥시키고 그대가 지키라!"

"폐하, 이는 부당하나이다. 죄인은 이지영이온데 어찌하여 화원옥을 하옥한단 말씀이나이까?"

"그대가 더 잘 알 터, 더는 토를 달지 말라!"

명종은 괴로워 손사래를 쳤다. 이덕우는 한편으로 화원옥을 옥에 가두면 이지영도 박공습도 차지할 수 없어 사건이 자연스레 해결될 수 있다는 생각이 들기도 했다.

이덕우는 군졸을 거느리고 화원옥의 집으로 달려갔다. 그녀의 아담한 집 앞에는 버드나무 두 그루가 바람에 흔들리고 있었다. 군졸들이 들이닥치자 화원옥은 영문을 몰라 어리둥절했다. 화원옥이 먼저 대청마루로 나오고 박공습이 뒤따랐다. 박공습이 이덕우에게 물었다.

"대체 어찌된 일이오이까?"

"화원옥을 내주어야겠소이다."

"어디로 내준다는 말씀이오이까?"

"어명이오!"

"어명이라니, 어찌된 영문이외까?"

"더는 묻지 마오."

군졸들이 화원옥을 끌고 나갔다. 박공습이 이덕우에게 매달렸다.

"잡혀가는 연유나 말해주오."

"화원옥이 공의 품에서 떠나간다면 그 누구의 눈독에서도 벗어날 게 아니겠소이까! 가는 곳은 옥이니 너무 염려 마오."

"그런 이유라면 아니 될 말이오."

"어명이오! 더는 따지지 마오."

"아무리 어명일지라도 이럴 수는 없소이다."

"이보시오, 오히려 공의 신변의 위험은 사라질 터, 내 공에게 나쁘게 하지는 않을 것이외다."

이덕우는 넋을 잃고 서 있는 박공습을 위로해주고 화원옥의 집을 나섰다.

화원옥은 옥에 갇히고 이덕우가 졸지에 옥사장이 되어 죄인을 감시했다.

이 정도에 물러설 이지영이 아니었다. 화원옥을 옥에 가둔 지 닷새가 지난 저녁 무렵이었다. 이지영은 부하들을 거느리고 옥에 나타났다. 이지영은 옥을 지키는 군졸들을 밀치고 안으로 들어가려고 했다.

"누구냐? 무례하구나."

군졸이 막아섰다. 이지영은 눈살을 찌푸렸다.

"잔말 말고 비켜서거라!"

"여기가 어딘 줄 알고 설치느냐!"

"닥쳐!"

이지영이 군졸의 뺨을 후려쳤다. 군졸이 달려들어 드잡이가 벌어졌다. 한 군졸이 이지영의 얼굴을 알아보고 뜯어말렸다.

이지영이 드잡이하던 군졸을 발길로 차버리고 고함쳤다.

"화원옥이 어디에 있는지 찾아봐라!"

이지영은 거칠게 옥문을 부쉈다. 화원옥을 발견하고 금세 얼굴이 부드러워졌다.

"두려워 마라. 내 너를 편히 지내게 하려고 찾으러 왔느니라!"

화원옥은 달갑지 않았다. 대꾸 없이 외면해버렸다. 뒤늦게 연통을 받고 이덕우가 달려왔다.

"이 무슨 행패요?"

"행패라니, 말조심하라!"

"어명으로 갇힌 죄인을 마음대로 끌어내도 된다고 보시오?"

"누가 가둬놓으랬소?"

"어명이란 말이외다!"

"늙은 놈이 고집을 피우기는."

이덕우의 눈에 불이 번쩍했다. 이지영이 따귀를 올려붙인 것이다. 이덕우는 심사가 몹시 뒤틀렸다. 손으로 허공에 손짓하며 악을 썼다.

"멈추어라! 옥에서 죄인을 무단으로 끌어가는 놈은 역적이니라!"

"저놈 잡아라!"

이지영이 명령을 내리자 군졸들이 달려들어 이덕우의 팔다리를 꼼짝 못하게 잡아버렸다.

"네 이놈! 목숨을 살려주는 것만도 다행인 줄 알아라!"

이지영은 이덕우의 정강이를 걷어차고 돌아섰다. 이덕우는 비명을 지르며 쓰러졌다.

이지영은 화원옥을 데리고 유유히 사라졌다.

이덕우는 이를 갈았다. 눈에 눈물이 고였다.

"험악한 세상이로구나."

이덕우는 땅이 꺼지게 한숨을 내쉬었다. 곧 명종에게 자초지종을 고했다.

"폐하, 신이 소임을 다하지 못하고 죽을 죄를 졌나이다. 신을 죄주시오소서."

"아무 말도 말게나. 모든 것이 다 잘못된 일이야. 누구를 탓하겠느냐. 바로 짐의 잘못이거늘…."

"폐하, 심기를 바로 하시오소서."

"화원옥을 납치해간 것은 사건도 아니니라. 더 큰 사건이 터졌도다!"

"무슨 일이오이까?"

"이지영이란 자가 짐의 후궁을 범하였도다!"

"예에?"

명종은 길게 한숨을 내쉬었다. 이지영의 망나니짓은 끝이 없었다. 이지영을 국법으로 다스리지 못하는 명종의 무능은 후에 폐위를 당하기에 이른다. 절대권력과 그 하수인들, 그들은 명을 재촉하고 있었다. 이의민 일가는 결국 최충헌 일가에게 멸문당하고 만다. 천하에 무식한 자가 힘 자랑을 하는 법이다.

⊙ 형제간의 혈전

최씨 정권의 시대가 열렸다. 최충수는 야망이 큰 사내였다. 권력을 형과 나눠갖고 싶지 않았다. 권력을 독점하려면 우선 왕실과 결탁해야만 했다. 그는 자기 휘하의 장수 오숙비·준존심·박정부 등을 불러 술을 마시며 속내를 털어놓았다.

"이보게들, 권력은 두 군데서 나올 수 없다는 것을 그대들도 잘 알 게야."

"옳은 말씀이오. 말이 나왔으니 이번 거사는 집주執奏(최충수) 어른이 죄다 하신 것이외다."

오숙비가 맞장구를 쳤다.

"아닐세. 그대들의 힘이지, 내가 무슨 일을 했다고… 하지만 대장부가 여기서 만족할 수는 없지. 더 큰 것을 바라야 하지 않겠나?"

"그러하오이다."

"그래서 말인데, 아무래도 왕실과 연을 맺어야 할 것 같소."

"연을 맺는다면…."

"내 생각에는 딸아이를 태자비로 삼았으면 하는데, 여러 장군들의 의향은 어떠한가?"

"하온데 지금 태자비는 어찌하시구요?"

"까짓것 밀어내면 그만 아닌가."

"그런 방법도 있겠나이다."

"그대들은 나를 따라 이 일을 성사시키겠는가?"

"염려 놓으소서."

모두 의기투합이 되었다. 최충수는 형 충헌에게 알리지도 않고 궁으로 들어가 자신들이 세운 신종 앞에 엎드렸다.

"폐하, 신이 건의할 일이 있나이다."

"무슨 일이오, 장군?"

"신이 보건대 천추만세 후에 태자께오서 즉위하시면 지금 태자비로서는 일국의 국모 되기에 빈약한 줄 아뢰옵나이다."

신종은 말귀를 알아듣지 못하고 어리둥절했다.

"경의 뜻이 무엇이오?"

"지금의 태자비께서는 폐하께서 야인 시절에 얻은 분으로 신분이 맞지 않나이다."

"그 무슨 소리요? 태자비는 종실 창화백昌化伯의 따님이오."

"하오나 창화백은 벼슬이 없나이다. 또한 듣자오니 행실이 바르지 못하다 하오이다."

신종은 혹시 태자비의 행실에 문제가 있는지 의심이 들었다. 그리하여 그날 밤 왕후에게 이 사실을 털어놓았다. 왕후는 펄쩍 뛰었다.

"천부당만부당한 말이옵나이다. 태자비는 음전하고 바른 사람이옵나이다. 듣자니 최충수가 자기의 딸을 태자비로 삼으려고 계획을 세운다 하나이다. 통촉하시오소서."

신종은 정신이 아찔했다. 최충수가 그러한 야욕을 품고 있다면 보통 큰일이 아니었다. 다음날 최충수가 신종 앞에 나타나 야욕의 발톱을 내밀었다.

"폐하, 태자비를 내보내시오소서."

신종은 새파랗게 질려 할 수 없이 대답했다.

"경의 뜻대로 내보내도록 하겠소."

최씨 형제의 힘으로 옹립된 신종은 그들의 꼭두각시였다. 하라는 대로 따를 수밖에 없었다. 임금 곁에서 힘을 실어줄 만한 인물이 없었다.

최충수는 내친김에 한 발 더 나갔다.

"폐하, 신의 딸을 태자비로 받아주시오소서."

신종은 차마 대답할 수 없었다. 정든 태자비를 내쫓고 새 태자비를 맞다니, 그것도 야욕이 넘치는 최충수의 딸을 태자비로 삼다니, 눈앞이 캄캄했다.

최충수는 신종을 어지간히 구슬려놓고 태자를 졸랐다. 태자는 정든 태자비와 헤어질 수 없었다. 그러나 최충수의 끈질긴 설득과 협박에 못 이겨 결국 승낙하고야 말았다. 그러나 태자비를 궁중에서 내쫓지는 않았다.

최충수는 날마다 궁궐에 들어와 태자비를 내쫓으라고 시위했다. 신종은 어쩔 수 없어 태자비를 대궐에서 내보냈다. 왕후는 궁을 떠나는 태자비를 위로했다.

"왕실 힘이 약하여 이 꼴이 되었으나 후일을 기약해야 할 것이야. 이 점 명심하오."

최충수의 딸은 태자비가 될 꿈에 부풀어 있었다. 일개 녹사錄事(중앙 관부의 정7품 하위 관직) 출신의 딸이 칼을 잘 쓰는 아버지 덕에 태자비가 되었으니, 벼락출세치고는 황당하기만 했다. 그 아비에 그 딸로 딸은 황홀하여 미칠 지경이었다.

혼례날을 10월 25일로 정했다. 이 소식을 들은 형 충헌은 심기가 매우 불편했다. 며칠 동안 곰곰이 따져보았으나 동생의 야욕이 지나친 것 같았다. 형이 술을 가지고 친히 동생의 집을 찾았다.

충수는 딸의 혼수를 장만하느라 꽤 바빴다. 형과 아우는 거사 이후 오랜만에 큰방에서 마주앉았다.

"내가 술을 가져왔네. 술이나 마시며 이야기를 나눠보세나."

"그러시지요. 저도 형님께 드릴 말씀이 있나이다."

형제는 주안상을 놓고 몇 순배 잔을 돌렸다. 충헌이 먼저 태자비 문제를 꺼냈다.

"소문에 듣자하니 자네 딸을 태자비로 들여보낸다는 말이 사실이던가?"

"그러하오이다. 형님께 진작 말씀드린다는 것이 그만 늦어졌나이다."

"함부로 결정할 일이 아닐세. 우리 가문은 내세울 것이 없다네. 지금 우리가 권력을 잡았다고는 하지만 조정과 백성들은 탐탁지 않게 여기고 있다네. 이러한 때에 자네의 딸이 태자비로 들어간다면 세상의 웃음거리가 되기 십상이네."

"형님, 우리 집안이 언제까지 미천하게 지내야 하옵니까?"

"내 들으니 자네가 태자비를 강제로 내쫓고 딸을 억지로 들이민다는 소문이더구먼. 이것이 인정상 될 말이던가?"

최충수는 형의 힐난에 대거리하지 않았다. 숨을 고르고 있었다.

"전에 이의방이 자기의 딸을 억지로 태자비로 삼았다가 결국 쫓겨나지 않았는가. 전례도 생각해볼 필요가 있네."

"하오나 형님, 이미 결정이 난 일을 미룰 수는 없지 않으오이까?"

"진작 나와 상의할 일이었네."

"일을 다급하게 처리한지라 그리 되었나이다. 널리 해량하소서."

"이제라도 달리 생각해보게나."

"형님, 말씀이 백번 옳은 것 같나이다. 제가 잘못 판단한 것 같나이다."

"내일 당장 궁에 들어가 신종께 사죄하고, 그전 태자비를 모셔오도록 하게나."

"잘 알겠나이다."

최충헌은 동생이 고분고분 자기 말을 따라주어 기쁜 마음으로 돌아갔다.

다음날 최충수는 혼수준비를 전면 중지하라고 지시했다. 집안이 늪속에 빠진 듯 가라앉았다. 충수의 딸은 혼례를 취소한다는 말을 듣고 낙심하여 드러누워버렸다.

최충수는 밤에 수하 장수들을 불러모았다. 오숙비·박정부·준존심 등이 부름을 받고 달려왔다. 박정부가 소문을 들은 터라 먼저 입을 열었다.

"장군, 어찌된 일이오이까? 따님의 혼례를 중지하다니요. 될 법이나 한 말이오이까?"

"형님이 자꾸 만류하시어 그만두기로 했소이다. 허나 내 오늘 여러 장군을 청한 것은 이 일을 다시 의논코자 함이오."

"장부가 한번 정한 일을 쉽사리 중지하시다니 뒷날 웃음거리가 될 것이외다."

박정부가 뼈 있는 말을 했다.

"그렇소이다. 우리가 장군의 문하에 출입하는 것은 공께서 개세의 영웅이므로 후일을 기약하고 오로지 은인자중한 것이나이다. 속히 결심하시어 거행하시오소서."

준존심이 거들었다.

"예정대로 행하시오소서. 뒷일은 우리가 맡겠나이다."

오숙비가 단호히 충수의 결심을 촉구했다.

최충수는 이들의 한결같은 훈수에 마음이 달라져 혼수준비를 다시 하라고 일렀다. 그러자 80세 된 어머니가 마침 충수의 집에 들렀다가 언짢아하며 말했다.

"너의 형이 하지 말라고 일렀거늘 왜 감행하려고 드느냐?"

"어머니, 걱정 마시오소서."

"내가 걱정을 아니하게 생겼느냐. 전에는 네가 형의 말을 잘 들었거늘 오늘은 그러지 않으니 걱정이 되느니라."

"어머님, 큰일을 앞두고 너무 나무라지 마소서."

"네 형이 하지 말라면 하지 말아야 하느니라."

"어머니, 자꾸 그러시면 재수가 없나이다. 그만 하시오소서."

"네가 잘못 생각하고 있는 게다! 제발 그만두어라!"

"그만 하소서, 어머니!"

충수가 고함을 질렀다. 어머니는 아들을 멀뚱히 바라보며 눈물을 흘렸다.

최충헌은 이 소식을 듣고 불같이 화를 냈다.

"나와 약속을 했거늘 하룻밤 사이에 번복하다니, 이럴 수는 없다. 더구나 어머님이 그토록 말렸는데도 듣지 않다니 불효막심한 놈이로다!"

자운선이 옆에 있다가 성정을 달랬다.

"장군, 그래도 좋은 말로 타이르소서."

"혼례날이 내일이라구?"

"그렇다 들었나이다."

"내일 아침에 충수의 딸이 궁 안으로 들어가는 것을 광화문廣化門에서 막아야겠구먼."

충헌은 즉시 부하들을 불러 내일 아침 광화문에 지켰섰다가 혼례 행렬을 모조리 잡으라고 명령을 내렸다.

이 말이 최충수의 귀에 들어갔다. 충수는 화가 치밀어 수하 장수들을 불러 명령을 내렸다.

"그 누구든 내일 아침 혼례 행렬을 막는 자가 있거든 모조리 도륙을 내버려라!"

"옳은 말씀이외다. 인륜대사를 방해하는 자는 죽어 마땅하오!"

장수들이 맞장구를 쳤다. 그의 부하 중에는 이의민을 따르던 자들이 섞여 있었다. 그들은 최충헌에게 최충수의 작전을 알려주었다.

"내일 아침 일찍 혼례 행렬이 서둘러 갈 것이오. 이 점 알아서 대비하기 바라오."

최충헌은 그제서야 동생이 딸을 태자비로 삼으려고 강행하는 것은 딴 뜻이 있어 그러는 것이라고 의심을 품었다.

"이것 큰일이로다. 충돌이 불가피하지 않은가. 어찌하든 혼례만은 막아야 권력을 오래 보전할 수 있다. 만약 혼례를 모른 체한다면 수많은 적이 생겨날 것이다."

충헌이 길게 한숨을 내쉬었다. 옆에 있던 수하 장수가 말했다.

"장군, 사세 급하게 되었나이다. 박진재를 불러 상의하시오소서."

충헌은 즉시 박진재를 불렀다. 박진재는 큰외숙과 작은외숙이 크게 충돌하게 생겼다는 말을 듣고 난처하여 어찌할 바를 몰랐다.

"두 분 다 저에게는 외숙이나이다. 제가 누구를 돕고 누구를 배척하겠나이까. 저는 오로지 대의에 따를 뿐이나이다. 일의 전말을 따져보니 대의는 큰외숙 편에 있는 것 같사옵나이다."

"어찌하면 좋겠느냐?"

"내일 아침 출동하는 것은 늦사옵나이다. 오늘 밤으로 즉시 군대를 동원하여 궁중에 매복시키시옵소서."

충헌은 즉시 갑옷을 입고 투구를 쓰고 1,000여 명의 군사를 모아 추운 밤에 고달고개를 넘어 광화문으로 들어갔다. 그는 신종에게 최충수가 반란을 일으키려 한다고 고하고, 궁중 경비를 엄하게 하는 한편, 무기고의 무기를 꺼내 전투준비를 서둘렀다.

충수는 이 소식을 듣고 휘하 장수들에게 싸울 뜻이 없음을 밝혔다.

"아우로서 형을 치는 것은 차마 못할 짓이오, 패륜이 아닌가. 나는 어머니를 모시고 궁에 들어가 형님에게 사죄할 것이야. 그대들은 도망쳐 살 길을 찾으시오!"

그는 참회의 눈물을 흘렸다. 그러나 휘하 장수들이 듣지 않았다.

"이제 와서 그 무슨 망발이나이까! 장부가 한번 칼을 뺏으면 무 토막이라도 잘라야 되는 것 아니겠소이까!"

"그렇소이다. 사내답게 싸워 자웅을 가리는 것이 당당하오!"

"옳소이다!"

결코 양보할 수 없는 충수의 수하들이었다. 최충수가 형에게 사죄하면 그는 목숨을 부지할 수 있었으나 수하들은 달랐다. 죽은 목숨이나 다를 바 없었다.

그새 먼동이 희뿌옇게 터오고 있었다. 충수의 휘하 장수들은 불문곡직, 광화문을 향해 진군했다. 충수는 그들을 따르다가 광화문 근처에서 싸우기로 결심했다.

"장병들이여! 모두 힘을 모아 싸워야만 그대들에게 영광이 있을 것이니라. 나는 장병 개개인이 적장을 죽이면 바로 적장의 관직을 주겠노라!"

충수의 외침에 1,000여 명의 병사들은 함성을 지르며 사기를 북돋았다.

광화문을 중심으로 충헌 군대는 내려오고 충수 군대는 올라갔다. 양군은 네거리에서 조우하여 접전이 벌어졌다. 화살이 궁전 앞까지 비오듯 쏟아졌다.

"와아!"

함성이 송도를 뒤덮었다. 창칼 부딪히는 소리, 활시위 당기는 소리가 전쟁을 실감케 했다. 사상자가 수없이 나자빠졌다.

이른 아침에 놀라 잠에서 깬 송도 백성들은 거리로 나와 싸움구경을 했다. 죽지만 않는다면 구경 중에서 싸움과 불구경이 으뜸인 법이다.

"말세로다! 형제간에 피를 튀기다니, 고려 왕실이 허약하여 이런 일이 생기는 게야."

"나라가 망하려는 징조가 아닌가. 망하려거든 소리 없이 무너지든지, 웬 지랄들이야!"

백성들은 싸움구경을 하며 한마디씩 내뱉었다.

싸움은 커져 흥국사 앞으로 번졌다. 최충헌의 당이 점점 유리해졌다. 형제의 싸움을 관망하던 장수들이 부하들을 거느리고 최충헌의 부대에 편입했다. 충헌의 부대가 몇 배로 불어났다. 충헌은 군대를 셋으로 나누었다. 제1대는 진흙고개를 넘고, 제2대는 모래고개, 제3대는 고달고개에서 충수의 군대를 압박하도록 했다. 충수는 갑자기 불어나는 충헌의 군대를 맞아 고전을 면치 못했다.

충헌은 친히 장궁長弓 부대를 인솔하고 충헌 일당을 향해 화살을 날렸다. 충수 군대는 장궁을 피하려고 큰길 옆에 있는 궁궐 행랑의 문짝을 뜯어 방패로 썼다.

충수는 역부족이었다. 휘하 장수들과 남쪽으로 도망쳤다.

충수의 딸은 이긴다는 소식을 듣고 안심하고 있다가 진다는 소식을 듣고는 아버지를 찾아나섰다. 충수는 이미 도망친 뒤였다. 딸은 아버지가 도망친 쪽으로 쫓아갔다.

충수는 보정문에서 수문장을 죽이고 문을 활짝 열어놓았다. 패잔병들이 이 문을 통해 도망쳤다.

충수는 한달음에 말을 달려 임진강에 이르러 정신을 가다듬고 패잔병들을 모았다. 겨우 100여 명의 병사가 초주검이 되어 모였다. 그들은 임진강을 건너 민가에 들어가 주린 배를 채웠다.

충수는 휘하 장수들과 앞날을 의논했다.

"장군! 내가 진 것은 하늘의 뜻 같소이다. 이제 형은 강 저쪽에 있고 나는 이쪽에 있으니 앞날을 기약할 수밖에 없소이다."

"장군! 옛날 초나라 항우는 오강烏江을 건너지 않아 나라를 잃었다 하오. 우리는 다행히 임진강을 건넜으니 앞으로 희망이 있나이다."

"암, 그래야지요."

최충수는 파평坡平의 금강사에 들어가 전열을 가다듬었다. 형제 싸움에서 승리를 거둔 충헌은 충수를 잡아오라고 명령을 내렸다. 수백 명의 군사들이 강을 건너 충수의 뒤를 밟았다. 충수가 금강사에 잠입해 있는 것을 알고 절을 포위해버렸다. 충수는 금강사에서 옥쇄작전을 펴다가 장렬히 전사했다.

충수의 딸은 임진강을 건너 아버지를 찾아다녔다. 그러다가 아버지가 있는 곳을 알고 금강사로 달려갔다. 군사들이 절 입구에서 지키고 있었다. 딸은 산으로 도망쳤다. 군사들은 옷차림이 화려하여 예사로 보지 않고 혹시나 하여 그녀의 뒤를 쫓았다. 딸은 충헌의 군졸들에게 사로잡혔다. 딸이 위엄을 갖추고 말했다.

"나는 태자비이니라! 물러서거라!"

군졸들이 웃음을 터뜨렸다. 딸은 여전히 가까이 오지 말라고 고함쳤다. 군졸들이 조롱하며 아버지의 수급을 보여주었다.

"태자비마마, 이걸 보시오소서!"

"으악!"

딸은 겨우 정신을 가다듬으며 눈물을 흘렸다. 그러고는 넋을 잃고 앞으로 걸어나갔다. 군졸들은 어쩌나 보자며 뒤를 따랐다.

"태자비마마, 어디로 가시나이까? 송도로 가셔야 임을 보지 않겠나이까?"

군졸들이 따라오며 야유를 퍼부었다.

딸은 어깨를 들먹이며 흐느꼈다. 딸은 임진강가에 닿았다. 군졸들은 어쩌나 하고 지켜보고 있었다. 딸은 송도를 향해 큰절을 올리고 그대로 강물에 몸을 던졌다. 군졸들이 뒤늦게 쫓아갔으나 때는 이미 늦었다. 벗어놓은 당의가 강가 나뭇가지에 걸려 깃발처럼 펄럭였다. 강물은 최충수의 딸을 삼키고 유유히 흘러갔다.